21世纪经济管理新形态教材·经济管理类核心课程系列

经济法概论
（第2版）

荣振华　刘怡琳　◎　主　编
毕琳琳　李晓燕　◎　副主编
苏晓宇　崔格豪

清华大学出版社
北京

内 容 简 介

本书为 2017 年出版的《经济法概论》一书的更新改版。本书主要特色体现在三方面：一是教材内容表达的变化，本书不仅对《民法典》等最新法律制度进行介绍，而且还将相关法律热点问题与现行政策相结合；二是教材体例设计的创新，不仅将"新文科"等创新教学理念融入，而且还在教材章节布局上，尽量将与创新创业有关的法律法规编写其中，以满足高校大学生创新创业的需求；三是教材表现形式上的突破，增设"互联网+"新形态模式，突破纸质教材的物理空间局限，以二维码的形式无限延展教材空间。本书可作为高等院校经济管理相关专业师生的教学用书，还可以作为法律实践工作者的参考资料。

本书编者均来自地方院校的一线教师，这些编者不仅获得省级"优秀教师"、校级"教学名师"等荣誉称号，而且所讲授课程获批"省级精品开放课程"和"省级一流本科课程"，对课堂教学理论与实践具有深入研究与思考。

本书封面贴有清华大学出版社防伪标签，无标签者不得销售。
版权所有，侵权必究。举报：010-62782989，beiqinquan@tup.tsinghua.edu.cn。

图书在版编目（CIP）数据

经济法概论/荣振华，刘怡琳主编. —2 版. —北京：清华大学出版社，2021.12 (2024.2 重印)
21 世纪经济管理新形态教材. 经济管理类核心课程系列
ISBN 978-7-302-59419-2

Ⅰ．①经… Ⅱ．①荣… ②刘… Ⅲ．①经济法－中国－高等学校－教材 Ⅳ．①D922.29

中国版本图书馆 CIP 数据核字(2021)第 216766 号

责任编辑：左玉冰
封面设计：汉风唐韵
责任校对：宋玉莲
责任印制：丛怀宇

出版发行：清华大学出版社
网　　址：https://www.tup.com.cn，https://www.wqxuetang.com
地　　址：北京清华大学学研大厦 A 座　　　邮　编：100084
社 总 机：010-83470000　　　　　　　　　邮　购：010-62786544
投稿与读者服务：010-62776969，c-service@tup.tsinghua.edu.cn
质 量 反 馈：010-62772015，zhiliang@tup.tsinghua.edu.cn
课 件 下 载：https://www.tup.com.cn，010-83470332

印 装 者：三河市铭诚印务有限公司
经　　销：全国新华书店
开　　本：185mm×260mm　　印　张：23.5　　字　数：543 千字
版　　次：2017 年 6 月第 1 版　　2022 年 1 月第 2 版　　印　次：2024 年 2 月第 4 次印刷
定　　价：69.00 元

产品编号：090685-02

前 言

虽然新冠肺炎疫情肆虐全球导致世界经济低迷，但是我们国家在中央各种改革政策的引导下，逐步形成国内大循环为主体、国内国际双循环相互促进的新发展格局。这个新发展格局不仅对现行法律制度提出新挑战，而且对高等教育发展水平提出新诉求。前者主要体现在相关法律的出台与修正，近两年，我们国家相继出台了《民法典》《契税法》《城市维护建设税法》《乡村振兴促进法》《反食品浪费法》《海南自由贸易港法》《数据安全法》《个人信息保护法》《外商投资法实施条例》《市场主体登记管理条例》等法律法规，同时又修正了《食品安全法》《广告法》《刑法》《著作权法》《专利法》等法律制度，2023 年修订了《公司法》，同年，《最高人民法院关于适用〈中华人民共和国民法典〉合同编通则若干问题的解释》（以下简称《民法典合同编通则解释》）发布。后者主要体现在高等教育"双一流"建设和"六卓越一拔尖"人才培养计划。国家层面相关制度的引导，必然会在地方产生联动效应，同时也牵动教师在教学理念、教学手段和教学工具的更新。为此，本编写组不仅将最新法律制度融入教材编写内容当中，而且还调研了地方本科院校教师在筹建一流课程和探索"新文科"发展过程中对教材革新的诉求，并结合这些诉求，将地方本科院校探索"新文科"过程中积累的先进教学经验，以及地方本科服务地方经济发展过程中所形成的教学理念，渗透到本教材的编写体例之中。

首先是教材内容表达的变化。本书不仅对最新法律制度进行介绍，而且以知识拓展的形式将相关法律热点问题与现行政策相结合，进行延展思考。前者主要表现在，除了将《专利法》等部门法的最新法律制度进行介绍之外，还将《民法典》及相关司法解释的法律变化贯穿至每一个章节中，并进行了体系化的思考。以《民法典》的惩罚性赔偿为例，共有四处规定了惩罚性赔偿制度：一是第 179 条的民事责任中增设了"法律规定惩罚性赔偿的，依照其规定"的表达；二是第 1185 条增加了"知识产权侵权责任的惩罚性赔偿"规定；三是第 1207 条再次强调缺陷产品侵权的惩罚性赔偿制度；四是在第 1232 条明确规定环境及生态污染侵权的惩罚性赔偿责任。这四处规定分别涉及"经济法导论""产品质量法""消费者权益保护法""专利法""商标法"等章节内容，编者从制度体系化视角分别在各章节对"惩罚性赔偿"进行介绍与剖析。后者主要表现在，与最新法律制度有关的政策进行拓展思考，以"外商投资法"为例，不仅介绍《外商投资法》等相关法律制度，而且将《商务部关于围绕构建新发展格局做好稳外资工作的通知》《国家鼓励发展的内外资项目确认书》《鼓励外商投资产业目录（2020 年版）》等政策融入其中，引导学生分析相关政策对外商投资准入负面清单制度的影响，并引导学生结合最新政策变化对《海南自由贸易港法》等法律制度进行拓展思考。

其次是教材体例设计的创新。不仅将"新文科"等创新教学理念融入，而且在教材章节布局上，尽量将与创新创业有关的法律法规编写其中，以满足高校大学生创新创业的需求。前者主要表现在将《新文科建设宣言》政策理念融入教材之中,突破以往教材单纯说教形式,设置案例分析、课堂思考、知识点检验和知识拓展等多种表达形式,聚焦社会对特色法律人才的需求,引导学生将其他学科与法学进行深度融合思考,满足学科专业交叉发展需求,使学生在学习过程中渐进参悟文科的"立德、立功、立言"以及"文以载道"的功能。后者主要表现在增加创新创业法律内容。结合《中国制造 2025》《国务院关于推动创新创业高质量发展打造"双创"升级版的意见》等国家引导创新创业的政策,不仅对 2022 年生效的《市场主体登记管理条例》进行针对性介绍,而且在企业法、物权法律制度、合同法律制度、《反不正当竞争法》《反垄断法》《商标法》《专利法》和《税法》等部门法的课后实训中,增加创新创业内容,使学生不仅能够理论联系实践,而且做到活学活用和学以致用。

最后是教材表现形式上的突破。增设"互联网+"的新形态二维码模式,突破纸质教材的物理空间局限,在互联网上无限延展教材空间。主要体现在两方面。一是各章在介绍法律知识的同时,将案例分析、课堂讨论、案例分析、知识点检验等灵活多样的知识运用手段及知识检验方式穿插其中,并以纸质形式展现,同时将答案以二维码形式体现。物理时空的不同展现模式,使学生能够针对个人对知识掌握的情况,方便快捷地找到相关答案,增加了学习的自主能动性,又考核了学生灵活运用知识的能力。二是各章节以二维码的形式设置习题、实训材料和实训要求,方便师生随时检测知识点的掌握情况,同时增强学生的实操能力。

本教材的编者来自地方本科院校,且编者所在的地方院校都拥有省级校外实践基地,部分编者被评为省级优秀教师、校级教学名师和优秀教师,他们中有教师主持多项省部级教改课题,且所主讲的课程被评为省级精品开放课程和省级一流本科课程。他们将授课实践中的教学经验和理论融入教材编写之中,使本教材契合地方高校所进行的"双一流"和"应用型"等服务地方社会经济发展的教学改革需求。

本教材由大连医科大学荣振华和大连财经学院刘怡琳担任主编,其他编辑人员按照分工比重排列如下:大连财经大学李晓燕编写第十章、第十一章和第十三章;大连医科大学荣振华编写第二章、第三章和第十二章;大连财经学院刘怡琳编写第六章、第七章、第八章和第九章;大连医科大学毕琳琳编写第五章;大连财经学院苏晓宇编写第四章;大连科技学院崔格豪编写第一章。

本书的编写得到了清华大学出版社相关编辑的大力支持,尤其左玉冰编辑对本书的编写提供了许多中肯的建议并参与了本书的整体策划,在此表示衷心的感谢。在本书编写过程中,本编写团队还借鉴并参考了国内外相关书籍和论文,在此也发自内心地向这些作者致以谢意。同时,感谢于治慧、夏梦驰、田景源、李妍波和于玮铭同学对本书后期校对的付出。由于编者水平有限,书中难免有错误和不妥之处,恳请读者批评指正。

荣振华

目 录

第一章　经济法导论 ··· 1
　第一节　经济法基础理论 ··· 1
　第二节　经济法律关系 ·· 6
　第三节　经济法律责任 ·· 11

第一篇　市场组织法

第二章　企业法 ··· 17
　第一节　个人独资企业法 ··· 18
　第二节　合伙企业法 ··· 25
　第三节　外商投资法 ··· 38

第三章　公司法 ··· 46
　第一节　公司法概论 ··· 48
　第二节　有限责任公司的设立 ·· 52
　第三节　股份有限责任公司的设立 ·· 56
　第四节　公司组织机构及权力分配 ·· 59
　第五节　公司股东权利与义务 ·· 70
　第六节　公司股票、债券与财务制度 ··· 75
　第七节　公司重组与解散清算 ·· 79

第二篇　市场行为法

第四章　合同法律制度 ·· 87
　第一节　合同法律制度概述 ··· 88
　第二节　合同订立 ·· 94
　第三节　合同效力 ·· 103
　第四节　合同的履行 ··· 109

第五节　合同的解除与终止 ··· 117

第六节　合同责任 ·· 124

第五章　担保物权法律制度 ··· 128

第一节　担保物权总论 ·· 128

第二节　抵押权 ·· 137

第三节　质权 ·· 152

第四节　留置权 ·· 160

第三篇　市场秩序维护法

第六章　消费者权益保护法 ··· 171

第一节　消费者权益保护法概述 ·· 172

第二节　消费法律关系 ·· 174

第三节　消费者权利 ·· 181

第四节　经营者义务 ·· 187

第五节　争议解决及法律责任确定 ···································· 195

第七章　产品质量法 ··· 202

第一节　产品质量法概述 ·· 203

第二节　产品质量的监督与管理 ·· 205

第三节　生产者、销售者的产品质量义务 ························ 210

第四节　生产者、销售者的产品质量责任 ························ 213

第八章　反不正当竞争法 ··· 223

第一节　反不正当竞争法概述 ·· 224

第二节　不正当竞争行为 ·· 226

第三节　法律责任及监督检查 ·· 233

第九章　反垄断法 ··· 238

第一节　反垄断法概述 ·· 239

第二节　垄断行为 ·· 241

第三节　反垄断监管及法律责任 ·· 250

第四篇　知识产权法

第十章　专利法 259
　　第一节　专利法概述 259
　　第二节　专利申请与审批 265
　　第三节　专利权取得及保护 272

第十一章　商标法 279
　　第一节　商标法概述 280
　　第二节　商标注册条件及流程 283
　　第三节　注册商标所有人的权利和义务 291
　　第四节　注册商标保护及法律责任 294

第十二章　票据法 307
　　第一节　票据法与票据概述 308
　　第二节　汇票 318
　　第三节　本票与支票 328

第十三章　税法 335
　　第一节　税法概述 335
　　第二节　所得税 338
　　第三节　流转税 354

参考文献 366

第一章

经济法导论

通过本章系统学习,希望同学们掌握以下知识点。
了解:经济法概念、调整对象、基本原则等基本理论。
掌握:经济法律关系的构成、经济法律责任、经济法的渊源。
难点:经济法的特征。

某政府机构与某计算机有限责任公司纠纷案

2016年2月14日,小张同学与小王同学在报纸上看到这样一个个案:某政府机构在某计算机有限责任公司购买计算机100台,共计价款100万元。但某计算机有限责任公司所交货物与约定不符,于是某政府机构要求某计算机有限责任公司返还部分货款,但某计算机有限责任公司不同意,双方产生争执。对于此案的性质,小张和小王同学具有不同的看法,小张同学认为政府机构为行政执法机构,与某计算机有限责任公司的案件为行政案件,只能起诉到法院。小王同学认为政府机构虽然是行政执法机构,但其与某计算机有限责任公司为平等主体,两者之间为普通的民事纠纷案,可以由双方约定,申请仲裁解决,也可以起诉到法院。

问题:小张和小王同学的分析,哪个是正确的?

第一节 经济法基础理论

本节知识点导图

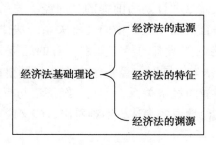

一、经济法的起源

（一）经济法的产生与发展

"经济法"一词是 18 世纪法国空想社会主义的著名代表之一的摩莱里（Morelly）在 1755 年出版的《自然法典》中首先提出来的。1906 年，德国学者莱特（Ritter）在他撰写的《世界经济年鉴》中使用了"经济法"这一概念。1916 年，德国法学家海德曼（G. W. Hedmen）在《经济学字典》中又使用了"经济法"一词，认为经济法是经济规律在法律上的反映，将经济法概念化，随后，经济法迅速成为各国通用的法律概念。19 世纪 30—40 年代，法国空想社会主义的著名代表之一德萨米（T Dézamy）在他的《公有法典》一书中专设"分配法和经济法"一章，系统论述经济法问题。美国、英国、日本等国家在 20 世纪二三十年代也广泛开展相关的经济立法，并形成了新的独立的法律部门。由此，经济法的概念流行开来且一直沿用至今。

在我国，自 1979 年以来，在全国人民代表大会的文件和中共中央、国务院的文件中，以及在第九届、第十届全国人民代表大会常务委员会制定的 5 年立法规划中，都使用了"经济法"这一概念，但我国至今没有一部法律以"经济法"命名。

知识拓展

世界上第一部以"经济法"命名的法律是德国 1919 年颁布的《煤炭经济法》。1964 年，捷克斯洛伐克颁布的《捷克斯洛伐克共和国经济法典》是目前世界上唯一一部经济法典。[①]

（二）经济法的概念和调整对象

1. 经济法的概念

经济法是调整国家在参与、组织和管理社会经济中所发生的经济关系的法律规范的总称，是对市场经济进行综合调整的诸种性质各异、作用不同的法律部门组成的一个法律集合体。

2. 经济法的调整对象

目前，关于经济法的调整对象，在学理上出现了三种学说：一是广义说，持广义说观点的学者认为经济法是调整所有经济关系的法律；二是狭义说，持狭义说观点的学者认为经济法是调整以行政命令和计划为前提的纵向经济关系的法律；或认为经济法是调整社会组织之间根据经济合同而发生的横向经济关系的法律；三是折中说，持折中说观点的学者认为经济法不能调整所有的经济关系，有的经济关系还要由其他法律部门调整，如民法、商法、行政法等。同时，经济法也不能只调整以国家机关行政管理为主的纵向经济关系，或只调整横向经济关系，否则，经济法与行政法、民法、商法就没有任何区别了。通过对上述三种学说的表述，不难看出，广义说对经济法调整对象的解释过

---

① 马瑄. 经济法[M]. 2 版. 大连：东北财经大学出版社，2016.

于宽泛,将经济法调整经济关系的各个方面以及把调整经济关系的其他法律囊括在内,这样的经济法就没有自己特定的调整对象;狭义说对经济法的调整对象的解释又未免太窄,与当前庞大的经济法体系不相适应;折中说适时地解决了广义说和狭义说的矛盾,是目前的通说观点。因此,我们认为,经济法应当调整一定范围内的经济关系。"一定范围内"的经济关系应如何解释呢?有的学者将其概括为经济管理关系、经济协作关系和经济组织内部关系。根据这种观点,经济法主要调整下述三种特定的经济关系。

1. 经济法调整经济管理关系

所谓经济管理关系,是指国家对生产部门、流通部门和其他非生产部门的生产、交换、分配、消费所进行的组织、计划、指挥、调节和监督活动过程中所形成的经济关系。这种经济管理关系有两个显著特征:①当事人一方始终是国家经济管理机关;②国家同社会组织之间在经济管理过程中发生的是物质利益关系。

2. 经济法调整经济协作关系

所谓经济协作关系,是指平等主体之间在进行经济活动过程中基于平等、等价有偿的原则而发生的经济关系。这种经济协作关系也具有两个显著特征:①参与经济协作关系的主体具有平等的法律地位;②社会组织在经济协作中发生的是物质利益关系。

3. 经济法调整经济组织内部的经济关系

所谓经济组织内部的经济关系,是指以企业为主体的各类经济组织在经济管理和生产经营等经济活动中所发生的各种经济关系。在我国,企业与职工之间在生产、经营、管理等活动中所发生的经济关系均为经济组织内部关系。

(三)经济法的法理[①]

1. 经济法法理的"基本原理"

任何事物皆有其"理"。在"价值—规范"的分析框架下,贯穿整个经济法中的法理是指具体规范背后用以阐释经济法合理性的"广义价值"。据此,经济法中的法理主要体现在三个层面:第一,融入相关理念、规律的"基本原理";第二,体现上述基本原理的经济法的"目的价值";第三,体现上述目的价值和经济法的精神的"基本原则"。这三个层面体现了经济法中的法理的外显"纹理"、结构层次和展开次序。

2. 经济法法理的价值目的

经济法的目的价值主要体现为效率与公平、自由与秩序、发展与安全等多种相互关联的价值。这些价值目标的实现,有助于实现经济法领域的多种正义。

3. 经济法法理的"基本原则"

经济法的基本原则与上述基本原理、价值目的直接相关。例如,为了体现经济性原理、规制性原理,以及效率、公平的价值追求,在经济法领域需要确立"绩效原则"(或称效率原则)和"适度原则"(或称公平原则)。这些原则同前述基本原理、目的价值所体现的经济法法理是内在一致的。同时,为了保护各类主体的基本权利,在差异性原理

[①] 参考自张守文. 经济法的法理及其类型化[J]. 法制与社会发展,2020(3).

之下明晰各类分权架构，保障市场主体的基本权利，还须将"法定原则"确立为经济法的基本原则，这也是经济法法理的具体体现。由此可见，经济法的立法、执法、司法等活动，只有符合上述基本原则，才合乎经济法的法理，才具有合理性和合法性。

总之，经济法中的法理是一种"广义价值"，它集中表现为经济法的基本原理、目的价值、基本原则三个层面，并渗透到具体规范之中，为整个经济法的存续和发展提供合理性和合法性的支撑。经济法中的法理如同人类的经脉，贯穿于经济法的理论和制度，与经济法的具体规范相比，它看似无形，却须臾不可或缺。如果经济法缺少充分的法理依据，就如同经脉不通或断裂，会给经济法的存续和发展带来巨大的负面影响。

二、经济法的特征

（一）经济性

无论是国家对经济的调控、协调还是管理，在实质上都是对国家参与社会经济活动的手段的描述，而非目的。可见，政府调控、协调、管理经济的行为是为了实现经济的可持续发展而采取的经济手段。而这些调控、协调、管理经济的行为必须依法进行，因此，经济法就是规制政府调控、协调、管理经济的行为的法律。

（二）综合性

经济法的调整对象、主体、经济法律规范的内容和经济法律责任都具有明显的综合性。从调整对象上看，经济法既调整宏观经济领域的调控和规制关系，又调整微观经济领域的管理和协作关系。从主体上看，经济法既包括经济管理主体，也包括经济活动主体。从内容上看，经济法律规范兼具公法和私法的属性，既包含实体法内容，也包含程序法内容。从法律责任上看，违反经济法律规范须承担的责任包括经济责任、行政责任和刑事责任。

（三）政策性

经济法是国家对经济活动进行调控的重要手段，必然体现一定的经济体制和经济政策的具体要求，因此，调整经济关系的法律往往参照相关的经济政策而制定，经济法的很多内容实质上就是国家政策的法律化。

（四）不稳定性

经济法是经济政策的法律化，而政策是需要根据社会经济和市场的变化及时作出反应和调整的，这就决定了经济法的具体内容具有较大的灵活性和变动性。在现代经济法发展的过程中，经济法除了具有作为现代法的时代特征之外，还因现行的政治制度、经济制度的不断完善与发展而必然不断随之完善。

三、经济法的渊源

法律渊源是指法的具体表现形式。经济法的渊源即指经济法律规范的表现形式。我国经济法的渊源主要有以下 6 种。

（一）宪法

宪法是国家的根本法，具有最高的法律效力。在我国社会主义法律形式中，宪法居于首要地位，是经济法的重要渊源。宪法是经济法律规范的立法依据，与其他法律、法规、规章等一样，经济法律规范的内容不得与宪法的规定相违背。

（二）法律

法律是由全国人民代表大会及其常务委员会所制定的除宪法以外的规范性文件的总称，其地位和效力仅次于宪法。以法律形式表现的经济法主要有《中华人民共和国合伙企业法》《中华人民共和国个人独资企业法》《中华人民共和国公司法》《中华人民共和国企业破产法》《中华人民共和国消费者权益保护法》《中华人民共和国产品质量法》等。

（三）行政法规

行政法规是国务院根据宪法和法律制定的规范性文件。其使用的具体名称有条例、规定、办法、实施细则等，如《中华人民共和国外汇管理条例》《企业名称登记管理规定》《中华人民共和国税收征收管理法实施细则》等。

（四）地方性法规

地方性法规是指由省、自治区、直辖市以及省、自治区人民政府所在地的市和经国务院批准的较大的市的人民代表大会及其常务委员会，根据本行政区域的具体情况和实际需要，在不与宪法、法律、行政法规相抵触的前提下制定的规范性文件。地方性法规在本行政区域内有效，其效力低于宪法、法律和行政法规。

（五）规章

规章包括部门规章和地方政府规章，是指国务院组成部门及直属机构，和省、自治区、直辖市人民政府，及省、自治区政府所在地的市和经国务院批准的较大的市的人民政府，在它们的职权范围内，为执行法律、法规而制定的规范性文件。

（六）国际条约

国际条约是指我国作为国际法主体一方与外国（国际组织）以国际法为准则，为确立彼此的权利和义务而缔结的书面协议。国际条约生效后对缔约方具有法律约束力。

第二节　经济法律关系

本节知识点导图

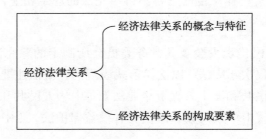

一、经济法律关系的概念与特征

（一）经济法律关系的概念

经济法律关系是指由经济法律规范所确认的，经济主体之间在国家强制干预经济过程中所形成的经济权利与经济义务关系。

（二）经济法律关系的特征

1. 经济法律关系体现为法律规范性

经济法律关系是由经济法律规范所调整的社会关系，是以相应的经济法律规范的存在为前提。一切法律关系均以相应的法律规范的存在为前提，经济法律关系也不能例外。国家在干预经济运行过程中所产生的社会经济关系，被经济法律规范确认以后，才成为经济法律关系。

2. 经济法律关系体现国家意志性

经济法律关系是依据国家制定的经济法律规范而产生的，为此，其一方面是统治阶级意志的体现，因此，经济法律关系也必然体现着国家意志；另一方面，经济法作为国家运用权力主动对社会经济生活进行干预的法律规范，更强烈、直接地体现着国家的某种意图，是国家对社会经济生活的积极参与、促进和监管。

3. 经济法律关系结构上具有双重性

国家以法律的形式对市场主体的行为进行规制过程中产生了两种不同类型的经济法律关系：一是国家与市场主体之间形成的干预与被干预、管理与被管理的管制型、不平等的权利义务关系。二是市场主体间产生的平等的权利义务关系。在这两类经济法律关系中，主体之间的权利义务关系有着质的区别。第一类主体间"不平等"关系，是因为国家作为经济权利主体一方，其身份、地位的权力性与强制性，有必须接受这种管制的义务，权利义务双方具有组织上或意志上的隶属性。第二类主体之间的"平等"关系，是因为主体双方与权力无涉，都是地位平等的市场主体，二者之间不存在组织上或意志上的隶属性。

二、经济法律关系的构成要素

经济法律关系的构成要素是指构成经济法律关系所必不可少的组成部分，包括主体、客体和内容。

（一）经济法律关系的主体

经济法律关系的主体是指参加经济法律关系、享有经济权利和承担经济义务的当事人。根据我国现行法律的规定，经济法律关系主体包括以下几类。

1. 国家机关

国家机关是经济法律关系中比较重要的一类主体。国家以立法、行政的方式对国民经济进行干预和调整，运用财政、税收、金融、计划等多种手段进行宏观调控。国家机关依据职权可分为国家权力机关和国家行政机关。国家权力机关包括全国人民代表大会及其常务委员会、省级人民代表大会及其常务委员会和较大市的人民代表大会及其常务委员会。国家行政机关包括国务院和地方各级人民政府。

享有经济管理职能的国家行政机关，可分为两类：①部门性经济管理机关。例如，农业农村部、工业和信息化部、商务部等；②职能性经济管理机关，例如，国家市场监督管理总局、国家税务总局、海关总署、证券监督管理委员会、银行保险监督管理委员会等，对国家特定经济领域行使国家计划、组织、指挥、管理和调节职能。

2. 经授权而承担一定管理职能的特殊企业或组织

这类企业或组织可以分为两类：①经授权的特殊企业，一般包括政策性经营企业和专门从事国有资产投资或控股管理的企业。政策性经营企业以政策性银行为典型，如我国的国家开发银行、中国农业发展银行、中国进出口银行。专门从事国有资产投资或控股管理的企业，是由政府授予的投资权而对其投资设立的企业在设立、变更、终止等方面有审批的管理职能，例如我国的国家开发投资公司、中国高新轻纺投资公司等。②经授权的特殊组织，是指中介经济组织和企业行业协会。中介经济组织是从事服务性经营的市场主体，例如会计师事务所、审计师事务所和资产评估事务所等。这些组织因依法经过政府监督机构的特殊许可，介入了企业设立以及经营过程中的资产评估、财务信息提供等重要监管活动，实际上代行了政府的管理职能，从而被视为得到了政府授权。企业行业协会是在同一经营领域的企业依法自发成立的非政府组织。在理论上，现代市场经济中的企业行业协会是行业内自律性的民间服务团体，然而实际上，在世贸组织规制的作用下，许多国家的法律规范将政府无法行使的权力交给了行业协会，例如行业协会具有市场准入方面的职能。尤其我们国家，由于体制的原因，企业行业协会大多受政府委托代行对业内企业的监督管理职能，对其法律地位，还有待研究。

3. 法人

《中华人民共和国民法典》（以下简称《民法典》）以法人的本质属性即经济属性来做基本划分，再辅以特别法人进行完善，将法人的分类定位于营利法人、非营利法人和特别法人。

知识拓展

《民法典》对法人的分类[①]

法人的分类是法人制度的基石。《中华人民共和国民法通则》(以下简称《民法通则》)将我国法人划分为企业、机关、事业单位、社会团体、联营等法人类型。《民法典》沿袭《民法通则》的分类方法,以法人的本质属性即经济属性来做基本划分,再辅以特别法人进行完善,最终将法人的分类定位于营利法人、非营利法人和特别法人,比《民法通则》的法人分类体例更加科学、结构更加严谨、规范更加合理、内容更加协调一致。尤其是法人分类及特别法人等制度,是《民法典》从中国实际出发作出的创造性的规定,具有鲜明的中国元素,而且吸收了商事特别法的规定,体现了民商合一的原则。[②]

1)营利法人

以取得利润并分配给股东等出资人为目的成立的法人,为营利法人。营利法人包括有限责任公司、股份有限公司和其他企业法人等。营利法人依法登记设立。其中,有限责任公司和股份有限公司的设立以准则主义为原则,以许可主义为例外,例如,设立商业银行,需要按照《商业银行法》规定,由国务院银行保险监督管理委员会颁发经营许可证,并凭许可证向市场监督管理部门办理登记,领取营业执照。营利法人从事经营活动,应当遵守商业道德,维护交易安全,接受政府和社会的监督,承担社会责任。

2)非营利法人

非营利法人是指为公益目的或者其他非营利目的成立,不向出资人、设立人或者会员分配所取得利润的法人。非营利法人主要包括事业单位、社会团体、基金会、社会服务机构等。

在设立方式上,具备法人条件,为适应经济社会发展需要,提供公益服务设立的事业单位,经依法登记成立,取得事业单位法人资格;依法不需要办理法人登记的,从成立之日起,则具有事业单位法人资格。

需要登记设立的非营利法人,主要有事业单位、各种学会、研究会、行业团体、宗教团体、基金会、学校和医院等,其中,设立事业单位,需要根据《事业单位登记管理暂行条例》第3条和第5条规定,由县级以上各级人民政府机构编制管理机关所属的事业单位登记管理机构负责登记管理。设立社会团体,需要按照《社会团体登记管理条例》第3条规定,经社会团体业务主管单位审查同意,才能进行登记。设立基金会,需要根据《基金会管理条例》第6条规定,根据基金会规模,分别向国务院民政部门和省、自治区、直辖市人民政府民政部门登记。设立民办非企业单位,按照《民办非企业单位登记管理暂行条例》第3条和第5条规定,应当经民办非企业单位业务主管单位审查同意,并到国务院民政部门或者县级以上地方各级人民政府民政部门办理登记。成立医

[①] 参考最高人民法院民法典贯彻实施工作领导小组. 中华人民共和国民法典总则篇理解与适用[M]. 北京:人民法院出版社,2020:297-302.

[②] 王利明. 民法总则[M]. 北京:中国人民大学出版社,2017:149.

院，按照《医疗机构管理条例》第 9 条规定，由县级以上地方人民政府卫生行政部门审查批准。

不需要登记设立的非营利法人，如中国科学院、工会、全国妇联、共青团等，属于特许主义的设立原则。

3）特别法人

按照《民法典》第 96 条规定，特别法人主要是指机关法人、农村集体经济组织法人、城镇农村的合作经济组织法人和基层群众性自治组织法人。特别法人既不属于营利法人也不属于非营利法人，由国家通过专门的法规或政策来规范，被赋予强制性社会公共目标的，具有民事权利能力和民事行为能力，能够以自己的财产或经费承担民事责任的法人。机关法人是依照法律和行政命令组建，享有公权力，并具有独立的经费的法人。由于机关法人本身就是国家机关，因此，只有从事因履行职能所需要的民事活动时，才称其为机关法人。

农村集体经济组织法人是指在自然乡村范围内，实行家庭承包经营为基础，统分结合的双层经营体制的法人。由于农村集体经济组织属于十分复杂的组织，其既是一个农业劳动者的自愿联合体，也是一种按份共有与共同共有的所有制，还是一种劳动分配与按生产要素分配相结合的分配机制组织，因此，一般法人制度难以摄涵其特殊性，故称其为特别法人。

城镇农村合作经济组织法人是指社员自愿联合的，为社员谋求经济利益和改善生活的，共同经营，共同劳务共享收益的私益法人。其既承担着发展并完善农村集体经济的功能，又是弱者的联合，融公益性、互益性和营利性为一体，为此，称其为特别法人。

基层群众性自治组织法人主要是指居民委员会和村民委员会，属于居民或村民自我管理、自我教育、自我服务的基层群众性自治组织性质的法人。

（二）经济法律关系的客体

经济法律关系的客体是指经济法律关系主体的权利和义务所共同指向的对象，可概括为三大类：物、经济行为及智力成果。

1. 物

物是指法律关系的普遍客体，能够由法律关系主体支配的，能够满足人的需要、具有稀缺性和合法性的物质对象。当然，只有与国家干预经济活动密切相关的物才可能成为经济法律关系客体意义上的物。对于作为经济法律关系客体的物，可以根据实践的需要作出以下的划分：①生产资料和生活资料。生产资料是指社会在生产过程中的劳动资料和劳动对象。生活资料是指满足人们物质与文化生活需要的消费品。而哪些生产资料和生活资料可以成为法律关系的客体，均要由法律明文规定。②流通物、限制流通物和禁止流通物。在经济法中，流通物是依法可以在主体间自由流转、不能限制的物。限制流通物是指依法受到限制，只能在特定主体间流通或只能以特定方式在主体间流通的物。禁止流通物是法律不允许参与经济流通的物。③自然资源。自然资源是自然界中天然形成的、能够被人类利用的物质和能量的总和，具有稀缺性、地域性、多用性等特点。

④货币和有价证券。货币是充当一般等价物的特殊商品,货币在生产流通过程中是以价值形态表现的资金。有价证券是指具有一定票面金额、代表某种财产权的凭证,如股票、债券、汇票、支票、本票等。

2. 经济行为

经济行为是指经济法主体为达到一定经济目的所进行的经济活动,包括经济管理行为、完成一定工作的行为和提供一定劳务的行为。①经济管理行为。经济管理行为是指经济法管理主体行使管理权和经营权所指向的行为,例如,经济决策行为、经济命令行为、审查批准行为及经济监督检查行为等。②完成一定的工作行为。完成一定的工作行为是指在经济法主体的一方利用自己的资金和技术设备为对方完成一定的工作任务,而对方根据完成工作的数量和质量支付一定的报酬,如建筑安装、勘察设计和工程施工等。③提供一定劳务的行为。提供一定的劳务是指经济主体的一方利用自己的设施和技术条件,为对方提供一定劳务或服务满足对方的需求,而对方为此支付一定的酬金。这种客体本身不是物,而是一种行为,如仓储保管经济法律关系的客体不是保管物,而是保管行为这种劳务。

3. 智力成果

智力成果是指能为人们带来经济价值的独创的脑力劳动成果,例如专利权、专有技术、著作权、商标等。随着经济的发展以及科技的进步,智力成果在社会财富中将日益重要,其成为经济法律关系的客体也是一种必然。

(三)经济法律关系的内容

经济法律关系的内容是指经济法律关系主体依据经济法享有的经济权利和承担的经济义务。

1. 经济权利

经济权利是指经济法律关系主体依据经济法享有的各种权利,包括:①国家及经政府授权的其他组织在进行管理和监管的过程中所行使的经济权利,如宏观调控权、市场监督权。②国家作为经济活动主体直接参与经济活动所享有的经济权利,也包括接受国家调控与监管的组织和个人所享有的经济权利,如财产所有权、经营管理权、债权、知识产权等。

2. 经济义务

经济义务是指经济法律关系的主体依法应履行的某种经济责任。这种责任与经济法律关系主体的资格是相对应的,义务主体必须依照国家法律、法规或者当事人之间订立的合同,为或不为一定的经济行为,以实现权利主体的利益要求。义务主体如果未能履行法定或者约定的义务,须承担相应的法律责任。

经济权利和经济义务是对立统一的关系,是相互依存、相互制约的。如果经济法律关系主体一方有了某种权利,同时也就意味着另一方负有相应的义务。没有无权利的义务,也没有无义务的权利。因此,无论是权利的滥用,还是义务没有履行,都负有经济责任。

自学自测 扫描此码

第三节 经济法律责任

本节知识点导图

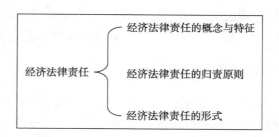

一、经济法律责任的概念与特征

（一）经济法律责任的概念

经济法律责任是指经济法律关系的主体违反经济法律规范所应承担的法律责任。根据我国经济法的规定，违反经济法所需要承担的法律责任，主要有民事责任、行政责任和刑事责任三种形式。

知识拓展

民事责任的优先适用[①]

《民法典》第187条规定："民事主体因同一行为应当承担民事责任、行政责任和刑事责任的，承担行政责任或者刑事责任不影响承担民事责任；民事主体的财产不足以支付的，优先用于承担民事责任。"该条确立了民事责任优先性原则。也就是说，在因同一行为而产生了民事责任、行政责任和刑事责任时，行为人的财产应当优先用于承担民事责任。

但在适用优先性规则时，必须明确责任主体应当是同一主体，即无论是行为主体还是责任主体，在确定其责任时，就要考虑其财产是否足以承担所有的责任。如果责任人因承担了其他的责任而不足以承担民事责任，应当优先承担民事责任。因此，如果各类责任的承担主体不同，就不存在该规则适用的前提。例如：被用工者因实施犯罪行为而承担刑事责任，此时，由被用工者承担刑事责任，而民事责任则由用工者承担，由于责任主体不是同一主体，因而不适用民事责任优先性原则。

[①] 王利明，杨立新，王轶，等. 民法学[M]. 5版. 北京：法律出版社，2017：232.

（二）经济法律责任的特征

经济法律责任除了具有一般法律责任的共同特征，还有其特有的特征，具体表现在以下三个方面。

（1）追究经济法律责任主体的多元性。有权追究经济法律责任的机关是多元的，主要有国家司法机关、国家行政管理机关和仲裁机构等，它们均可在其职责范围内，依法追究违法主体的经济法律责任。

（2）承担经济法律责任主体的双重性。首先，在经济法律关系中，经济法的调控主体与受控主体分属不同层面，因而它们应分别承担不同的法律责任。其次，当法人违法时，可以在对法人进行经济制裁的同时，追究其直接责任人员的民事责任、行政责任甚至刑事责任。

（3）经济法律责任构成的统一性。从经济法律责任的内部构成上看，它不是某种单一的法律责任，它由民事责任、行政责任和刑事责任组成，是三者的有机结合体。

二、经济法律责任的归责原则

经济法律责任的归责原则应该坚持分类归责、责任法定和责罚对应原则。[①]

（1）分类归责原则。宏观调控权力的行使重在调控，市场监管中具有宏观调控效果的市场规制权力的行使亦重在调控，而市场规制权力的行使重在执行。宏观调控责任定性、定量的不确定因素多，市场规制责任定性、定量的确定性因素相对稳定，因此，分类区别不可避免。

（2）责任法定原则。责任法定原则强调责任的追究应该事先规定责任构成要件和相关程序等，做到合法、合理、公正。合法原则要求权力依法设立并依法行使，控制滥用自由裁量权。合理原则要求行使权力虽然以公共利益为目标却不得不限制公民权利时，或为了实现经济管理目标可能对合法权益造成某种不利影响时，应当让这种影响限制在尽可能小的范围和限度，使两者的关系处于适度比例。公正原则主张立法上公正地分配政府与公民的经济权力、权利、义务，调控或规制执法过程中关注权力行使的实体公正和程序公正，实现决定公开、过程公开、信息公开。

（3）责罚对应原则。法律责任是法律制裁的基础，所有的法律制裁都能对应相应的法律责任，而某些情况下，有责任并不一定意味着制裁，进而被惩罚，比如民事制裁的存在。然而，绝大部分情况下，法律制裁与法律责任始终是对应的。可以说法律制裁是对法律课责的回应。

三、经济法律责任的形式

（一）民事责任

民事责任是指对违反经济法律、法规的单位或个人所采取的具有经济或财产权益内容的法律责任，民事责任主要有赔偿性责任和补偿性责任，《民法典》第 179 条对民事

[①] 赵大华. 论经济法中权力主体的经济法律责任[J]. 法商研究，2016（5）.

责任做出列举性规定，即：承担民事责任的方式主要有：一是停止侵害；二是排除妨碍；三是消除危险；四是返还财产；五是恢复原状；六是修理、重作、更换；七是继续履行；八是赔偿损失；九是支付违约金；十是消除影响、恢复名誉；十一是赔礼道歉。同时，《民法典》增加了惩罚性赔偿规定，但是，此规定仅是表明民事赔偿可以具有惩罚性色彩，而并不意味着，民事责任具有经济管控职能，其仅是相关主体因违法相关法律规定而需要承担的法律责任。

（二）行政责任

行政责任是国家行政机关对违反经济法律、法规的单位或个人依法采取的行政制裁措施。行政责任包括行政处分和行政处罚。其中，行政处分主要适用于与国家机关、企事业单位有行政隶属关系的违法者，根据《公务员法》第62条规定，主要有警告、记过、记大过、降级、撤职、开除等；行政处罚适用于违反行政法律、法规但尚未构成犯罪的公民、法人或其他组织。根据《行政处罚法》第9条规定，行政处罚的种类主要有六种：一是警告、通报批评；二是罚款、没收违法所得、没收非法财物；三是暂扣许可证件、降低资质等级、吊销许可证件；四是限制开展生产经营活动、责令停产停业、责令关闭、限制从业；五是行政拘留；六是法律、行政法规规定的其他行政处罚。

（三）刑事责任

刑事责任是指国家审判机关对严重违反经济法律规范并触犯刑律的单位或个人依法采取的刑事制裁措施。根据《刑法》第32条规定，刑罚分为主刑和附加刑。主刑的种类包括：一是管制；二是拘役；三是有期徒刑；四是无期徒刑；五是死刑。附加刑的种类包括：一是罚金；二是剥夺政治权利；三是没收财产。刑事责任是经济法律责任中最为严厉的一种责任。行为人触犯刑法，须承担相应的刑事责任，轻则限制人身自由、处以罚金或者没收财产，重则剥夺生命。单位违反经济法律，情节严重，构成犯罪的，同样应当承担刑事责任。《中华人民共和国刑法》对单位犯罪采取双罚制，即对单位判处罚金，对直接责任人员判处刑罚。

知识拓展

我国市场经济法治的短板：法律责任[①]

我国改革开放30多年来，市场经济法律制度的基本框架已经建立，法制建设速度和成就是不能否认的。但同样必须承认的是，我国目前的市场经济法治状况令人担忧，由于法律责任这块短板的存在及长期得不到弥补，公权力滥用和私权利滥用的现象不仅没有得到有效遏制，而且还继续呈现发酵、膨胀状态。公权力滥用方面，选择性执法是其著例。选择性执法的本质是为了获取部门、地方、行业，甚至个人非法利益，将本应履行、不能放弃的职责、公权力视同可以行使、可以放弃，甚至可以交换的私权利，随意、恣意执法，权力商品化，造成法律适用的不公，增加了市场环境的不可预期，降低了违法的成本，减损了法律的实效，破坏了法律的权威，使法律失信于民。违法成本的

---

① 刘锐. 我国市场经济法治的短板：法律责任[J]. 国家行政学院学报，2011（4）.

降低即意味着守法成本的上升，其必然的结果是"逆选择""潜规则"盛行，"劣币淘汰良币"。此外，正是由于法律责任制度建设的不到位，公权力无法得到有效制约，进而出现了"连坐""株连"等"连带责任""无限责任""结果责任"等与现代"自己责任""有限责任"和"过错责任"的法律责任观念严重不吻合的现象。私权利滥用方面，越来越多的"拆迁钉子户""上访专业户""职业医闹"等便是明证。

　　法律责任不仅是对既有违法行为的惩罚矫正，更是对未来行为的指引，尤其是对潜在违法行为的预警。法律责任的这一特点意味着法律责任对于人们行为的调整具有滞后性。也就是说，对于违法行为的放纵并不意味着该违法行为的示范效应马上显现出来。但是，这种示范效应会呈放射状迅速拓展，而不是直线传递。因此，其后果是非常严重的。从我国改革开放以来的法治进程看，法律责任制度的不到位早已存在，但法治实践中选择性执法的快速蔓延却是近年来的事。这也恰恰印证了法律责任效应滞后和放射状拓展的基本规律，说明了我国 30 多年来相对成功的市场主体制度建设、权利制度建设和交易制度建设并没有取得应有实效的原因所在。

第一篇　市场组织法

第二章

企 业 法

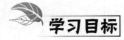

通过本章系统学习，希望同学们掌握以下知识点。

了解：个人独资企业的成立条件；法律对特殊普通合伙企业的特殊规定；外商投资法对外资企业设立及运营的法律规定。

掌握：合伙企业的类型及各类合伙企业的成立条件；普通合伙企业和有限合伙企业的区别与联系；2020年《民法典》合同编第二十七章合伙合同对合伙企业的影响；外资企业的类型。

难点：2019年《外商投资法》及《外商投资法实施条例》对中外商投资企业法、中外合作经营企业法和中外合资经营企业法的影响与变化，以及未来发展的分析。

实训：模拟在自贸试验区设立外商投资企业，并设计外商投资企业设立的法律过程。

甲企业诉乙五金厂买卖合同纠纷案[①]

经营化工、电镀原材料等的甲企业，原在温州市某湾区蓝天电镀工业园区A区设立经营部。乙五金厂在蓝天电镀工业园区A区经营五金加工业务。甲企业、乙五金厂之间一直存在业务往来，2014年1月28日，经双方结算，乙五金厂尚欠甲企业货款12 112元，此后一直到2014年8月，乙五金厂继续向甲企业购买电镀原材料，甲企业继续向乙五金厂发货，总计价值177 510元。其间，甲企业多次向乙五金厂催讨欠款，但乙五金厂一直以种种理由予以拖延，至今未付任何款项。陈某是乙五金厂的投资人，由于乙五金厂一直不还钱，故原告起诉，请求判令：

（1）乙五金厂向甲企业支付货款及逾期利息；

（2）陈某对乙五金厂的上述债务承担连带清偿责任；

（3）本案诉讼费由被告承担。

问题：上诉主张是否能够得到法院的支持？

---

① 嘉兴某企业诉温州市龙湾某五金厂等买卖合同纠纷案[EB/OL]. (2016-09-10) http://www.pkulaw.cn.auth.lib.bit.edu.cn/Case/pfnl_1970324860647288.html?match=Exact.

第一节　个人独资企业法

本节知识点导图

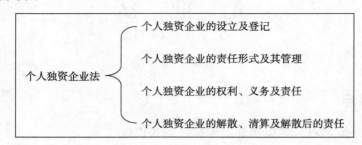

个人独资企业法是以个人独资企业为调整对象，调整个人独资企业设立、运营、变更及解散等经济活动的法律规范的总称。《中华人民共和国个人独资企业法》（以下简称《个人独资企业法》）于 1999 年 8 月 30 日在第九届全国人民代表大会常务委员会第十一次会议通过，自 2000 年 1 月 1 日起施行。一般情况下，个人独资企业规模较小，投资设立比较容易，并且运营比较灵活，也是创业者比较愿意选择的一种模式。个人独资企业和本章第二节介绍的合伙企业均在《民法典》中被定位为"非法人组织"①。

一、个人独资企业的设立及登记

（一）个人独资企业的设立

个人独资企业是指在中国境内依法设立的，由一个自然人投资并且财产为投资人个人所有，投资人以其个人财产对企业债务承担无限责任的经营实体。设立个人独资企业需要满足以下四方面条件：

（1）投资主体要求。投资主体应当是完全民事行为能力的自然人。法律、行政法规禁止从事营利性活动的人，不得作为投资人申请设立个人独资企业。例如公务员、军人。

（2）出资要求。设立个人独资企业应该有与其经营产业相匹配的出资。我们国家现行法律对出资数额没有限制。出资形式可以用货币出资，也可以用实物、土地使用权、知识产权或者其他财产权利作为出资，采用实物、土地使用权等出资方式，需要折算成相应的货币数额。至于财产是否属于出资人所有，现行法律没有具体要求，投资人可以用个人财产出资，也可以用家庭财产出资，但需要在设立或变更登记说明书上予以注明。

（3）名称的要求。个人独资企业的名称要求突出个人独资企业的特点，以便交易相对方可以通过名称判断企业属性，为此，个人独资企业名称不能使用"有限""有限责任""公司"等引人误解的字样，个人独资企业可以用厂、店、工作室等能够与其责任形式及从事的营业相符合的名称。

（4）其他要求。有固定的生产经营场所和必要的生产经营条件，以及与生产经营范

---

① 《民法典》第 102 条，非法人组织是不具有法人资格，但是能够依法以自己的名义从事民事活动的组织。非法人组织包括个人独资企业、合伙企业、不具有法人资格的专业服务机构等。

围、规模相适应的从业人员。个人独资企业作为一个企业，其需要有某种经营场所，并具备一定数量的劳动者，才能从事商人所必要的经营。按照《个人独资企业法》第3条规定，个人独资企业以其主要办事机构所在地为住所。

知识拓展

大学生等特殊主体创业扶持

2017年修订的《中华人民共和国中小企业促进法》（以下简称《中小企业促进法》）第25条规定，高等学校毕业生、退役军人和失业人员、残疾人员等创办小型微型企业，按照国家规定享受税收优惠和收费减免。至于何谓小微型企业，按照《中小企业促进法》第2条规定，微型企业划分标准由国务院负责中小企业促进工作综合管理的部门会同国务院有关部门，根据企业从业人员、营业收入、资产总额等指标，结合行业特点制定，报国务院批准。《中小企业促进法》从财税支持、融资促进、创业支持等方面作出制度保障，鼓励大学生等特殊主体进行创业，以制度引导大学生等特殊主体将智识成果向生产力转化，增进就业的同时，促进经济发展。

（二）个人独资企业登记

（1）登记申请书内容。个人独资企业设立申请书应当载明下列事项：①企业的名称和住所；②投资人的姓名和居所；③投资人的出资额和出资方式；④经营范围。

（2）登记申请程序。申请设立个人独资企业，首先经营业务是法不禁止则许可，不得从事法律、行政法规禁止经营的业务，如果从事法律、行政法规规定须报经有关部门审批的业务，应当在取得营业执照后，再到有关部门申请许可批准。其次应当由投资人或者其委托的代理人向个人独资企业所在地的登记机关提交设立申请书、投资人身份证明、生产经营场所使用证明等文件。如果是委托代理人申请设立登记，还需要出具投资人的委托书和代理人的合法证明。

（3）登记机关登记行政行为。根据2022年3月1日实施的《中华人民共和国市场主体登记管理条例》（以下简称《市场主体登记管理条例》）第19条和第20条规定，登记机关应当对个人独资企业申请人的申请材料进行形式审查。对申请材料齐全、符合法定形式的予以确认并当场登记。不能当场登记的，应当在3个工作日内予以登记；情形复杂的，经登记机关负责人批准，可以再延长3个工作日。申请材料不齐全或者不符合法定形式的，登记机关应当一次性告知个人独资企业申请人需要补正的材料。登记申请不符合法律、行政法规规定，或者可能危害国家安全、社会公共利益的，登记机关不予登记并说明理由。

（4）执照签发。个人独资企业营业执照的签发日期，为个人独资企业成立日期。同时，个人独资企业的投资者还需要注意，其在领取个人独资企业营业执照之前，投资人不得以个人独资企业名义从事经营活动。

（5）变更登记及分支机构设立登记。根据2022年3月1日实施的《中华人民共和国市场主体登记管理条例》第24条规定，个人独资企业申请人变更登记事项，应当自作出变更决议、决定或者法定变更事项发生之日起 30 日内向登记机关申请变更登记。

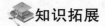知识拓展

"证照分离"改革，激发市场主体发展活力

2021 年 5 月国务院印发《国务院关于深化"证照分离"改革进一步激发市场主体发展活力的通知》，提出证照改革目标，对涉企经营许可事项全覆盖清单管理，按照直接取消审批、审批改为备案、实行告知承诺、优化审批服务等四种方式分类推进审批制度，建立简要同效、公正透明、宽进严管的行业准营规则。主要措施有以下三方面：

一是大力推动照后减证和简化审批。首先直接取消审批。一般企业取得营业执照即可开展经营。其次审批改为备案。在贸易流通、教育培训、医疗、食品、金融等领域放开市场准入，在全国范围内将一些涉企经营许可事项改为备案管理。再次实行告知承诺。农业、制造业、生产服务、生活消费、电信、能源等领域大幅简化准入审批，对涉企经营许可事项实行告知承诺，有关主管部门要及时将企业履行承诺情况纳入信用记录，依法依规实施失信惩戒并归集至全国信用信息共享平台。最后优化审批服务。

二是强化改革系统集成和协同配套。首先实施涉企经营许可事项清单管理。清单实行分级管理，清单要动态调整更新并向社会公布，接受社会监督。其次深化商事登记制度改革。经营范围规范目录要根据新产业、新业态的发展及时调整更新，对于企业超经营范围开展非许可类经营活动的，市场监管部门不予处罚。最后推进电子证照归集运用。实现跨地域、跨部门互认互信，在政务服务、商业活动等场景普遍推广企业电子亮照亮证。

三是创新和加强事中事后监管。首先适应改革要求明确监管责任。按照"谁审批、谁监管、谁主管、谁监管"原则，健全审管衔接机制。健全多元共治、互为支撑的协同监管格局。其次根据改革方式健全监管规则。分领域制定全国统一、简明易行的监管规则，下放审批权限的，要同步调整优化监管层级，实现审批监管权责统一。最后结合行业特点完善监管方法。全面推行"双随机、一公开"监管，对新技术、新产业、新业态、新模式等实行包容审慎监管、量身定制监管模式，对轻微违法行为依法从轻、减轻或者免予行政处罚。深入推进"互联网+监管"，探索智慧监管，加强监督数据共享，运用大数据、物联网、人工智能等手段精准预警风险隐患。

国务院通过系列政策的推进①，用政府权力的"减法"换市场活力的"乘法"，激发市场活力，解放生产力，进一步释放我国经济发展的内在潜力。同时，国务院还发布《中华人民共和国市场主体登记管理条例》，为培育壮大市场主体和促进公平竞争提供法律保障。

---

① 2015 年国务院办公厅印发《国务院办公厅关于加快推进"三证合一"登记制度改革的意见》明确提出"三证合一"登记制度，开启了全国企业登记制度的简政放权，2016 年，《国务院办公厅关于加快推进"五证合一、一照一码"登记制度改革的通知》，又加速了多证合一的改革进程，将"工商营业执照、组织机构代码证、税务登记证、社会保险登记证、统计登记证"五证合于"工商营业执照"一身，改过去由"五部门分别发证"为"一家统管"。2017 年，国务院印发《国务院办公厅关于加快推进"多证合一"改革的指导意见》，优化审批流程，提高审批效率，提升透度和可预期性。

（三）违法设立、登记的相关法律责任

1. 违法设立所涉及的法律责任

（1）因投资而产生的责任。投资人提交虚假文件或采取其他欺骗手段，取得企业登记的，责令改正，处以5 000元以下的罚款，情节严重的，并处吊销营业执照。如果个人独资企业使用的名称与其在登记机关登记的名称不相符合的，责令限期改正，处以2 000元以下罚款。

（2）因营业执照所产生的责任。如果投资人涂改、出租、转让营业执照的，责令改正，没收违法所得，处以3 000元以下罚款，情节严重的，吊销营业执照。对于伪造营业执照的，责令停业，没收违法所得，处以5 000元以下的罚款。构成犯罪的，依法追究刑事责任。投资人未领取营业执照，以个人独资企业名义从事经营活动的，责令停止经营活动，处以3 000元以下的罚款。

2. 违法登记所涉及的法律责任

登记机关对不符合个人独资企业法规定条件的个人独资企业予以登记，或者对符合个人独资企业法规定条件的企业不予登记的，对直接责任人员依法给予行政处分，构成犯罪的，依法追究刑事责任。如果登记机关的上级部门的有关主管人员强令登记机关对不符合个人独资企业法规定条件的企业予以登记，或者对符合个人独资企业法规定条件的企业不予登记的，或者对登记机关的违法登记行为进行包庇的，那么对直接责任人员依法给予行政处分，构成犯罪的，依法追究刑事责任。登记机关对符合法定条件的申请不予登记或者超过法定时限不予答复的，当事人可依法申请行政复议或提起行政诉讼。

二、个人独资企业的责任形式及其管理

（一）个人独资企业的责任形式

个人独资企业不具有独立的法人资格，因此，个人独资企业对本企业的财产依法享有所有权，个人独资企业的投资人对个人独资企业的债务承担无限责任。如果其申请企业设立登记时，明确以其家庭共有财产作为个人出资，则应当依法以家庭共有财产对企业债务承担无限责任。如果申请企业登记时，注明以个人财产出资，则以个人财产承担无限责任，与家庭共有财产无关。

知识点检验2-1

（二）个人独资企业的经营管理

2017年我国修订了《中小企业促进法》，国务院于2020年发布《保障中小企业款项支付条例》，财政部于2021年修订《中小企业发展专项资金管理办法》。这些文件从财税支持、融资促进、创业扶持、创新支持、市场开拓、服务措施、权益保护和监督检查等方面促进个人独资企业等中小企业经营管理规范化，促进社会经济发展。

1. 内部经营管理

《个人独资企业法》对个人独资企业的经营管理主体、经营管理主体的义务和法律责任作出规定。《中小企业促进法》第32条及第33条对中小企业管理作出引导性规定，

鼓励中小企业按照市场需求,推进技术、产品、管理模式、商业模式等创新。并支持中小企业在研发设计、生产制造、运营管理等环节应用互联网、云计算、大数据、人工智能等现代技术手段,创新生产方式,提高生产经营效率。

1)经营管理主体

通常情况下,个人独资企业经营管理主体可以采取两种类型:投资人自行管理企业事务;委托或者聘用其他具有民事行为能力的人负责企业事务管理。如果选择后者,则投资人可以与受托人或者被聘用的人签订书面合同,明确委托的具体内容和授予的权利范围,但此书面合同不得对抗善意第三人。

2)经营管理主体的义务

经营管理主体的行为对个人独资企业的经营成败具有至关重要的作用,因此,《个人独资企业法》采取概括与列举方式规定了受托人或者被聘用的人员的忠实与勤勉义务。首先受托人或被聘用的管理人员应当履行诚信、勤勉义务,按照与投资人签订的合同负责个人独资企业的事务管理。其次受托人或聘用的管理人员不得有下列行为:一是利用职务上的便利,索取或者收受贿赂;二是利用职务或者工作上的便利侵占企业财产;三是挪用企业的资金归个人使用或者借贷给他人;四是擅自将企业资金以个人名义或者以他人名义开立账户储存;五是擅自以企业财产提供担保;六是未经投资人同意,从事与本企业相竞争的业务;七是未经投资人同意,同本企业订立合同或者进行交易;八是未经投资人同意,擅自将企业商标或者其他知识产权转让给他人使用;九是泄露本企业的商业秘密;十是法律、行政法规禁止的其他行为。

3)违反相关义务的法律责任

投资人委托或者聘用的人员管理个人独资企业事务时违反双方订立的合同或违反法律规定的义务,给投资人造成损害的,承担民事赔偿责任。侵犯个人独资企业财产权益的,责令退还侵占的财产。如果此行为给企业造成损失的,那么依法承担赔偿责任,有违法所得的,没收违法所得,构成犯罪的,依法追究刑事责任。

案例分析 2-1

小张于 2020 年成立某个人独资企业,并聘用小王来管理该个人独资企业,同时小张以个人独资企业名义与小王签订聘用合同,并在合同中明确规定,小王以个人独资企业名义对外签合同的权限不得超过 10 万元,简言之,10 万元以上的合同均需要征得小张同意,否则产生的责任完全由小王个人来承担,因此给个人独资企业和小张造成损失的,也由小王承担。某日小王与不知聘用合同内容的金丽服装公司签订价值为 200 万元的订货合同,金丽服装公司将货物发给个人独资企业,次日来催款,小张以聘用合同规定为由,拒绝付款。

问题:如果你是金丽服装公司的法定代表人,应该如何处理此事?

答案解析 扫描此码

2. 个人独资企业外部管理环境的优化

国家为了维护中小企业合法权益,优化营商环境,2017 年修订《中小企业促进法》,并于 2020 年 7 月通过《保障中小企业款项支付条例》,通过立法优化个人独资企业外部管理环境。首先是国家设立中小企业发展基金。国家中小企业发展基金应当遵循政策性导向和市场化运作原则,主要用于引导和带动社会资金支持初创期中小企业,促进创业创新。其次是国家实行有利于小型微型企业发展的税收政策,对符合条件的小型微型企业按照规定实行缓征、减征、免征企业所得税、增值税等措施,简化税收征管程序,减轻小型微型企业税收负担。最后是明确中小企业交易付款保障措施。明确规定机关、事业单位从中小企业采购货物、工程、服务,应当自货物、工程、服务交付之日起30日内支付款项,合同另有约定的,付款期限最长不得超过60日,如果机关、事业单位和大型企业迟延支付中小企业款项的,应当支付逾期利息。双方对逾期利息的利率有约定的,约定利率不得低于合同订立时1年期贷款市场报价利率,未做约定的,按照每日利率0.05%支付逾期利息。①

三、个人独资企业的权利、义务及责任

(一)个人独资企业的权利与义务

个人独资企业虽然不具有独立法人资格,但其作为经营实体,依法自主经营,并享有法律、行政法规规定的其他权利。其具有独立依法申请贷款之权利,可以取得土地使用权,同时,个人独资企业具有拒绝摊派之权利,即任何单位和个人不得违反法律、行政法规的规定,以任何方式强制个人独资企业提供财力、物力、人力。对于违法强制提供财力、物力、人力的行为,个人独资企业有权拒绝。

有相应的权利就必然需要承担必要的义务。为了更好地监管个人独资企业,按照个人独资企业法相关规定,个人独资企业从事经营活动必须遵守法律、行政法规,遵守诚实信用原则,不得损害社会公共利益,还要依法设置会计账簿,进行会计核算。并且应当依法履行纳税义务。

如果个人独资企业需要招用职工的,应当依法招用职工。职工的合法权益受法律保护,应当依法与职工签订劳动合同,保障职工的劳动安全,按时、足额发放职工工资。并且个人独资企业应当按照国家规定参加社会保险,为职工缴纳社会保险费。个人独资企业职工依法建立工会,工会依法开展活动。同时在个人独资企业中的中国共产党党员依照《中国共产党章程》进行活动。

(二)个人独资企业的责任

个人独资企业不当地行使上述权利并拒绝履行上述法定义务或履行义务不符合法律规定,其需要承担相应的民事责任、行政责任和刑事责任。如果个人独资企业及其投资人的财产不足以清偿上述责任的,应当先承担民事赔偿责任。

四、个人独资企业的解散、清算及解散后的责任

(一)个人独资企业的解散

个人独资企业解散是个人独资企业采取某些法律行为或者出现某种法律事实而终

---

① 参照《中华人民共和国中小企业促进法》第9条至第12条。《保障中小企业款项支付条例》第15条。

止企业生命的法律行为。根据现行法律规定，个人独资企业有四种解散情形：①投资人决定解散；②投资人死亡或者被宣告死亡，无继承人或者继承人决定放弃继承；③被依法吊销营业执照；④法律、行政法规规定的其他情形。

（二）个人独资企业的清算

1. 清算人的指定

个人独资企业解散，由投资人自行清算或者由债权人申请人民法院指定清算人进行清算。投资人自行清算的，应当在清算前15日内书面通知债权人，无法通知的，应当予以公告。债权人应当在接到通知之日起30日内，未接到通知的应当在公告之日起60日内，向投资人申报其债权。

2. 清算顺序及清算期间的义务

个人独资企业解散的，财产应当按照下列顺序清偿：①所欠职工工资和社会保险费用；②所欠税款；③其他债务。个人独资企业财产不足以清偿债务的，投资人应当以其个人的其他财产予以清偿。清算期间，个人独资企业不得开展与清算目的无关的经营活动。在按照上述规定清偿债务前，投资人不得转移、隐匿财产。

3. 解散后的责任

个人独资企业清算结束后，投资人或者人民法院指定的清算人应当编制清算报告，并于15日内到登记机关办理注销登记。2017年修订的《中小企业促进法》第31条规定，国家简化中小企业注销登记程序，实现中小企业市场退出便利化。个人独资企业解散后，原投资人对个人独资企业存续期间的债务仍应承担偿还责任，但债权人在5年内未向债务人提出偿债请求的，该责任消灭。

案例分析 2-2

王凯于2018年12月成立一家红花服装个人独资企业，2019年3月，该个人独资企业与甲企业签订200万元的布料采购合同，2019年4月，红花服装个人独资企业交给甲企业定金40万元，甲企业将200万元布料采购合同运至红花服装个人独资企业，2019年10月，王凯所设立的红花服装个人独资企业宣告解散，2020年4月，甲企业起诉红花服装个人独资企业和王凯，要求红花服装个人独资企业和王凯清偿货款，然而，王凯称那是红花服装个人独资企业所欠的货款，红花服装个人独资企业已解散，为此，没有必要再偿还。

问题：王凯的说法正确吗？为什么？

即练即测题

第二节 合伙企业法

本节知识点导图

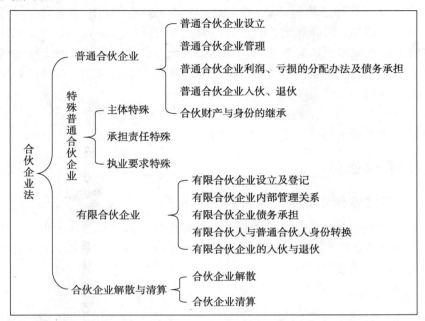

合伙企业法就是调整合伙企业设立、运营、变更、解散等相关法律行为的法律规范的总称。1997年8月1日，我国《中华人民共和国合伙企业法》（以下简称《合伙企业法》）开始施行，1997年合伙企业法仅规范一种合伙企业形式，即规定普通合伙企业。然而，随着我国市场经济的迅速发展，普通合伙企业这种单一合伙企业形式已经不能满足市场投资主体的需求。为此，我们国家于2006年修订了《合伙企业法》，此次合伙企业法的修订，增加了有限合伙企业这种形式，并结合会计师事务所等中介组织的需求，增加特殊普通合伙企业，尽可能提供更多的企业形式供投资者选择，从而促进更多的民众选择合伙企业这种形式来投资创业，促进中国企业经济的发展与繁荣。

近些年，国家从政策和法律等制度层面对合伙企业作出制度引导，其中，政策方面主要体现在简证放权。2015年以来国务院印发《国务院办公厅关于加快推进"三证合一"登记制度改革的意见》等系列文件，简证放权，激发企业活力。法律方面主要体现为四部法律：第一部是《中华人民共和国合伙企业登记管理办法》（以下简称《合伙企业登记管理办法》）。2014年修订《合伙企业登记管理办法》主要在三方面作出修订：一是公示和证照管理。企业登记机关将合伙企业登记、备案信息通过企业信用信息公示系统向社会公示。同时，要求合伙企业应当于每年1月1日至6月30日，通过企业信用信息公示系统向企业登记机关报送上一年度年度报告，并向社会公示。至于年度报告公示的内容以及监督检查办法由国务院制定。二是电子营业执照的推行。国家推行电子营业执照，电子营业执照与纸质营业执照具有同等法律效力。三是取消企业年度检验制度。2019年再次修订了《合伙企业登记管理办法》，对营业执照遗失或毁损的登记方式作出回应,将登记形式由"在企业登记机关指定的报刊"修改为"在国家企业信用信息公示系统"。①第二部是 2019 年国务院发布《优化营商环境条例》。通过条例进一步降低创业准入的制度性成本。第三部是 2021 年 1 月实施的《民法典》,在合同编的有名合同中增设"合伙合同",对合伙企业的合伙合同作出制度回应。第四部是《中华人民共和国市场主体登记管理条例》。对各类企业、个体工商户和农民专业合作社等登记管理作出统一规定,例如,明确规定,国务院市场监督管理部门主管全国市场主体登记管理工作,并要求国务院市场监督管理部门加强信息化建议,制定统一的市场主体登记数据和系统建设规范。这些政策和立法不仅对合伙企业作出制度规范,而且还在多方面对合伙企业的发展起到促进作用。

按照现行合伙企业法规范的主体类型,本节对普通合伙企业、特殊普通合伙企业和有限合伙企业三类企业主体分别展开分析。

一、普通合伙企业

(一)普通合伙企业设立条件和登记程序

普通合伙企业是由普通合伙人组成,由普通合伙人依据合伙企业法,在中国境内设立的,需要全体合伙人对合伙企业债务承担无限连带责任的企业。设立合伙企业需要满足实质要件和形式要件。

1. 实质要件

按照现行合伙企业法的规定,设立合伙企业需要满足以下四个法定条件。

(1)投资主体。普通合伙企业应当具有两个以上的合伙人,而且合伙人可以是自然人、法人和其他组织。如果合伙人为自然人,应当具有完全民事行为能力。如果合伙人为法人和其他组织,则国有独资公司、国有企业、上市公司以及公益性的事业单位、社会团体不得成为普通合伙人。

(2)书面合伙协议。合伙协议是合伙企业合伙人合作的基础,因而,全体合伙人应当依法对合伙协议内容协商一致,并以书面形式订立,而且订立合伙协议应当遵循自愿、平等、公平、诚实信用原则。合伙协议在《民法典》第 967 条被称为"合伙合同",是两个以上合伙人为共同的事业目的,订立的共享利益、共担风险的协议。

同时,合伙企业法为了便于合伙人更好地约定彼此之间的权利义务,对合伙协议约定事项予以导向性规定,主要列举法定事项如下:①合伙企业的名称和主要经营场所的地点;②合伙目的和合伙经营范围;③合伙人的姓名或者名称、住所;④合伙人的出资方式、数额和缴付期限;⑤利润分配、亏损分担方式;⑥合伙事务的执行;⑦入伙与退伙;⑧争议解决办法;⑨合伙企业的解散与清算;⑩违约责任。除这些法定事项外,合伙协议还可以根据合伙企业本身经营需要约定其事项,例如合伙争议的解决方式、合伙

---

① 《中华人民共和国市场主体登记管理条例》第 55 条明确规定,本条例自 2022 年 3 月 1 日施行,《中华人民共和国公司登记管理条例》《中华人民共和国企业法人登记管理条例》《中华人民共和国合伙企业登记管理办法》《农民专业合作社登记管理条例》《企业法人法定代表人登记管理规定》同时废止。虽然《合伙企业登记管理办法》不再具有法律效力,但其修订的变化点,展现了合伙企业登记制度在不断完善,以促进企业经济发展。

期限[1]等。

按照现行法律规定，合伙协议经全体合伙人签名、盖章后就在当事人之间产生约束力。合伙协议生效后，除合伙协议另有约定除外，一般情况下全体合伙人在协商一致的基础上，可以进行修改或者补充。合伙协议未约定或者约定不明确的事项，由合伙人协商决定，协商不成的，依照合伙企业法和其他有关法律、行政法规的规定处理。

（3）合伙人出资。合伙人的出资比较多元化，可以用货币、实物、知识产权、土地使用权或者其他财产权利出资，也可以用劳务出资。合伙人以实物、知识产权、土地使用权或者其他财产权利出资，需要评估作价的，可以由全体合伙人协商确定，也可以由全体合伙人委托法定评估机构评估。合伙人以劳务出资的，其评估办法由全体合伙人协商确定，并在合伙协议中载明。

合伙人应当按照合伙协议约定的出资方式、数额和缴付期限，履行出资义务[2]。以非货币财产出资的，依照法律、行政法规的规定，需要办理财产权转移手续的，应当依法办理。如果合伙企业增加或减少出资，则需要全体合伙人决定或按照合伙协议的约定进行相应的法律行为。

（4）合伙企业的名称和生产经营场所。合伙企业的名称中应当标明"普通合伙"字样，不得标明"有限""有限责任"等字样。同时，合伙企业应当具有经常性、持续性的生产经营场所，按照合伙企业登记管理办法规定，经企业登记机关登记的合伙企业主要经营场所只能有一个，并且应当在其企业登记机关登记管辖区域内。

以上是通常情况下普通合伙企业需要满足的设立条件，如果法律、行政法规对普通合伙企业的设立规定了其他条件，应当符合该规定的要求。

2. 形式要件

合伙人申请设立合伙企业，首先要确定合伙企业的经营范围，属于法律、行政法规规定在登记前须经批准的项目的，该项经营业务应当依法经过批准，并在登记时提交批准文件，同时应当向企业登记机关提交登记申请书、合伙协议书、合伙人身份证明等文件。

登记机关应当对合伙企业申请材料进行形式审查。对申请材料齐全、符合法定形式的予以确认并当场登记。不能当场登记的，应当在3个工作日内予以登记；情形复杂的，经登记机关负责人批准，可以再延长3个工作日。申请材料不齐全或者不符合法定形式的，登记机关应当一次性告知申请人需要补正的材料。

合伙企业登记申请不符合法律、行政法规规定，或者可能危害国家安全、社会公共利益的，登记机关不予登记并说明理由。申请人申请市场主体设立登记，登记机关依法予以登记的，签发营业执照。营业执照签发日期为市场主体的成立日期。法律、行政法规或者国务院决定规定设合伙企业须经批准的，应当在批准文件有效期内向登记机关申请登记。营业执照分为正本和副本，具有同等法律效力。电子营业执照与纸质营业执照具有同等法律效力。

---

[1] 根据《民法典》第976条规定，合伙期限属于推定事项，简言之，合伙协议有约定的，从约定，没有约定的，视为不定期合伙。

[2] 这一点在《民法典》第968条再次作出制度安排，即合伙人应当按照约定的出资方式、数额和缴付期限，履行出资义务。

知识拓展

先证后照

先证后照，指从事前置许可经营项目的市场主体，需要先到许可审批部门办理有关许可证明文件，再到市场监督管理部门申请办理营业执照。这种方式的缺点是在等待许可证中，创业者往往难以开展前期筹备工作。而先照后证则是先取得营业执照，经营许可事项是在领取营业执照之后再行申请批准，但法律、行政法规、国务院决定规定的企业登记前置许可事项除外。2015年开始，国家采取清单方式清理行政审批项目，将多项登记前置审批事项改为后置审批，2021年3月，市场监管总局发布《企业登记前置审批事项目录（2021年）》《企业变更登记、注销登记前置审批事项目录（2021年）》，对企业登记前需要前置审批事项作出正面清单安排，以便投资者对需要审批的事项有个清楚的认知，进而对登记事项作出合理的安排。

在合伙企业经营期间，合伙企业登记事项发生变更的，执行合伙事务的合伙人应当自作出变更决定或者发生变更事由之日起15日内，向企业登记机关申请办理变更登记。

知识点检验 2-2

（二）普通合伙企业经营管理

1. 合伙企业财产

合伙企业财产是合伙企业开展生产经营的物质基础，按照《民法典》第969条规定，合伙财产主要指合伙人的出资、因合伙事务依法取得的收益和其他财产。一般情况下，合伙企业的财产主要由三部分组成：①合伙企业成立之初，合伙人的出资；②合伙企业运营期间，以合伙企业名义取得的收益；③合伙企业运营期间，依法取得的其他财产。这些财产由全体合伙人共同所有。除合伙企业法另有规定，合伙人在合伙企业清算前，不得请求分割合伙企业的财产①。如果合伙人在合伙企业清算前私自转移或者处分合伙企业财产的，合伙企业不得以此对抗善意第三人。

这种共同所有，并不意味着个别合伙人不能转让合伙份额。如果在合伙企业经营期间，某些合伙人需要转让合伙份额，可以采取两种类型：一种是对内转让；另外一种是对外转让。合伙人之间转让在合伙企业中的全部或者部分财产份额时，应当通知其他合伙人。而合伙人对外转让其在合伙企业中的全部或者部分财产份额，除合伙协议另有约定外，须经其他合伙人一致同意。其他合伙人在同等条件下具有优先购买权，但是，如果合伙协议对对外转让事宜另有约定，则遵从约定。合伙人以外的人依法受让合伙人在合伙企业中的财产份额，经修改合伙协议才能成为合伙企业的合伙人，并依照合伙企业法和修改后的合伙协议享有权利并履行义务。

如果合伙人以其在合伙企业中的财产份额出质，那么须经其他合伙人一致同意，未经其他合伙人一致同意，其行为无效。由此给善意第三人造成损失的，由行为人依法承担赔偿责任。

---

① 《民法典》第969条第2款规定，合伙合同终止前，合伙人不得请求分割合伙财产。

2. 合伙事务执行

（1）合伙事务执行方式。合伙人对合伙事务的执行，原则上享有同等权利并承担同等义务。但考虑到合伙企业运营的效率，合伙企业法规定，合伙事务的执行方式主要有三种：①全体合伙人参与合伙事务的执行。①在事务的执行过程中，可以群力群策，也可以由合伙人分别执行合伙事务，其中，执行事务合伙人可以对其他合伙人执行的事务提出异议。提出异议时，应当暂停该项事务的执行。②如果发生争议，以协商或表决的方式作出决定。②部分合伙人执行。合伙人也可以在合伙协议中约定或者经全体合伙人决定，委托一个或者数个合伙人对外代表合伙企业执行合伙事务，而其他合伙人不再执行合伙事务。如果受委托执行合伙事务的合伙人不按照合伙协议或者全体合伙人的决定执行事务，那么其他合伙人可以决定撤销该委托。③聘任合伙人以外的人进行经营管理。被聘任的经营管理人员应当在合伙企业授权范围内履行职务，被聘任的合伙企业的经营管理人员，超越授权范围履行职务，或者在履行职务过程中因故意或者重大过失给合伙企业造成损失的，依法承担赔偿责任。

（2）不执行合伙事务的合伙人的权利义务。不执行合伙事务的合伙人具有监督权。④不执行事务的合伙人有权查阅合伙企业会计账簿等财务资料，以便了解合伙企业的经营状况和财务状况。

（3）合伙事务表决办法。通常合伙事务表决由合伙协议约定的表决办法办理，如果合伙协议约定或者约定不明确的，除合伙企业法另有规定之外，实行合伙人一人一票并经全体合伙人过半数通过的表决办法。

对于下列事项，除合伙协议另有约定外，则应当经全体合伙人一致同意：①改变合伙企业的名称；②改变合伙企业的经营范围、主要经营场所的地点；③处分合伙企业的不动产；④转让或者处分合伙企业的知识产权和其他财产权利；⑤以合伙企业名义为他人提供担保；⑥聘任合伙人以外的人担任合伙企业的经营管理人员。

（4）合伙人忠实义务。合伙企业最大特点是绝对人合性，因此，要求合伙人之间彼此信任与忠实。按照现行合伙企业法规定，合伙人的忠实义务主要有三方面：①竞业禁止。合伙人不得自营或者同他人合作经营与本合伙企业相竞争的业务。②交易禁止。合伙人不得同本合伙企业进行交易，但是合伙协议另有约定或者经全体合伙人一致同意除外。③其他义务。合伙人不得从事损害本合伙企业利益的活动，例如在执行合伙事务中谋取私利而损害合伙企业利益或者其他合伙人利益。

（5）合伙企业与第三人关系。合伙企业对合伙人执行合伙事务以及对外代表合伙企

---

① 《民法典》第970条第1款规定，合伙人就合伙事务作出决定的，除合伙合同另有约定外，应当经全体合伙人一致同意。

② 《民法典》第970条第3款，合伙人分别执行合伙事务的，执行事务合伙人可以对其他合伙人执行的事务提出异议；提出异议后，其他合伙人应当暂停该项事务的执行。

③ 按照《民法典》第971条的规定，原则上，合伙人不得因执行合伙事务而请求支付报酬，但是合伙合同另有约定的除外。从这个规定可以看出，无论是全体合伙人执行合伙事务，还是部分合伙人执行合伙事务，均不得请求支付报酬。为了避免影响执行事务合伙人的积极性，本书建议，合伙人在合伙协议中一定要对执行事务合伙人的报酬作出约定。

④ 《民法典》第970条第2款，《合伙企业法》第26—36条。

业权利的限制，不得对抗善意第三人。同时，合伙企业对其债务，应先以其全部财产进行清偿，合伙企业不能清偿到期债务的，合伙人承担无限连带责任。

（三）普通合伙企业利润、亏损的分配办法及债务承担

1. 普通合伙企业利润、亏损的分配办法

利润与亏损是任何合伙企业在经营过程中需要处理好的关系，为了更好地平衡合伙企业收益与亏损之间的关系，合伙企业法规定，合伙企业的利润分配和亏损分担，按照合伙协议的约定办理。合伙协议未约定或者约定不明确的，由合伙人协商决定，协商不成，由合伙人按照实缴出资比例分配和分担，无法确定出资比例的，由合伙人平均分配和分担。①

同时为避免个别合伙人利益受到损害，合伙企业法规定，合伙协议不得约定将全部利润分配给部分合伙人或者由部分合伙人承担全部亏损。

2. 普通合伙企业的债务承担

（1）普通合伙企业债务。虽然合伙企业不具有法人资格，但普通合伙企业可以有自己的财产。对于合伙企业的债务，应先以其全部财产进行清偿。如果合伙企业不能清偿到期债务的，则合伙人承担无限连带责任。其中某个合伙人因承担无限连带责任，而导致其清偿数额超过合伙协议约定的亏损分担比例，其有权根据合伙协议向其他合伙人追偿。②

（2）合伙人个人债务。如果合伙人发生与合伙企业无关的债务，那么就涉及合伙人个人债务是否影响其在合伙企业的财产及身份的问题。按照现行合伙企业法规定，合伙人发生与合伙企业无关的债务，相关债权人不得以其债权抵销其对合伙企业的债务，也不得代位行使合伙人在合伙企业中的权利。③当合伙人的自有财产不足清偿其与合伙企业无关的债务时，该合伙人可以以其从合伙企业中分取的收益进行清偿，债权人也可以依法请求人民法院强制执行该合伙人在合伙企业中的财产份额用于清偿。人民法院强制执行合伙人的财产份额时，应当通知全体合伙人，其他合伙人在同等条件下有优先购买权。其他合伙人不购买，又不同意将该财产份额转让给他人的，则需要依法为该合伙人办理退伙结算，或者办理减少该合伙人相应财产份额的结算。

案例分析 2-3

王明是凯布莱制衣厂的合伙人（凯布莱为普通合伙企业），王明因在上海购买私人住宅向李强借款 52 万元，约定 2019 年 12 月偿还，结果到期未还，于是，李强找到凯布莱制衣厂，要求以王明在合伙企业的份额来偿还王明欠自己的 52 万元债务，或者由自己代替王明在凯布莱制衣厂合伙人的身份。

问题：李强的主张能否得到法律的支持？为什么？

---

① 关于合伙利润分配和亏损分担，参见《民法典》第 972 条和《合伙企业法》第 33 条。
② 《民法典》第 973 条和《合伙企业法》第 38-40 条对合伙人对合伙债务的连带责任及追偿权作出规定。
③ 《民法典》第 975 条和《合伙企业法》第 22、23 条对"合伙人个人债务的负担"作出制度安排。

（四）普通合伙企业入伙、退伙

1. 入伙

入伙是指第三人按照合伙企业法规定，或合伙协议约定的程序，加入合伙企业，取得合伙人身份的过程。

按照现行法律规定入伙需要满足下列条件：①除合伙协议另有约定外，应当经全体合伙人一致同意，并依法订立书面入伙协议；②原合伙人应当向新合伙人如实告知原合伙企业的经营状况和财务状况。

新合伙人入伙后，其与原合伙人享有同等权利，承担同等责任。入伙协议另有约定的，从其约定。并且新合伙人对入伙前合伙企业的债务承担无限连带责任。

知识点检验 2-4

2. 退伙

1）退伙的类型

退伙是在合伙企业存续期限间，合伙人退出合伙企业，合伙人资格消灭。根据现行法律规定，普通合伙人退伙有三种类型：自愿退伙、当然退伙和除名退伙。

（1）自愿退伙。自愿退伙，是指合伙人根据自己的意愿或按照自我约定的安排而退出合伙企业。按照现行法律规定，如果合伙企业合伙协议未约定合伙期限的，合伙人在不给合伙企业事务执行造成不利影响的情况下，可以退伙，但应当提前 30 日通知其他合伙人。如果合伙协议约定合伙期限的，在合伙企业存续期间，有下列情形之一的，合伙人可以退伙：①合伙协议约定的退伙事由出现；②经全体合伙人一致同意；③发生合伙人难以继续参加合伙的事由；④其他合伙人严重违反合伙协议约定的义务。如果合伙人不当退伙，给合伙企业造成损失的，应当予以赔偿。

（2）当然退伙。当然退伙，又称为法定退伙，是指合伙人基于法律直接规定的事由而丧失合伙人资格并退出合伙企业的情形。按照法律规定，合伙人有下列情形之一的，当然退伙：①作为合伙人的自然人死亡或者被依法宣告死亡；②个人丧失偿债能力；③作为合伙人的法人或者其他组织依法被吊销营业执照、责令关闭、撤销，或者被宣告破产；④法律规定或者合伙协议约定合伙人必须具有相关资格而丧失该资格；⑤合伙人在合伙企业中的全部财产份额被人民法院强制执行。值得注意的是，如果合伙人被依法认定为无民事行为能力人或者限制民事行为能力人的，经其他合伙人一致同意，那么可以依法转为有限合伙人，普通合伙企业依法转为有限合伙企业。其他合伙人如果未能一致同意的，则该无民事行为能力或者限制民事行为能力的合伙人退伙。退伙事由实际发生之日为退伙生效日。

（3）除名退伙。除名退伙，又称开除退伙，是指合伙人因不履行法定义务或其他事由，而被其他合伙人一致同意强制其退出合伙企业的情形。合伙人有下列情形之一的，经其他合伙人一致同意，可以决议将其除名：①未履行出资义务；②因故意或者重大过失给合伙企业造成损失；③执行合伙事务时有不正当行为；④发生合伙协议约定的事由。对合伙人的除名决议应当书面通知被除名人。被除名人接到除名通知之日，则除名生效，被除名人退伙。如果被除名人对除名决议有异议的，可以自接到除名通知之日起 30 日内向人民法院起诉。

2）退伙后的法律效力

退伙涉及四方面法律效力。一是退伙人丧失合伙人身份，脱离原合伙协议约定的权利义务关系。二是合伙财产的清理与结算。合伙人退伙，其他合伙人应当与该退伙人按照退伙时的合伙企业财产状况进行结算，退还退伙人的财产份额。退伙人在合伙企业中财产份额的退还办法，由合伙协议约定或者由全体合伙人决定，可以退还货币，也可以退还实物。三是债务的承担。退伙人对基于其退伙前的原因发生的合伙企业债务，承担无限连带责任，如果退伙人对给合伙企业造成的损失负有赔偿责任的，则相应扣减其应当赔偿的数额。四是退伙时有未了结的合伙企业事务。如果退伙时有未了结的合伙企业事务，待该事务了结后进行结算。合伙人退伙时，合伙企业财产少于合伙企业债务的，退伙人应当依法或依约分担亏损。值得注意的是，合伙人的退伙并不必然导致合伙的解散，只有在合伙为两个人的情况下，其中一人退伙则导致合伙的解散。

课堂讨论 2-1

某合伙企业的合伙人甲，因病死亡，当时清理了合伙企业的资产与债务，发现合伙企业资产为 56 万元，而合伙企业债务为 97 万元，于是其他合伙人找到甲的儿子乙，要求乙承担甲生前所在合伙企业的债务，乙不承担，认为其父亲甲都死了，没有必要再为合伙企业的债务承担责任了。针对乙的说法，表述你的观点，并陈述理由。

（五）合伙财产与身份的继承

自然人作为合伙人，可能会因死亡而产生继承问题。对于合伙人在合伙企业的财产或其合伙身份的继承，按照现行法律规定，合伙人死亡或者被依法宣告死亡的，对该合伙人在合伙企业中的财产份额享有合法继承权的继承人，按照合伙协议的约定或者经全体合伙人一致同意，从继承开始之日起，取得该合伙企业的合伙人资格。

合伙人的继承人也可能只能继承合伙人在合伙企业的财产份额。按照现行合伙企业法规定，具有下列情形之一的，合伙企业应当向合伙人的继承人退还被继承合伙人的财产份额：①继承人不愿意成为合伙人；②法律规定或者合伙协议约定合伙人必须具有相关资格，而该继承人未取得该资格；③合伙协议约定不能成为合伙人的其他情形。如果合伙人的继承人为无民事行为能力人或者限制民事行为能力人的，经全体合伙人一致同意，可以依法成为有限合伙人，普通合伙企业依法转为有限合伙企业。全体合伙人未能一致同意的，合伙企业应当将被继承合伙人的财产份额退还该继承人。

课堂讨论 2-2

对于自然人合伙人的继承人是否取得合伙人身份的问题，两组同学产生不同的看法：第一组同学认为自然人合伙人死亡后，其继承人具有选择权，可以成为合伙企业的合伙人，也可以不成为合伙企业的合伙人。第二组同学认为自然人合伙人死亡后，其继承人只能继承合伙人在合伙企业的财产，而不是合伙人的身份，所以不能继承。运用上述知识，分析两组同学哪一组说法正确。

二、特殊普通合伙企业

特殊普通合伙企业起源于得克萨斯州，1991年，得克萨斯州率先立法对普通合伙中无过错的合伙人予以有限责任保护，其他州紧追其后积极响应。特殊普通合伙企业之所以在名称中要冠以"特殊普通合伙"字样，主要是因为其相对于普通合伙企业而言，特殊普通合伙企业的"特殊"之处主要体现在以下三方面。

（一）主体特殊

设立特殊普通合伙企业的主体是具有一定专业知识和专门技能的人，也就是说，特殊普通合伙企业是以专业知识和专门技能为客户提供有偿服务的企业，考虑到有些专业服务机构不是以企业的形式运营，《合伙企业法》第107条特别规定，非企业专业服务机构依据有关法律采取合伙制的，其合伙人承担责任的形式可以适用本法关于特殊的普通合伙企业合伙人承担责任的规定。例如医生诊所、会计师事务所和律师事务所等。以会计师事务所的合伙人为例，2017年财政部修订《会计师事务所审批和监督暂行办法》，并在2018年发布《其他专业资格人员担任特殊普通合伙会计师事务所合伙人暂行办法》对会计师事务所合伙人作出制度安排，主要有两类人可以成为会计师事务所的合伙人。一类是具有注册会计师执业资格证书，同时需要满足四种情况；[1]另一类是虽然没有注册会计师资格证书，但具有中国资产评估师、中国税务师、中国造价工程师职业资格的人员，同时需要满足五类情况。[2]

（二）承担责任特殊

一个合伙人或者数个合伙人在执业活动中因故意或者重大过失造成合伙企业债务的，应当承担无限责任或者无限连带责任，其他合伙人以其在合伙企业中的财产份额为

---

[1]《会计师事务所执业许可和监督管理办法》第11条：除本办法第十二条规定外，会计师事务所的合伙人（股东），应当具备下列条件：（一）具有注册会计师执业资格；（二）成为合伙人（股东）前3年内没有因为执业行为受到行政处罚；（三）最近连续3年在会计师事务所从事审计业务且在会计师事务所从事审计业务时间累计不少于10年或者取得注册会计师执业资格后最近连续5年在会计师事务所从事审计业务；（四）成为合伙人（股东）前3年内没有因欺骗、贿赂等不正当手段申请会计师事务所执业许可而被省级财政部门作出不予受理、不予批准或者撤销会计师事务所执业许可的决定；（五）在境内有稳定住所，每年在境内居留不少于6个月，且最近连续居留已满5年。因受行政处罚、刑事处罚被吊销、撤销注册会计师执业资格的，其被吊销、撤销执业资格之前在会计师事务所从事审计业务的年限，不得计入本条第一款第三项规定的累计年限。

[2]《其他专业资格人员担任特殊普通合伙会计师事务所合伙人暂行办法》第5条：有其他专业资格人员担任合伙人的特殊普通合伙会计师事务所向所在地省级财政部门申请执业许可时，除了提交《会计师事务所执业许可和监督管理办法》规定的材料外，还应当提交与其他专业资格合伙人有关的下列材料：（一）其他专业资格合伙人情况表（附表）；（二）有效身份证明；（三）相关职业资格证书复印件；（四）符合本办法第二条第二项规定条件的书面承诺函；（五）由省级行业协会或者主管部门出具的符合本办法第二条第三项和第四项规定条件的证明，造价工程师连续5年从事与该资格相关工作的证明由该工作经历所在单位出具，资产评估师前3年内因执业行为受行政处罚情况无需提供证明，由省级财政部门自行查验；（六）近1年的社保缴费记录，退休人员提供退休证复印件。

其他专业资格合伙人是境外人员或移居境外人员的，还应当提交符合本办法第二条第五项条件的住所有效证明和居留时间有效证明及承诺函。

限承担责任。合伙人在执业活动中非因故意或者重大过失造成的合伙企业债务以及合伙企业的其他债务,由全体合伙人承担无限连带责任。如果合伙人执业活动中因故意或者重大过失造成的合伙企业债务,以合伙企业财产对外承担责任后,那么该合伙人应当按照合伙协议的约定对给合伙企业造成的损失承担赔偿责任。

(三)执业要求特殊

特殊普通合伙企业应当建立执业风险基金、办理职业保险。执业风险基金用于偿付合伙人执业活动造成的债务。执业风险基金应当单独立户管理。具体管理办法由国务院规定。例如,《中华人民共和国注册会计师法》(以下简称《注册会计师法》)第28条规定,会计师事务所按照国务院财政部门的规定建立职业风险基金,办理职业保险。而财政部颁布的《会计师事务所财务管理若干问题的暂行规定》第10条第15款规定,职业风险基金按业务收入的10%计提,作为因不可避免的工作失误而依法进行赔偿的准备金。

除了上述特殊规定外,特殊普通合伙企业完全适用于普通合伙企业的法律规定。

三、有限合伙企业

有限合伙企业是指合伙企业由普通合伙人与有限合伙人组成,其中普通合伙人对合伙企业的债务承担无限责任或无限连带责任,而有限合伙人以其认缴的出资额为限对合伙企业债务承担责任的企业。这种投资模式的企业有助于人们能够将智力资本与其他生产资本相结合,促进企业经济发展。

(一)有限合伙企业设立及登记

1. 有限合伙企业设立实质要件

依据现行法律规定,有限合伙企业设立需要满足以下五方面条件。

(1)有限合伙企业设立主体。有限合伙企业由普通合伙人与有限合伙人组成,一般情况下,合伙人人数为2个以上50个以下,其中至少应当有一个普通合伙人。而且普通合伙企业关于普通合伙人的资格限制也适用于有限合伙企业中的普通合伙人。

(2)有限合伙企业名称。有限合伙企业名称中应当标明"有限合伙"字样。

(3)有限合伙协议。除了应当具备普通合伙企业协议中应有的内容外,有限合伙协议还需要载明下列事项:①普通合伙人和有限合伙人的姓名或者名称、住所;②有限合伙人的姓名或者名称及认缴的出资数额;③执行事务合伙人应具备的条件和选择程序;④执行事务合伙人权限与违约处理办法;⑤执行事务合伙人的除名条件和更换程序;⑥有限合伙人入伙、退伙的条件、程序以及相关责任;⑦有限合伙人和普通合伙人相互转变程序。

(4)合伙人的出资。对于普通合伙人可以参照普通合伙企业中的合伙人的出资形式。而有限合伙人,其也可以用货币、实物、知识产权、土地使用权或者其他财产权利作价出资。但是有限合伙人不得以劳务出资,并且有限合伙人应当按照合伙协议的约定按期足额缴纳出资。未按期足额缴纳的,应当承担补缴义务,并对其他合伙人承担违约责任。

（5）住所及其他事项。有限合伙企业的住所与普通合伙企业基本相同，如果法律、行政法规对有限合伙企业的设立规定了其他条件，应当符合该规定的要求。

2. 有限合伙企业设立形式要件

有限合伙企业的登记程序同普通合伙企业一样，申请人提交的登记申请材料齐全、符合法定形式，企业登记机关能够当场登记的，应予当场登记，发给合伙企业营业执照。如果登记申请材料欠缺，则企业登记机关应要求有限合伙企业申请人补齐申请材料，并应当在3个工作日内予以登记，情形复杂的，经登记机关负责人批准，可以再延长3个工作日，如果有限合伙企业登记申请不符合法律、行政法规规定，或者可能危害国家安全、社会公共利益的，登记机关不予登记并说明理由。合伙企业营业执照的签发之日，为有限合伙企业的成立日期。

（二）有限合伙企业内部管理关系

1. 有限合伙企业事务的执行

由于有限合伙人以其投资额为限承担责任，为此，按照现行法律规定，其不参与有限合伙企业的经营管理，不得对外代表有限合伙企业。有限合伙企业由普通合伙人执行合伙事务。执行事务合伙人可以要求在合伙协议中确定执行事务的报酬及报酬提取方式。为了更好地判断有限合伙人的行为是否在执行合伙事务，现行合伙企业法列举规定了不视为有限合伙人执行合伙事务的情形：①参与决定普通合伙人入伙、退伙；②对企业的经营管理提出建议；③参与选择承办有限合伙企业审计业务的会计师事务所；④获取经审计的有限合伙企业财务会计报告；⑤对涉及自身利益的情况，查阅有限合伙企业财务会计账簿等财务资料；⑥在有限合伙企业中的利益受到侵害时，向有责任的合伙人主张权利或者提起诉讼；⑦执行事务合伙人怠于行使权利时，督促其行使权利或者为了本企业的利益以自己的名义提起诉讼；⑧依法为本企业提供担保。

如果有限合伙人执行了合伙事务，而且第三人有理由相信有限合伙人为普通合伙人并与其交易的，那么该有限合伙人对该笔交易承担与普通合伙人同样的责任。同时，我们还要注意一点，如果有限合伙人未经授权以有限合伙企业名义与他人进行交易，给有限合伙企业或者其他合伙人造成损失的，那么该有限合伙人应当承担赔偿责任。

案例分析2-4

张三、李四和王五三人成立某有限合伙企业，其中张三和李四为有限合伙人，张三以劳务出资，李四以人民币出资，共出资100万元，王五为普通合伙人，以自有房屋出资，同时王五负责合伙企业的经营。某日，李四以该合伙企业的名义与刘力订立230万元的汽车买卖合同，刘力不知李四是合伙企业的有限合伙人，并将汽车发货到该有限合伙企业，王五找相关评估机构评估，该汽车市价为110万元，为此，王五以李四是有限合伙人为由，主张合同无效，拒绝付款。

问题：张三的出资是否符合法律规定？王五的主张能否得到法律的支持，为什么？

2. 有限合伙其他事务的特殊规定

与普通合伙企业相比，有限合伙企业有其特有的运营理念，主要体现在以下两方面。

1）有限合伙人财产转让条件放宽

有限合伙人可以按照合伙协议的约定向合伙人以外的人转让其在有限合伙企业中的财产份额，但应当提前 30 日通知其他合伙人。

2）有限合伙人义务限制减少

（1）允许与合伙企业交易。有限合伙人可以同本有限合伙企业进行交易；但是，合伙协议另有约定的除外。

（2）允许竞业经营。有限合伙人可以自营或者同他人合作经营与本有限合伙企业相竞争的业务；但是，合伙协议另有约定的除外。

（3）允许出质。有限合伙人可以将其在有限合伙企业中的财产份额出质；但是，合伙协议另有约定的除外。

（4）利润分配条件放宽。除有限合伙协议另有约定，否则有限合伙企业不得将全部利润分配给部分合伙人。

（三）有限合伙企业债务承担

有限合伙人的自有财产不足以清偿其与合伙企业无关的债务的，该合伙人可以以其从有限合伙企业中分取的收益用于清偿；债权人也可以依法请求人民法院强制执行该合伙人在有限合伙企业中的财产份额用于清偿。人民法院强制执行有限合伙人的财产份额时，应当通知全体合伙人。在同等条件下，其他合伙人有优先购买权。

（四）有限合伙人与普通合伙人身份转换

在合伙企业经营期间，可能会出现有限合伙人与普通合伙人身份转换之需求，为此，根据现行合伙企业法规定，除合伙协议另有约定外，普通合伙人转变为有限合伙人，或者有限合伙人转变为普通合伙人，应当经全体合伙人一致同意。有限合伙人转变为普通合伙人的，对其作为有限合伙人期间有限合伙企业发生的债务承担无限连带责任。普通合伙人转变为有限合伙人的，对其作为普通合伙人期间合伙企业发生的债务承担无限连带责任。如果有限合伙企业仅剩有限合伙人的，就应当解散；如果有限合伙企业仅剩普通合伙人的，就转为普通合伙企业。

（五）有限合伙企业的入伙与退伙

有限合伙人的入伙与普通合伙人相同，唯一区别在于，新入伙的有限合伙人对入伙前有限合伙企业的债务，以其认缴的出资额为限承担责任。

有限合伙人的退伙与普通合伙人基本相同。例如，有限合伙人如果是自然人，也会因死亡或宣告死亡而当然退伙，有限合伙人如果是法人或其他组织，并且被依法吊销营业执照、责令关闭、撤销，或者被宣告破产，那么其同样也会当然退伙；再如，有限合伙人在合伙企业的全部财产份额被人民法院强制执行，也会当然退伙。但是由于有限合伙人承担有限责任并且不参与合伙事务执行的特殊规定，有限合伙人的退伙存在几点特别的法律规定。

（1）作为有限合伙人的自然人在有限合伙企业存续期间丧失民事行为能力的，其他合伙人不得因此要求其退伙。

（2）作为有限合伙人的自然人死亡、被依法宣告死亡或者作为有限合伙人的法人及其他组织终止时，其继承人或者权利承受人可以依法取得该有限合伙人在有限合伙企业中的资格。

（3）有限合伙人退伙后，对基于其退伙前的原因发生的有限合伙企业债务，以其退伙时从有限合伙企业中取回的财产承担责任。

课堂讨论 2-3

有限合伙企业的有限合伙人入伙、退伙与普通合伙企业的普通合伙人入伙、退伙有何区别？

扫描此码 答案解析

四、合伙企业解散与清算

（一）合伙企业的解散

合伙企业的解散是指合伙企业在经营期间因客观或主观等原因，不再继续经营，而使合伙企业的主体资格不再存在的法律行为。按照现行法律规定，合伙企业具有下列情形之一的，则应当解散：①合伙期限届满，合伙人决定不再经营；②合伙协议约定的解散事由出现；③全体合伙人决定解散；④合伙人已不具备法定人数满 30 天；⑤合伙协议约定的合伙目的已经实现或者无法实现；⑥依法被吊销营业执照、责令关闭或者被撤销；⑦法律、行政法规规定的其他原因。

（二）合伙企业的清算

1. 清算人的指定

合伙企业清算是指合伙企业宣告解散后，为了终结合伙企业现存的各种法律关系，依法清理合伙企业债权债务的行为。合伙企业解散，应当由清算人进行清算。一般情况下，清算人由全体合伙人担任，经全体合伙人过半数同意，可以自合伙企业解散事由出现后 15 日内指定一个或者数个合伙人，或者委托第三人，担任清算人。自合伙企业解散事由出现之日起 15 日内未确定清算人的，合伙人或者其他利害关系人可以申请人民法院指定清算人。根据将于 2022 年 3 月实施的《市场主体登记管理条例》的规定，清算组应当自成立之日起 10 日内将清算组成员、清算组负责人名单通过国家企业信用信息公示系统公告。清算组可以通过国家企业信用信息公示系统发布债权人公告。

2. 清算人的职责

清算人在清算期间执行下列事务：①清理合伙企业财产，分别编制资产负债表和财产清单；②处理与清算有关的合伙企业未了结事务；③清缴所欠税款；④清理债权、债务；⑤处理合伙企业清偿债务后的剩余财产；⑥代表合伙企业参加诉讼或者仲裁活动。

其中清算人在清查债权时还需要履行下列法定程序：①通知。清算人自被确定之日起 10 日内将合伙企业解散事项通知债权人，并于 60 日内在报纸上公告。②负责债权人申报债权的登记工作。债权人应当自接到通知书之日起 30 日内，未接到通知书的自公告之日起 45 日内，向清算人申报债权。债权人申报债权，应当说明债权的有关事项，并提供证明材料。清算人应当对债权进行登记。③停止与清算无关的经营活动。清算期间，合伙企业仍然存续，但不得开展与清算无关的经营活动。

3. 清算的顺序

合伙企业财产指在支付清算费用和职工工资、社会保险费用、法定补偿金以及缴纳所欠税款、清偿债务后的剩余财产。剩余财产的利润与亏损分配方式按照合伙协议的约定办理，如果合伙协议未约定或者约定不明确的，则由合伙人协商决定，协商不成的，由合伙人按照实缴出资比例分配和分担，无法确定出资比例的，由合伙人平均分配和分担。

4. 清算的法律后果

根据《合伙企业法》和《市场主体登记管理条例》的相关规定，清算组应当自清算结束之日起 30 日内向登记机关申请注销登记。在这个过程中，清算人应当编制清算报告，经全体合伙人签名与盖章，在 15 日内向企业登记机关报送清算报告，申请办理合伙企业注销登记。合伙企业注销后，普通合伙人对合伙企业存续期间的债务仍应承担无限连带责任。

如果合伙企业不能清偿到期债务的，则债权人可以依法向人民法院提出破产清算申请，也可以要求普通合伙人清偿。合伙企业依法被宣告破产的，普通合伙人对合伙企业债务仍应承担无限连带责任。

知识点检验 2-5

第三节　外商投资法

本节知识点导图

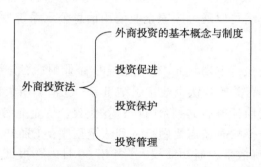

1980 年 4 月 10 日，中国第一家中外合资企业——北京航空食品有限公司批准成立，

5月1日在北京正式挂牌。截至2018年年底，我国累计设立外商投资企业约96万家。数据显示，2018年，我国实际使用外资近1 350亿美元，较1990年的101亿美元增长12倍。截至2018年年底，我国累计实际使用外资总额超过2.1万亿美元。

为了进一步扩大对外开放，积极促进外商投资，保护外商投资合法权益，规范外商投资管理，推动形成全面开放新格局，促进社会主义市场经济健康发展，根据宪法，制定了《中华人民共和国外商投资法》（以下简称《外商投资法》）。2019年3月15日，第十三届全国人民代表大会第二次会议通过《外商投资法》，同年国务院通过了《中华人民共和国外商投资法实施条例》（以下简称《外商投资法实施条例》），《外商投资法》实施后，《中华人民共和国外资企业法》《中华人民共和国中外合资经营企业法》《中华人民共和国中外合作经营企业法》同时废止，《外商投资法》自2020年1月1日起施行。

《外商投资法》明确了外商投资不但包括直接投资，还包括购买公司债券、股票等有价证券的间接投资。实行外商投资准入制度，即"准入前国民待遇+负面清单管理制度"。在利润汇入方面，允许依法以人民币或外汇自由汇入汇出，投资便利程度进一步提高。在知识产权保护方面，强调对知识产权的保护，不得利用行政手段强制转让技术。在融资方式方面，外商投资企业可以依法通过公开发行股票、公司债券等证券和其他方式进行融资。

同时，国家为了促进外商投资，于2013年开始陆续批准了21个自由贸易试验区[①]，同时发布系列规范性文件。例如，2018年，国务院印发《国务院关于支持自由贸易试验区深化改革创新若干措施的通知》；2021年7月，中央全面深化改革委员会第二十次会议审议通过了《关于推进自由贸易试验区贸易投资便利化改革创新的若干措施》，赋予自由贸易试验区更大改革自主权，推动自由贸易试验区对接国际先进规则，同时探索建设自由贸易港；2020年6月，中共中央、国务院印发了《海南自由贸易港建设总体方案》；2021年6月，第十三届全国人民代表大会常务委员会第二十九次会议通过了《中华人民共和国海南自由贸易港法》，海南自由贸易港实行投资自由化便利化政策，全面推行极简审批投资制度，完善投资促进和投资保护制度，强化产权保护，保障公平竞争，营造公开、透明、可预期的投资环境。海南自由贸易港建设不仅充分体现了中国的开放自信，也彰显了中国以实际行动推动建设开放型世界经济的责任和担当。

一、外商投资的基本概念与制度

（一）外商投资企业法与外商投资

1. 外商投资企业法的适用范围

根据现行《外商投资法》的规定，在中华人民共和国境内的外商投资，都适用本法，不限于企业形式的外商投资。

---

① 2013年9月至2020年9月，我国已经分多批次批准成立了21个自贸试验区，包括上海、广东、天津、福建、辽宁、浙江、河南、湖北、重庆、四川、陕西、海南、山东、江苏、河北、云南、广西、黑龙江、北京、湖南、安徽。

2. 外商投资的概念

外商投资，是指外国的自然人、企业或者其他组织（以下称外国投资者）直接或者间接在中国境内进行的投资活动，包括下列情形：①外国投资者单独或者与其他投资者共同在中国境内设立外商投资企业；②外国投资者取得中国境内企业的股份、股权、财产份额或者其他类似权益；③外国投资者单独或者与其他投资者共同在中国境内投资新建项目；④法律、行政法规或者国务院规定的其他方式的投资。其中第①项和第③项所称的其他投资者，包括中国的自然人在内。

3. 外商投资企业的概念

外商投资企业，是指全部或者部分由外国投资者投资，依照中国法律在中国境内经登记注册设立的企业。

（二）准入前国民待遇制度与负面清单管理制度

《外商投资法》规定外商投资实行准入前国民待遇制度加负面清单管理制度，并适用更优惠条约优先原则。

1. 准入前国民待遇制度

准入前国民待遇制度主要体现在两方面：①国民待遇，是指在投资准入阶段给予外国投资者及其投资不低于本国投资者及其投资的待遇。外国投资者单独或与其他投资者共同在中国境内设立企业，其组织形式、组织机构及其活动准则统一适用《中华人民共和国公司法》《中华人民共和国合伙企业法》的规定，实现了内外资的规范统一。②《外商投资法》确立的国民待遇原则所赋予外国投资和外国投资者在中国的法律地位将与中国本国的投资和投资者的法律地位同等，是中国的投资法律规范第一次明确对本国投资者和外国投资者在投资法律适用上一视同仁。

> **知识拓展**
>
> **《外商投资法》发布之前，外商投资企业与中国内资企业的对比**
>
> 在《外商投资法》发布之前，中国境内企业的组织形式、组织机构、活动准则等诸多方面分别由公司法、合伙企业法及"外资三法"规范，直接导致内资企业和外资企业在组织形式、组织机构及其活动准则等诸多方面多种多样，最直观的感受是，外商投资的企业可以"另行其事"。内资企业按照《公司法》、《合伙企业法》有关有限责任公司、股份有限公司、合伙企业的规定来实施，而外资企业、中外合资经营企业和中外合作经营企业则各自依照"外资三法"来实施，其中，中外合资经营企业和中外合作经营企业不设股东会，董事会是最高权力机构，而对于中外合作经营企业中的非法人组织则只是笼统地规定遵从中国民事法律的规定，在法律适用上缺乏明确和统一的法律标准。[1]

2. 负面清单管理制度

负面清单管理制度主要体现在以下四方面。

---

[1] 李少军. 外商投资国民待遇：前所未有的国家自信[J]. 人民法治，2019（9）.

（1）负面清单，是外商投资准入负面清单的简称，指国家规定在特定领域对外商投资实施的准入特别管理措施。国家对负面清单之外的外商投资，给予国民待遇。负面清单由国务院投资主管部门会同国务院商务主管部门等有关部门提出，报国务院发布或者报国务院批准后由国务院投资主管部门、商务主管部门发布。国家根据进一步扩大对外开放和经济社会发展需要，适时调整负面清单。

（2）外商投资准入负面清单规定禁止投资的领域，外国投资者不得投资。外国投资者投资外商投资准入负面清单规定禁止投资的领域的，由有关主管部门责令停止投资活动，限期处分股份、资产或者采取其他必要措施，恢复到实施投资前的状态；有违法所得的，没收违法所得。

（3）外商投资准入负面清单规定限制投资的领域，外国投资者进行投资应当符合负面清单规定的条件。外国投资者投资外商投资准入负面清单规定限制投资的领域的，由有关主管部门责令限期改正，采取必要措施满足准入特别管理措施的要求；逾期不改正的，依据以上关于"禁止投资"的规定处理。

（4）外商投资准入负面清单以外的领域，按照内外资一致的原则实施管理。

实施负面清单规定的意义在于，尽管中国在 2001 年加入世界贸易组织时，就有关中国向外资开放的投资领域有明确的时间表，但在没有实施负面清单管理的情形下，需要国家机关审批的外资准入事项仍然过多；实施负面清单管理，就明确把国务院发布的外商投资负面清单之外的投资领域全部向外资开放并与内资企业同等对待，这显然为外资准入最大限度地减少了行政审批事项。

3. 更优惠条约优先原则

更优惠条约优先原则主要是指中华人民共和国缔结或者参加的国际条约、协定对外国投资者准入待遇有更优惠规定的，可以按照相关规定执行。

二、投资促进

投资促进的具体措施主要体现在以下六方面。

1. 国家标准平等制定、平等适用

国家保障外商投资企业依法平等参与标准制定工作，强化标准制定的信息公开和社会监督。国家制定的强制性标准平等适用于外商投资企业。

2. 政府采购平等对待

国家保障外商投资企业依法通过公平竞争参与政府采购活动。政府采购依法对外商投资企业在中国境内生产的产品、提供的服务平等对待。

3. 融资方式

外商投资企业可以依法通过公开发行股票、公司债券等证券和其他方式进行融资。说明外商投资企业融资方式多样化，也可以境内上市。

4. 深化服务

政府及其有关部门应当通过政府网站、全国一体化在线政务服务平台集中列明有关外商投资的法律、法规、规章、规范性文件、政策措施和投资项目信息，并通过多种途径和方式加强宣传、解读,为外国投资者和外商投资企业提供咨询、指导等服务。

5. 制定鼓励外商投资产业目录

国家根据国民经济和社会发展需要,制定鼓励外商投资产业目录,列明鼓励和引导外国投资者投资的特定行业、领域、地区。鼓励外商投资产业目录由国务院投资主管部门会同国务院商务主管部门等有关部门拟订,报国务院批准后由国务院投资主管部门、商务主管部门发布。

6. 放宽地方性政策措施

县级以上地方人民政府可以根据法律、行政法规、地方性法规的规定,在法定权限内制定费用减免、用地指标保障、公共服务提供等方面的外商投资促进和便利化政策措施。

三、投资保护

外国投资者到我国投资,我国给予相应的制度保障,以促进外国投资者长期投资,主要体现在以下六方面。

1. 征收政策

国家对外国投资者的投资不实行征收。在特殊情况下,国家为了公共利益的需要,可以依照法律规定对外国投资者的投资实行征收或者征用。征收、征用应当依照法定程序进行,并及时给予公平、合理的补偿。

2. 投资、收益等以人民币或外币自由汇入、汇出

外国投资者在中国境内的出资、利润、资本收益、资产处置所得、知识产权许可使用费、依法获得的补偿或者赔偿、清算所得等,可以依法以人民币或者外汇自由汇入、汇出。

3. 技术合作资源平等公平原则

国家鼓励在外商投资过程中基于自愿原则和商业规则开展技术合作。技术合作的条件由投资各方遵循公平原则平等协商确定。行政机关及其工作人员不得利用行政手段强制转让技术。

4. 明确行政机关职责

行政机关依法履行职责,确需外国投资者、外商投资企业提供涉及商业秘密的材料、信息的,应当限定在履行职责所必需的范围内,并严格控制知悉范围,与履行职责无关的人员不得接触有关材料、信息。

行政机关应当建立健全内部管理制度,采取有效措施保护履行职责过程中知悉的外国投资者、外商投资企业的商业秘密;依法需要与其他行政机关共享信息的,应当对信息中含有的商业秘密进行保密处理,防止泄露。

5. 重视承诺

地方各级人民政府及其有关部门应当履行向外国投资者、外商投资企业依法作出的政策承诺以及依法订立的各类合同,不得以行政区划调整、政府换届、机构或者职能调整以及相关责任人更替等为由违约毁约。因国家利益、社会公共利益需要改变政策承诺、合同约定的,应当依照法定权限和程序进行,并依法对外国投资者、外商投资企业因此受到的损失及时予以公平、合理的补偿。

6. 完善外商投诉机制

县级以上人民政府及其有关部门应当按照公开透明、高效便利的原则,建立健全外商投资企业投诉工作机制,及时处理外商投资企业或者其投资者反映的问题,协调完善相关政策措施。

国务院商务主管部门会同国务院有关部门建立外商投资企业投诉工作部际联席会议制度,协调、推动中央层面的外商投资企业投诉工作,对地方的外商投资企业投诉工作进行指导和监督。县级以上地方人民政府应当指定部门或者机构负责受理本地区外商投资企业或者其投资者的投诉。

国务院商务主管部门、县级以上地方人民政府指定的部门或者机构应当完善投诉工作规则、健全投诉方式、明确投诉处理时限。投诉工作规则、投诉方式、投诉处理时限应当对外公布。

四、投资管理

根据现行法律规定,外国投资者在中国的投资管理主要体现三大方面。

(1)许可手续与内资一致。外国投资者在依法需要取得许可的行业、领域进行投资的,应当依法办理相关许可手续。有关主管部门应当按照与内资一致的条件和程序,审核外国投资者的许可申请,法律、行政法规另有规定的除外。

(2)外商投资企业的组织形式、组织机构及其活动准则。《外商投资法》有规定的,从其规定,没有规定的,适用《中华人民共和国公司法》《中华人民共和国合伙企业法》等法律的规定。

(3)其他规则。①外国投资者并购中国境内企业或者以其他方式参与经营者集中的,应当依照《中华人民共和国反垄断法》的规定接受经营者集中审查。②外商投资信息报告制度。外国投资者或者外商投资企业应当通过企业登记系统以及企业信用信息公示系统向商务主管部门报送投资信息。外商投资信息报告的内容和范围按照确有必要的原则确定;通过部门信息共享能够获得的投资信息,不得再行要求报送。③外商投资安全审查制度。国家建立外商投资安全审查制度,对影响或者可能影响国家安全的外商投资进行安全审查。依法作出的安全审查决定为最终决定。④反制的规定。任何国家或者地区在投资方面对中华人民共和国采取歧视性的禁止、限制或者其他类似措施的,我国可以根据实际情况对该国家或者地区采取相应的措施。

即练即测题

自学自测 扫描此码

复习思考题

1. 简述个人独资企业成立的条件。
2. 简述普通合伙企业设立的条件。
3. 简述普通合伙企业退伙的条件。
4. 近些年，设立企业的登记程序有哪些变化？
5. 2019年外商投资法及其实施条例对外商投资企业规定都有哪些方面的变化？

 案例分析

合伙企业法案例分析[①]

2015年3月，欧泰文具商行向王某购买日用品，货款共计24 115元，欧泰文具商行收到货物后于2015年4月22日出具付款凭证一份，约定付款日期为2015年6月23日。陈某是欧泰文具商行的合伙人，王某要求陈某支付款，陈某拒不支付。

陈某不付款理由有三点：一是该买卖合同的相对方是欧泰文具商行，并且该商行现在还在经营，王某应该要求商行支付货款；二是陈某在2014年4月以后已经在事实上不再参与合伙企业经营，这一点陈某提供证人张某，张某于2014年3月底应聘到欧泰文具商行，行使经理一职，接替陈某工作。同时陈某提供飞机票，证明自己从2014年3月底便离开中国，去美国结婚，并且半年后才回国。同时，陈某提供退伙协议，证明她在2015年4月2日与另外一个合伙人香港欧玺贸易有限公司签订退伙协议，在当日到公证处公证；三是陈某退伙后，另外一个合伙人应办理变更登记，但这个变更登记不影响陈某退伙的事实。

王某要求陈某付款理由：该合同发生时，陈某是欧泰文具行的合伙人。

本案件问题：陈某退伙时间，是以不参加经营为退伙的时间点，还是以退伙协议的时间点为退伙的时间点，还是以工商变更登记的时间点为退伙的时间点？

  答案解析 扫描此码

 实训材料及实训要求

1. 实训素材

实训素材一：普通合伙企业设立流程

大学生王明、赵树、张楷在大学求学期间，结合自己所学的计算机专业，打算共同做个软件开发的项目，申请了"大学生创业项目——某某软件开发"，但是三位大学生没有钱，于是找到该大学所在市的甲投资公司，在甲投资公司的建议下，三位大学生与甲投资公司共同在某某大学附近设立某某有限合伙企业，其中甲投资公司投资10万元，王明、赵树、张楷以技术投资。现就该有限合伙企业设立流程，三位同学想咨询：

[①] 王龙诉义乌市欧泰文具商行（普通合伙人）等买卖合同纠纷案，（2015）金义商外初字第158号. 北大法宝. http://www.pkulaw.cn.ezproxy.cityu.edu.hk/Case/pfnl_1970324870762351.html?match=Exact.

（1）设立有限合伙企业需要注意哪些事项？
（2）设立的流程是什么？
（3）设立过程还需要注意哪些法律风险？

实训素材二：自由贸易试验区外资企业设立流程

美国人汤姆决定与中国某计算机公司共同在中国（辽宁）自由贸易试验区大连片区设立从事计算机软件开发生产的中外合资经营企业，其中美国人汤姆决定投资100万美元，中国某计算机公司投资500万元人民币，现双方来咨询：

（1）到自由贸易试验区设立中外合资经营企业的条件及流程是什么？
（2）适用哪些法律？
（3）在设立过程中的注意事项有哪些？

实训流程及考核样例

实训素材三：外商投资法

2021年11月，商务部正式发布《中国外商投资指引（2021版）》，为外商企业在华投资提供更加全面的指南，为了加大投资促进和招商引资力度，商务部继续做好四方面工作：

一是持续扩大对外开放。中国将进一步缩减外资准入负面清单，有序扩大电信、医疗等服务业领域开放，修订扩大《鼓励外商投资产业目录》，出台自由贸易试验区跨境服务贸易负面清单。

二是持续提升投资促进水平。发挥商务部支持地方招商引资联动机制作用，围绕举办进博会、服贸会、中博会、投洽会等重大展会，持续开展"进博会走进地方""跨国公司地方行"等投资促进活动，围绕绿色发展、数字经济等重点领域开展产业链精准招商，培育利用外资新的增长点。进一步强化自贸试验区、海南自由贸易港、国家级经开区等开放平台功能，以体制机制创新促高水平开放，提升招商引资效能。

三是持续加强重点外资企业和项目服务保障。发挥外贸外资协调机制及重点外资项目工作专班作用，加强协调联动，形成服务网络，提升服务效能。围绕重点产业链供应链，加强跟踪服务和要素保障，推动一批在谈项目尽快签约落地、一批已签约项目尽快开工建设、一批在建项目尽快完工投产。

四是持续优化营商环境。继续实施好外商投资法及其配套法规，高标准落实外资准入后国民待遇，确保外资企业在要素获取、资质许可、经营运行、标准制定、政府采购等方面享受平等待遇。依法强化反垄断与反不正当竞争，严厉打击侵犯知识产权行为，营造内外资企业一视同仁、公平竞争的市场环境。落实《外商投资企业投诉工作办法》，健全全国投诉网络，指导各地提升投诉工作水平，保护外商投资合法权益。

请结合上述资料，到所在地的外资企业进行调研，并查找相关资料。

分析问题：外资企业对现行法律还有哪些新的诉求，如何完善相关法律，更好地优化外资营商法律环境？

实训流程及考核样例

第三章

公 司 法

 学习目标

通过本章系统学习，希望同学们掌握如下知识点。

了解：公司的特征及其分类，了解《民法典》将公司界定为营利性法人，以及营利性法人的特殊规则。

掌握：成立公司所需要的法定条件；近几年国家对公司登记简政放权的改革政策及法律变化；股权转让；公司组织机构及董事监事高级管理人员的资格义务；2023年公司法以及相关司法解释的相关规定。

难点：股东知情权；异议股东股票回购请求权。

培养：设立公司、运营公司以及解散公司所涉及法律知识的灵活运用能力。

实训：课后运用本章所学知识点进行设立公司的实训。

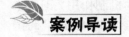 案例导读

刘某、××××汽车旅游有限公司股东资格确认纠纷二审民事判决书①

被告××××汽车旅游有限公司成立于2014年，注册资本200万元，第三人杨某为该公司股东。2014年5月30日，被告为原告刘某出具了编号第×××号出资证明书，载明："公司名称：××××汽车旅游有限公司，公司登记日期：二〇一四年一月一日，股东投资总额：人民币拾伍万元整，股东姓名：刘某，出资日期：2014年1月1日，出资方式：现金，出资总额：壹拾伍万元。"2017年11月1日，被告为原告出具编号为第×××号出资证明书，该证明书载明的内容除出资总额为5万元外，其余均与第一份出资证明书相同。上述出资证明书载明的事项未进行工商登记，亦未记载在股东名册中，公司章程与股东名册上持有此20万股权的股东为第三人杨某，且杨某一直以此股东身份代替刘某领取公司分红。2019年10月13日，被告××××汽车旅游有限公司召开第六届第二次股东会，会议决议换发出资证明书，原出资证明书即日起作废并收回。同年12月12日，原告刘某与第三人签订股权转让协议，杨某（甲方）将其持有该公司

---

① 参见刘向东、朝阳诚安汽车旅游有限公司股东资格确认纠纷二审民事判决书（2021）辽13民终1327号，案例来源：北大法宝，【法宝引证码】CLI.C.320107085。

的股权以 5 万/股的价格转让 4 股给乙方（刘某），转让款合计 20 万元，股权转让金在 2019 年 12 月 12 日付清，协议签订后，双方未到登记机关办理变更登记。

一审审理时，原告主张：

（1）请求依法判令被告将原告记载于股东名册并将原告所占公司股份到公司登记机关办理登记。

（2）请求依法判令被告给付原告 2017 年 11 月 1 日以后的股东应得利润分红，具体数额以审计后明确。

主张的事实和理由：2014 年 5 月 30 日，原告出资 15 万元入股被告公司；2017 年 11 月 1 日，原告又出资 5 万元入股被告公司。两次出资入股共计 20 万元，被告均为原告出具了出资证明书，但被告未依照《中华人民共和国公司法》《最高人民法院关于适用〈中华人民共和国公司法〉若干问题的规定（三）》等相关法律及司法解释规定，将原告记载于股东名册并到公司登记机关办理登记。被告 2017 年 11 月 1 日后，也未将原告应得的利润分红给付原告。

一审法院判决：股东资格的取得应当具备股东资格的形式要件和实质要件，其形式要件包括将股东记载在公司章程中及股东名册中，并在登记机关登记。实质要件包括公司出资协议书、履行了出资义务取得出资证明书并实际享有股东权利，有限责任公司的股东取得一般为原始取得、继受取得。原始取得即直接向公司认购股份，其可分为设立时的原始取得（设立取得）和设立后的原始取得（增资取得）；继受取得系通过转让、赠予、继承、公司合并的途径而取得股东资格。当事人对自己提出的主张，有责任提供证据。本案中，原告主张其系公司股东，但其提供的证据不足以证明其已具备上述股东的形式要件和实质要件，故对原告的诉请，本院难以支持。综上，依照《中华人民共和国公司法》第 25 条、第 28 条、第 31 条、第 32 条、第 71 条，《最高人民法院关于适用〈中华人民共和国公司法〉若干问题的规定（三）》第 21 条、第 22 条、第 24 条，《中华人民共和国民事诉讼法》第 64 条，《最高人民法院关于适用〈中华人民共和国民事诉讼法〉若干问题的规定解释》第 90 条之规定，判决：驳回原告刘某的诉讼请求。案件受理费 275 元，由原告刘某负担。

原告不服，提出上诉，上诉请求：

（1）依法撤销朝阳市双塔区人民法院（2020）辽 1302 民初 1298 号民事判决书，并依法改判支持上诉人的原审诉讼请求。

（2）一、二审诉讼费用由被上诉人承担。

问题：二审法院是否能够支持上诉人刘某（一审原告）的下列请求。

（1）原告刘某取得股东身份。

（2）原告刘某向被告主张利润分红。

第一节　公司法概论

本节知识点导图

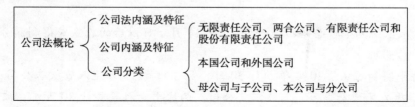

一、公司法内涵及特征

（一）公司法内涵

公司法是指调整公司设立、组织、经营及其终止等内外关系的法律规范的总称。我国公司法是在1993年12月29日通过，于1994年4月1日实施，并于1999年、2004年、2005年、2013年、2018年和2023年分别修正和修订。当然这种表达是指形式意义上的公司法，即专门以公司法命名并且国家通过立法程序颁布实施的公司法。与形式意义上的公司法相对的，是实质意义上的公司法，实质意义上的公司法并不专指法典意义上的公司法，还包括公司法登记管理条例、证券法等广泛意义上的公司法律规范，也包括《民法典》等法律对公司作出的制度安排，同时为了统一公司法审判意识，作出同案同判，最高人民法院发布了《最高人民法院关于适用〈中华人民共和国公司法〉若干问题的规定》等5部司法解释，并于2020年进行了修订，对《民法典》相关内容进行了回应。

同时，为了规范公司登记行为，国务院于1994年出台《中华人民共和国公司登记管理条例》（以下简称《公司登记管理条例》），并于2005年、2014年和2016年分别修订。虽然《公司登记管理条例》因《市场主体登记管理条例》生效而废止，但此部法规中的相关规定被《市场主体登记管理条例》吸收并修正，同时，国家工商行政管理总局2014年修订了《公司注册资本登记管理规定》[①]，2021年国务院发布《市场主体登记管理条例》，这些法规对公司登记事项作出系列制度安排。近些年公司法方面法律变动较大，主要是契合当前公司经济发展需求。总结近几年公司法主要变化如下：一是取消法定注册资本，同时注册资本实缴登记改为认缴登记；二是年度检验验照制度改为年度报告公示制度；三是推行电子营业执照，并且电子营业执照与纸质营业执照具有同等法律效力；四是简化住所登记手续，申请人提交场所合法使用证明即可予以登记；五是一照一码，先照后证；六是简化公司注册登记手续，进一步简政放权，使公司登记程序符合公司便捷效率的需求。

（二）公司法特征

公司法相对于其他法律而言，公司法具有很大的兼容性，尤其是近些年，公司法兼

[①] 2005年12月27日国家工商行政管理总局公布的《公司注册资本登记管理规定》、2009年1月14日国家工商行政管理总局公布的《股权出资登记管理办法》、2011年11月23日国家工商行政管理总局公布的《公司债权转股权登记管理办法》同时废止。

容性比较强，其是以私法为主兼具公法性质，以实体法为主兼具程序法性质。主要特征体现在以下三方面。

1. 公司法以私法为主兼具公法属性

公司法调整的是平等主体的公司及其利益相关者，主要属性是私法。由于公司是各国经济发展的主要生产力，其对人们经济生活影响越来越大，因而，各国在公司法制度设计时，都会加入行政或司法干预的因素，设置一定量公法性质的条款，进而使"公司法具有公法化"的倾向。

2. 公司法以实体法为主兼具程序性内容

公司法多数条款是按照权利义务等实体法内容设置，但是公司设立、运营、变更、清算、解散和注销的过程中，不可避免涉及程序性的规定，例如设立公司，需要历经申请、审批、登记等环节，因而，公司法中包含一些程序性条款的规定。

3. 公司法规范多具技术性

公司法还具有维护交易便捷、公平与安全之功效，其某些条款的设计具有很强的操作性和技术性。如公司债券的发行、公司财务制度等，都内含一定的技术性设计，而且便于国际上公司之间的交流与贸易，各国公司法中技术性条款都具有一定的共通性。

二、公司内涵及特征

（一）公司内涵

"公司"这一名词家喻户晓，我们日常生活中的绝大部分产品都来源于公司，而且公司也是多数人从事劳动获得经济来源的载体。深究其内涵，人们则有不同的看法。一般而言，公司是依照法律规定的条件和程序设立的以营利为目的企业法人。按照现行公司法的规定，公司是企业法人，有独立的法人财产，享有法人财产权，以其全部财产对公司的债务承担责任的经营实体。2020年颁布的《民法典》将公司界定营利性法人，即以取得利润并分配给股东等出资人为目的成立的法人。①

（二）公司特征

根据公司的概念，我们可以看出公司主要有三方面特征。

1. 公司营利性

公司经营当然要以营利为目的，但此处公司营利性主要表现为公司将其经营所得分配给投资者。如果某个经营主体，不将经营所得分配给其投资者，即使其产生一定的利润，或从事了具有一定利润的商业行为，也不能称其为公司营利性。

知识拓展

公司社会责任

公司社会责任（corporate social responsibility）是公司在追求利润最大化的同时，应

---

① 《民法典》第76条第2款规定，营利法人包括有限责任公司、股份有限公司和其他企业等。

当最大限度地关怀和增进股东利益之外的其他所有社会利益。通过公司社会责任的实施，可以化解公司在正常经营过程中的负外部性，实现公司内部利润和外部利益的均衡与稳定。①公司社会责任既是一种公司治理理念，也是一种制度安排，更是一种商业实践。其强调资本的社会性与伦理性。《公司法》第 5 条对此项责任进行抽象规定，公司社会责任体现在两个层面，一个是公司遵守法律法规之责任；另一个是公司应遵守社会公德、商业道德，诚实守信，接受政府和社会公众的监督。②

2. 公司法人性

公司法人性是指公司如同自然人一样属于法律上的独立主体，具有独立的人格。主要表现在三个方面：①人格独立。公司被批准成立之日起便具有独立人格，能够以自己的名义从事相关法律行为。②财产独立。股东将财产投资到公司，该财产所有权就归公司所有，成为公司正常经营活动的物质基础。③责任独立。公司取得营业执照，则公司必须在自主经营的基础上自负盈亏，以其全部法人财产，对公司债务承担独立责任。

知识拓展

公司人格否认制度

公司人格否认制度（disregard corporate personality）又称揭开公司面纱，该制度主要是阻止公司独立人格的滥用，保护债权人利益及社会公共利益。按照现行公司法规定，公司股东滥用公司独立人格严重损害债权人利益的，公司股东滥用公司法人独立地位和股东有限责任，逃避债务，严重损害公司债权人利益的，应当对公司债务承担连带责任。2019 年最高人民法院发布《全国法院民商事审判工作会议纪要》明确公司人格否认案裁判三项规则：一是股东积极实施了滥用权利的侵权行为；二是只有实施侵权行为的股东承担连带责任；三是虽然个案否认公司人格，但不影响公司后续独立人格的存续。同时列举三大类股东滥用行为：一是人格混同行为，主要体现在股东与公司财务不分明；二是过度支配与控制，主要体现在利益输送；三是资本显著不足，主要体现在股东实际投入公司的资本数额与公司经营所隐含的风险相比明显不匹配。2020 年《民法典》将公司人格否认制度转化为营利法人出资人的权利滥用制度。出资人的权利滥用制度。③2023 年《公司法》第 23 条对公司人格否认制度适用范围进行整合与扩张。

3. 公司社团性

通常情况下，人们理解公司社团性，是认为公司的投资主体需要两人以上，这是对公司社团性理解的误读。随着各国对一人有限责任公司的承认，这种对公司社团性的认知受到巨大冲击，因而，对公司社团性则有另外一种界读，即公司运营具有一定社

---

① 参见梁伟亮. 人工智能时代公司社会责任的软法规制[J]. 科技与法律, 2020(5): 84.
② 参见荣振华, 刘怡林. 反思：公司社会责任制度法律适用性[J]. 广西政法管理干部学院学报, 2011(3).
③ 《民法典》第 83 条规定：营利法人的出资人不得滥用出资人权利损害法人或者其他出资人的利益；滥用出资人权利造成法人或者其他出资人损失的，应当依法承担民事责任。
营利法人的出资人不得滥用法人独立地位和出资人有限责任损害法人债权人的利益；滥用法人独立地位和出资人有限责任，逃避债务，严重损害法人债权人的利益的，应当对法人债务承担连带责任。

团性。当然,也有学者认为,我们可以将一人有限责任公司及国有独资公司看作公司社团性的例外。

三、公司分类

(一)无限责任公司、两合公司、有限责任公司和股份有限责任公司

以公司内部组成形式及股东责任范围为标准,可以将公司分为无限责任公司、两合公司、有限责任公司和股份有限责任公司。但我国公司法只承认有限责任公司和股份有限责任公司。无限责任公司是指公司股东对公司债务承担无限责任的公司,类似于我国的普通合伙企业。而两合公司是指公司的股东由对公司债务承担无限责任的股东和对公司债务承担有限责任的股东共同组成的公司,类似于我国的有限合伙企业。

按照《公司法》第4条规定,有限责任公司是股东以其认缴的出资额为限对公司承担责任,而公司以其全部资产承担责任的公司。股份有限责任公司是由一定人数以上的股东创立并且全部资本划分为若干均等的股份,并由股东共同持有,所有股东以其认购的股份为限对公司承担责任,公司以其全部资产承担责任的公司。

(二)本国公司和外国公司

我国现行公司法采取设立准据法及设立行为地主义来分本国公司及外国公司。

本国公司是指依据我国公司法并在我国境内设立的有限责任公司和股份有限责任公司。而外国公司是依照外国法律在中国境外设立的公司。在此需要注意的是,外国公司在中国境内设立的分支机构不具有中国法人资格,外国公司对其分支机构在中国境内进行经营活动承担民事责任。

(三)母公司与子公司、本公司与分公司

按照公司之间关系为分类标准,可以将公司分为母公司与子公司、本公司与分公司。

1. 母公司与子公司

母公司是指拥有其他公司一定数额的股份或者通过表决权机制来控制其他公司的公司。其中被控制的公司为子公司。子公司具有独立的法人人格,并能够依法独立承担相应的民事责任。根据母公司对子公司的控制,子公司又可以分为全资子公司、绝对控股子公司、相对控股子公司。其中全资子公司是指其股权完全由母公司控制的公司;绝对控股子公司是指母公司拥有其股权额在其注册资本50%以上但不足100%的子公司;相对控股子公司是指母公司拥有的股权虽然低于50%,但依其出资额或所持有的表决权已足以对股东(大)会的决议产生重大影响的子公司。

2. 本公司与分公司

本公司又称总公司,是指从组织上、业务上管辖其他公司的公司。而分公司则是接受其他公司管辖的公司。分公司在法律上不具有独立的主体地位和法人资格,不能独立承担责任,并且经营活动主要有赖于本公司的意志。

知识点检验 3-1

自学自测 扫描此码

第二节 有限责任公司的设立

本节知识点导图

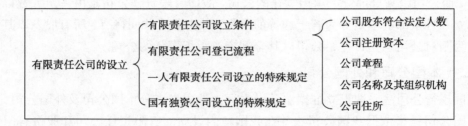

由于有限责任公司具有独立的法人人格,其是一个法律主体,为此,其设立必须满足法定的形式要件。现行《公司法》第 32 条规定了设立公司需要满足的条件,并在 2021 年《市场主体登记管理条例》中规定了设立公司等市场主体的流程。

一、有限责任公司设立条件

(一)公司股东符合法定人数

按照现行公司法规定,有限责任公司的股东人数设定一人以上五十人以下股东。由于我国现行公司法认可一人有限责任公司这一形式,为此,股东人数没有下限限制。

(二)公司注册资本

现行公司法对一般公司法定注册资本的最低限额没有规定。而且注册资本不一定要在公司设立之时实际缴纳。对此,《公司法》第 47 条规定,有限责任公司的注册资本为在公司登记机关登记的全体股东认缴的出资额。全体股东认缴的出资额由股东按照公司章程的规定自公司成立之日起五年内缴足。至于公司设立时,股东认缴资本额由公司章程作出具体规定。当然,如果法律、行政法规以及国务院决定对有限责任公司注册资本实缴、注册资本最低限额另有规定的,从其规定。例如,保险公司、商业银行等公司注册时,我国相关立法规定了最低注册资本。

至于股东的出资形式,现行公司法采取概括和列举的方式进行规定,股东可以用货币出资,也可以用实物、知识产权、土地使用权、债权、股权等以货币估价并依法转让的非货币财产作价出资;但是,法律、行政法规规定不得作为出资的财产除外。例如,股东不得以劳务、信用、自然人姓名、商誉、特许经营权或设定担保的财产等作价出资。对于非货币出资，应当评估作价并核实资产，不得高估或者低估作价。法律、行政法规对评估作价另有规定的，从其规定。无论采取何种出资形式，必须办理相关的财产转移手续，将出资财产转移到公司名下。

（三）公司章程

按照《民法典》第79条和《公司法》第5条规定，公司设立应当设立公司章程，公司章程是公司组织和行为的自治规则，也是公司设立的法定必备文件之一。有限责任公司设立时的公司章程需要全体股东共同制定，并且股东应当在公司章程上签名、盖章。一般情况下，有限责任公司章程应当载明的法定事项主要有八类：①公司名称住所；②公司经营范围；③公司注册资本；④股东的姓名或者名称；⑤股东的出资方式、出资额和出资时间；⑥公司的机构及其产生办法、职权、议事规则；⑦公司法定代表人；⑧股东会会议认为需要规定的其他事项。

（四）公司名称及其组织机构

公司名称是公司独立人格的标志。有限责任公司名称除了严格遵守相关法律、法规的要求外，还必须在公司名称中标明"有限责任公司"或"有限公司"字样。

至于组织机构，《公司法》对有限责任公司采取一般与特殊的灵活规定方式，一般情况下，有限责任公司的组织机构通常由股东会、董事会和监事会或审计委员会组成。但是，对于股东人数较少或经营规模较小的有限公司，可以不设董事会，设一名董事，或者不设监事会，设一名监事，或者经全体股东一致同意，不设监事。

（五）公司住所

公司经营必然存在从事生产经营活动的场地，有的公司甚至有多个经营场地，但是公司以其主要办事机构所在地为其住所，即公司的住所只能有一个。

二、有限责任公司登记流程

按照2020年《民法典》第77条、2023年《公司法》第39条及《市场主体登记管理条例》第3条规定，公司成立只有经历登记程序，才能获得合法主体资格。同时，为了简化公司登记流程，公司设立过程中，股东出资的验资程序不再是法定程序，为此，有限责任公司设立由全体股东指定的代表或者共同委托的代理人向公司登记机关报送公司登记申请书、公司章程等法律文件，即可申请设立登记。公司登记机关对于公司设立登记的申请材料进行审查，符合法定条件时予以登记并发给营业执照。有限责任公司自营业执照签发之日成立，并依法取得了法人资格。[①]未经公司登记机关登记的，不得以公司名义从事经营活动。

在公司经营期间，如涉及公司登记事项变更的，应当到公司登记机关办理变更登记。未经变更登记的，不得对抗善意第三人。

[①] 针对营业执照，2020年《民法典》也作出具体规定，即第78条：依法设立的营利法人，由登记机关发给营利法人营业执照。营业执照签发日期为营利法人的成立日期。

知识拓展

公司登记制度改革

我们国家近些年不断优化营商环境，在公司登记方面发布系列政策，并颁布或修订相关法律。例如，2022年3月1日实施的《中华人民共和国市场主体登记管理条例》，对市场主体登记作出统一规定，由于公司属于市场主体，因此，该条例也适用公司，主要变化点有以下几点：一是提升登记便利度，推行当场办、一次办、即时办、网上办、异地可办，如果不能当场登记的，一般应在3个工作日内予以登记。电子与纸质营业执照具有同等法律效力。二是精简申请材料和登记环节，登记机关能够通过政务信息共享平台获得的相关信息，不得要求申请人重复提供。三是为推动解决"注销难"，明确规定市场主体未发生或已清偿债权债务、职工工资、社保费用、应缴税款等，书面承诺承担相关法律责任并按规定公示的，可按简易程序办理注销。四是为降低市场主体维持成本，设立歇业制度。因自然灾害、事故灾难、公共卫生事件等造成经营困难的，市场主体可自主决定在一定时期内歇业并向登记机关备案，歇业最长不得超过3年。市场主体在歇业期间开展经营活动的，视为恢复营业，市场主体应当通过国家企业信用信息公示系统向社会公示。五是明确诚信和监管要求。市场主体实行实名登记，对提交材料真实性、合法性和有效性负责，并按规定公示年度报告和登记相关信息。对登记时提交虚假材料或有其他欺诈行为的，撤销其市场主体登记，直接责任人3年内不得再次申请登记。登记机关根据市场主体信用状况实施分级分类监管，采取"双随机、一公开"方式对登记事项进行监督检查。六是明确违法行为的法律责任和处罚措施。增强处罚针对性，情节严重的吊销营业执照，维护诚实守信、公平竞争的市场秩序。

三、股东人数较少或规模较小有限公司特殊规定

2023年修订《公司法》的最大亮点是取消了"第二章第三节一人有限公司的特别规定"，然而，这个取消并不是对一人有限责任公司的全盘否定，而是将增设的"一人股份有限公司"合并制度，兼顾"股东只有一人公司"特别制度的基础上，将其纳入"股东人数较少或规模较小"公司系列之中。主要规定如下：

（1）股东会职权形式特殊规定。根据2023年《公司法》第六十条规定，只有一个股东的有限责任公司不设股东会。股东作出前条第一款所列事项的决定时，应当采用书面形式，并由股东签名或者盖章后置备于公司。

（2）董事会与监事会特殊。按照现行公司法相关规定，股东只有一个的公司可以不设董事会和监事会，只设一名董事或监事。

（3）法律责任特殊规定。根据2023年《公司法》第23条规定，只有一个股东的公司，股东不能证明公司财产独立于股东自己的财产的，应当对公司债务承担连带责任。

案例分析 3-1

2020年4月,李某投资成立一家"大连乐美文具有限责任公司",从事文具经营,公司的住所就是李某个人居所,并且李某并没有将公司经营性收支与个人收支作出区分。头两个月经营效益比较好,然而,大连的8月是多雨季节,文具公司地下一楼库房进水,导致李某一批价值4万元的书本全部被淹(只交2 000元定金),造成较大经济损失,此项书本交易相对人要求李某个人支付4万元货款,李某表示,其建立的是有限责任公司,对公司债务仅以出资额为限承担有限责任。

问题:李某的说法正确吗?

四、国有独资公司设立的特殊规定

2023年《公司法》取消了国有独资公司单节规定,改为国家出资的公司,其中,国有独资公司属于国家出资公司的一个类型,因其投资人只有国家,基于此,本书重点介绍国有独资公司,关于国有独资公司的特别规定主要有四个方面。

(1)公司章程。按照2023年《公司法》第171条规定,国有独资公司章程由履行出资人职责的机构制定。

(2)组织机构。国有独资公司不设股东会,由履行出资人职责的机构行使股东会职权。设有董事会,不设监事会,由董事会中设置的由董事组成的审计委员会行使监事会的职权。

(3)董事会成员特殊制度。董事会成员由"履行出资人职责"的机构委派;但是,董事会成员中的职工代表由公司职工代表大会选举产生。董事会设董事长一人,可以设副董事长。董事长、副董事长由"履行出资人职责"的机构从董事会成员中指定。国有独资公司的董事长、副董事长、董事、高级管理人员,未经"履行出资人职责"的机构同意,不得在其他有限责任公司、股份有限公司或者其他经济组织兼职。

(4)重要决定的特殊程序。根据2023年《公司法》第172条规定,国有独资公司章程的制定和修改,公司的合并、分立、解散、申请破产,增加或者减少注册资本,分配利润,应当由履行出资人职责的机构决定。

第三节　股份有限责任公司的设立

本节知识点导图

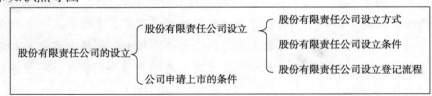

股份有限责任公司最大特点是其资本平均分为股份，而且每股金额相等，在股份有限责任公司股份为最小的资金构成单位，股东权的计算、行使、转让均以股份为单位，由于计算简便，为此成为商人进入市场的首选模式。马克思曾这样评价股份公司，"假如必须等待积累去使某些单个资本增长到能够修建铁路的程度，那么恐怕直到今天世界上还没有铁路。但是集中通过股份公司转瞬就把这件事完成了。"[①]

一、股份有限责任公司设立方式

公司设立是公司成立并取得法人资格的一种法律行为，不同公司所需要设立方式不同。按照现行公司法规定，股份有限责任公司的设立方式有两种，一种是发起设立；另一种是募集设立。

（1）发起设立。发起设立是指发起人认足全部资本额而设立公司的一种方式。其最大特点是公司所有设立资本都来自公司发起人。前述的有限责任公司也采取这种设立方式。

（2）募集设立。募集设立是公司发起人只认购部分股份，其余部分通过公开向社会或者向特定对象招募而设立公司。其中其余部分面向社会募集，则是公开募集设立，而其余部分向特定对象招募则属于定向募集设立。

二、股份有限责任公司设立条件

（一）发起人

股份有限责任公司的发起人是实施公司设立活动的人，由于发起人在公司设立过程中对外代表设立中的公司，对内履行设立中公司的各项义务，公司成立后，发起人履行职能的法律行为可能转化为公司的行为。为此，法律对发起人的人数有限制。即发起人的人数应当在 1 人以上 200 人以下。同时发起人中须有半数以上在中国境内有住所。

（二）注册资本

按照现行公司法规定，一般情况下，股份有限责任公司的注册资本数额由公司章程规定。如果采取发起设立股份有限责任公司，注册资本为在公司登记机关的已发行股份

[①] 马克思恩格斯全集：第 23 卷[M]．北京：人民出版社，1965：688．

的股本总额。在发起人认购的股份缴足前，不得向他人募集股份。如果采取募集设立股份有限责任公司的，按照《公司法》第 97 条规定，发起人认购的股份不得少于公司章程规定的公司设立时应发行股份总数的 35%。当然，上述规定是针对一般的股份有限责任公司的，如果法律、行政法规以及国务院决定对股份有限责任公司注册资本实缴、注册资本最低限额另有规定的，从其规定。发起人出资形式同有限责任公司设立时股东出资形式的要求一致。

（三）公司章程

公司章程是公司自治之内部法律文件，其对公司、股东以及高级管理人员等具有约束力。为此，公司法对公司章程的法定事项作出具体规定。通常情况下，公司章程应载明下列法定事项：①公司名称和住所；②公司经营范围；③公司设立方式；④公司注册资本、已发行的股份数和设立时发行的股份数，面额股的每股金额；⑤发起人的姓名或名称、认购的股份数、出资方式；⑥董事会的组成、职权和议事规则；⑦公司法定代表人；⑧监事会的组成、职权和议事规则；⑨公司利润分配办法；⑩公司的解散事由与清算办法；⑪公司的通知和公告办法；⑫发行类别股的，每一类别股的股份及其权利和义务；⑬股东会认为需要规定的其他事项。股东大会会议认为需要规定的其他事项。如果股份有限责任公司采取发起设立方式，则全体股东签章盖章。如果股份有限责任公司采取募集方式设立，则发起人应当自股款缴足之日起 30 日内主持召开公司成立大会。并在成立大会上对公司章程内容进行表决，必须经出席会议的认股人所持表决权过半数通过，公司章程才能通过。

（四）公司名称及组织机构

股份有限责任公司的名称需要体现"股份有限公司"或"股份有限责任公司"字样，以便通过名称能够确认公司之类型。股份有限公司的组织机构与有限公司组织机构设置相同，股东人数少或者规模小的股份有限公司可以不设董事会和监事会，设一名董事或监事。这三个机构共同构筑了股份有限责任公司治理结构的基石。

（五）公司住所

股份有限责任公司的住所同有限责任公司一样，以主要办事机构所在地为公司住所。

三、股份有限责任公司设立登记流程

（一）发起设立股份有限责任公司的登记流程

发起设立股份有限责任公司登记流程与有限责任公司成立基本相似，股份有限责任公司发起人认足公司章程规定的出资后，应当选举董事会和监事会，董事会应当授权代表，向公司登记机关报送公司章程以及法律、行政法规规定的其他文件，申请设立登记。

（二）募集设立股份有限责任公司的登记流程

募集设立股份有限责任公司的登记流程则较为复杂些。一般情况下需要历经下列流程。

（1）制作并公告招股说明书。发起人向社会公开募集股份，必须公告招股说明书，并制作认股书。认股书应当载明发起人认购的股份数、每股票面金额和发行价格、募集资金的用途、认股人权利义务等事项，由认股人填写认购股数、金额、住所，并签名、盖章。认股人按照所认购股数缴纳股款。

（2）承销与代收股款协议的签订。发起人向社会公开募集股份，应当由依法设立的证券公司承销，签订承销协议，并且应当同银行签订代收股款协议，代收股款的银行应当按照协议代收和保存股款，向缴纳股款的认股人出具收款单据，并负责向有关部门出具收款证明。

（3）成立大会召开。发行股份的股款缴足后，必须经依法设立的验资机构验资并出具证明。发起人应当自股款缴足之日起30日内主持召开公司成立大会。创立大会由发起人、认股人组成。发行的股份超过招股说明书规定的截止期限尚未募足的，或者发行股份的股款缴足后，发起人在30日内未召开创立大会的，认股人可以按照所缴股款并加算银行同期存款利息，要求发起人返还。发起人应当在创立大会召开15日前将会议日期通知各认股人或者予以公告。成立大会应当有表决权过半数的认股人出席，方可举行。

（4）创立大会职权的行使。创立大会行使下列职权：一是审议发起人关于公司筹办情况的报告；二是通过公司章程；三是选举董事会成员；四是选举监事会成员；五是对公司的设立费用进行审核；六是对发起人非货币财产出资的作价进行审核；七是发生不可抗力或者经营条件发生重大变化直接影响公司设立的，可以作出不设立公司的决议。创立大会对前款所列事项作出决议，必须经出席会议的认股人所持表决权过半数通过。

（5）登记。董事会授权的代表应于成立大会结束后30日内，向公司登记机关报送公司登记申请书、成立大会的会议记录、公司章程、法定代表人董事监事的任职文件及其身份证明、发起人的法人资格证明或者自然人身份证明等文件，申请设立登记。以募集方式设立股份有限公司公开发行股票的，还应当向公司登记机关报送国务院证券监督管理机构的核准文件。

案例分析 3-2

张某、李某和王某三人共同募集设立某股份有限责任公司，三人协商公司注册资为1 000万元，其中张某说，现行公司法取消公司最低注册资本，于是其主张1 000万元完全向社会募集。李某说，三个人将公司章程制定并签字盖章后，公司章程即发生法律效力。王某说，由其负责向社会公开募集股份，这就需要他到银行以自己的名义开设账户。

问题：这三个人的说法是否正确？为什么？

课堂讨论 3-1

分别以发起设立和募集设立的方式来设立股份有限责任公司，筹建公司的流程有何不同？

四、公司申请上市的条件

严格意义上讲，上市公司不涉及设立问题，其只涉及已经存在的股份有限公司是否能够上市，由于公司上市后，能够公开发行股票，为此一般公司上市需符合一定的条件。根据2019年修订的《中华人民共和国证券法》（以下简称《证券法》）第47条规定，申请证券上市交易，应当符合证券交易所上市规则规定的上市条件。证券交易所上市规则规定的上市条件，应当对发行人的经营年限、财务状况、最低公开发行比例和公司治理、诚信记录等提出要求。从2019年修订的《证券法》可以看出，公司申请证券上市交易的条件，按照证券交易所的上市规则来操作，我们国家目前有上海、深圳和北京①三家证券交易所。

2020年12月修订的《上海证券交易所股票上市规则》5.1.1和2020年修订的《深圳证券交易所股票上市规则》5.1.1规定，发行人首次公开发行股票后申请其股票在证券交易所上市，应当符合下列条件：一是股票经中国证监会核准已公开发行；二是具备健全且运行良好的组织机构；三是具有持续经营能力；四是公司股本总额不少于人民币5 000万元；五是公开发行的股份达到公司股份总数的25%以上，公司股本总额超过人民币4亿元的，公开发行股份的比例为10%以上；六是公司及其控股股东、实际控制人最近3年不存在贪污、贿赂、侵占财产、挪用财产或者破坏社会主义市场经济秩序的刑事犯罪；七是最近3个会计年度财务会计报告均被出具无保留意见审计报告；八是证券交易所要求的其他条件。

第四节 公司组织机构及权力分配

本节知识点导图

---

① 北京证券交易所，又称为北交所，于2021年9月3日注册成立，是经国务院批准设立的中国第一家公司制证券交易所。其经营范围为依法为证券集中交易提供场所和设施、组织和监督证券交易以及证券市场管理服务等业务。2021年9月2日，习近平主席在2021年中国国际服务贸易交易会全球服务贸易峰会致辞中宣布，继续支持中小企业创新发展、深化新三板改革，设立北京证券交易所，打造服务创新型中小企业主阵地。

公司的组织机构是涉及公司能否正常运作的重要部门，通常情况下，有限责任公司的组织机构由股东会、董事会、监事会或审计委员会，股份有限责任公司的组织机构与有限责任公司相同，股东人数少或规模小的股份有限公司不设董事会或监事会，设一名董事或者监事。而董事会与监事会分别为执行机构和监督机构，负责公司的日常事务，这两个机构人员的素质及能力对公司运营的优劣起到决定性的作用，为此公司法对其资格设置了一定的标准。

一、董事、监事、高级管理人员的相关规定

对公司经营具有重大影响力的，不仅仅只有公司组织机构，高级管理人员的素质对公司运营也起到至关重要的作用。按照现行公司法规定，高级管理人员是指公司的经理、副经理、财务负责人，上市公司董事会秘书和公司章程规定的其他人员。也就是高级管理人员一般情况下由两种类型人员组成：一是法定人员，二是公司章程的章定人员。当然，后者由公司根据公司情况自我设定，章程可以选择是否规定高级管理人员的人选。

（一）任职资格

董事、监事、高级管理人员的任职所需要考量的因素比较多，例如经营能力、管理能力以及市场洞察力等综合能力，但这些能力并非都可以运用法律标准进行量化，为此，公司法仅规定了董事、监事、高级管理人员的消极资格。具有下列情形之一的，不得担任公司的董事、监事、高级管理人员：

（1）无民事行为能力或者限制民事行为能力。

（2）因贪污、贿赂、侵占财产、挪用财产或者破坏社会主义市场经济秩序，被判处刑罚，或者因犯罪被剥夺政治权利，执行期满未逾五年，被宣告缓刑的，自缓刑考验期满之日起未逾二年。

（3）担任破产清算的公司、企业的董事或者厂长、经理，对该公司、企业的破产负有个人责任的，自该公司、企业破产清算完结之日起未逾3年。

（4）担任因违法被吊销营业执照、责令关闭的公司、企业的法定代表人，并负有个人责任的，自该公司、企业被吊销营业执照、责令关闭之日起未逾3年。

（5）个人因所负数额较大债务到期未清偿被人民法院列为失信被执行人。

（二）法定义务

董事、监事、高级管理人员掌管公司日常事务的运营，在公司内部而言，具有一定的权力，为了避免权力在行使过程中损害公司及公司利益相关主体的权益。公司法规定董事、监事、高级管理人员某些法定义务，以保障公司及公司利益相关主体的权益不受侵犯。按照现行公司法规定，董事、监事、高级管理人员应当遵守法律、行政法规和公司章程，对公司负有忠实义务和勤勉义务，不得利用职权收受贿赂或者其他非法收入，不得侵占公司的财产。董事、监事和高级管理人员不得有以下行为。

（1）侵占公司财产、挪用公司资金。

（2）将公司资金以其个人名义或者以其他个人名义开立账户存储。

（3）直接或者间接与本公司订立合同或者进行交易，没有就与订立合同或者进行交易有关的事项向董事会或者股东会报告，并按照公司章程的规定经董事会或者股东会决议。

（4）利用职务便利为自己或者他人谋取属于公司的商业机会，不得自营或者为他人经营与其任职公司同类的业务，除法定情形之外。

（5）原则上不得利用职务便利为自己或者他人谋取属于公司的商业机会，但是有两种情况除外：一是向董事会或者股东会报告，并按照公司章程的规定经董事会或股东会决议通过；二是根据法律、行政法规或者公司章程的规定，公司不能利用该商业机会。

知识点检验 3-2

（6）接受他人与公司交易的佣金归为己有。

（7）擅自披露公司秘密。

（8）违反对公司忠实义务的其他行为。

如果股东会要求董事、监事、高级管理人员列席会议的，则董事、监事、高级管理人员应当列席并接受股东的质询。

（三）违反义务的法律责任

董事、监事、高级管理人员违反法定义务需要承担民事责任、行政责任和刑事责任。按照现行公司法规定，其民事责任主要体现在三方面。

（1）公司实施归入权。如果董事、高级管理人员出现公司法上述所禁止的八项行为，所得的收入应当归公司所有。

（2）承担赔偿责任。董事、监事、高级管理人员在执行公司职务时违反法律、行政法规或者公司章程的规定，给公司造成损失的，应当承担赔偿责任。

（3）连带责任。根据 2020 年修订的《最高人民法院关于适用〈中华人民共和国公司法〉若干问题的规定（三）》第 13 条第 2 款规定和第 14 条规定，如果股东在公司增资时未履行或者未全面履行出资义务，董事、高级管理人员未尽忠实勤勉义务，导致股东未履行或未全面履行出资义务，则董事、高级管理人员承担连带责任。如果董事、监事、高级管理人员协助股东抽逃出资致使债权人的债权无法实现，则董事、监事和高级管理人员还要对债权人承担连带清偿责任。

二、有限责任公司组织机构

按照《民法典》第 80 条、第 81 条和第 82 条规定，营利性法人应当设权力机构、执行机构和监督机构。现行公司法也作出相应的规定，一般情况下，有限责任公司组织机构主要由三个部门组成。即股东会、董事会、监事会（审计委员会）。当然，如果有限责任公司规模较小或股东人数较少，可以不设董事会和监事会，设置一名董事和监事，经全体股东同意，可以不设监事。

（一）股东会

股东会是由全体股东组成的公司的意思形成机构和最高权力机构，也是股东行使股东权的法定机构。简言之，股东会是股东表达意愿并将分散的意愿汇集起来形成股东集体意志的机构，该机构在公司内部拥有最高的权力。

1. 股东会的职权

按照《民法典》第 80 条第 2 款规定，股东会作为权力机构行使修改法人章程、选举或者更换执行机构、监督机构成员，以及法人章程规定的其他职权。现行公司法将股东会的职权分为法定与章定两部分。前者是现行公司法明确列举的职权；后者是公司根据自身经营需求，在公司章程中规定股东会的职权范围。按照现行公司法的相关规定，有限责任公司股东会的职权主要有以下几点：①选举和更换董事、监事，决定有关董事、监事的报酬事项；②审议批准董事会的报告；③审议批准监事会或者监事的报告；④审议批准公司的利润分配方案和弥补亏损方案；⑤对公司增加或者减少注册资本作出决议；⑥对发行公司债券作出决议；⑦对公司合并、分立、解散、清算或者变更公司形式作出决议；⑧修改公司章程；⑨公司章程规定的其他职权。

2. 股东会会议

1）股东会会议的种类

股东会会议是股东集中行使职权，集体商议公司重大事务的会议。按照现行公司法规定，股东会会议的种类有三类：股东会首次会议、股东会定期会议和股东会临时会议。①股东会首次会议。由于公司成立之后至第一次会议召开之前，公司事务处于完善阶段，为此，股东会首次会议的中心议题是按照股东会职权范围确定公司运营基础事项。②股东会定期会议。股东会定期会议性质上属于例会，是公司按照法律或者公司章程的规定必须定期召集的全体股东会议。通常情况下为一年一次。③股东会临时会议。一般为处置公司突发重大变故而召开。按照现行《公司法》规定，股东会临时会议召开的情形有三种：代表 1/10 以上表决权的股东，1/3 以上的董事，监事会或者不设监事会的公司的监事提议召开临时会议的，应当召开临时会议。

2）股东会会议的召集

（1）召集人。股东会会议的召集是一种程序性工作，通常情况下由董事会完成。即董事会召集并由董事长主持；董事长不能履行职务或者不履行职务的，由副董事长主持；副董事长不能履行职务或者不履行职务的，由半数以上董事共同推举一名董事主持。有限责任公司不设董事会的，股东会会议由执行董事召集和主持。董事会或者执行董事不能履行或者不履行召集股东会会议职责的，由监事会或者不设监事会的公司的监事召集和主持；监事会或者监事不召集和主持的，代表 1/10 以上表决权的股东可以自行召集和主持。

（2）召集程序。为了充分保证每一名股东的合法权益，股东会会议召集需要有一个畅通的公正的召集程序。一般情况下，召集部门应以书面形式于会议召开前 15 日[①]通知全体股东。通知股东会议的时间、地点、议程和提请审议表决的议案。当然，如果对于会议所议事项股东以书面形式一致表示同意的，可以不召开股东会会议，直接作出相应决定，只需全体股东在决定文件上签名、盖章，从而简化股东会决议程序，减少公司运

---

① 现行公司法赋予公司章程更大的自治空间，为此，如果公司章程另有规定或者全体股东另有约定的除外。

营成本。

（3）股东会的决议。股东在股东会上行使表决权从而形成公司之决议。通常情况下，股东行使表决权为"一股一权"或"一股一票"，按照资本平等原则，公司需要按资本分配权利。为此，有限责任公司按照出资比例行使表决权。但是公司章程另有规定的除外。如果公司自己回购本公司股权，进而使公司成为本公司股东，则公司持有的本公司股权没有表决权。

对于有限责任公司而言，对于普通决议事项，按照现行《公司法》规定，股东会会议作出决议应当经代表过半数表决权的股东通过。但是对于特殊决议事项，现行《公司法》予以强制性规定。股东会会议作出修改公司章程、增加或者减少注册资本的决议，以及公司合并、分立、解散或者变更公司形式的决议，必须经代表 2/3 以上表决权的股东通过。

（4）股东会决议的不成立、无效和撤销。股东会在召集与决议过程中，可能会有违法、违章或程序瑕疵，为此，法律设置了股东会会议决议不成立、无效和撤销之救济制度。一是股东会会议决议不成立。按照现行《公司法》第 27 条规定，股东会决议不成立的情形主要四种，即公司未召开会议的，但法定或章定不召开股东会而直接作出决定，并由全体股东在决定文件上签名、盖章的除外；会议未对决议事项进行表决；出席会议的人数或者股东所持表决权不符合《公司法》或公司章程规定；会议的表决结果未达到《公司法》或者公司章程规定的通过比例。二是股东会会议决议无效。公司股东会决议内容违反法律、行政法规的无效。三是撤销股东会会议决议。股东会召集程序、表决方式违反法律、行政法规或者公司章程，或者决议内容违反公司章程的，股东可以自决议作出之日起 60 日内，请求人民法院撤销。股东提起上述诉讼的，人民法院可以应公司的请求，要求股东提供相应担保。公司根据股东会决议已办理变更登记的，人民法院宣告该决议无效或者撤销该决议后，公司应当向公司登记机关申请撤销变更登记。

案例分析 3-3

甲有限责任公司章程规定，一股一权，一般决议需持表决权 1/2 以上股东通过。某日，甲有限责任公司召开股东会，会议决定任何股东在公司存续期间不得转让公司股权，并且公司增资 100 万元，甲有限责任公司共 10 名股东，只有两名股东同意，但是这两名股东所持股权占公司注册资本的 80%。

问题：
1. 该公司的股东会决议内容是否合法？
2. 如果内容合法，仅有两名股东同意，会议决议是否能够通过？

（二）董事会

董事会是由股东会选举产生的常设集体业务执行以及经营意思决定机关，其对股东会负责，并拥有独立的权限和责任。尤其在股权分散较大的国家，董事会渐成公司的核心决策机构。为此，公司法对董事会组成、会议召集以及职权等都予以详细的规定。《民法典》第81条对营利法人执行机构的规定，适用于公司董事会。即董事会为执行机构，负责召集权力机构会议，决定法人的经营计划和投资方案，决定公司内部管理机构的设置，以及法人章程规定的其他职权。

1. 人数及人员组成

董事会成员为三人以上，其成员中可以有公司职工代表。职工人数三百人以上的有限责任公司，除依法设监事会并有公司职工代表以外，其董事会成员中应当有公司职工代表。董事会中的职工代表由公司职工通过职工代表大会、职工大会或者其他形式民主选举产生。

2. 董事长及董事任期

董事会设董事长一人，可以设副董事长。董事长、副董事长的产生办法由公司章程规定。董事任期由公司章程规定，但每届任期不得超过3年。董事任期届满，连选可以连任。董事任期届满未及时改选，或者董事在任期内辞职导致董事会成员低于法定人数的，在改选出的董事就任前，原董事仍应当依照法律、行政法规和公司章程的规定，履行董事职务。

3. 董事会职权

董事会对股东会负责，行使下列职权：①召集股东会会议，并向股东会报告工作；②执行股东会的决议；③决定公司的经营计划和投资方案；④制订公司的利润分配方案和弥补亏损方案；⑤制订公司增加或者减少注册资本以及发行公司债券的方案；⑥制订公司合并、分立、解散或者变更公司形式的方案；⑦决定公司内部管理机构的设置；⑧决定聘任或者解聘公司经理及其报酬事项，并根据经理的提名决定聘任或者解聘公司副经理、财务负责人及其报酬事项；⑨制定公司的基本管理制度；⑩公司章程规定的其他职权。公司章程规定的其他职权。公司章程对董事会职权的限制不得对抗善意相对人。

4. 董事会会议决议程序及决议方式

董事会会议由董事长召集和主持；董事长不能履行职务或者不履行职务的，由副董事长召集和主持；副董事长不能履行职务或者不履行职务的，由半数以上董事共同推举一名董事召集和主持。董事会的议事方式和表决程序，可以由公司章程规定。董事会应当对所议事项的决定做成会议记录，出席会议的董事应当在会议记录上签名。董事会决议的表决，实行一人一票。

（三）监事会

监事会是由股东会选举的监事和由公司职工民主选举的监事组成的对公司业务活动进行监督和检查的常设机构。按照《民法典》第82条规定，营利法人设监事会或者监事等监督机构，监督机构依法行使检查法人财务，监督执行机构成员、高级管理人员执行法人职务的行为，以及法人章程规定的其他职权。由于监事会可以有效地制衡董事会，现行公司法在赋予公司一定自治权的前提下，对监事会的组成、职权、任期等事项进行了详细的规定。按照现行公司法，有限责任公司可以不设监事会，在董事会中设置审计委员会，来行使监事会职责。

1. 人员组成

有限责任公司设监事会，监事会成员为 3 人以上。股东人数较少或者规模较小的有限责任公司，可以设一名监事，不设监事会，或经全体股东一致同意，不设监事。监事会应当包括股东代表和适当比例的公司职工代表，其中职工代表的比例不得低于 1/3，具体比例由公司章程规定。监事会中的职工代表由公司职工通过职工代表大会、职工大会或者其他形式民主选举产生。董事、高级管理人员不得兼任监事。

2. 监事任期

监事的任期每届为 3 年。监事任期届满，连选可以连任。监事会设主席一人，由全体监事过半数选举产生。监事任期届满未及时改选，或者监事在任期内辞职导致监事会成员低于法定人数的，在改选出的监事就任前，原监事仍应当依照法律、行政法规和公司章程的规定，履行监事职务。

3. 监事会的召集

监事会主席召集和主持监事会会议；监事会主席不能履行职务或者不履行职务的，由半数以上监事共同推举一名监事召集和主持监事会会议。监事会每年度至少召开一次会议，监事可以提议召开临时监事会会议。监事会的议事方式和表决程序，一般由公司章程规定。监事会决议应当经半数以上监事通过。监事会应当对所议事项的决定做成会议记录，出席会议的监事应当在会议记录上签名。

4. 监事会的职权

按照现行公司法规定，监事行使下列职权：①检查公司财务；②对董事、高级管理人员执行公司职务的行为进行监督，对违反法律、行政法规、公司章程或者股东会决议的董事、高级管理人员提出罢免的建议；③当董事、高级管理人员的行为损害公司的利益时，要求董事、高级管理人员予以纠正；④提议召开临时股东会会议，在董事会不履行法定召集和主持股东会会议职责时召集和主持股东会会议；⑤向股东会会议提出提案；⑥对董事、高级管理人员提起诉讼；⑦公司章程规定的其他职权。

由于监事会行使监督职权需要对被监督对象及行为进行了解和调查。为此，现行公司法规定，监事可以列席董事会会议，并对董事会决议事项提出质询或者建议。监事会、不设监事会的公司的监事发现公司经营情况异常，可以进行调查，必要时可以聘请会计师事务所等协助其工作，费用由公司承担。

（四）经理

经理是由董事会聘任，负责组织日常经营管理活动的公司常设辅助业务执行机关。有限责任公司根据公司本身经营情况可以设经理，也可以不设经理，经理由董事会决定聘任或者解聘。而且董事也可以兼任经理一职。当然，按照现行公司法规定，代表公司执行公司事务的经理可以成为法定代表人。

经理往往代表公司从事具体而又有针对性的日常经营管理活动，现行《公司法》虽然取消了对经理法定职权的规定,但是章程可以对经理职权做如下规定:①主持公司的生产经营管理工作,组织实施董事会决议;②组织实施公司年度经营计划和投资方案;③拟订公司内部管理机构设置方案;④拟订公司的基本管理制度;⑤制定公司的具体规章;⑥提请聘任或者解聘公司副经理、财务负责人;⑦决定聘任或者解聘除应由董事会决定聘任或者解聘以外的负责管理人员;⑧董事会授予或公司章程规定的其他职权。

三、国有独资公司组织机构

(一)董事会

1. 人员组成及任期

董事会成员由履行出资人职责的机构委派;但是,董事会成员中的职工代表由公司职工代表大会选举产生。董事每届任期不得超过 3 年。董事会设董事长一人,可以设副董事长。董事长、副董事长由履行出资人职责的机构从董事会成员中指定。

2. 董事会职权

董事会的职权参照一般有限责任公司董事会职权范围的规定。但由于国有独资公司的投资主体为国家,为此,国有独资公司不设股东会,由履行出资人职责的机构行使股东会职权。履行出资人职责的机构可以授权公司董事会行使股东会的部分职权,但公司章程的制定和修改,公司合并、分立、解散、申请破产,增加或者减少注册资本,分配利润,应当由履行出资人职责的机构决定。还有一些特殊事项,不仅需要履行出资人职责的机构决定,而且还需要履行特殊审批手续。例如,国有独资公司改制,按照现行《企业国有资产法》第 40 条规定,由履行出资人职责的机构决定,同时还应当将改制方案报请本级人民政府批准。

(二)监督机构

现行《公司法》第 176 条明确规定,国有独资公司在董事会中设置由董事组成的审计委员会行使本法规定的监事会职权的,不设监事会或者监事。简言之,国有独资公司的监督机构可以为"审计委员会",也可以设置监事会或者监事,两种监督模式是选择而非并列关系。

(三)经理

国有独资公司设经理,由董事会聘任或者解聘。经履行出资人职责的机构同意,董事会成员可以兼任经理。经理参照一般有限责任公司的规定行使职权。

国有独资公司对董事、监事等人员兼职有所限制。国有独资公司的董事长、副董事长、董事、高级管理人员,未经履行出资人职责的机构同意,不得在其他有限责任公司、股份有限公司或者其他经济组织兼职。

课堂讨论 3-2

现行《公司法》对国有独资公司的组织机构有何特别规定?

四、股份有限责任公司组织机构

股份有限责任公司组织机构与有限责任公司相比较而言，内部组成基本相似，而且法定职权范围也可以互相参照规定。现行《公司法》对"股东一个人"的股份有限公司做出明确规定，明确股份有限公司"股东大会"改为"股东会"，并规定"股东人数较少或规模较小"的股份有限公司可以不设董事会或监事会，仅设一名董事或监事。

（一）股东会

1. 股东会类型及会议的召开

股份有限责任公司股东会由全体股东组成。股东会是公司的权力机构。其会议形式也分为定期股东会与临时股东大会。其中定期股东会应当每年召开一次年会。而临时股东会必须具备法定或章定情形时，在两个月内召开临时股东会。具体情形如下：①董事人数不足《公司法》规定人数或者公司章程所定人数的 2/3 时；②公司未弥补的亏损达股本总额 1/3 时；③单独或者合计持有公司 10%以上股份的股东请求时；④董事会认为必要时；⑤监事会提议召开时；⑥公司章程规定的其他情形。

2. 股东会召集

为了避免应该召开的股东会因召集人与主持人的原因而无法正常召开，从而影响股份有限责任公司的正常运营，现行公司法设计了逻辑严密的召集主持制度。股东会会议由董事会召集，董事长主持；董事长不能履行职务或者不履行职务的，由副董事长主持；副董事长不能履行职务或者不履行职务的，由半数以上董事共同推举一名董事主持。董事会不能履行或者不履行召集股东会会议职责的，监事会应当及时召集和主持；监事会不召集和主持的，连续 90 日以上单独或者合计持有公司 10%以上股份的股东可以自行召集和主持。

3. 股东会召集程序

在股东会召开之前，应当将会议召开的时间、地点和审议的事项于会议召开 20 日前通知各股东，临时股东会应当于会议召开 15 日前通知各股东。

股东也可以在股东会召开之前提出议案，为了提高股东会议事效率及质量，现行公司法规定了提出议案的股东需具备单独或者合计持有公司 1%以上股份这一客观条件，并且在股东会召开 10 日前提出临时提案并书面提交董事会，董事会应当自收到提案后 2 日内通知其他股东，并将该临时提案提交股东会审议。临时提案应当有明确议题和具体决议事项，并且临时提案不得违反法律、行政法规或者公司章程的规定，且属于股东会职权范围，股东会不得对通知中未列明的事项作出决议。同时，公司也不得提高"提出临时提案股东"的持股比例。

4. 股东会议事方式

股东会议事方式与有限责任公司一致，只不过股东的出资被拆分为若干个股份，股东所持每一股份有一表决权。而且与有限责任公司一样，公司持有的本公司股份没有表决权。股东会对普通事项作出决议，必须经出席会议的股东所持表决权过半数通过。但是，

知识点检验 3-3

股东会作出修改公司章程、增加或者减少注册资本的决议,以及公司合并、分立、解散或者变更公司形式的决议,必须经出席会议的股东所持表决权的 2/3 以上通过。

由于股东会所议事项涉及公司、股东及利益相关主体的权益,为此,股东会应当对所议事项的决定做成会议记录,主持人、出席会议的股东应当在会议记录上签名。会议记录应当与出席股东的签名册及代理出席的委托书一并保存。

(二)董事会

通常情况下,董事会是股份有限责任公司必设机构,其是由股东大会选举产生,代表公司全体股东的利益,是执行公司业务的常设机关。

1. 董事会组成、任期及职权

股份有限公司董事会成员组成、任期及职权适用于有限责任公司的规定。例如,董事会成员中可以有公司职工代表,其中,职工代表通过职工代表大会、职工大会或者其他形式民主选举产生。

2. 董事会会议的召开

董事会设董事长一人,可以设副董事长。董事长和副董事长由董事会以全体董事的过半数选举产生,由董事长召集和主持董事会会议,检查董事会决议的实施情况。副董事长协助董事长工作,董事长不能履行职务或者不履行职务的,由副董事长履行职务,副董事长不能履行职务或者不履行职务的,由半数以上董事共同推举一名董事履行职务。

董事会会议应有过半数的董事出席方可举行。董事会作出决议,必须经全体董事的过半数通过。董事会决议的表决,实行一人一票。

董事会每年度至少召开两次会议,每次会议应当于会议召开 10 日前通知全体董事和监事。代表 1/10 以上表决权的股东、1/3 以上董事或者监事会,可以提议召开董事会临时会议。董事会召开临时会议,可以另外召集董事会的通知方式和通知时间。

董事会会议应由董事本人出席,董事因故不能出席,可以书面委托其他董事代为出席,委托书中应载明授权范围。董事会应当对会议所议事项的决定做成会议记录,出席会议的董事应当在会议记录上签名。董事应当对董事会的决议承担责任。董事会的决议违反法律、行政法规或者公司章程、股东大会决议,致使公司遭受严重损失的,参与决议的董事对公司负赔偿责任。但经证明在表决时曾表明异议并记载于会议记录的,该董事可以免除责任。

(三)监督机构

股份有限公司的监督机构可以选择审计委员会,也可以选择监事会,如果公司规模小或人数少,还可以不设监事会,设一名监事。审计委员会按照《公司法》第 121 条规定进行设置。在此重点介绍监事会的规则。

1. 监事会组成

股份有限公司设监事会,成员为 3 人以上。监事会应当包括股东代表和适当比例的公司职工代表,其中职工代表的比例不得低于 1/3,具体比例由公司章程规定。监事会中的职工代表由公司职工通过职工代表大会、职工大会或者其他形式民主选举产生。董事、高级管理人员不得兼任监事。

2. 监事会召集与主持

监事会每 6 个月至少召开一次会议。监事可以提议召开临时监事会会议。监事会设主席一人，可以设副主席。监事会主席和副主席由全体监事过半数选举产生。监事会主席召集和主持监事会会议，监事会主席不能履行职务或者不履行职务的，由监事会副主席召集和主持监事会会议，监事会副主席不能履行职务或者不履行职务的，由半数以上监事共同推举一名监事召集和主持监事会会议。

有限责任公司监事会的职责及相关规定同样适用于股份有限公司，监事会决议应当经半数以上监事通过，监事会的议事方式和表决程序，除上述法定外，由公司章程规定，并且监事会应当对所议事项的决定做成会议记录，出席会议的监事应当在会议记录上签名。

（四）经理

经理是由董事会聘任的，主持公司日常经营管理工作，并在章程及董事会授权的范围内，代表公司从事业务的高级管理人员。[①]对于股份有限公司而言，经理为章程中可设的管理职位，其对董事会负责，并有权列席董事会会议。公司董事会也可以决定由董事会成员兼任经理。

五、上市公司组织机构的特别规定

上市公司是指其股票在证券交易所上市交易的股份有限公司。为此，现行公司法对股份有限责任公司的规定同样适用于上市公司。然而，上市公司可以公开发行股票，其涉及的股东人数众多，而且公司本身的市场影响力比较大，鉴于此，现行公司法对上市公司的组织机构做了一些特别规定。

（1）增加特别决议事项。上市公司在一年内购买、出售重大资产或者担保金额超过公司资产总额 30%的，应当由股东会作出决议，并经出席会议的股东所持表决权的 2/3 以上通过。

（2）法定管理人员的增加。上市公司要求设立独立董事，独立董事是指独立于公司股东，并且不在公司内部任职，与公司或者公司经营管理者没有重要业务联系或者专业联系，对公司事务作出独立判断的董事。同时上市公司还要增设董事会秘书，负责公司股东大会和董事会会议的筹备、文件保管以及公司股东资料的管理，办理信息披露事务等事宜。

（3）关联董事回避制。上市公司董事与董事会会议决议事项所涉及的企业或者个人有关联关系的，不得对该项决议行使表决权，也不得代理其他董事行使表决权。该董事会会议由过半数的无关联关系董事出席即可举行，董事会会议所做决议须经无关联关系董事过半数通过。出席董事会的无关联关系董事人数不足 3 人的，应将该事项提交上市公司股东大会审议。

---

① 朱慈蕴. 公司法原论[M]. 北京：清华大学出版社，2011：298.

自学自测 扫描此码

第五节 公司股东权利与义务

本节知识点导图

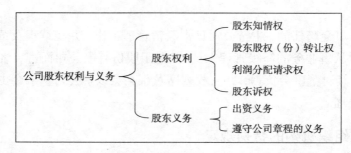

股东可以通过认缴出资的方式取得公司股东的身份,也可能由于某些法定或章定事由而从公司其他股东处继受股东身份而成为公司成员。股东对公司享有权利,同时也需要履行相应的义务。按照现行公司法及相关法律法规的规定,股东具有知情权、资产收益权、表决权、选择管理者权利、诉权等权利,同时股东也承担出资、遵守公司章程以及不得抽逃出资等义务,本部分仅介绍股东比较有代表性的权利和义务。

一、股东权利

(一)股东知情权

股东知情权是指股东了解公司财务状况、经营管理状况所行使的权利,具体包括查阅权、质询权、提请监事会诉讼等权利。知情权的行使是股东参与对公司重大事项决策的前提,为此,各国公司法基本上都规定了股东对公司经营状况和财务状况的知情权。

1. 知情权范围

我国《公司法》规定了股东行使知情权的范围,即有限责任公司股东有权查阅、复制公司章程、股东名册、股东会会议记录、董事会会议决议、监事会会议决议、财务会计报告、会计账簿和会计凭证。而股份有限责任公司的股东知情权范围与有限责任公司规定略有所不同,其股东可以查阅的资料主要包括公司章程、股东名册、债券持有人名册、股东会会议记录、董事会会议决议、监事会会议决议、财务会计报告、会计账簿和会计凭证。

2. 知情权行使程序

由于股东知情权为双刃剑，一方面其是股东维护自己合法权益的主要权利；另一方面股东不当使用此权利可能会损害公司利益，为此，公司法对股东行使此权利规定了权利行使程序。尤其股东知情权中的股东查阅公司会计账簿和会计凭证权，为了避免股东滥用查阅权而影响公司正常经营活动，或者损害公司的合法权益，其需要履行以下程序：①申请的提出。符合法定条件的股东要求查阅公司会计账簿的，应当向公司提出书面请求，说明目的。②公司对申请理由进行审查。公司有合理根据认为股东查阅会计账簿有不正当目的，可能损害公司合法利益的，可以拒绝提供查阅，并应当自股东提出书面请求之日起15日内书面答复股东并说明理由。③公司拒绝查阅股东提起诉讼。公司拒绝提供查阅的，股东可以请求人民法院要求公司提供查阅。

（二）股东股权（份）转让权

股权（份）转让权是指有限责任公司的股东或股份有限责任公司的股东，在公司经营期间，因为客观或主观原因，将其所有的出资或股份转让给他人的权利。其中对于有限责任公司的股东而言，为股权转让权，对股份有限责任公司股东而言，为股份转让权。

1. 股权转让权

根据股权转让权的相对人来分类，股权转让权分为对内转让权和对外转让权。对内转让只是在股东间进行股权转让，属于内部转让，对公司整体股权影响不大，为此现行公司法对此没有特别限制，当然，如果公司章程对此进行特别规定，则依据公司章程规定。

对外转让权是指股东将股权转让给公司股东以外主体的权利，其属于外部转让，涉及公司股东股权变化，为此，我国现行公司法对有限责任公司股东对外转让股权予以程序性规定。①股东应当将股权转让的数量、价格、支付方式和期限等事项书面通知其他股东；②其他股东在同等条件下具有优先购买权；③股东自接到书面通知之日起三十日内未答复的，视为放弃优先购买权。④两个以上股东行使优先购关权的，协商确定各自的购买比例，协商不成的，按照转让时各自的出资比例行使优先购买权。公司章程对股权转让另有规定的，从其规定。股权转让后，股东应当书面通知公司，请求变更股东名册，如果变更需要登记，则请求公司向公司登记机关办理变更登记。

2. 股份转让权

股份有限公司股东持有的股份可以对内转让，也可以对外转让。章程有特别规定从章程。股份转让需要在依法设立的证券交易所进行，或者国务院规定的其他方式进行。如果采取股票方式转让，则需要以背书或法律行政法规规定的其他方式进行，转让后，由公司将受让人的姓名或者名称及住所记载于股东名册。一般情况下，股东会会议召开前20日内或者公司决定分配股利基准日前5日内，不得变更股东名册。

3. 特殊主体的股权转让权的限制

公司中有些主体的股份转让权的行使可能影响公司财产的稳定，或者带来股票投机，为此，现行公司法对股份转让作出了必要的限制。①所有股东的限制。公司公开发行股份前已发行的股份，自公司股票在证券交易所上市交易一年内不得转让。法律、行政法规或者国务院证券监督管理机构对上市公司的股东、实际控制人转让其所持有本公司股份另有规定的，从其规定。②公司董事、监事、高级管理人员股份转让限制。首先其应当向公司申报所持有的本公司的股份及其变动情况；其次任职期间每年转让的股份不得超过其所持有本公司股份总额的25%；再次，其所持本公司股份自公司股票上市交易之日起一年内不得转让；最后离职半年内不得转让其所持有的本公司股份。章程其他限制的从章程规定。③股份在法律行政法规规定的限制转让期内出质的，质权人不得在限制转让期内行使质权。

（三）利润分配请求权

利润分配请求权也是股东的核心权利，是指股东基于公司股东的资格和地位而享有的请求公司向自己分配利润的权利。为了避免公司随意分配利润而损害债权人等利益相关主体的权益，公司法对股东的利润请求权作出了严格的限制。即公司分配当年税后利润时，应当先提取公司法定公积金，公司法定公积金不足以弥补上一年度亏损的，在提取法定公积金之前，应当先用当年利润弥补亏损。公司弥补亏损和提取公积金后所余利润，有限责任公司按照实缴的出资比例分取红利，但全体股东约定不按照出资比例分取红利的除外。股份有限公司按照股东持有的股份比例分配，但股份有限公司章程规定不按持股比例分配的除外。

至于违法分配利润，现行公司法明确规定，公司违反公司法规定向股东分配利润的，股东应当将违反规定分配的利润退还公司，给公司造成损失的，股东及负责任的董事、监事、高级管理人员应当承担赔偿责任。

分配利润的时限。根据《公司法》第212条和2020年修订的《最高人民法院关于适用〈中华人民共和国公司法〉若干问题的规定（五）》第4条规定，如果股东会或股东大会作出分配利润的决议，公司应当在决议载明的时间内完成利润分配。决议没有载明时间的，以公司章程规定的为准。决议、章程均未规定时间或者时间超过6个月的，董事会应当在股东会决议作出之日起6个月内进行分配。如果股东会或股东大会决议载明的利润分配时间超过公司章程规定的时间的，股东可以依据《民法典》第85条、《公司法》第26条第2款规定请求人民法院撤销决议中关于时间的规定。

（四）股东诉权

股东诉权是指股东权利被侵害而享有的提起诉讼的权利。按照其诉因和目的的不同，股东诉权分为直接诉讼权和派生诉讼权。

1. 股东直接诉讼权

股东直接诉讼权是指股东为维护自身利益而以自己的名义直接提起的诉讼。其最大特点是诉讼目的是维护股东自身的利益，并且诉讼结果归属于原告股东。按照现行公司法规定，股东直接诉讼权的行使有多种类型，在此主要介绍四种诉讼：①异议股东股权回购请求权之诉。主要是公司发生法定情形，表示异议的股东要求公司回购其股权以退出公司，公司无正当理由拒不回购，股东因此而提起的诉讼。②股东会、董事会决议无效、可撤销或不成立之诉。主要是针对股东会或董事会决议内容违法或者召集的程序以及表决程序存在瑕疵,而对决议提起的会议决议无效或可撤销之诉,如果股东会未召开或未按规定表决,还可以提出股东会、董事会不成立之诉。③损害赔偿之诉。主要是针对公司、其他股东或者董事等高级管理人员,违背股东个人意愿,损害了股东的利益而由股东提起的损害赔偿或返还财产之诉。④知情权之诉。主要是股东行使知情权被公司不当拒绝而提起的诉讼。

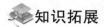 知识拓展

异议股东股权回购请求权

异议股东股权回购请求权(the appraisal right of dissenters)是指股东会依照资本多数决的方式通过决议,改变了公司的结构并对股东的利益关系造成重大影响时,对该决议持反对意见的股东享有请求公司以公平的价格收购自己所持有的公司股(份)权的权利。按照现行公司法规定,有限责任公司和股份有限责任公司异议股东股权回购请求权的法定条件有所不同,有限责任公司主要规定在《公司法》第74条,行使条件主要有三类:一是公司连续5年不向股东分配利润,而公司该5年连续盈利,并且符合公司法规定的分配利润条件的;二是公司合并、分立、转让主要财产的;三是公司章程规定的营业期限届满或者章程规定的其他解散事由出现,股东会会议通过决议修改章程使公司存续的。同时,该条规定了股东行权时限,即自股东会会议决议通过之日起60日内,股东与公司不能达成股权收购协议的,股东可以自股东会会议决议通过之日起90日内向人民法院提起诉讼。2023年《公司法》第161条对股份有限公司异议股东回购请求权的法定条件做出规定,其中,第一项分配利润条件和第三项修订章程使公司存续条件与有限责任公司相同。第二项法定条件与有限责任公司异议股东回购请求权的条件有所不同,改为"公司转让主要财产",同时,规定公司因"公司连续五年不向股东分配利润,而公司该五年连续盈利,并且符合本法规定的分配利润条件"而收购本公司股份,应当在六个月内依法转让或者注销。至于异议股东回购请求权权益受损的救济,与有限责任公司相关规定完全相同。

知识拓展

股东知情同意权

股东知情同意权,按照现行《公司法》第57条规定,股东有权查阅、复制公司章程、股东会会议记录、董事会会议决议、监事会会议决议和财务会计报告。根据2020年修订的《最高人民法院关于适用〈中华人民共和国公司法〉若干问题的规定(四)》第7条规定,股东还可以查阅或者复制公司特定文件材料。同时,股东还可以要求查阅会计账簿。股东要求查阅公司会计账簿的,就非常项向公司提出书面请求,说明目的。公司有合理根据认为股东查阅会计账簿有不正当目的,可能损害公司合法利益的,可以拒绝提供查阅,并应当自股东提出书面请求之日起15日内书面答复股东并说明理由。公司拒绝提供查阅的,股东可以请求人民法院要求公司提供查阅。

其中,提出知情权诉讼的股东,可以是有初步证据证明在持股期间其合法权益受到

损害的主体。至于，提起知情权诉讼的股东是否具有"不正当目的"，根据2020年修订的《最高人民法院关于适用〈中华人民共和国公司法〉若干问题的规定（四）》第7条规定主要四种情形：一是股东自营或者为他人经营与公司主营业务有实质性竞争关系业务的，但公司章程另有规定或者全体股东另有约定的除外；二是股东为了向他人通报有关信息查阅公司会计账簿，可能损害公司合法利益的；三是股东在向公司提出查阅请求之日前的3年内，曾通过查阅公司会计账簿，向他人通报有关信息损害公司合法利益的；四是股东有不正当目的的其他情形。

2. 股东派生诉讼权

股东派生诉讼权是指当公司的合法权益受到他人侵害，公司怠于行使诉权，符合法定条件的股东以自己名义为公司利益而对侵害人提起诉讼，并追究侵害人责任的诉讼权利。按照现行公司法规定，股东派生诉讼权的构成要件有三方面。

（1）原告。有限责任公司的股东、股份有限公司连续180日以上单独或者合计持有公司1%以上股份的股东。

（2）被告。实施侵害公司合法利益的董事、高级管理人员或者第三人。

（3）提起诉讼前的前置程序。不同的侵权主体所需的前置程序不同。①董事或监事侵犯公司利益的前置程序。如果是董事侵犯公司利益，则符合起诉条件的股东书面请求监事会向人民法院提起诉讼，如果是监事侵犯公司利益，则符合起诉条件的股东可以书面请求董事会向人民法院提起诉讼。监事会或者董事会收到上述股东书面请求后拒绝提起诉讼，或者自收到请求之日起30日内未提起诉讼，或者情况紧急、不立即提起诉讼将会使公司利益受到难以弥补的损害的，则符合起诉条件的股东有权为了公司的利益以自己的名义直接向人民法院提起诉讼。②第三人侵犯公司利益的前置程序。符合起诉条件的股东首先请求董事会提起诉讼，董事会怠于行使诉讼，则请求监事会提起诉讼，监事会怠于提起诉讼，则符合起诉条件的股东以自己的名义提起诉讼。当然，情况紧急、不立即提起诉讼将会使公司利益受到难以弥补的损害的，符合起诉条件的股东也可以直接以自己的名义向人民法院起诉。如果股东诉讼请求部分或全部得到人民法院支持，则胜诉利益归属于公司，公司需要承担股东因参加诉讼支付的合理费用。如果股东请求被告直接向其承担民事责任的，人民法院不予支持。

二、股东义务

（一）出资义务

股东的出资义务是指股东按照约定或者章程规定向公司履行其承诺的资金给付义务。按照现行公司法规定，股东出资义务主要有以下两方面。

（1）按照法律规定的出资方式出资。股东的出资方式主要有货币、实物、知识产权、股权、债权、土地使用权等可以用货币评估并可以依法转让的非货币作价出资。

（2）按期足额缴纳出资。按照2023年《公司法》第47条规定，通常情况下，公司成立之日起5年内股东需要将其认缴的出资完全缴足。股东以货币出资的，应当将货币出资足额存入有限责任公司在银行开设的账户，以非货币财产出资的，按照 2020 年修订的《最高人民法院关于适用〈中华人民共和国公司法〉若干问题的规定（三）》第 9 条规定，非货币财产出资，还需要依法评估作价，并应当依法办理其财产权的转移手续。

如果股东不缴纳或者不足额缴纳出资，则其应承担相应的法律责任。例如，2023 年《公司法》第 49 条规定，股东未按期足额缴纳出资的，既要向公司足额缴纳，又要对其给公司造成的损失承担赔偿责任。再如第 50 条规定，股东未按期出资、出资不足或出资不实，则公司设立时的其他股东与该股东在出资不足的范围内承担连带责任。又如，董事会对股东出资具有核查催缴职责，如果股东经董事会催缴仍不缴足出资，经董事会决议，可以向该股东发出失通知，则通知发出之日，股东丧失股东资格。

（二）遵守公司章程的义务

公司章程为公司的基本法律文件，其内容对公司、股东以及董事等高级管理人员都具有约束效力。对于有限责任公司和发起设立的股份有限公司而言，公司章程为全体股东共同制定，是全体股东共同的承诺，而对于募集设立的股份有限公司而言，公司章程是发起人制定并经成立大会通过的法定文件，为此，无论有限责任公司的股东还是股份有限责任公司的股东都负有遵守公司章程的义务。

第六节 公司股票、债券与财务制度

本节知识点导图

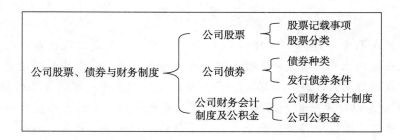

一、公司股票

公司股票是股份有限公司股份的外在表现形式，是公司签发的证明股东所持股份的证券凭证。按照现行公司法规定，股份的发行，实行公平、公正的原则，同种类的每一股份应当具有同等权利。因此，同次发行的同种类股票，每股的发行条件和价格应当相同，任何单位或者个人所认购的股份，每股应当支付相同价额。股票通常采用纸面形式，如果国务院证券监督管理机构对其有其他形式的规定，从其规定。为了维持公司注册资本，避免不当减资，现行公司法规定，股票发行价格可以是票面金额，也可以超过票面金额，但不得低于票面金额。

（一）股票记载事项

根据公司法规定，股票通常主要记载四类事项：①公司名称；②公司成立日期或者股票发行的时间；③股票种类、票面金额及代表的股份数，发行无面额股的，股票代表的股份数。股票采用纸面形式的，还应当载明股票的编号，由法定代表人签名，公司盖章。发起人纸面股票，还要标明发起人字样。

（二）股票分类

股票的分类标准有多种，根据现行公司法规定，主要有两类标准。

（1）根据股票是否记名，分为记名股票和无记名股票。记名股票需要在股票上记载股东姓名或名称，而无记名股票，则无需记载。记名股票转让需要以背书或法律规定的法定形式进行交付，而无记名股票"交付"则发生转让的效力，存在股东身份信息不透明的弊端，安全性差，且公司对自身股东的变化情况不能及时更新信息，不利于营商环境的发展，基于此，2023年《公司法》删除了无记名股票的规定，并明确规定，公司发行的股票，应当为记名股票。

（2）根据股票上是否有一定金额的股份，将股票分为面值股和无面值股。面值股又称为额面股，是指股票票面上直接标明一定金额的股份。其每股的金额完全相同，每股金额与股份总数相乘就是公司的资本总额。无面值股又称为无额面股或者比例股，是指股票票面上并不标明一定金额，而只是标明其占公司资本总额的一定比例。按照《公司法》第127条规定，已发行的面额股与无面额股可以全部转换，如果采用无面额股，则应当将发行股份所得股款1/2以上计入注册资本。

知识拓展

股 票 分 类

市面上，我们常听到A股、B股和H股的称呼。A股是以人民币计价，面对中国公民发行且在境内上市的股票；B股是以美元、港元计价，面向境外投资者发行，但在中国境内上市的股票；H股是以港元计价在香港发行并上市的境内企业的股票。另外，沪市挂牌B股是以美元计价，而深市B股是以港元计价。当然，以字母代称进行股票分类，不甚规范，根据中国证监会要求，股票简称必须统一、规范，为此，随着我国股市的进一步发展，A股、B股、H股等称谓将成为历史。

二、公司债券

公司债券是公司发行的约定按期还本付息的有价证券。债券可以公开发行，也可以非公开发行。债权与股票一样是一种重要的融资工具，其同样具有证券性、可转让性、可回赎性等性质。

（一）债券的种类

（1）根据公司债券券面是否记载持有人姓名或者名称，可以将其分为记名债券和无记名债券。为了增加债券市场透明度，现行《公司法》第 197 条明确规定，公司债券为记名债券。并在第 198 条规定，发行公司债券应当置备公司债券持有人名册，其应当载明下列事项：①债券持有人的姓名或者名称及住所；②债券持有人取得债券的日期及债券的编号；③债券总额，债券的票面金额、利率、还本付息的期限和方式；④债券的发行日期。公司债券以背书方式或者法律、行政法规规定的其他方式转让，转让后由公司将受让人的姓名或者名称及住所记载于公司债券持有人名册，转让价格由转让人与受让人约定，公司债券的转让应当符合法律、行政法规的规定。

（2）根据公司债券是否可以转换为股票，可以将其区分为转换公司债券和非转换公司债券。转换公司债券是指持有人可以选择将其持有的债券转换为公司股份的债券，否则，属于非转换公司债券。股份有限公司可以发行可转换公司债券，该债券上应标明可转换公司债券字样，并在公司债券持有人名册上载明可转换公司债券的数额。发行可转换为股票的公司债券的，公司应当按照其转换办法向债券持有人换发股票，但债券持有人对转换股票或者不转换股票有选择权。

（二）发行债券的条件

无论是股份有限公司还是有限责任公司，均可发行公司债券，上市公司还可以发行转换公司债券。公司债券的发行除取得国务院授权的部门的行政许可外，根据 2019 年修订《证券法》规定，公开发行公司债券，应当符合下列条件：一是具备健全且运行良好的组织机构；二是最近 3 年平均可分配利润足以支付公司债券一年的利息；三是国务院规定的其他条件。公开发行公司债券筹集的资金，必须按照公司债券募集办法所列资金用途使用；改变资金用途，必须经债券持有人会议作出决议。公开发行公司债券筹集的资金，不得用于弥补亏损和非生产性支出。

根据 2019 年《证券法》第 17 条规定，如果发行债券的公司出现下列情形，则不得再次公开发行债券：一是对已公开发行的公司债券或者其他债务有违约或者延迟支付本息的事实，仍处于继续状态；二是违反证券法规定，改变公开发行公司债券所募资金的用途。

三、公司财务会计制度及公积金

（一）公司财务会计制度

公司财务会计制度是公司财务制度与公司会计制度的总称。其中公司财务制度是指公司在其业务活动中有关资金的筹集、使用和分配等方面所应遵守的规则。其是为公司经营提供服务并保证公司经营顺利进行的重要手段。而公司会计制度是指公司进行会计核算、实行会计监督所应遵守的规则。

按照现行公司法规定，公司应当依照法律、行政法规和国务院财政部门的规定建立本公司的财务、会计制度。同时，公司应当在每一会计年度终了时编制财务会计报告，并依法经会计师事务所审计。财务会计报告应当依照法律、行政法规和国务院财政部门的规定制作。有限责任公司应当依照公司章程规定的期限将财务会计报告送交各股东。股份有限公司的财务会计报告应当在召开股东大会年会的 20 日前置备于本公司，供股东查阅，公开发行股票的股份有限公司必须公告其财务会计报告。

（二）公司公积金

1. 公司公积金概念及类型

公司公积金是指依据法律、公司章程或者股东会决议而从公司的营业利润中提取的一种储备金。按照现行《公司法》规定，公司公积金可分为法定公积金、任意公积金和资本公积金。

法定公积金是依据法律规定的提取比例及用途，强制公司提取的公积金。按照现行公司法规定，公司分配当年税后利润时，应当提取利润的 10% 列入公司法定公积金。公司法定公积金累计额为公司注册资本 50% 以上的，可以不再提取。公司的法定公积金不足以弥补前一年度亏损的，则在依照上述顺序提取法定公积金之前，应当先用当年利润弥补亏损。

任意公积金是指公司根据公司章程或者股东（大）会决议而在法定公积金上自由设置或者提取的公积金。对于任意公积金，无论是提取比例还是用途，完全由公司自由决定，法律不加干涉。

资本公积金是指从公司非营业活动所产生的收益中提取的公积金。主要有三类：公司以超过股票票面金额的发行价格发行股份所得的溢价款；发行无面额股所得股款未计入注册资本的金额；国务院财政部门规定列入资本公积金的其他项目。

2. 公司公积金用途

知识点检验 3-4

按照现行《公司法》规定，公司的公积金用于弥补公司的亏损、扩大公司生产经营或者转为增加公司资本。公司弥补亏损先用任意和法定公积金，仍不足，再使用资本公积金。其中，法定公积金转为增加注册资本时，所留存公积金不得少于转增前注册资本的 25%。

自学自测　扫描此码

第七节　公司重组与解散清算

本节知识点导图

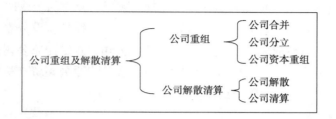

一、公司重组

（一）公司合并

1. 公司合并的概念与分类

公司合并是指两个或两个以上的公司，依据有关公司合并的法律、法规的规定，订立合并契约而归并为一个公司的法律行为。按照现行法律规定，公司合并可以采取吸收合并或者新设合并。其中吸收合并是一个公司吸收其他公司，被吸收的公司解散；而新设合并是两个以上公司合并设立一个新的公司，合并各方解散。

2. 公司合并程序

公司合并程序主要涉及以下四方面。

（1）合并协议。合并各方对合并事宜进行初步接触并签订合并协议。合并协议对合并后公司的名称、股权变动、债务的清偿、劳动者的安置以及公司章程等事项进行约定。

（2）股东会召开。合并公司就合并事宜提请召开股东会。按照《公司法》规定，公司合并为股东会职权范围之内的事务，为此，公司合并应由股东会讨论，并产生符合法律规定的决议。

（3）公司资产情况清单的编制。一旦股东会同意合并，则合并各公司编制资产负债表及财产清单，说明各公司合并时资产和财务状况。在此强调的是，公司仅是编制资产情况清单，无须进行清算。

（4）通知或公告债权人。此程序属于保护债权人必要程序。公司应当自作出合并决议之日起10日内通知债权人，并于30日内在报纸上公告。债权人自接到通知书之日起30日内，未接到通知书的自公告之日起45日内，可以要求公司清偿债务或者提供相应的担保。公司合并时，合并各方的债权和债务，应当由合并后存续的公司或者新设的公司承继。

完成上述合并程序后，合并各方公司还需要持与合并事宜相关的法定材料，到市场监督管理部门进行登记。采取不同的合并模式，其需要登记事项不同，就吸收合并而言，被吸收方需要办理注销登记，而存续公司进行变更登记。在新设合并的模式中，合并各方都需要办理注销登记，而新设公司办理设立登记。

（二）公司分立

1. 公司分立的概念及形式

公司分立是指一个公司依据相关法律、法规的规定，分为两个或两个以上的公司的法律行为。公司分立有两种形式：一种是派生分立，另一种是新设分立。前者是原公司保持存续的基础上，另行成立一个或一个以上的新公司，并受让原公司的部分营业，原公司法人人格不因分立而消灭；后者是指原公司解散并将原公司资产进行分割，并分别归入两个或两个以上新公司的行为。

2. 公司分立程序

公司分立应制定公司内部分立协议书，对分立事项进行约定，例如公司以何种形式进行分立，财产应如何分割，分立后债权债务的承担及职工的安置等，然后将公司分立协议书提交股东会表决。

由于公司分立涉及分立公司及其利益相关主体的权益，为此，公司分立应当编制资产负债表及财产清单。公司应当自作出分立决议之日起 10 日内通知债权人，并于 30 日内在报纸上公告。公司分立前的债务原则上由分立后的公司承担连带责任。但是公司在分立前与债权人就债务清偿达成的书面协议另有约定的除外。

公司分立后，与公司合并一样，也需要到市场监督管理部门办理相关的变更、设立及注销登记。

（三）公司资本重组

随着公司经营情况的变化，公司可能欲扩大公司规模，进而产生公司增资的法律行为，公司也可能因产品或提供服务的市场前景不是很好，而产生减资的法律行为。

公司增资与减资是股东会的职权，为此需要股东会对此进行表决，只不过，股东或第三人认缴新增资本需要按照设立有限责任公司或股份有限责任公司时公司章程的相关规定进行执行。

而公司减资可以涉及债权人利益，为此，公司需要减少注册资本时，必须编制资产负债表及财产清单。并且公司应当自作出减少注册资本决议之日起 10 日内通知债权人，并于 30 日内在报纸上公告。债权人自接到通知书之日起 30 日内，未接到通知书的自公告之日起 45 日内，有权要求公司清偿债务或者提供相应的担保。公司减少注册资本，应当按照股东出资或持股比例相应减少，但法律或有限责任公司全体股东另有约定或股份有限公司章程另有规定除外。如果公司使用公积金弥补亏损后，仍有亏损，可以减少注册资本弥补亏损，此时可以不通知或公告债权人，只需在股东会作出减少注册资本之日起三十日内在报纸上或国家企业信用信息公示系统公告。

公司增加或者减少注册资本，都应当依法向公司登记机关办理变更登记。

知识点检验 3-5

二、公司解散

公司解散是公司经营过程中，因为一定事实的出现致使公司无法继续经营，而终止公司事务的行为。以公司解散事由作为分类基础，公司解散分为自愿解散、行政解散和法院裁判解散。

（一）自愿解散

自愿解散是指公司在没有外力强制情况下，依据公司章程或者股东会决议而解散公司的情形。按照现行公司法规定，公司自愿解散事由包括以下四点：①公司章程规定的经营期限届满；②公司章程规定的解散事由出现；③股东会作出解散公司的决议；④公司合并、分立而解散公司。

（二）行政解散

行政解散属于一种强制解散，是指非基于公司自治，而是由国家公权力机关强迫解散的情形。行政解散主要发生于公司的违法行为损害社会公共利益，市场监督、税务等相关行政主管部门依法作出吊销营业执照、责令关闭或者撤销的行政处罚。[1]例如，利用公司名义从事危害国家安全、社会公共利益的严重违法行为的，吊销营业执照。再如违反公司法，提交虚假材料或者采取其他欺诈手段隐瞒重要事实取得公司登记情节严重的，撤销公司登记或者吊销营业执照。

（三）法院裁判解散

法院裁判解散也属于一种强制解散，是指公司由于股东或董事发生分歧或纠纷，致使公司经营出现僵局，以至于严重损害公司和股东的利益，在具有起诉资格的股东的申请下，法院强制解散公司的情形。

按照现行公司法及其司法解释的规定，法院裁判解散公司的事由有四点：①公司持续两年以上无法召开股东会，公司经营管理发生严重困难；②股东表决时无法达到法定或公司章程规定的比例，持续两年以上不能作出有效的股东会决议，公司经营管理发生严重困难的；③公司董事长期冲突，且无法通过股东会解决，公司经营管理发生严重困难的；④经营管理发生其他严重困难，公司继续存续会使股东利益受到重大损失的情形。

三、公司清算

（一）公司清算概念及公司清算类型

公司清算是指公司解散后，由清算组按照一定程序处理公司财产并了结各种法律关

---

[1] 在此需要注意的是，按照《公司法》第211条规定，公司成立后无正当理由超过六个月未开业的，或开业后自行停业连续六个月以上的，可以由公司登记机关吊销营业执照。但是2022年3月实施的《市场主体登记管理条例》第30条规定，市场主体歇业的期限最长不得超过3年，市场主体在歇业期间开展经营活动的，视为恢复营业，市场主体应当通过国家企业信用信息公示系统向社会公示。虽然《市场主体登记管理条例》属于行政法规，但《公司法》规定的是"可以"由公司登记机关吊销营业执照，简言之，公司歇业超过公司法规定期限，公司登记机关也不一定吊销营业执照，因此，公司登记机关完全可以按照《市场主体登记管理条例》规定，公司歇业超过3年的，再考虑情况，自由载量是否吊销营业执照。

系并最终使公司人格归于消灭的过程。[1]按照现行公司法规定，公司清算可以分为自行清算、指定清算和破产清算。

自行清算是指公司自己组织清算组并进行清算的行为。公司应当在解散事由出现之日起 15 日内成立清算组并开始清算。董事为公司清算义务人，应当在解散事由出现之日起十五日内组成清算组进行清算。

指定清算是指公司经利害关系人申请，由法院指定清算人进行清算的情形。按照现行公司法及其司法解释，指定清算的事由有两方面：①公司解散逾期不成立清算组进行清算的；②虽然成立清算组但故意拖延清算的。利害关系人可以申请人民法院指定有关人员组成清算组进行清算。人民法院应当受理该申请，并及时组织清算组进行清算。如果公司是因为吊销营业执照等原因而解散，则作出吊销营业执照等部门或者公司登记机关可以申请法院指定清算组进行清算。

破产清算是指依破产法的规定进行清算的行为。按照现行《公司法》规定，清算组在清理公司财产、编制资产负债表和财产清单后，发现公司财产不足以清偿债务的，应当依法向人民法院申请宣告破产。公司经人民法院裁定宣告破产后，清算组应当将清算事务移交给人民法院。

（二）公司清算程序

1. 组成清算组

清算组在清算期间行使下列职权：①清理公司财产，分别编制资产负债表和财产清单；②通知、公告债权人；③处理与清算有关的公司未了结的业务；④清缴所欠税款以及清算过程中产生的税款；⑤清理债权、债务；⑥处理公司清偿债务后的剩余财产；⑦代表公司参与民事诉讼活动。同时清算组应注意，清算期间，公司虽然存续但不得开展与清算无关的经营活动。公司财产在未依法清偿债权人之前，不得将公司财产分配给股东。清算组应当自成立之日 10 日内，将清算组成员、清算组负责人名单通过国家企业信用信息公示系统公告。[2]

2. 通知或公告债权人

清算组应当自成立之日起 10 日内通知债权人，并于 60 日内在报纸上公告。同时按照《市场主体登记管理条例》（2022 年 3 月 1 日生效）第 32 条规定，清算组可以通过国家企业信用信息公示系统发布债权人公告。债权人应当自接到通知书之日起 30 日内，未接到通知书的自公告之日起 45 日内，向清算组申报其债权。债权人申报债权，应当说明债权的有关事项，并提供证明材料。清算组应当对债权进行登记。在申报债权期间，清算组不得对债权人进行清偿。

3. 清理公司财产并制订清算方案

清算组在清理公司财产、编制资产负债表和财产清单后，应当制订清算方案，并报股东会或者人民法院确认。公司财产清算顺序如下：①支付清算费用；②支付职工的工

---

[1] 朱慈蕴. 公司法原论[M]. 北京：清华大学出版社，2011：372.
[2] 《市场主体登记管理条例》（2022 年 3 月 1 日生效）第 32 条规定。

资、社会保险费用和法定补偿金；③缴纳所欠税款；④清偿公司债务。清偿公司债务后的剩余财产，有限责任公司按照股东的出资比例分配，股份有限公司按照股东持有的股份比例分配。

4. 注销登记

在清算结束之日起 30 日内向登记机关申请注销登记。如果公司有分支机构，还需要在申请注销登记前，依法办理分支机构注销登记。如果公司未发生债权债务或者已将债权债务清偿完结，未发生或者已结清清偿费用、职工工资、社会保险费用、法定补偿金、应缴纳税款（滞纳金、罚款），并由全体投资人书面承诺对上述情况的真实性承担法律责任的，可以按照简易程序办理注销登记。采取简易程序办理注销登记，公司应当将承诺书及注销登记申请通过国家企业信用信息公示系统公示，公示期为 20 日，在公示期内无相关部门、债权人及其他利害关系人提出异议的，公司可以于公示期满之日起 20 日内向登记机关申请注销登记。如果公司被吊销营业执照、责令关闭、撤销、或者被列入经营异常名录的，不适用简易注销程序。

1. 有限责任公司与股份有限责任公司的设立条件有何不同？
2. 近些年公司法相关法律制度都发生了哪些重大变化？
3. 股东的基本权利有哪些？
4. 董事、监事、高级管理人员的任职资格有哪些限制？
5. 公司发行债券需要达到哪些条件？

《公司法》案例分析

苏某某系某玩具公司股东，持投 40%，2012 年开始参与公司的经营，但从未享受股东权利。公司从未召开过股东会，也未将公司的财务会计报告、会计账簿等资料提供给苏某某查阅，苏某某对公司的情况不知情。故于 2015 年 7 月 14 日向公司提出书面查账申请，但该玩具公司并未在规定的 15 日内提供完整的会计账簿。苏某某起诉，要求判令该玩具公司提供 2012 年至今的完整的（包括公司运营的"林海博天猫旗舰店"）财务会计报告和会计账簿供苏某某查阅、复制。开庭当日，苏某某又以玩具公司在天猫网开有"林海博天猫旗舰店"，估算年销售额人民币 150 万元，销售利润率 70%等为由，怀疑此业务未依法做入公司账簿，请求判决苏某某请某会计事务所对上述会计账簿进行查阅。玩具公司仅凭一份某实业有限公司工商基本信息欲证明苏某某查账申请有不正当目的，但未举证证明苏某某存在不正当目的。[①]

案例分析：

1. 苏某某如何来证明其是该玩具公司的股东？
2. 苏某某查阅、复制公司会计账簿需要履行怎样的前置程序？
3. 苏某某是否可以请某会计事务所来查阅会计账簿，该玩具公司能否拒绝？

  实训材料及实训要求

公司法实训

实训素材一：有限责任公司设立

张明、李华、王树三人准备成立一家有限责任公司。张明投资 5 万元，李华以汽车出资，该汽车为李华所有，但此车购买并使用两年了。王树以个人所有的门市房作为有限责任公司的经营地点，并将其房屋的出租费用折算为出资额。按照当地同等地段的出租房，王树的房屋租金为 3 万元/年。王树要求计算他的出资额时，按 10 年房屋出租款，也就是 30 万元作为其出资额。现三人对于设立公司一事，需要厘清的法律问题如下：

（1）设立公司的流程是什么？通常多长时间能够将公司设立完毕？

（2）李华以汽车出资，汽车现价值是否一定要找中介公司评价？

（3）王树以房屋租金作为出资，并以 10 年租金作为其出资额，可行吗？

（4）有限责任公司设立过程中还需要注意哪些法律风险？

实训流程及考核样例

实训素材二：股权转让

张明、李华、王树于 2014 年 2 月设立某有限责任公司，其中张明投资 5 万元，张明为该有限责任公司的执行董事，3 年后，张明准备到国外学习，将该有限责任公司的股权转让。下列问题需要在实训中明晰：

（1）张明在转让股权之前需要做的准备工作有哪些？

（2）股权转让过程中注意的法律事项是什么？

（3）张明转让股权过程中，执行董事一职应该怎么处理？

实训流程及考核样例

---

① 参见上海××玩具有限责任公司与苏某某股东知情权纠纷上诉案，（2016）沪 01 民终 448 号，中国法院网。

第二篇 市场行为法

第四章

合同法律制度

  学习目标

通过本章系统学习，希望同学们掌握以下知识点。

了解：合同的种类；合同的分类；《民法典》合同编第二分编中的典型合同。

掌握：合同的内涵和特征；合同法律制度的基本原则；合同订立的方式；合同的履行；合同的效力；合同的责任。

难点：《民法典》合同编新增部分，以及2023年《民法典合同编通则司法解释》的新增部分的理解与适用。

实训：模拟合同双方或多方当事人主体，在不同的领域中订立合同并熟悉这一过程。

  案例导读

未成年人刘某初中二年级便辍学到家中经营的蔬菜批发摊位帮忙。小刘对智能手机操作熟练，对于各种收付款功能都比父母更熟悉，父母安排其负责收钱。2018年11月至2019年1月间，小刘每天晚上都在同一个直播平台的固定直播房间中观看一名女主播的直播并用手机中的蔬菜批发的营业额进行打赏。女主播会在直播中对他表示感谢并根据其打赏数额进行单独表演，小刘则会进行更大数额的打赏，最多时甚至达到每晚两三万元。父母忙于经营及生活琐事，两个月以后才发现这一情况，而此时手机中的营业额被小刘用来打赏的数额总计已多达158万元。

小刘的父母多次联系该直播平台，说明小刘是未成年人以及在家中蔬菜摊位负责收款这一情况，希望平台能够退还小刘打赏女主播的158万元，遭到拒绝。于是小刘的父母将该平台诉至法院，天津市第三中级人民法院审理了本案，并根据小刘的年龄认定其为限制民事行为能力人，因此其独立订立合同或进行其他民事法律行为时，需要监护人的追认才具有法律效力。而小刘的父母不追认，则其行为自始无效，因此法院判决直播平台应全部退还小刘的打赏金额，158万元整。

请分析这一则社会新闻中的法律现象本质。

第一节 合同法律制度概述

本节知识点导图

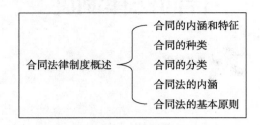

合同法律制度是以因合同产生的民事法律关系为调整对象,调整合同的设立、履行、变更、终止等相关内容的法律规范的总称。《中华人民共和国合同法》1999年3月15日通过,10月1日施行,随着2021年1月1日《民法典》的生效而自行废止,自此结束了合同法单独立法的历史,成为《民法典》分则中的第三编。第三编的内容又可分为三个分编,第一分编为合同法的通则部分;第二分编为典型合同部分;第三分编为准合同。

一、合同的内涵和特征

(一)合同的内涵

根据《民法典》第464条规定,合同是民事主体之间设立、变更、终止民事法律关系的协议。但是,并非所有的民事主体间设立、变更、终止民事法律关系的协议都可以用合同法律制度来进行调整,涉及婚姻、收养、监护等有关身份关系的协议时,虽然其性质也是民事合同,但由于其内容的特定性,应当首先适用有关该身份关系的法律规定。如果在《民法典》中婚姻家庭编、人格权编以及总则等相应的篇章中都没有进行规定或规定不明确的,可以根据其内容参照适用《民法典》合同编规定。

(二)合同的特征

1. 合同的主体是平等的民事主体

合同主体包括自然人、法人、非法人组织,其中法人又分为营利法人、非营利法人、特别法人,非法人组织包括合伙企业等。不论合同主体是何种形式,作为民事主体订立合同的时候,其法律地位都是平等的。

2. 合同的内容是民事主体设立、变更、终止民事法律关系

合同是一种民事法律行为,民事法律行为是指民事主体通过意思表示设立、变更、终止民事法律关系的行为。民事法律行为包括合同行为、婚姻行为、遗嘱行为、抛弃行为等,而合同行为就是其中最为典型的一种民事法律行为。在我国每年3 000多万的民商事纠纷案件中,合同相关案件占比达到85%。合同的内容是民事主体设立、变更、终止民事法律关系。民事法律行为又分为单方行为、双方行为、多方行为,大部分合同是双方行为，也有一部分合同是多方行为。

3. 合同是民事主体意思表示一致而达成的协议

合同是民事主体意思表示一致而形成的一种契约，需要合同当事人协商并达成合意，若合同当事人意思表示无法达成一致，则不会产生合同。

二、合同的分类与种类

（一）合同的分类

1. 双务合同与单务合同

根据合同当事人是否互负义务，合同可以分为单务合同与双务合同，双务合同是指合同双方当事人互负权利义务，相互履行对待给付责任的合同。单务合同是指合同当事人中仅有一方承担合同义务，而另一方只享有合同权利而不必承担义务。市场经济的环境之下，大部分合同都是双务合同，权利义务互相对应，少数合同是单务合同，常见的单务合同包括借用合同、赠与合同等。以日常生活中非常常见的借用合同为例，该合同类型为无偿合同，这也是其与租赁使用合同的区别，借用合同中的出借方只承担义务，不享有权利，而借用方只享有权利，不必为对待给付。

双务合同与单务合同存在是否适用抗辩权、风险负担不同等区别。

2. 有偿合同与无偿合同

根据合同一方当事人履行合同义务是否需要合同相对人支付对价，合同可以分为有偿合同和无偿合同。有偿合同是指合同当事人一方履行合同义务，需相对人支付对价的合同。由于合同法律制度调整的是商品经济，因此司法实务中涉及的绝大部分合同都是有偿合同，例如买卖合同、租赁合同、服务合同、加工承揽合同等。无偿合同是指合同义务人履行合同义务，无须相对人支付对价的合同。只有极少数合同是无偿合同，例如借用合同。

3. 有名合同与无名合同

根据是否有固定名称，合同可以分为有名合同与无名合同。《民法典》合同编或者其他法律规范中均没有明确的法定分类的合同称为无名合同。例如日常生活中出现频率非常高的借用法律关系，实则也即口头形式的借用合同。这一类型的合同法律关系非常简单，虽然也时常发生相关纠纷，但是无论是合同当事人还是法院与仲裁机构都能够清晰地认识并处理其权利义务关系，《民法典》中也没有将其纳入合同编第二分编的典型合同中。包括借用合同在内的所有无名合同若出现纠纷，则适用《民法典》第三编合同中的通则部分的规定，并可以参照适用合同编或者其他法律最相类似合同的规定。

4. 诺成合同与实践合同

根据合同的生效要件不同，合同可以分为诺成合同与实践合同。诺成合同是指经合同当事人意思表示达成一致即可成立的合同，只要不存在违反法律法规、公序良俗等情形，就具有法律效力。实践合同是指合同当事人履行合同内容才能生效的合同，自然人借贷合同是较为典型的实践合同。

5. 要式合同与不要式合同

根据合同成立是否要求特定的形式，合同可以分为要式合同与不要式合同。要式合同是指根据法律或行政法规规定，合同必须以书面的形式订立的合同类型。不要式合同则是指并不必须以书面形式订立的合同。

6. 主合同与从合同

主合同是指不以其他合同存在为前提，不依附于其他合同，能够独立存在的合同类型。从合同是指不能独立存在，需以其他合同的存在为前提的合同。主合同的效力不因从合同的效力变化而变化，但是从合同的效力依附于主合同。

例如在保证借款的三方法律关系中，借款人与出借人订立的合同则为主合同，而保证人为了给借款人也即被保证人提供担保而订立的保证合同则为从合同。若借款合同已经失效，则保证合同也不必存续。

知识点检验 4-1

（二）合同的种类

合同种类众多，我国原《合同法》分则中列举了 15 种典型合同，《民法典》合同编在第二分编中又增加了 4 种典型合同，增加后共 19 种，具体包括买卖合同，供用电、水、气、热力合同，赠与合同，借款合同，保证合同，租赁合同，融资租赁合同，保理合同，承揽合同，建设工程合同，运输合同，技术合同，保管合同，仓储合同，委托合同，物业服务合同，行纪合同，中介合同，合伙合同。此处仅就几种同学们日常生活中可能用到的合同及本教材中会涉及的合同进行简单讲解。

1. 买卖合同

买卖合同是日常生活中最为常见的合同种类。买卖合同是指出卖人转移标的物的所有权于买受人，买受人支付价款的合同。从买卖合同的概念显然可知，其属于双务合同、有偿合同，合同内容包括标的物的名称、数量、质量、价款、履行期限、履行地点和方式、包装方式、结算方式等。法律、行政法规禁止或者限制买卖的对象不能成为合同标的。

2. 赠与合同

赠与合同是赠与人将自己的财产无偿给予受赠人，受赠人表示接受赠与的合同。

赠与是典型的单务合同、无偿合同。赠与人在将合同标的转移给受赠人占有之前可以撤销合同，但是经过公证或者依法不得撤销的，例如救灾、扶贫、助残等公益、道德义务性质的赠与除外。且经过公证的赠与合同或者依法不得撤销的具有救灾、扶贫、助残等公益、道德义务性质的赠与合同，赠与人不交付赠与财产的，受赠人可以请求交付。

3. 借款合同

借款合同是借款人向贷款人借款，到期返还借款并支付利息的合同。借款合同应当采取书面形式合同，但是借款人与贷款人之间另有约定的从约定。借款合同的内容中一般应当写明借款种类、币

知识点检验 4-2

种、用途、数额、利率、期限和还款方式等。借款合同中若未提及利息，则视为无息借款。借款合同中的利率可以自行约定，但是不得违反国家法律规定，不得放高利贷。自然人之间的借款合同是典型的实践合同，自贷款人提供借款时成立，而不是自贷款人承诺时成立。

4. 租赁合同

租赁合同是出租人将租赁物交付承租人使用、收益，承租人支付租金的合同，合同内容一般包括标的物的名称、数量、用途、租赁期限、租金及其支付期限和方式、租赁物维修等条款。租赁合同中当事人双方约定的租赁期限不得超过 20 年，约定超过 20 年的超出部分无效。租赁期限 6 个月以上的，应当采用书面形式。当事人未采用书面形式，无法确定租赁期限的，视为不定期租赁。

承租人经出租人同意，可以将租赁物转租给第三人。承租人转租的，承租人与出租人之间的租赁合同继续有效；第三人造成租赁物损失的，承租人应当赔偿损失。承租人未经出租人同意转租的，出租人可以解除合同。

知识点检验 4-3

5. 合伙合同

合伙合同是两个以上合伙人为了共同的事业目的，订立的共享利益、共担风险的协议。合伙合同中应当载明合伙人的姓名、名称、住所，合伙人的出资方式、出资数额、缴付期限，合伙利润的分配方式、亏损的分担方式。

合伙合同存续期间，合伙人不得请求分割合伙财产。合伙人对合伙期限没有约定或者约定不明确，视为不定期合伙。

6. 准合同

1）无因管理

无因管理是指没有法定或约定义务的行为人，为避免他人利益受损失而管理他人事务，可以请求受益人偿还因管理事务而支出的必要费用。在无因管理的法律关系中，为他人利益而实施管理行为的行为人称为管理人，因管理行为而受益的他人称为受益人。无因管理多发生于情况紧急，无法联系到受益人的情形下，若能够通知到受益人，应当及时通知，若需要管理的事务并不紧急，应等待受益人的意思表示。

若管理人因管理事务受到损失的，可以请求受益人给予适当补偿。无因管理之所以被称为准合同，就是由于管理人的行为性质、特征都与委托合同中的被委托人十分类似，只是由于情况危急缺少委托协议。得到受益人的准许后，该无因管理的准合同行为即符合委托合同行为，并适用委托合同相关规定。

2）不当得利

不当得利是指得利人没有合法依据获得了利益，且导致他人受到损失，则在获利一方与受损失一方之间就产生了债的法律关系。得利一方称为不当得利人，受损失一方称为受害人，受害人可以请求得利人返还取得的利益。

不当得利也是一种准合同民事法律行为。

知识点检验 4-4

知识拓展

司法实务中的复合合同

复合合同是指一份合同中包含了两个或两个以上的法律关系，例如目前地产行业中出现的租售合同，合同内容为房屋买卖合同与房屋租赁合同的叠加，房屋交付并办理相关手续后，买受人即成为产权人，同时该房屋由地产商代为出租，产权人除享有该房屋产权外，还可按时收取租金。这种合同多见于买房投资领域，由于《民法典》第三编第二分编中没有对这种两种以上法律关系同时存在于一个合同的合同类型进行明确规定，因此这种非典型的合同也属于无名合同。

案例分析 4-1

王某、李某夫妻二人均系教师，利用暑假到我国经济发达的沿海城市旅游，有些地产商考虑到有些游客可能会有在沿海地区买房投资之需，于是与旅行社合作，在行程中加入看房项目并在看房结束后提供星级酒店晚餐。本无买房打算的夫妻二人听了销售人员讲解、计算的投资回报比例后，有意在当地买房投资，但是又苦于不在该市居住，不便管理。针对这种情况，地产商拿出提前准备好的格式合同，该合同名为××海景公寓租售协议，根据该协议，购房者购买的海景公寓均为精装修交付，且交付后可直接转为托管出租手续，由地产商通过自己强大的租赁平台负责租出，相关操作都可通过网签或地产商代办完成，业主只需在办理房产证时本人到场即可，此后只需提供银行卡号收取租金。

后由于王某、李某购置的公寓一直没有租出去，遂产生纠纷，申请仲裁。

问题：仲裁机构应当以《民法典》合同编的哪一部分内容为法律依据来处理此纠纷？

三、合同法律制度的内涵与基本原则

（一）合同法律制度的内涵

合同法律制度的内涵有广义和狭义之分，狭义的合同法律制度仅指《民法典》第三编合同编部分，即《民法典》第 463 条至第 988 条。广义的合同法律制度是指一切与合同相关的法律规范，除《民法典》中的第三编合同编外，第一编总则中的第六章民事法律行为、第七章代理以及其他法律中有关合同的相关内容都是广义合同法律制度的组成部分。不论是广义的合同法律制度还是狭义的合同法律制度，都是为了明确合同当事人的权利义务关系，保护合同当事人的合法权益，维护社会主义市场经济秩序，完善社会主义法治体系。

合同法律制度的适用范围较广，在中华人民共和国境内履行的中外合资经营企业合同、中外合作经营企业合同、中外合作勘探开发自然资源合同，均适用《民法典》合同编部分。另外，除了合同之债，实际上债法中的单方允诺之债、侵权之债、不当得利之债、无因管理之债以及缔约过失之债均可参考适用合同编部分内容。

（二）合同法律制度的基本原则

合同法的基本原则贯穿于《民法典》合同编所有法律规范始终，其与合同法律具体法律规范是抽象与具体，一般与特殊的关系。合同法律中的具体规则都不得违背合同法律的基本原则，如果某一具体的法律规范与基本原则相抵触，则应当进行修改。

1. 法律地位平等的原则

根据《民法典》总则中规定的民事主体在民事活动中的法律地位平等原则，合同主体在合同法律关系中的法律地位一律平等，任何一方合同主体都无权将自己的意志强加给相对人。无论合同主体是自然人、营利法人、非营利法人、特别法人，还是非法人组织，都平等地享有合同权利、承担合同义务，任何主体都没有超越法律的特权。

2. 契约自由的原则

契约自由的原则又称为意思自治原则，根据《民法典》中的自愿原则，合同主体应当按照自己的真实意思表示设立、变更、终止合同法律关系。合同主体享有自愿订立合同的权利，具体表现为合同主体是否订立合同、同哪些相对人订立合同、订立什么样的合同、合同具体内容包括什么，这些都由合同当事人自愿决定，不受任何组织、个人的干涉。

3. 公平原则

合同双方或多方当事人在设立、变更、终止合同法律关系的过程中应当遵循公平原则，合理确定各方权利、义务。不能设立无权利的义务，也不存在无义务的权利。这就要求合同立法时贯彻《民法典》中的公平原则，法院、仲裁机构处理合同纠纷时实现公平，合同当事人订立、履行合同时本着追求公平的理念。

4. 诚实信用原则

合同主体应当遵循诚实信用原则，秉持诚实，恪守承诺。诚信原则萌芽于罗马法，是民法中的黄金原则，对大陆法系国家民事法律规范影响深远，在英美法系国家的众多判例中，实则也早就确认了这一原则。在我国，随着市场经济迅猛发展，各种关于合同的新类型案件也大量涌现，当我国成文法中未见明确规定时，则需要法官发挥主观能动性进行一定程度内的自由裁量，而此时诚实信用的基本原则发挥了重要作用，指导着司法机关在法律实务工作中实现法律效果与社会效果的动态平衡，实现真正的公平正义。

案例分析 4-2

小陈准备在同小区给自己的父母购置房屋，以便于父母从外地过来帮忙照看怀孕的妻子，在闲聊中偶然得知自己同单元的邻居准备卖房，于是两家经过协商，谈好价格，准备交易。由于当地相关政策，名下第二套房屋契税上浮3个百分点，于是小陈利用自己念大学时学过的经济法概论课程中的法学基础内容想出了规避办法：小陈与邻居虚构借款事实，谎称曾借款100万元给邻居炒股，并出具借条。但邻居炒股血本无归，表示没有偿还能力。小陈诉至法院，在调解过程中，邻居表示愿意过户自家房屋抵还欠款，实则只是想以此手段规避缴纳交易税人民币3万元，后被法院调解员发现。

问题：小陈与邻居达成合意订立合同，此合同是否生效？为什么？

5. 公序良俗原则

公序良俗由公共秩序和善良风俗两部分组成，公共秩序是指我国政治、经济、文化等领域的基本秩序，也可称为社会公共利益；善良风俗也可称为善良习俗，是指被社会全体成员所普遍认可的，符合社会主流道德观念的习俗的集合。违背公序良俗实际上对社会关系中公共利益部分的侵害。在合同法律关系中，合同主体不得违反法律，也不得违背公共秩序及善良习俗。

案例分析 4-3

2021 年 3 月，我国某地发生一则社会性新闻，张某、李某夫妻二人从偏远地区雇用家庭贫困的儿童到自己家里当帮佣，并与其家长签订协议。家长碍于经济窘况所迫，觉得小孩子寒暑假出去打打工锻炼锻炼也好，于是就签订了协议并同意夫妻二人将孩子带走。但是张某、李某夫妻二人回到家中却让小孩子模仿封建社会中大户人家的佣人那样提供各种服务，包括称呼自己为老爷、夫人，跪在地上回答问话，等等。

答案解析 扫描此码

问题：此则社会新闻中提到的夫妻二人与孩子家长签订的合同能否生效？

6. 绿色生态原则

合同主体在订立、履行合同的过程中应注意节约资源、保护生态环境。随着我国社会主义市场经济的发展及科学技术的进步，我们早已能够平衡好经济发展与环境保护的关系。"绿水青山就是金山银山"的理念也已经深入民心。"绿色生态原则"不仅是《民法典》总则基本原则之一，同时也是《民法典》合同编新增的基本原则之一。前者规定在《民法典》第九条，即民事主体从事民事活动，应当有利于节约资源、保护生态环境。后者规定在《民法典》第 509 条，即当事人在履行合同过程中，应当避免浪费资源、污染环境和破坏生态。

自学自测 扫描此码

第二节 合同订立

本节知识点导图

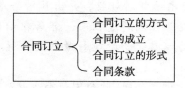

一、合同订立的方式

合同的本质是合同当事人就民事权利义务关系的产生、变动达成合意而形成的协议,当事人形成协议的这个过程就称为合同订立,订立合同大多采取要约、承诺的方式,但是随着科技的进步,如果存在其他方式,只要不违背现行法律规定,也是《民法典》允许的合同订立方式。

(一)要约

1. 要约的概念

要约是希望与他人订立合同的意思表示。要约行为中的双方当事人为要约人、受要约人。发出要约的人称为要约人,要约人发出的要约的相对人称为受要约人。

2. 要约的有效条件

要约的意思表示要产生法律效力,应当符合下列条件。

1)要约的内容应具体确定

要约是要约人发出的,希望与他人订立合同的意思表示,因此要约的内容中应该就订立合同的相关内容进行具体说明,表意应当明确,不能含糊、有歧义。

2)要约是特定人的意思表示

发出要约的一方当事人既可以是自然人,也可以是法人或非法人组织,当事人发出要约后,若受要约人就该要约内容进行承诺,则合同成立,要约人则成为合同法律关系中的一方主体,其发出的要约也是特定人的意思表示。

知识点检验 4-5

3)要约人需表明受该意思表示的约束

要约人发出订立合同的意思表示后,若无撤回、撤销等情况,经受要约人承诺,则合同成立并产生法律约束力。因此,要约的发出就意味着要约人受要约内容的约束,若要取消要约,还需进行撤回、撤销等法律行为。

4)要约必须到达受要约人

要约人如果以对话的方式作出要约,受要约人知道要约内容时生效。以非对话方式作出的要约,到达受要约人时生效。与部分采取发出主义的国家不同的是,此处我国采取到达主义,要约要产生法律效力需到达受要约人处。如果要约人以数据电文等非对话方式发出要约,受要约人指定特定系统接收数据电文的,该数据电文进入该特定系统时生效;未指定特定系统的,受要约人知道或者应当知道该数据电文进入其系统时生效。当事人另有约定的,按照其约定。

3. 要约与要约邀请

1)要约邀请的概念

要约邀请是希望他人向自己发出要约的意思表示。在实践中,有时合同当事人有订立某一类型合同的意愿及几个合作目标,此时该当事人则会选择同时向这几个目标合作者发出意欲设立民事法律关系的意思表示,这种意思表示就是要约邀请,其与要约既有联系又有区别。

2)要约与要约邀请的区别

(1)内涵不同。要约是希望与他人订立合同的意思表示,内容具体,较为明确,一经受要约人承诺,合同即成立;而要约邀请是希望他人向自己发出要约的意思表示,关于标的等信息不够明确，即使得到了对方的回复也不会产生合同订立的法律效果。

（2）法律规定不同。相较于要约邀请来说，《民法典》要求要约的内容更具体、更确定，而要约邀请的内容则无此严格要求。要约存在撤回、撤销等情况，要约邀请不存在此类情况。

（3）当事人意思不同。发出要约的一方当事人想要订立合同的意思表示更明确，而要约邀请则体现出发出一方更多的只是在询问，了解情况。

（4）发出的对象不同。要约人发出要约的对象我们称为受要约人，而要约邀请发出的对象不特定，只是其中有的对象可能成为要约人。

3）要约邀请的种类

根据长期司法实务中的总结与经验，《民法典》第473条列举了如下应当定性为要约邀请的意思表示：拍卖公告、招标公告、招股说明书、债券募集办法、基金招募说明书、商业广告和宣传、寄送的价目表等，这些均为典型的要约邀请。此处应当注意的是，债券募集办法、基金招股说明书、商业宣传是《民法典》中新增的要约邀请形式。

商业广告和宣传的内容如果足够具体、明确，已经具备要约的必备条件的，可以构成要约。

知识点检验 4-6

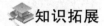

悬赏广告的性质

悬赏广告是指以张贴广告、发布于网络媒介等形式公开表示对于完成一定行为的相对人给予一定报酬的意思表示。

关于悬赏广告的性质，法学理论界素有争议，一种观点认为悬赏广告应定性为要约，一种观点认为悬赏广告应定性为要约邀请，还有观点认为其应当属于单方允诺。要约与要约邀请本节中均已涉及，那么单方允诺是一种什么样的民事行为呢？单方允诺是指行为人向相对人作出为自己设定某种义务，而相对人享有对应权利的意思表示。当相对人完成了广告发布人提出的行为时，有权利要求悬赏广告发布人兑现报酬，这就形成了单方允诺之债。

关于这一争议，各种学说都有一定道理，《民法典》中也没有进行明确的规定，只是指出悬赏人以公开方式声明对完成特定行为的人支付报酬的，完成该行为的人可以请求其支付。目前，越来越多的观点赞同将悬赏广告定性为合同中的要约，但这并不是定论，同学们也不妨进行思考与讨论。

知识点检验 4-7

4. 要约的生效

以对话方式发出要约的，例如即时通信或当面对话等方式，其本质实则为有相对人的意思表示，生效时间应为受要约人知悉对话内容时就生效。

以非对话方式发出要约的，要约到达相对人时生效。此处需要注意的是，到达主义在实践中已经放宽，并不一定实际送达到受要约人及其代理人的手中，只要要约送达到受要约人实际控制的地方即为到达。如已被受要约人的信箱收悉,视为到达。

5. 要约的撤回、撤销与失效

1)要约的撤回

《民法典》第141、475条规定,要约是可以撤回的。要约的撤回是指要约人发出取消要约的通知先于或同步于该要约到达相对人的时间。

2)要约的撤销

要约也是可以撤销的,要约的撤销是指在要约生效之后,受要约人承诺之前,要约人发出取消要约的通知。具体又分为对话与非对话两种方式,撤销要约的意思表示以对话方式作出的,该意思表示的内容应当在受要约人作出承诺之前为受要约人所知道;撤销要约的意思表示以非对话方式作出的,应当在受要约人作出承诺之前到达受要约人。

但是并不是所有的要约都可以撤销,《民法典》第476条列举了如下例外情形。

(1)要约人以确定承诺期限或者其他形式明示要约不可撤销。

(2)受要约人有理由认为要约是不可撤销的,并已经为履行合同做了合理准备工作。

3)要约的失效

《民法典》第478条中规定了要约失效的法定情形。

(1)要约被拒绝导致失效。

(2)要约被依法撤销则失效。

(3)承诺期限届满,受要约人未作出承诺,则要约失效;如果承诺期限届满后,受要约人作出同意要约的意思表示,也不能认为是同意要约的承诺,而应当认定为新要约。

(4)受要约人对要约的内容作出实质性变更,则要约失效。所谓实质性变更,是指受要约人对于要约中提及的关键性内容,例如标的、数量、价款等内容作出变更,变更后回复的意思表示也不能视为针对原要约表示同意的承诺,而应视为新要约。

知识点检验4-8

(二)承诺

1. 承诺的概念

承诺是指受要约人同意要约的意思表示,是合同成立的要件之一。一经承诺,则会产生合同成立的法律效果。

2. 承诺的有效条件

1)承诺必须由受要约人作出

承诺的主体具有特定性,由于要约人在发出要约的时候实则已经对意欲缔结合同关系的对方当事人作出了筛选,因此,只有受要约人才具有作出承诺的权利。但是在目前信息高度透明的市场经济环境下,如果有受要约人以外的人愿意就该要约的内容对要约人作出承诺,该怎么对其定性呢?可以将其视为一项新要约,发出"承诺"的人实则为新要约的要约人,而原要约人则成了受要约人。

2）承诺的方式要符合法律规定

承诺一般以"通知"的方式作出，但根据交易习惯或者要约表明可以通过行为作出承诺的除外。承诺的通知既可以以对话的方式作出，也可以以非对话的方式作出。一般情况下，默示不能替代承诺。

3）承诺必须在规定的期限内到达要约人

当事人订立合同都是为了实现合同目的，因此合同是应当具有一定时效性的，这就要求受要约人同意要约而作出承诺的意思表示应当在要约中确定的期限内到达要约人处，才能发生法律效力。受要约人在承诺期限内发出承诺，按照通常情形能够及时到达要约人，但是因其他原因致使承诺到达要约人时超过承诺期限的，除要约人及时通知受要约人因承诺超过期限不接受该承诺外，该承诺有效。

若要约中没有明确规定可承诺的期限，则又根据要约的形式分为对话方式与非对话方式两种情形，针对对话方式的要约进行承诺，应当即时作出；针对非对话方式的要约进行承诺，应当在合理期限内作出。

要约以信件或者电报作出的，承诺期限自信件载明的日期或者电报交发之日开始计算。信件未载明日期的，自投寄该信件的邮戳日期开始计算。要约以电话、传真、电子邮件等快速通信方式作出的，承诺期限自要约到达受要约人时开始计算。

受要约人超过承诺期限发出承诺，或者在承诺期限内发出承诺，按照通常情形不能及时到达要约人的，为新要约；但是，要约人及时通知受要约人该承诺有效的除外。

4）承诺的内容必须与要约的内容一致

承诺的内容必须与要约中的内容一致，如果不一致，尤其是涉及实质性内容的部分不一致，则不能认定为针对该项要约进行的承诺，而应认定为新要约。根据法律规定，有关合同标的、数量、质量、价款或者报酬、履行期限、履行地点和方式、违约责任和解决争议方法等的变更，是对要约内容的实质性变更。

如果承诺的内容与要约的内容不完全一致，但是实质性内容未变更，则该承诺仍然生效，除非要约人表示反对或要约中已经明示承诺需与要约内容完全一致，不得作出任何变更。若承诺继续生效，则合同成立，合同的内容应当以承诺的内容为准。

3. 承诺的撤回

承诺在未生效之前可以撤回，承诺人撤回承诺的意思表示应当在承诺的意思表示到达相对人之前或同时到达。

此处需要注意的是，承诺与要约不同，要约既能撤回，也能撤销；承诺只能撤回，不能撤销。当承诺到达要约人处，则合同成立，产生法律约束力。

4. 承诺的生效

承诺生效的时间点非常关键，影响着合同产生法律约束力的时间、双方权利义务产生的时间、履行期限的开始、诉讼时效等一系列问题。具体又分为以下几种情形。

1）以通知方式作出的承诺，承诺的生效时间根据承诺人通知的具体方式不同而有所区分，承诺人以对话方式作出承诺的通知，要约人知道其内容时生效；承诺人以非对话方式作出承诺的通知，到达要约人时生效。

2）承诺不需要通知的，根据交易习惯或者要约的要求作出承诺的行为时生效。交易习惯是指在某些行业、某些领域或交易地当地固有的交易时的做法，以及多次订立合同的双方当事人彼此之间知道的对方习惯性的做法。若根据交易习惯承诺无须通知，只需直接作出某种行为承诺甚至直接履行合同，则作出该行为或直接履行合同的时间视为承诺生效的时间。

知识点检验 4-9

二、合同的成立

（一）合同成立要件

经过合同双方当事人的要约、承诺之后，合同成立，一般情况下承诺生效时合同即成立，但是法律另有规定或者当事人另有约定的除外。依法成立的合同，受法律保护。

1. 合同成立的一般要件

1）订约主体存在双方或多方当事人。合同是双方行为甚至是多方行为，订立合同的主体要件为需存在两个以上的当事人。当事人既可以自然人，也可以是法人或非法人组织，合同成立后则成为合同主体。

2）订约当事人对主要条款达成合意。以订约当事人彼此之间的合意为基础而依法成立的合同，仅对订约当事人具有法律约束力，但是法律另有规定的除外。

3）具备标的和数量条款。

2. 合同成立的特别要件

1）实践合同中，除满足合同成立的一般要件，还需要一方当事人交付标的物合同才能成立。

2）要式合同中，除满足合同成立的一般要件，还需要根据法律规定的特定方式订立（如采用书面方式或经由国家审批）合同才能成立。

知识拓展

国家计划合同及法定缔约义务

虽然我国的经济环境为市场经济，但是我国的市场经济是具有中国特色社会主义的市场经济，在遇到抢险救灾、疫情防控等特殊需要时，国家会一定程度上发挥"有形手"的宏观调控作用。《民法典》第 494 条规定，国家根据抢险救灾、疫情防控或者其他需要下达国家订货任务、指令性任务的，有关民事主体之间应当依照有关法律、行政法规规定的权利和义务订立合同。这种合同又称为国家计划合同。

法定缔约义务是指依照法律、行政法规的规定及国家抢险救灾、疫情防控的需要，负有发出要约义务的当事人，应当及时发出合理的要约。依照法律、行政法规的规定负有作出承诺义务的当事人，不得拒绝对方合理的订立合同要求。

以上为国家法律规范中的强制性规定，这也体现出企业虽为营利法人，但是不能只以营利性经营为目的而忽视自己应当承担的社会责任。实际上很多有担当的民族企业在国之危难时刻，无须法律的强制性规定就能自觉分担社会义务，为人民服务。例如 2020

年年初，为预防应对疫情，口罩供不应求时，五菱汽车等企业超出原有经营范围，响应国家要约，大量制造口罩，并提出"人民需要什么，我们就制造什么"，可谓民族企业中的典范。

（二）合同成立时间

1. 以口头形式订立的合同，承诺生效时合同成立。
2. 当事人采用合同书形式订立合同的，自当事人均签名、盖章或者按指印时合同成立。签名、盖章、按指印是我国传统的几种确认模式，订约人以这三种方式中的任意一种对书面合同内容进行确认，都可以产生法律效力，当事人彼此之间的确认模式也不是必须相同。若双方或多方当事人签字、盖章、按指印的时间不同，则以最后一方当事人签章、按指印的时间为准来确定合同成立时间。在签名、盖章或者按指印之前，当事人一方已经履行主要义务，对方接受时，该合同成立。
3. 法律、行政法规规定或者当事人约定合同应当采用书面形式订立，当事人未采用书面形式但是一方已经履行主要义务，对方也予以接受，该合同仍然成立。
4. 当事人采用信件、数据电文等形式订立合同要求签订确认书的，签订确认书时合同成立。例如，当事人一方通过互联网等信息网络发布的商品或者服务信息符合要约条件的，对方选择该商品或者服务并提交订单成功时合同成立，但是当事人另有约定的除外。

（三）合同成立的地点

合同成立地对于合同履行等事项也具有一定的重要性，例如，当合同部分内容规定不明确，产生歧义时，采取何地的交易习惯；又如合同当事人产生纠纷时，选择何地法院、仲裁机构进行管辖，等等。这些问题都使得合同成立地点必须被重视，具体又可分为以下几种情况。

一般情况下，承诺到达地即为合同成立地。由于大部分合同成立于承诺生效之同时，所以承诺生效的地点即为合同成立的地点，而承诺生效地即承诺到达地。

采用数据电文形式订立合同的，收件人的主营业地为合同成立的地点；没有主营业地的，其住所地为合同成立的地点。当事人另有约定的，按照其约定。

当事人采用合同书形式订立合同的，最后签名、盖章或者按指印的地点为合同成立的地点，但是当事人另有约定的除外。

三、合同订立的形式与条款

（一）合同订立的形式

1. 书面形式

当事人订立合同最主要形式就是书面形式，书面形式既可以表现为传统的合同书、信件、电报、电子传真，也可以表现为其他能够有形地表现所载内容的形式。例如以电子数据交换、电子邮件等方式有形地表现所载内容，并可以随时调取查用的数据电文等。书面形式订立合同具有有据可查、方便举证、便于解决争议及纠纷等优点，尤其在民商事交易中，书面形式是将合同双方或多方当事人的意思表示固定下来的最标准的形式。

但是书面形式也存在程序烦琐、耗时较长等缺点。

2. 口头形式

合同当事人口头达成一致而订立合同也是常见的合同订立形式，口头形式是指通过面对面对话、电话、语音通信等方式达成一致的意思表示并订立合同。这种方式具有方便、快捷等优点，主要适用于能够即时结清的小商品交易或服务，但是也存在着产生纠纷后举证难等弊端。

3. 其他形式

除了书面形式及口头形式，我国《民法典》合同编中法定的合同形式还包括其他形式，例如推定形式。推定形式是指不需要通过对话方式，而是通过行为明示或其他特殊情形，合同双方或多方当事人推定对方具有缔结合同的意图并彼此达成合意，成立合同。

知识拓展

RFID 识别技术自动贩卖机

随着科学技术的发展并提供支撑，已经有越来越多的推定订立合同的形式出现在日常生活中，例如已经普及校园、医院、商业街、机场车站等场所的 24 小时自动售货柜，以曾经的咖啡自动贩卖机等饮品贩卖机为雏形发展而来，仍然采取无人销售的模式，但是售货柜中的商品种类远远不止饮品一种，可以是食物、电子产品、药品、日常用品等，价格几十元到几百元不等。自动售货柜的使用方式为消费者使用微信、支付宝扫码开门，开门后选取自己需要的商品取出即可，无须任何按键或让其操作，每件商品上都贴有 RFID（射频识别技术）标签，关门后通过 RFID 识别技术自动结算，从消费者的支付宝或微信中扣款。这种商品交易虽然数额不大，但是却能体现出推定模式订立的商品交易微型合同在日常生活中的普及程度，无须任何书面或口头交流，扫码开门、拿取商品就是订立合同的意思表示。

（二）合同条款

1. 合同主要条款

合同的内容由当事人约定，一般包括下列条款：当事人的姓名或者名称和住所；合同标的；数量；质量；价款或者报酬；履行期限、地点和方式；违约责任；解决争议的方法。各类合同基本都有示范文本可供合同当事人选择参考。

2. 合同必备条款

虽然《民法典》第 470 条没有明确合同的必备条款，但是根据《民法典合同编通则司法解释》第 3 条规定，当事人对合同是否成立存在争议，人民法院能够确定当事人姓名或者名称、标的和数量的，一般应当认定合同成立。但是，法律另有规定或者当事人另有约定的除外。简言之，只要合同具上述三点，则满足了合同必备要素，至于合同标的的质量、价款、期限、地点、履行方式等合同要素，都可以根据《民法典》第 511 条规定进行推导，例如，履行期限不明，债务人和债权人可以随时履行，但应给对方必要的准备时间。

3. 争议解决条款

合同当事人就合同条款的理解有分歧，首先需要合同当事人进行协商，如果经协商无法达成一致，应当依据《民法典》第 142 条规定，按照所使用的词句，结合相关条款、行为的性质和目的、习惯以及诚信原则，确定争议条款的含义。如果合同文本采用两种以上文字，则按照《民法典》第 466 条第 2 款规定，两种以上文字订立并约定具有同等效力的，对各文本使用的词句推定具有相同含义。各文本使用的词句不一致的，应当根据合同的相关条款、性质、目的以及诚信原则等予以解释。

4. 格式条款

1）概念

格式条款是当事人为了重复使用而预先拟定，在与每个合同相对人订立合同时不再与对方协商或更改内容的条款。格式条款具有方便快捷、节约成本、加快程序等优点，但是也存在格式条款提供方为了自身利益最大化而导致制定的条款不公平的问题。因此我国《民法典》合同编对格式条款提供方的义务做出细化规定，以避免非提供格式条款方，因信息不对称而权益受损。

2）格式条款提供方的义务

根据《民法典》第 496 条第 2 款和《最高人民法院关于民法典合同编通则司法解释》第 10 条规定，格式条款提供方的义务主要包括提示义务与说明义务。前者是提供格式条款的一方应当采取合理的方式提示对方注意免除或减轻其责任等与对方有重大利害关系的条款。其中，提示方式主要有以引起对方注意的文字、符号、字体等明显标识来提示。说明义务是指提供格式条款的一方有义务按照对方的要求，采取常人理解的方式对该条款予以解释，促使对方理解合同内容。如果提供格式条款的一方仅以采取了设置勾选、弹窗等方式为由主张其已经履行提示义务或说明义务的，不能得到法院认可。

3）格式条款无效的情形

为了避免格式条款提供方利用信息不对称侵蚀合同相对方合法权益。我国《民法典》对格式条款无效的情形做出列举规定，进而保障非提供格式条款方的合法权益。格式条款无效的法定情形包括以下几种。

（1）产生格式条款的相关民事法律行为若无效，则格式条款也无效。

（2）造成对方人身损害或因故意或者重大过失造成对方财产损失的情况还主张免责的格式条款无效。

（3）提供格式条款一方不合理地免除或者减轻其责任、加重对方责任、限制对方主要权利，则格式条款无效。

（4）提供格式条款一方排除对方主要权利，则格式条款无效。

4）格式条款的解释原则

为了实现实质上的公平，若合同当事人对格式条款的理解发生争议，应当按照法律规定中的步骤进行如下处理：首先，按照通常理解予以解释。对格式条款有两种以上解释的，应当作出不利于提供格式条款一方的解释。格式条款和非格式条款不一致的，应当采用非格式条款。以此来保证格式条款提供方不会滥用制定、提供格式条款的权利来侵害对方当事人的合法利益。

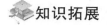知识拓展

实务中合同审查应当注意的问题

一、审查合同法律依据

了解合同签订背景，知悉合同订立目的，审查合同中选择适用的法律规范是否适当，大多应适用《民法典》为解决争议、纠纷的法律根据，但是由于合同可能涉及的特殊领域，因此法律依据中也会有其他法律规范，例如招投标合同中必然涉及《中华人民共和国招投标法》。

二、审查合同形式要件

需审查合同主要条款例如当事人的名称或姓名和住所、标的、数量、质量、价款或报酬、履行期限、履行地点和方式、违约责任、解决争议的方法等内容是否完备。

三、审查合同实质内容

合同形式要件齐备后，还需审查合同实质内容，例如审查合同相对人主体资格是否真实，通过中国裁判文书网查询合同主体是否涉诉，通过国家企业信用信息公示系统审查合同相对人是否存在行政违法及相关处罚记录，等等。

审查合同主要条款涉及内容是否合理，权利义务是否明晰，费用及支付方式是否明确，争议解决的方式及管辖约定等内容是否为当事人合意，等等。

四、审查合同其他内容

合同审查工作还包括很多其他事项，例如还应查看合同中是否存在特殊的风险约定，以降低合同订立风险。审查合同语言表达的准确性及逻辑合理性，避免因语义不清而导致的存在两种以上理解。

自测题

自学自测 扫描此码

第三节 合同效力

本节知识点导图

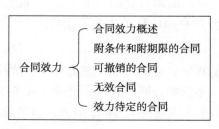

一、合同效力概述

（一）合同生效的概念

合同生效不同于合同成立，所谓合同生效，是指已经成立的合同在当事人之间产生了一定的法律拘束力。依法成立的合同，自成立时生效，但是法律另有规定或者当事人另有约定的除外。

（二）合同的生效要件

1. 合同当事人应当具有相应的民事行为能力

订立合同的双方或多方当事人既可以是自然人，也可以是法人组织、非法人组织，当合同当事人为自然人的时候，应当具有相应的民事行为能力，合同才能产生法律效力。大部分自然人主体订立合同的生效要件为该合同主体应当具有完全民事行为能力，即年满18周岁或已满16周岁未满18周岁、但是以自己的劳动收入为主要生活来源，则可以独立实施法律行为。但这并不意味着只有完全民事行为能力人才能成为生效合同的主体，根据《民法典》的规定，限制民事行为能力人，即已满8周岁不满18周岁的未成年人以及不能完全辨认自己行为的成年人可以订立纯获利益或者与其年龄、智力、精神健康状况相适应的合同。此外，如果订立其他合同，则需由其法定代理人代理或者经其法定代理人同意、追认。无民事行为能力人，即不满8周岁的未成年人及不能辨认自己行为的人，须由其法定代理人代理合同订立行为。

> **知识拓展**
>
> 民事行为能力是指行为人实施民事法律行为的能力，主要受年龄、智力、精神健康状况影响，根据行为人民事行为能力的不同，《民法典》将民事行为主体分为完全民事行为能力人、限制民事行为能力人、无民事行为能力人三类。

2. 意思表示真实

意思表示真实是指合同生效需要合同当事人订立合同的意思表示真实有效，合同一方当事人与相对人以虚假的意思表示实施的合同订立行为无效。例如戏谑的意思表示。另外，若存在重大误解、欺诈、胁迫、显失公平等情形，也均不符合意思表示真实的要求，会产生合同可撤销的法律后果。

3. 不违反法律、行政法规的强制性规定，不违背公序良俗

合同当事人订立的合同还需满足不违反法律、行政法规的强制性规定，不违背公共秩序和善良风俗才能生效。这是法律对合同当事人意思自治的限制，也是社会主义法治体系的必然要求，而这与契约自由的精神也并不违背。

4. 特殊规定

依照法律、行政法规的规定，合同应当办理批准等手续的，依照其规定。未办理批准等手续影响合同生效的，不影响合同中履行报批等义务条款以及相关条款的效力。应当办理申请批准等手续的当事人未履行义务的，对方可以请求其承担违反该义务的责任。

依照法律、行政法规的规定，合同的变更、转让、解除等情形应当办理批准等手续的，适用前款规定。

（三）合同成立和合同生效的区别

1. 发生时间不同

合同成立的时间可能先于合同生效的时间，也可能与合同生效时间同步。简言之，合同生效的一定是历经了合同成立，而合同成立未必生效。例如，依照法律法规的规定，合同生效需要办理批准等手续的，未办理批准等手续则合同虽然成立但并不生效。

2. 法律性质不同

合同成立仅为一种事实状态，代表着当事人协商一致，达成合意即可。合同的生效则体现了一种价值取向，需要合同成立并符合法律的意志（法律认可它，不违反法律行政法规的强制性规定）才能生效。

3. 法律后果不同

合同成立涉及当事人意思表示是否真实的问题，由于没有得到法律对当事人意思表示的肯定性评价，其产生的法律责任只涉及缔约过失责任、返还财产等民事责任，而不产生其他法律责任。而合同生效已经获得法律对当事人意思表示的肯定评价，因此，合同生效后无效，不仅可能承担民事责任，而且还可能承担行政责任或者刑事责任。

二、附条件和附期限的合同

（一）附条件的合同

1. 附条件合同的概念

附条件的合同是指合同当事人在订立合同时，约定以某种不确定的事实发生与否作为合同生效与否的条件的合同。附条件合同的特征为合同成立与合同生效不同步，合同当事人意思表示达成一致，则合同成立，但是需要合同中所附的条件实现，合同才生效或解除。

2. 附条件合同的种类

根据合同中所附条件的不同作用，可以把附条件合同分为附生效条件的合同与附解除条件的合同，附生效条件合同中的生效条件又可称为停止条件或延缓条件，只有当该条件实现时，合同才能生效。附解除条件的合同中所附的解除条件又称为消灭条件，当该条件实现时，合同终止。

3. 附条件合同的法律后果

附条件的合同成立之后生效之前，当事人不得人为地影响所附条件实现与否或实现的时间，应当允许条件事实自然发展。若出现当事人为了实现自己利益而恶意阻止条件实现的情况，视为条件已经实现；恶意促成条件实现的，则应视为条件不实现。

（二）附期限的合同

1. 附期限合同的概念

附期限的合同是指当事人在订立合同时，在合同中规定一个期限，以该期限到来作为合同生效或失效的依据。附期限的合同成立后并不立即生效,而要等待当事人在合同中意思表示达成合意所共同确定的期限到来。

2. 附期限合同的种类

根据合同当事人约定的期限的不同作用,可以将附期限的合同分为附生效期限的合同和附终止期限的合同。附生效期限的合同中所附的期限称为生效期限,附终止期限合同中所附的期限则为终止期限。附生效期限的合同成立后并不生效,约定的期限到来才生效;附终止期限的合同成立后可以生效,合同随着约定期限的到来而终止。

合同中所附的期限与条件有一定区别,即所附条件未必成就,但所附期限一定会到来。

三、可撤销的合同

(一)可撤销合同的概述

可撤销的合同是指因合同当事人意思表示不真实,有权行使撤销权的当事人可以请求人民法院或仲裁机构撤销的合同。此处是《民法典》较之于原《合同法》几处修改变化较大内容之一,否定了重大误解、欺诈、胁迫、显失公平几种情况下合同当事人的变更请求权,只保留了撤销请求权。

(二)可撤销合同的种类

1. 基于重大误解订立的合同

重大误解是指合同当事人作出订立合同的意思表示时,对合同中涉及的主要权利义务事项存在重大误解,而导致外部表示与内心真实意思不一致的情况。如由于朋友之间不好意思明说而误将借贷认定为赠予等等,因重大误解订立的合同属于可撤销合同。

2. 以欺诈手段订立的合同

欺诈是指故意隐瞒真实情况甚至陈述虚假事实,使对方陷入错误认知而作出意思表示的行为。欺诈又可分为合同一方当事人直接欺诈与一方当事人利用第三人实施欺诈两种情况,无论是哪种情形,使一方在违背真实意思的情况下实施的民事法律行为,对方知道或者应当知道该欺诈行为的,受欺诈方有权利请求人民法院或者仲裁机构对该合同予以撤销。

3. 以胁迫手段订立的合同

胁迫是指合同一方当事人或者第三人以即将发生或有可能发生的恶害相通告,使对方在违背真实意思的情况下作出意思表示的行为。 一方当事人使用胁迫手段与对方当事人订立合同,受胁迫方享有权利请求人民法院或者仲裁机构对该合同予以撤销。

4. 显失公平的情况下订立的合同

显失公平是指订立合同时一方当事人利用对方当事人处于危困状态或缺乏判断能力等原因订立合同,致使合同虽然成立但合同当事人权利、义务明显失衡,不符合公平正义的法律要求。显失公平合同中的受损害一方当事人有权利请求人民法院或者仲裁机构对该合同予以撤销。

（三）可撤销合同的法律效力

撤销权人是否要行使撤销权撤销合同，由享有撤销权的合同主体自主决定。

可撤销合同在被撤销之前是有效的。撤销权人一旦行使撤销权，则该合同效力消灭。若撤销权人放弃行使撤销权，则该合同继续有效。

（四）撤销权的行使

1. 撤销权人

除重大误解的可撤销权为合同双方当事人均享有外，其他可撤销合同的撤销权均仅限于受损害方，例如受欺诈一方、受胁迫一方当事人享有。

2. 行使方式

撤销权并不是撤销权人直接通知相对人即可行使，撤销权人撤销合同的意思表示应向人民法院或仲裁机构提出，由人民法院或仲裁机构确认其权利请求是否能够成立。

3. 撤销权的消灭

根据《民法典》的明确规定，有下列情形之一的，撤销权消灭。

1）当事人自知道或者应当知道撤销事由之日起一年内、重大误解的当事人自知道或者应当知道撤销事由之日起 90 日内没有行使撤销权。

2）当事人受胁迫，自胁迫行为终止之日起一年内没有行使撤销权。

3）当事人知道撤销事由后明确表示或者以自己的行为表明放弃撤销权。

当事人自民事法律行为发生之日起 5 年内没有行使撤销权的，撤销权消灭。

四、无效合同

（一）无效合同的概述

无效合同是指合同虽已订立，但由于不符合合同的生效条件不能发生法律效力的合同。需注意的是，合同虽然无效，但不会影响合同中有关解决争议方法的条款的效力。

（二）无效合同的特点

1. 违法性

无效合同的合同内容与我国现行有效的法律规范发生冲突，这种冲突可能违反了《民法典》合同编的相关规定，也有可能违反其他法律规范的规定，例如单身男性包某，违反收养法规定，与已满 14 周岁的未成年少女李某及李母订立"收养"协议，该协议并不产生法律效力。

2. 不得履行性

由于合同内容可能违反我国法律、法规强制性规定或违反社会公共利益及公序良俗原则，因此无效合同自始无效、当然无效、确定无效。合同当事人不得针对该合同进行履行，当然也无须承担因为不履行合同而产生的违约责任。

3. 国家干预性

为了保证合同当事人能够遵守我国法律、法规强制性规定，维护社会公共利益及公序良俗，无效合同不能按照合同订立时当事人的意愿发生其追求的法律效果，国家必须保留进行干预的权利，而这又与当事人订立合同意思自治的原则并不冲突。

（三）无效合同的种类

1. 无民事行为能力人独立订立的合同无效

在合同的生效要件中已经介绍过，自然人主体订立合同应当具有相应的民事行为能力，合同才能产生法律效力。即不满 8 周岁的未成年人及不能辨认自己行为的人，即无民事行为能力人，须由其法定代理人代理合同订立行为，因此其独立订立的合同为无效合同。

2. 违反法律的强制性规定、违背公序良俗的合同无效

合同内容存在违法情形，则合同无效。合同违反部门规章中涉及金融安全、市场秩序、国家宏观政策的强制性规范，合同无效。合同违反公序良俗，损害公共利益，为无效合同。

3. 恶意串通，损害他人合法权益的合同无效

合同当事人虽意思表示真实，但是存在恶意串通，损害第三人合法权益，则合同无效。

五、效力待定的合同

（一）效力待定合同概述

1. 效力待定合同的概念

效力待定合同，是指合同虽然已经成立，但由于欠缺生效要件，能否发生法律效力尚不确定，须有权人追认才能生效的合同。

（二）效力待定合同的种类

1. 限制民事行为能力人依法不能独立订立的合同

限制民事行为能力人独立订立的与其认知水平相适应的合同有效，但限制民事行为能力人独立订立的超出其认知水平的合同则是效力待定的合同。

2. 表见代理以外的无权代理的情况下订立的合同

无权代理行为有广义与狭义之分，广义的无权代理包括狭义的无权代理及表见代理。狭义的无权代理是指行为人没有代理权、超越代理权、代理权终止后以被代理人的名义订立的合同，未经被代理人追认，对被代理人不发生法律效力。本书中所指的无权代理是狭义的无权代理。

1）无权代理合同效力

无权代理合同是效力待定合同，合同中被代理人又称为本人，就该无权代理行为享有追认权、否认权。

2）无权代理合同中的主体权利

追认权是指被代理人（本人）在无权代理发生后，认可行为人没有代理权、超越代理权、代理权终止后以被代理人的名义订立的合同，使得该无权代理合同成为有效合同。

否认权是指无权代理发生后，被代理人（本人）否认行为人的代理行为，使得该无权代理合同成为无效合同。

另外，无权代理人以被代理人的名义订立合同，被代理人已经开始履行合同义务或者接受相对人履行的，视为对合同的追认。

合同中的相对人则具有催告权以及善意相对人的撤销权。

3. 表见代理

表见代理是指行为人没有代理权、超越代理权、代理权终止后以被代理人的名义订立的合同，相对人有理由相信行为人有代理权的，该代理行为有效。表见代理合同是有效合同。

表见代理的主体并不一定只有自然人，当被代理人是法人或非法人组织时，其法定代表人或负责人作为代理人如果超越权限订立合同，除相对人知道或者应当知道其超越权限外，该代表行为有效，订立的合同对法人或者非法人组织具有法律约束力。

营利法人或其他当事人主体超越自己经营范围订立的合同，并不必然无效，其效力需结合其他要件综合判断。

自测题

第四节 合同的履行

本节知识点导图

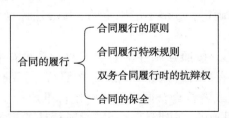

合同履行是合同设立、变更等法律行为的最终目的，是实现合同法律关系中最为重要的一环，是司法实务中当事人履行合同债务时必须遵守的基本准则。

一、合同履行的原则

（一）约定必须信守原则

合同履行的首要基本原则就是约定必须信守原则，又称为遵守约定原则，是指合同中约定的内容对当事人具有法律约束力,当事人应当按照约定履行自己的义务。

约定必须信守原则包括全面履行原则及适当履行原则两个衍生原则。合同的全面履行原则是指合同债务人应当按照约定全面地、完整地完成合同义务,实现合同权利,这也是合同履行的最理想状态。适当履行原则则是指合同当事人在按照合同约定履行合同义务的过程中需要适当,根据合同约定及合同具体条款适当履行合同。

(二)诚信履行的原则

诚信履行原则贯穿于合同履行的全过程,当事人应当遵循诚信原则,根据合同的性质、目的和交易习惯履行通知、协助、保密等义务,这是司法实务中当事人履行合同债务时必须遵守的基本准则。

诚信原则具体又可分为协作履行原则、经济合理原则。协作履行原则是指合同当事人在履行合同义务、实现合同权利的过程中,基于诚信原则而相互予以协助,及时通知、配合履行、予以保密。经济合理原则又称为效益履行原则,是指合同当事人在履行合同义务时尽量追求收益最大化,处理好成本与效益间的关系,实现两者平衡。

(三)绿色履行的原则

合同当事人在履行合同过程中,应避免浪费资源、污染环境和破坏生态,合同履行也涉及到人与自然的和谐相处,因此,这是合同履行法律制度顺应时代的新发展,也是保障个人及后代幸福生活的必然要求。

二、合同履行特殊规则

(一)合同履行时的补正规则

当事人对合同是否成立存在争议,人民法院能够确认当事人的名称或姓名、标的和数量条款的,一般应当认定合同成立。但是其他条款的欠缺会导致合同无法履行,因此《民法典》对合同约定不明的情况下如何补正合同进行了规定。

合同生效后,当事人就质量、价款或者报酬、履行地点等内容没有约定或者约定不明确的,可以按以下三种方法处理:①可以协议补充;②不能达成补充协议的,按照合同相关条款或者交易习惯确定;③仍不能确定的,按照法律规定补正。针对不同的合同内容,有不同的补正规则。

1. 质量要求不明确的,按照强制性国家标准履行;没有强制性国家标准的,按照推荐性国家标准履行;没有推荐性国家标准的,按照行业标准履行;没有国家标准、行业标准的,按照通常标准或者符合合同目的的特定标准履行。

2. 价款或者报酬不明确的,按照订立合同时履行地的市场价格履行;依法应当执行政府定价或者政府指导价的,依照规定履行。按照政府定价、指导价计价的合同,如果遇有约定的交付期限内政府价格调整的情况,则应当按照交付时的价格计价。逾期交付标的物的,逾期的不利后果主要应由交付人承担,因此遇价格上涨时,按照原价格执行;价格下降时,按照新价格执行。逾期提取标的物或者逾期付款的,逾期的不利后果主要应由付款人承担,遇价格上涨时,按照新价格执行;价格下降时,按照原价格执行。

3. 履行地点不明确，给付货币的，在接受货币一方所在地履行；交付不动产的，在不动产所在地履行；其他标的，在履行义务一方所在地履行。

4. 履行期限不明确的，债务人可以随时履行，债权人也可以随时请求履行，但是应当给对方必要的准备时间。

5. 履行方式不明确的，按照有利于实现合同目的的方式履行。例如以支付金钱为内容的债，除法律另有规定或者当事人另有约定外，债权人可以请求债务人以实际履行地的法定货币履行。

6. 履行费用的负担不明确的，由履行义务一方负担；因债权人原因增加的履行费用，由债权人负担。

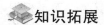知识拓展

电子合同履行相关内容

随着我国电子商务的飞速发展，网络购物普及程度极高，电子合同应运而生，相关的法律规制也应随之完善，2021年生效的《民法典》较之原《合同法》增加了电子合同相关法律规范。

电子合同是指合同当事人以互联网等信息网络为媒介订立的合同。电子合同指向的标的为交付商品并采用物流、快递方式交付的，收货人的签收时间为交付时间。电子合同的标的为提供服务的，生成的电子凭证或者实物凭证中载明的时间为提供服务时间；前述凭证没有载明时间或者载明时间与实际提供服务时间不一致的，以实际提供服务的时间为准。

电子合同的标的物为采用在线传输方式交付的，合同标的物进入对方当事人指定的特定系统且能够检索识别的时间为交付时间。

（二）涉及第三人的合同履行规则

虽然合同具有相对性，但是不得不承认的是司法实务中有众多合同会涉及第三人，既有可能是由合同当事人向第三人履行，也有可能是合同义务由第三人来履行，涉及第三人的合同统称为涉他合同。为了解决司法实务中涉他合同的设立、履行、变更、终止等相关问题，《民法典》合同编专门进行了如下规定。

1. 向第三人履行的合同

司法实务中存在大量向第三人履行的合同，由合同当事人在订立合同时约定合同一方当事人虽承担合同义务，却不享有合同权利，其行使完毕义务之后，由合同相对人即债务人向第三人履行债务。第三人虽未为对待给付，但可直接享有合同权利。例如，某男生在网络上从异地恋女友所在城市的花店里订花，按照合同的相对性来说，付费人应当同时是收花人，但是由于异地恋的原因，男孩与花店约定，由花店直接将鲜花送给其女朋友。

这种法律关系之下的债务人如果未向第三人履行债务或者履行债务不符合约定的，应当向债权人承担违约责任。如上例中的男生发现自己付费后，女朋友并未收到鲜花，则可以联系该花店追责。

法律规定或者当事人约定第三人可以直接请求债务人向其履行债务,第三人未在合理期限内明确拒绝,债务人未向第三人履行债务或者履行债务不符合约定的,第三人可以请求债务人承担违约责任;债务人对债权人的抗辩,可以向第三人主张。

2. 由第三人履行的合同

社会生活中还存在很多须由第三人履行的合同,以目前社会经济环境下发达的电商行业为例,电子商务合同中的卖家一方应当承担包括送货在内的提供产品或服务的合同义务,享有收取费用的权利。买家则承担付费的义务,享有收到货物商品或享有服务的权利。例如京东网络购物就是这种模式,在京东网站购买商品后会由京东配送到家。但是并非所有的网络购物都由合同义务人独立履行义务,例如,在天猫、淘宝等网站购物时,买家履行了自己的合同义务,先付款后,卖家并不自己履行送货的义务,而是根据买家选择的或默认的快递公司进行配送,这就是合同当事人约定由第三人向债权人履行或由第三人配合债务人向债权人履行合同义务的情形。当第三人不履行债务或者履行债务不符合约定的,债务人应当向债权人承担违约责任。

3. 第三人代为履行的合同

此外,还有一种涉他合同更为特殊,当债务人不履行债务,且该急于履行债务的行为会侵害第三人合法利益时,第三人有权替代债务人先行向债权人履行。这种代为履行的行为并不需要合同当事人的事先约定,第三人代为履行之后,但是,根据债务性质、按照当事人约定或者依照法律规定只能由债务人履行的除外。

债权人接受第三人履行后,其对债务人的债权转让给第三人,但是债务人和第三人另有约定的除外。

(三)提前履行或部分履行时的规则

合同履行过程中,可能会出现提前履行合同或部分履行合同的情形。对于债务人提前履行合同的主张,债权人可以拒绝债务人提前履行债务,但是如果提前履行不损害债权人利益的除外,如果债务人提前履行债务给债权人增加费用,那么增加的费用由债务人负担。对于债务人部分履行的主张,债权人可以拒绝债务人部分履行债务,但是部分履行不损害债权人利益的除外,如果债务人部分履行债务给债权人增加的费用,则增加的费用由债务人承担。

三、双务合同履行时的抗辩权

合同抗辩权只存在于双务合同中,又称为异议权,是指在合同成立后,一方当事人在对方提出行使权利请求时,得以否认对方权利主张或暂时不履行合同义务的对抗请求权。否认对方权利主张的抗辩权称为消灭的抗辩权,行使后果是可能导致权利人请求权归于消灭。暂不履行合同义务的抗辩权称为延缓的抗辩权,行使的法律后果为将履行期限向后延迟。

(一)同时履行抗辩权

1. 同时履行抗辩权的概念

同时履行抗辩权又称不履行抗辩权,是指当事人互负债务且没有先后履行顺序,一方当事人在他方未为对待给付以前或已为对待给付但不符合约定,可以拒绝履行自己的合同义务的权利。

2. 同时履行抗辩权的成立要件

1)当事人须因同一双务合同而互负债务

当事人双方因同一双务合同互负债务,但并不要求该债务在经济上完全等价。

2)双方互负的债务没有先后履行顺序且均已届清偿期

同时履行抗辩权只能产生在合同当事人在订立合同时没有约定双方履行义务先后顺序的情况下,同时还要求双方在合同中约定的债务清偿期限均已到达。

3)合同具有可履行性但尚未履行或未正确履行

对方当事人具有履行合同义务的能力,但却未履行合同义务或者未按约定履行合同义务。例如,瑕疵履行、部分履行都属于未按约定履行合同义务。

还需注意的是,一般情况下,对于轻微违约不行使同时履行抗辩权基本已经达成共识,进行补正即可。这样有利于合同纠纷的减少以及社会经济秩序的稳定。

(二)先履行抗辩权

1. 先履行抗辩权的概念

所谓先履行抗辩权,是指在双务合同中应当先履行的一方当事人没有履行合同义务或履行不符合约定的,后履行一方当事人有拒绝履行自己的合同义务的权利。

2. 先履行抗辩权的成立要件

1)当事人因同一双务合同而互负债务

先履行抗辩权只能产生在双务合同中,且合同双方当事人须因同一双务合同互负债务。

2)当事人一方须有先履行的义务

先履行抗辩权的成立须满足该双务合同根据法律规定或当事人约定有明确的履行义务先后顺序,而且有先履行义务的一方当事人履行义务是具有可能性的。

3)先履行一方到期未履行债务或未适当履行债务

法律规定或双方约定的履行期限已经届满,但是有先履行义务的一方当事人未履行债务或未按照约定履行债务。

3. 先履行抗辩权的效力

先履行抗辩权是延期的抗辩权,行使先履行抗辩权的是合同的后履行一方,行使该抗辩权是暂时对抗对方当事人的履行请求权,而非消灭该权利。先履行一方履行完毕时,该抗辩权自然失效,后履行一方则也应当履行己方相应义务。

(三)不安抗辩权

1. 不安抗辩权的概念

不安抗辩权是指在双务合同中,应当先履行债务的一方有确切证据证明对方当事人丧失或可能丧失履行义务的能力时,有中止履行自己债务并要求对方提供担保的权利。

2. 不安抗辩权的成立要件

1）当事人须因双务合同互负债务

不安抗辩权只能产生在双务合同中，当事人需因双务合同互负债务。

2）当事人一方须有先履行的义务且已届履行期

按照法律规定或合同约定，双方当事人履行义务须有先后顺序，否则当事人只能主张同时履行抗辩权，不会产生不安抗辩权。同时，合同中约定的先履行一方的合同义务履行期限已经届满。

3）后履行义务一方有丧失或可能丧失履行债务能力的情形

先履行一方当事人有确切证据证明，后履行一方当事人丧失或可能丧失履行债务的能力，即使自己履行了义务，对方也难为对待给付。例如有确切证据证明后履行一方存在以下几种情形：

（1）经营状况严重恶化。

（2）转移财产、抽逃资金，以逃避债务。

（3）丧失商业信誉。

（4）有丧失或者可能丧失履行债务能力的其他情形。

若当事人没有确切证据中止履行的，应当承担违约责任。

3. 不安抗辩权的效力

不安抗辩权的主要效力在于中止合同，先履行一方有权中止履行，但同时应当负有及时通知对方的义务。这样规定有利于实现双务合同中双方当事人的利益平衡，尽量减少对后履行一方的损害。

先履行一方当事人发出通知后，后履行一方没有对待给付或未提供担保，先履行一方有权利中止履行。若通知发出后，后履行一方提供了适当担保，则不安抗辩权消灭，合同继续履行。

如果在中止合同后，后履行一方在一定期限内仍没有恢复履行合同的能力并且未提供适当担保，视为以自己的行为表明不履行主要债务，则应当允许中止履行方解除合同并请求对方承担违约责任，以保护其利益。

四、合同的保全

（一）债权人的代位权

1. 债权人的代位权的概念

债权人的代位权是指因债务人怠于行使其债权或者与该债权有关的从权利，影响债权人的到期债权实现的，债权人可以向人民法院请求以自己的名义代位行使债务人对相对人的权利，但是该权利专属于债务人自身的除外。

2. 债权人的代位权的成立要件

1）债权人对债务人的债权合法、确定，且必须已届清偿期

债权人的代位权能够成立的首要条件就是债权人与债务人之间的债权债务关系需合法有效，且已届清偿期。

2）债务人怠于行使其到期债权

债权人行使代位权的关键条件是债务人怠于行使其在相对人处的到期债权，使得债权人在债务人处的债权也难以实现。此处需要注意的是，当债务人面对债权人的时候，是义务人，当其面对相对人的时候，又成为债权人，而相对人也可称为次债务人。同一主体在不同的法律关系中，既是债务人又是债权人，这并不矛盾。

3）债务人的债权不能是专属于债务人自身的债权

债权人主张代位行使的债权，不能是专属于债务人人身的债权，例如抚恤金。

3. 债权人代位权的行使

1）诉讼主体

代位权的实质是债权人依法享有的为了保全其债权而行使的实体权利。在代位权之诉中，原告是债权人，被告是相对人也可称之为次债务人，债务人为第三人。这类诉讼的本质是债权人向人民法院请求代债务人之位以自己的名义行使其在相对人处已经到期的债权。

2）代位权的行使范围

代位权的行使范围应当以债权人的到期债权或与该债权有关的从权利为限，而并不是对于债务人对于相对人的债权的全部都享有代位权，对债务人的全部债权中超出到期债权以外的部分，无权行使代位权。

3）债权到期前债权人代位权的行使

《民法典》生效后较之原《合同法》赋予债权人一项新的权利，即债权到期前债权人也可以行使代位权。债权到期前，债务人的债权或者与该债权有关的从权利可能存在诉讼时效期间即将届满或者未及时申报破产债权等情形，影响债权人的债权实现的，债权人可以代位向债务人的相对人请求其向债务人履行、向破产管理人申报或者作出其他必要的行为。例如，相对人在破产程序中，债权人可以代债务人之位向破产管理人申报债权，以期在破产清算过程中，该债权能够被纳入破产清偿范围得以清偿。

4）代位权行使的效力

人民法院认定代位权成立的，由债务人的相对人向债权人履行义务，债权人接受履行后，债权人与债务人、债务人与相对人之间相应的权利义务终止。

债务人与相对人的债权债务关系及相关从权利所指向标的可能被保全或采取执行措施。

5）费用负担

债权人行使代位权的必要费用，由债务人负担，若债权人先行垫付，则可以跟债务人追偿。

（二）债权人的撤销权

1. 债权人撤销权的概念

债权人的撤销权是指因债务人实施减少其财产的行为对债权人造成损害的，债权人可以请求人民法院撤销该行为的权利。债权人的撤销权又分为无偿处分财产的撤销及不合理转移财产的撤销。

2. 债权人撤销权的成立要件

1) 债务人实施了处分财产的行为

债权人行使撤销权的本质是对自己债权的保全，其成立的前提条件就是债务人实施了不当处分财产的行为。具体又可以分为无偿处分自己财产及不合理转移财产，且债务人不当处分财产的行为已经发生法律效力。

2) 债务人处分财产的行为已经或将要严重损害债权

债务人不当处分财产的行为可能包括放弃到期债权或债权担保、恶意延长到期债权的履行期限、无偿或以明显不合理的低价处分现有财产、以不合理的高价受让等。且该处分财产的行为已经或将要严重损害债权。

3) 债务人具有恶意，某些情况下还需要第三人具有恶意

债权人行使撤销权的主观要件是债务人具有恶意，某些情况下还需要第三人即受让人具有恶意。如果受让人对债务人不当处分财产的原因知情或应当知情，则认定其为恶意。但是无偿处分行为除外，即无偿处分行为不必具备主观恶意这一要件。

3. 债权人撤销权的行使

1) 撤销之诉的主体

撤销权之诉的原告为债权人，被告为不当处分财产的债务人，被告不当处分财产的受让人或受益人为诉讼第三人，也可称之为相对人。

2) 撤销权行使的范围

债权人行使撤销权的目的是保全债权人财产，防止其不当减损导致自己的债权受损，因此行使范围以债权人的债权为限。债权人行使撤销权的必要费用由债务人承担。

3) 撤销权行使的期限

撤销权自债权人知道或者应当知道撤销事由之日起一年内行使。自债务人的行为发生之日起 5 年内没有行使撤销权的，该撤销权消灭。

4) 撤销权行使的法律效力

债务人影响债权人的债权实现的行为被撤销的，自始没有法律约束力。

债权人行使撤销权的目的是恢复债务人的一般财产，并不意味着债权人可以就该财产优先受偿，因此撤销权行使的结果是该处分行为自始没有法律约束力，财产所有权重新回到债务人手中，债权人并无优先受偿权。

自测题

自学自测　扫描此码

第五节　合同的解除与终止

本节知识点导图

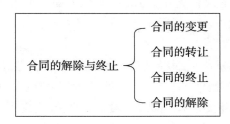

一、合同的变更与转让

（一）合同变更

合同成立并生效后，具有法律约束力，不应随意变更。但是市场经济的实际情况中，存在情势变更等很多特殊情形，使得继续履行合同对当事人并无益处甚至会造成损失。在这种情况下，《民法典》允许对合同进行变更。

合同的变更存在广义和狭义两种学说，广义的合同变更是指合同主体的变更及合同内容的变更，狭义的合同变更仅指关于合同内容的变更。本教材认为合同的主体变更可以视为合同权利、义务的转让，因此本教材中提到的合同变更指的是狭义的概念。狭义的合同变更指的是合同主体不变，通过合同主体协商一致而对合同内容即合同权利、合同义务进行变更，也称之为协商变更、协议变更。

若出现虽当事人协商一致对合同进行变更，但变更后的内容并不明确，存在歧义，则只能推定为未变更。

（二）合同转让

1. 合同权利的转让

1）合同权利转让的概念

所谓合同权利的转让，是指合同债权人通过协议将其债权全部或部分地转让给他人的行为，又称之为债权让与。债权让与发生后，原合同权利人变成让与人，债权受让人成为新的合同权利人。

2）合同权利转让的条件

（1）须有有效的合同权利存在。合同权利转让的实质是合同权利人对其享有的合同权利的一种处分，前提是必须存在有效的合同及合同权利。

（2）转让双方之间须达成合同。需转让行为涉及的双方主体，即让与人、受让人双方意思表示真实并达成合意。

（3）转让的合同权利须具有可让与性。债权让与涉及的合同权利应具有可让与性，若存在下列情形，则不可转让：第一，根据债权性质不得转让，例如专属于原债权人人身的相关权利。第二，当事人订立合同时曾约定该权利不得转让，但是这种约定主要约束合同当事人，如果约定金钱债权不得转让的，不具有对抗第三人的效力，约定非金钱债权不得转让的，不具有对抗善意第三人的效力。第三，按照法律法规不得转让。

（4）须通知债务人。合同债权人发生变化，履行债务的内容不变，只是履行债务指向的对象变化，对债务人来说影响并不大，因此只需通知债务人即可。未通知债务人的，该转让对债务人不发生效力。

3）合同权利转让的效力

转让合同权利的通知发出后一经到达，不得撤销，但是经受让人同意的除外。

让与人将合同权利转让给受让人后，与该权利有关的从权利也一并产生转让的效力，但是专属于让与人自身的从权利除外。受让人取得从权利不应该从权利未办理转移登记手续或者未转移占有而受到影响。

因债权转让增加的履行费用，由让与人负担。

2. 合同义务的移转

1）合同义务移转的概念

合同义务的移转又称债务承担，是指基于债权人、债务人与第三人之间达成的协议将债务移转给第三人承担。

2）合同义务移转须具备的条件

（1）须有有效合同义务存在。与合同权利的转让相同，合同义务的移转也必须以存在有效合同及合同义务为前提。

（2）转让的合同义务须具有可让与性。合同义务人转让给他人的合同义务须为可以让与的义务。

（3）存在合同义务移转的协议。合同义务移转需签订协议，各方意思表示真实，原债务人不再承担义务，移转给新债务人，新债务人愿意承担义务。

（4）须经过债权人的同意。无论合同债务人是将全部债务转移给第三人还是将债务的一部分转移给第三人，都应当征得债权人的同意。这一要件也是合同义务转让与合同权利转让的主要区别，不同于权利转让对债务人影响不大，义务转让对于债权人的影响较大，甚至关系到债权能否顺利实现，因此必须经债权人同意。

合同义务转移的通知到达债权人处，债务人或者第三人可以催告债权人在合理期限内予以同意，债权人未做表示的，视为不同意。

（5）合同义务转让还需根据合同所涉及的不同领域，根据不同的法律规范，办理相关手续。

3）合同义务人增加

第三人与债务人约定加入债务并通知债权人，或者第三人向债权人表示愿意加入债务，债权人未在合理期限内明确拒绝的，债权人可以请求第三人在其愿意承担的债务范围内和债务人承担连带债务。

4）合同义务移转的效力

债务人转移债务的，新债务人可以主张原债务人对债权人的抗辩；原债务人对债权人享有债权的，新债务人不得向债权人主张抵销。

债务人转移债务的，新债务人应当承担与主债务有关的从债务，但是该从债务专属于原债务人自身的除外。

3. 合同权利和义务的概括移转

所谓合同权利和义务的概括移转，是指由原合同当事人一方将其债权债务一并移转给第三人，由第三人概括地继受这些债权债务。合同权利及义务的概括移转，需经原合同的另一方当事人同意。

当事人一方经对方同意，可以将自己在合同中的权利和义务一并转让给第三人。合同的权利和义务一并转让的，适用债权转让、债务转移的有关规定。

二、合同的终止

合同终止是指合同权利义务消灭，法律关系结束。广义的合同终止包括合同解除，根据《民法典》的规定，有下列情形之一的，债权债务终止：①债务已经履行；②债务相互抵销；③债务人依法将标的物提存；④债权人免除债务；⑤债权债务同归于一人；⑥法律规定或者当事人约定终止的其他情形。因此，合同终止除了上述六种法定情形，还包括合同解除。合同终止，意味着该合同的权利义务关系结束，但是合同中结算和清理条款的效力不受影响。

（一）清偿

清偿是指债务已经按照约定履行，这是合同最为正常的终止方式。订立合同的最终目的就是履行，实现合同各方当事人的权利义务。若债务人已经按照合同约定履行完毕相关义务，则合同终止。债务人就是清偿人，债权人就是受领人。

在司法实务中，债务人在履行主债务外还应当给付实现债权的有关费用并支付主债权产生的利息，当事人另有约定除外。

（二）债务相互抵销

1. 抵销的概念

抵销是指当事人双方相互负有给付义务，将两项债务相互充抵，使其相互在对等额内消灭的制度。

2. 抵销的种类

1）法定抵销

法定抵销是指在具备法律所规定的条件时，依当事人一方的意思表示所为的抵销。法定抵销必须具备以下条件。

①双方当事人互负有债务，互享有债权；②须双方债务的标的物种类、品质相同；③从债务的性质上来说，双方的债务需是根据法律规定可以抵销的债务，且当事人也未作出不得抵销的约定；④主动债权需已届清偿期。满足以上条件则任何一方当事人都可以主张抵销，主张抵销的当事人，应当通知对方，自通知到达对方时生效。

2）合意抵销

合意抵销指的是虽双方互负的债权债务关系不满足以上法定抵销的条件，但是当事人达成合意，愿意抵销。例如双方债务的标的物种类、品质不相同，但双方协商一致，则也可以抵销。

（三）提存

1. 提存的概念

提存是指债务人于债务已届履行期时，将无法给付的标的物提交给提存机关，以消灭合同债务的行为。在法律实务中，遇有债权人分立、合并或者变更住所等情形未通知债务人，致使合同债务人无法顺利履行义务，债务人可以提存，或中止履行，待履行条件恢复时继续履行。

2. 提存的条件

1）提存主体合格

提存的主体是合同中的债务人，债务人欲履行合同义务但是由于一些合法原因而无法实现，这些原因须为债务人自身以外的原因，如因债务人自身原因而暂时不能履行合同债务是不能主张提存的。

2）提存的合同之债有效且已届履行期

提存的前提条件是存在合法有效的合同，且该合同履行期限已经届满。

3）提存原因合法

提存的原因不能违背我国法律、法规的强制性规定，而且不能是由于债务人本人原因不能履行。

4）提存客体适当

并不是所有的合同标的物都适合提存，例如生鲜易腐的水果、海鲜。提存费用过高的标的，债权人则可以拍卖、变卖，就所获得的价款进行提存。债务人将标的物或者将标的物依法拍卖、变卖所得价款交付提存部门时，提存成立。

3. 提存的原因

有下列情形之一，难以履行债务的，债务人可以将标的物提存。

1）债权人无正当理由拒绝受领

合同双方当事人在履行合同权利义务的过程中需要履行协作原则，简单来说就是应当互相配合，当债务人准备履行债务时，如果债权人没有正当理由而无故不受领，则债务人可以进行提存。

2）债权人下落不明

债权人失踪、没有财产代管人，债权人失联、地址不详，诸如此类债权人联络不上的情况，债务人均可通过提存措施而履行合同债务。

3）债权人死亡未确定继承人或丧失民事行为能力未确定监护人

并不是所有债权人死亡的情形都会导致提存的发生，债权人死亡且未确定继承人、遗产管理人，或者丧失民事行为能力未确定监护人则导致债权没有适合的主体受领，此时可以进行提存。提存后若有了确定的债权人遗产继承人、遗产管理人、监护人等适合人选的出现，应当及时通知。

4）法律规定的其他情形

提存还有可能发生在一些其他法律规定的情形中，例如抵押权人转让抵押物所得的价款，应当向抵押权人提前清偿所担保的债权或者向与抵押权人约定的第三人提存。再如，质权人负有妥善保管质物的义务，因保管不善致使质物灭失或损毁的，质权人应当承担民事责任。质权人不能妥善保管质物可能致使其灭失、损毁的，出质人可以要求质权人将质物提存。

4. 提存的法律效力

提存成立后，视为债务人在提存范围内已经交付标的物，债务消灭。债务人称为提存人，提存后去提存机构领取提存物的权利人称为提存受领人。由于提存主要是因为合同债权人一方的原因而发生的，因此提存的费用由提存受领人支付。

标的物提存后，债务人应当及时通知债权人或者债权人的继承人、遗产管理人、监护人、财产代管人。提存标的存放于提存机构期间，标的物产生的孳息归提存受领人所有，但是提存物毁损灭失的风险、提存的费用也由提存受领人即债权人承担。

债权人可以随时领取提存物。但是，债权人对债务人负有到期债务的，在债权人未履行债务或者提供担保之前，提存部门根据债务人的要求应当拒绝其领取提存物。

债权人领取提存物的权利，自提存之日起5年内不行使而消灭，提存物扣除提存费用后归国家所有。但是，债权人未履行对债务人的到期债务，或者债权人向提存部门书面表示放弃领取提存物权利的，债务人负担提存费用后有权取回提存物。

知识点检验 4-10

（四）债的免除

1. 概念

债务免除是指债权人免除债务人的债务而使合同权利义务部分或全部终止的意思表示。免除是债权人一方放弃债权的单方意思表示，既可以以书面的形式，也可以通过口头的形式。

2. 法律效力

债权人免除债务人部分或者全部债务的，债权债务部分或者全部终止，但是债务人在合理期限内拒绝的除外。

知识点检验 4-11

（五）混同

混同是指在不损害第三人利益的前提下，债权与债务同归于一人，而使合同关系消灭的事实。混同的特殊性在于其性质为法律事件，不需要进行意思表示，也不需要双方或多方就该意思表示达成一致。例如两公司合并之前互负债权债务关系，但是两公司合并后债权、债务因归属于同一法人而终止。

（六）合同解除

1. 合同解除的概念

合同解除是指在合同依法成立后而尚未全部履行前，由于出现某些难以继续履行合同的原因，合同当事人通过协商、按照法律规定或当事人约定行使解除权而使合同关系归于消灭的一种法律行为。合同解除既可以是当事人一方的意思表示，也可以是当事人双方或多方达成的合意。

2. 合同解除的种类

1）协议解除

合同的协议解除是指合同当事人通过协商一致解除还未履行完毕的合同，这是一种双方法律行为，但是除了双方意思表示一致之外，还应不违反法律、法规强制性规定，不伤害第三人权益及社会公共利益。

2）约定解除

约定解除又称为单方约定解除，是指合同当事人在订立合同时约定如果出现何种情形则可以解除合同，当这种情形出现时，则合同可以解除。

约定解除与协议解除既有类似之处又有区别。协议解除属于双方法律行为，而约定解除属于单方法律行为。协议解除是事后的约定，发生在合同订立后，履行过程中。而约定解除是事前的约定，约定于合同订立过程中。

3）法定解除

法定解除是法律赋予合同当事人一方的可以以单方的意思表示解除合同的权利，其性质是单方法律行为。该权利也可以放弃，即就算出现法定解除情形，合同当事人若愿意继续履行合同的，合同继续有效。

3. 合同法定解除的情形

1）不可抗力

不可抗力是指当事人在订立合同时不能预见、无法避免的客观情况，例如自然灾害、战争、罢工等。因出现不可抗力致使不能实现合同目的，可以部分或全部免除当事人的责任。但是应当履行合同义务却迟延履行的合同当事人，迟延履行后又发生不可抗力的，不能再免责。

因不可抗力不能履行合同的，应当及时通知对方，以减轻可能给对方造成的损失，并应当在合理期限内提供证明。

2）预期违约

预期违约是指在履行期限届满之前，当事人一方明确表示或者以自己的行为表明不履行主要债务。其中明确表示不会履行债务的称为明示违约，以自己的行为标明不会履行主要债务的是默示违约。出现一方当事人预期违约的情形时，合同相对人可以单方面解除合同。

3）迟延履行

当事人一方迟延履行主要债务，经催告后在合理期限内仍未履行。当出现合同当事人一方迟延履行的情形时，相对人可以解除合同。

当事人一方迟延履行债务或者有其他违约行为致使不能实现合同目的。

知识点检验 4-12

4）法律规定的其他情形

例如，以持续履行的债务为内容的不定期合同，当事人可以随时解除合同，但是应当尽早通知对方。

4. 合同解除的期限

合同解除的期限是指法律规定或者当事人约定的解除权行使期限，期限届满当事人不行使的，该权利消灭。合同解除期限分为法定解除期限和约定解除期限，不论法定期限还是约定期限都是不变期间，不适用关于中止、中断、延长的相关法律规定。

法律没有规定或者当事人没有约定解除权行使期限，自解除权人知道或者应当知道解除事由之日起一年内不行使，或者经对方催告后在合理期限内不行使的，该权利消灭。

5. 合同解除权的行使规则及法律后果

按照民事权利的性质分类，合同解除权是形成权，当事人一方依法主张解除合同的，行使解除权的方式为通知。合同当事人将解除合同的意思表示通知对方，自通知到达对方时解除合同的意思表示生效。通知载明债务人在一定期限内不履行债务则合同自动解除，债务人在该期限内未履行债务的，合同自通知载明的期限届满时解除。对方对解除合同有异议的，任何一方当事人均可以请求救济，救济的具体方式包括仲裁与诉讼，仲裁机构或人民法院会根据具体情况确认解除权是否成立。

当事人一方未通知对方，直接以提起诉讼或者申请仲裁的方式依法主张解除合同，人民法院或者仲裁机构确认该主张的，合同自起诉状副本或者仲裁申请书副本送达对方时解除。合同解除后，尚未履行的，终止履行；已经履行的，根据履行情况和合同性质，当事人可以请求恢复原状或者采取其他补救措施，并有权请求赔偿损失。

合同的权利义务关系终止，不影响合同中结算和清理条款的效力。

自学自测 扫描此码

第六节 合同责任

本节知识点导图

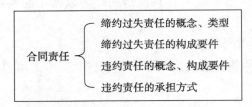

合同责任是指合同当事人在缔结合同过程中、履行合同过程中、合同履行完毕后可能会产生的法律责任。其中，产生于履行合同过程中的违约责任是主要合同责任，合同因违约解除的，解除权人可以请求违约方承担违约责任，产生于缔结合同过程中的先合同责任和合同履行完毕后的后合同责任是违约责任的补充。

一、缔约过失责任

（一）缔约过失责任的概念

缔约过失责任也称为先合同责任，是指在订立合同的过程中，一方因未遵守诚实信用原则和法律规定的义务致另一方的信赖利益受损时所应承担的损害赔偿责任。

由此可见，缔约过失的赔偿仅限于直接损失，应当以信赖利益作为赔偿的基本范围。

（二）缔约过失责任的构成要件

1. 缔约上的过失发生在合同订立的过程中

首先，承担缔约过失责任的前提是该过失发生在缔结合同的过程中，由于此时合同尚未成立，因此合同当事人承担责任的基础并不是双方约定，而是法律规定，即缔约过失责任是法定责任。

2. 一方违背依其诚实信用义务所应负的义务

缔约过失责任是指由于当事人违反了诚实信用原则，未履行自己按照诚信原则应当承担的义务，造成他人信赖利益的损失，需承担损害赔偿责任，补偿合同相对人的损失。

（三）缔约过失责任的类型

根据《民法典》规定，缔约过失责任主要包括以下几类。

1）假借订立合同，恶意进行磋商。
2）故意隐瞒与订立合同有关的重要事实或者提供虚假情况。
3）泄露或不正当地使用订立合同过程中知悉的商业秘密或其他应当保密的信息。当事人在订立合同过程中知悉的商业秘密或者其他应当保密的信息，无论合同是否成立，不得泄露或者不正当地使用；否则应当承担赔偿责任。

知识点检验 4-13

4）其他违背诚实信用原则的行为。

二、违约责任

（一）违约责任的概念

违约责任是指不履行合同义务或未按照合同约定履行合同义务的一方当事人应当承担的继续履行、采取补救措施或赔偿损失等责任，也称为违反合同的民事责任。违约责任制度旨在保证合同顺利履行，维护社会经济发展及社会经济秩序稳定。

（二）违约责任的构成要件

1. 违约行为的存在

承担违约责任的前提，是合同当事人的确存在违反合同约定义务的行为，无论违约的一方当事人是否具有主观恶意，存在违约行为是承担合同责任的客观要件。

违约行为的形态可以表现得比较多样，例如前文已经提到过的预期违约，还包括拒绝履行、迟延履行、部分履行、不适当履行等实际违约行为。

2. 不存在法定和约定的免责事由

所谓约定免责事由是指合同当事人在合同中约定，当合同履行出现某种情形时，免除当事人的法律责任。所谓法定免责事由是指法律规定的情形出现时，免除合同当事人履行合同的全部法律责任或部分法律责任。例如，根据《民法典》第590条规定，当事人一方因不可抗力不能履行合同的，根据不可抗力的影响，部分或全部免除责任。

（三）违约责任的承担方式

1. 实际履行

当事人一方未按约定履行合同义务的，如未支付价款、报酬、租金、利息，或者不履行其他金钱债务的，合同相对人有权利请求其支付。

若当事人一方不履行或履行不符合约定的非金钱债务，合同相对人可以请求其实际履行，例如请求对方承担修理、重作、更换、退货、减少价款或者报酬等违约责任。但是法律上或事实上已不能履行、债务标的不适于强制履行或者费用过高、债权人在合理期限内未请求等情形除外。

2. 损害赔偿

当事人一方不履行合同义务或者履行合同义务不符合约定，给对方造成损失的，损失赔偿额应当相当于因违约所造成的损失，包括合同履行后可以获得的利益，但不得超过违反合同一方订立合同时预见到或者应当预见到的因违反合同可能造成的损失。这就是《民法典》合同编的完全赔偿的原则。

根据完全赔偿原则，违约当事人在履行义务或者采取补救措施后，对方还有其他损失的，应当赔偿损失。

知识点检验 4-14

3. 支付违约金

当事人在订立合同时可以约定一方违约时应当根据违约情况向对方支付一定数额的违约金，若合同中双方当事人约定的违约金低于造成的损失的，可以请求人民法院或者仲裁机构予以增加；若约定的违约金过分高于造成的损失的，当事人可以请求人民法院或者仲裁机构予以适当减少。

当事人就迟延履行约定违约金的，违约方支付违约金后，还应当履行债务。

《民法典》还对违约金的范围进行了如下规定：

当事人一方违约后，对方应当采取适当措施防止损失的扩大；没有采取适当措施致使损失扩大的，不得就扩大的损失请求赔偿。

当事人因防止损失扩大而支出的合理费用，由违约方负担。

另外，如果当事人双方都违反合同的，应当各自承担相应的责任，这也体现出法律的公平性。当事人一方违约造成对方损失，对方对损失的发生有过错的，可以减少相应的损失赔偿额。

当事人一方因第三人的原因造成违约的，应当依法向对方承担违约责任。当事人一方和第三人之间的纠纷，依照法律规定或者按照约定处理。

4. 定金责任

1）定金的概念

定金是指当事人双方为了保证债务的履行，约定由当事人方先行支付给对方一定数额的货币作为担保。

2）定金数额

定金的数额由当事人约定；但是，不得超过主合同标的额的20%，超过部分不产生定金的效力。实际交付的定金数额多于或者少于约定数额的，视为对约定的定金数额的变更。

3）定金的法律效力

定金合同也是典型的实践合同，并非承诺时成立，而是自实际交付时成立。债务人履行债务的，定金应当抵作价款或者收回。

给付定金的一方不履行债务或者履行债务不符合约定，致使不能实现合同目的的，无权请求返还定金。收受定金的一方不履行债务或者履行债务不符合约定，致使不能实现合同目的的，应当双倍返还定金。

自学自测 扫描此码

复习思考题

1. 合同的种类与分类、除了法定的 19 种典型合同以外,学生还能列举出哪些常见却未被编纂进《民法典》合同编第二分编的合同种类。
2. 要约与要约邀请的联系和区别?
3. 悬赏广告的定性及原因?
4. 合同的成立与生效的联系和区别?
5. 合同效力包括几种类型?
6. 双务合同中的抗辩权有哪几种?
7. 合同履行的基本原则有哪些?
8. 承担违约责任的方式哪些?

实训材料及实训要求

合同法律制度实训

实训素材:附条件合同的拟定

大连某高校多年来一直与华宇服装厂合作,给学生定制校服及军训服装。2020 年较为特殊,受到疫情影响,上半年各地高校均未返校聚集,线上开学,网课教学。到了放暑假前还不能决定 9 月是否能够按时开学以及开学后是否能够照常军训等事项。

该校负责人与服装厂负责人口头约定视疫情变化及相关政策实际情况而定,请求服装厂备好料,若新生开学前半个月没有特殊疫情情况,也没有继续上网课不能返校聚集的指示,则该校和往年一样需服装厂提供大一新生校服及军训服装各 4 000 套,8 月末送货。若疫情形势不乐观或根据教育部门规定 8 月末不能如期开学,则服装厂暂时不送货,何时能够允许新生报到再将 4 000 套校服送到。若允许线下开学的时间已在 10 月之后,则根据当地季节温度,军训服装需由短袖调整为长袖,由薄料调整为厚料,当然价格也要比照往年价格上涨 25%。

达成以上口头约定后,校方负责此事的工作人员又觉得不放心,请求本校法学院的老师将以上口头约定落实到纸面上,形成合同书。法学院的老师觉得这个附条件合同很有意思,作为实训作业布置给学习经济法概论课程的同学们去完成。

实训流程及考核样例

第五章

担保物权法律制度

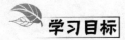

通过本章系统学习,希望同学们掌握以下知识点。

了解:担保物权的分类、消灭的原因;法律对特殊抵押权的规定;法律对担保物权公示的规定。

掌握:担保物权的特征、法律效力;担保物权竞存的实现顺序;担保合同无效的法律责任;抵押权、质权以及留置权的成立条件与效力。

难点:《民法典》功能性担保物权立法观的转变对现有担保物权制度的影响及未来发展的分析。

实训:模拟债权人直接请求法院实现抵押的过程;质权纠纷诉讼中法律文书的书写。

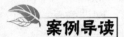

张某从银行贷款 80 万元用于购买房屋,并以该房屋设定了抵押。在借款期间,房屋被洪水冲毁。张某尽管生活艰难,仍想方设法还清了银行贷款。对此,周围多有议论。主要形成以下几种观点:甲认为,房屋被洪水冲毁属于不可抗力,张某无须履行还款义务,坚持还贷是多此一举;乙认为,张某已不具备还贷能力,无须履行还款义务,坚持还贷是为难自己;丙认为,张某对房屋的毁损没有过错,且此情况不止一家,银行应将贷款做坏账处理,坚持还贷是一厢情愿;丁认为,张某与银行的贷款合同并未因房屋被冲毁而消灭,坚持还贷是严守合约、诚实信用。

问题:结合担保物权的相关知识分析上述观点是否正确?为什么?

第一节 担保物权总论

本节知识点导图

担保物权是以确保债务清偿为目的,在债务人或者第三人的特定财产(包括权利)

之上设定的他物权。担保物权制度规定在《民法典》物权编的第四分编中。明确规定了担保物权的含义、适用范围、设立条件与担保范围等共同规则，以及抵押权、质权和留置权等的具体规则。《民法典》在原有物权法律制度规定的基础上，借鉴功能主义的实质性担保物权立法模式，进一步完善了担保物权制度。主要体现在如下方面：一是增加了具有担保性质合同的规定，明确融资租赁、保理以及所有权保留等非典型担保合同具有担保功能。[①]二是《民法典》担保物权制度拓宽了可以用于担保的动产与权利的范围，为实践中担保制度创新预留了空间。另外，作为担保的方式还有定金与保证等，基于本书的内容安排，本章仅就担保物权的内容进行介绍，其他担保方式的内容参见本书其他章节的内容。

一、担保物权概述

（一）担保物权的概念与特征

担保物权是指债权人在债务人不履行到期债务或者发生当事人约定的其他实现担保物权的情形时，依法就担保财产优先受偿的权利。担保物权规定在《民法典》第386条，即"担保物权人在债务人不履行到期债务或者发生当事人约定的实现担保物权的情形，依法享有就担保财产优先受偿的权利，但是法律另有规定的除外"。担保物权设立的目的是为了担保债权的实现；行使条件是债务人不履行到期债务或者发生当事人约定的实现担保物权的情形；行使的方式是债权人以担保财产变价（折价、变卖或拍卖）所得价款优先于普通债务人受偿。

享有担保物权的主体即担保物权人，是被担保债权中的债权人。提供担保财产的主体是担保人，担保人既可以是担保债权中的债务人，也可以是第三人。当第三人以自有的特定财产设定担保物权时，第三人亦称为物上保证人。担保物权作为一种支配标的财产交换价值优先受偿的他物权，包括抵押权、质权以及留置权。

担保物权作为一种物权，除具有物权的一般特征外还具其自身的特殊性。

1. 担保物权的从属性

担保物权以担保的主债权存在为前提，依赖于担保的债权而存在，与所担保的债权具有主从关系。依据担保物权发生的原因不同，将担保物权划分为法定担保物权与约定担保物权。其中法定的担保物权是法律为了保障特定债权的实现而设定的，因此，其对担保的债权具有更强的从属性，以留置权为典型；约定的担保物权在具有担保功能的同时还具有融资的功能，为了防止产生融资上的不当障碍，其从属性相对比较缓和，以抵押权、质权为典型。担保物权的从属性可以从设立、转移、效力、消灭几个方面进行理解。

（1）设立上具有从属性。担保物权在设立上的从属性，主要体现在担保物权的设立应以担保债权的存在为前提，担保物权不能脱离主债权而单独设立。对担保物权设立方面的从属性的理解，不能仅考虑担保物权与其担保的主债权设立的时间先后顺序，还要考虑担保物权与主债权的主从关系。作为法定担保物权的留置权，其成立以已经存在的特定主债权为前提，在设立时序上的从属性特别明显。需要注意的是，担保物权设立上

[①] 参见王晨. 关于《中华人民共和国民法典（草案）》的说明[EB/OL]. [2020-12-03]. http://www.npc.gov.cn/npc/c30834/202005/50c0b507ad32464aba87c2ea65bea00d.shtml.

的从属性并不排除在担保物权成立时债权尚未成立的情形,因为债权人会要求担保物为将来的债权进行担保,此时,主债权尚未存在,而担保物权已经先成立。作为担保物权的抵押权、质押权,既可以为担保已经存在的主债权而设立,也可以为担保将来的债权或附条件的债权而设立,比如设立最高额抵押权、最高额质押权就不以已经存在主债权为必要,但担保物权与主债权在设立上的主从关系要求在担保物权实现时,必须有确定的主债权的存在。①

（2）移转上的从属性。担保物权在移转上的从属性也称处分上的从属性或附随性。担保物权因所担保的主债权的移转而移转,也可以因特别约定而脱离所担保的主债权而单独归于消灭,但不得脱离主债权而单独移转。《民法典》第407条就抵押权移转上的从属性有明确规定,即"抵押权不得与债权分离而单独转让或者作为其他债权的担保。债权转让的,担保该债权的抵押权一并转让,但是法律另有规定或者当事人另有约定的除外"。该规定同样可以类推适用其他担保物权。

（3）效力上具有从属性。担保物权的效力上的从属性是指担保物权的效力由其所担保的主债权的效力所决定,被担保的主债权无效的,担保物权原则上也归于无效。另外,担保物权的担保效力范围也由被担保的主债权所决定,担保物权人就担保财产变价优先受偿的范围不能大于担保债权的范围。

（4）消灭上具有从属性。担保物权在消灭上具有从属性,即担保物权随主债权的消灭而消灭,主债权不存在,担保物权必然不能存在。《民法典》第393条对担保物权在消灭上的从属性进行明确规定,有下列情形之一的,担保物权消灭：主债权消灭；担保物权实现；债权人放弃担保物权；法律规定担保物权消灭的其他情形。需要注意的是,当出现债权人与债务人混同等极为特殊的情况时,法律承认抵押权为所有人的利益而存在,即成立所有人抵押权,不附随债权的消灭而消灭。

2. 担保物权不可分性

担保物权的不可分性是指担保物权人于其全部债权受偿之前,得就担保物的全部行使权利,即使担保物的价值发生变化或主债权发生变化都不影响担保物权人权利的行使。例如,出现担保物被分割或产生部分的毁损灭失,或担保物权所担保的债权已经部分履行,都不影响担保物权人就担保物的全部行使担保物权。依据《最高人民法院关于适用<中华人民共和国民法典>有关担保制度的解释》（以下简称《担保制度的解释》）第38条的规定,主债权未受全部清偿,担保物权人主张就担保财产的全部行使担保物权的,人民法院应予支持,但是留置权人行使留置权的,应当依照《民法典》第450条的规定处理。

案例分析 5-1

甲以其打印机6台作为质押物向乙借款30 000元,约定1年后还款,双方签订质押合同,并当场交付6台打印机给乙。甲用6台打印机为乙设立了质权。此后半年,甲清偿了乙10 000元的债务,此时,甲是否可以要求乙返还2台打印机呢？

答案解析 扫描此码

---

① 江平. 民法学[M]. 2版. 北京：中国政法大学出版社,2011：340.

3. 担保物权的物上代位性与优先受偿性

担保物权的物上代位性与优先受偿性规定在《民法典》第 390 条："担保期间，担保财产毁损、灭失或者被征收等，担保物权人可以就获得的保险金、赔偿金或者补偿金等优先受偿。被担保债权的履行期限未届满的，也可以提存该保险金、赔偿金或者补偿金等。"

担保物权的优先受偿性是指当债务人不履行到期债务或破产时，担保物权人得就担保财产的价值优先于其他债权人而受偿。需要注意的是，担保物权的优先受偿性主要是相对于普通债权人的债权而言的，不能做绝对理解。在遇到法律特殊规定的优先权的情况下，优先权要先于担保物权行使。

所谓物上代位性，是指在担保期间，如出现担保财产毁损、灭失或者被征收等情形，担保物权人可以就获得的保险金、赔偿金或者补偿金等优先受偿。担保物权以支配担保物的交换价值为内容，以取得交换价值优先受偿为目的，当担保物的实体形态发生变化时，支配其交换价值仍可以满足其目的。

依据《担保制度的解释》第 42 条第 2 款的规定，给付义务人已经向抵押人给付了保险金、赔偿金或者补偿金，抵押权人请求给付义务人向其给付保险金、赔偿金或者补偿金的，人民法院不予支持，但是给付义务人接到抵押权人要求向其给付的通知后仍然向抵押人给付的除外。由此可知，担保物权人有向负有赔偿、补偿或其他给付义务的给付义务人请求向自己给付的权利，给付义务人则负相应给付义务。给付义务人因故意或重大过失向担保人给付的，对担保物权人不发生效力，不得以已经向担保人给付作为对担保物权人给付请求的抗辩。

（二）担保物权分类

根据不同的标准在理论上可以将担保物权分为不同的类型。

1. 法定担保物权与约定担保物权

依据担保物权发生的原因或成立方式的不同，将担保物权划分为法定担保物权与约定担保物权。法定担保物权是指为担保债权的实现，具备法律构成要件就当然发生的担保物权，如留置权。约定担保物权是指依据当事人的约定而设定的担保物权，如抵押权、质权。约定担保物权相较于法定担保物权在设立上更具灵活性，适用上更具普遍性，兼具了融资功能与担保功能。

2. 留置型担保物权与优先受偿型担保物权

依据担保物权法律效力的差异，将其划分为留置型担保物权与优先受偿型担保物权。留置型担保物权又称为占有型担保物权，在主债权未获全部清偿前，产生债权人占有、留置担保财产的效力。通过对留置财产的留置间接给予债务人以心理上的压力，迫使债务人清偿债务。留置权、动产质权以及交付权利凭证的权利质权皆属于此类权利。

优先受偿型担保物权又称为非占有型担保物权，是指担保财产的使用价值仍归担保人享有，债权人享有支配担保财产的交换价值并就此优先受偿为主要效力的担保物权。抵押权与不占有权利凭证的权利质权即属于此类权利。留置型担保物权在担保债权实现方面更为有利，但在担保物的利用方面具有一定的局限性，即有损担保财产的使用价值。

而优先受偿性担保物权可以兼顾担保财产的使用价值与交换价值，因而适用更为广泛。

3. 动产担保物权、不动产担保物权与权利担保物权

根据担保财产性质的差异，将担保物权划分为动产担保物权、不动产担保物权与权利担保物权。动产担保物权是成立于动产之上的担保物权，如动产抵押权、动产质权。不动产担保物权是成立于不动产之上的担保物权，比如不动产抵押权。权利担保物权是指以权利为标的而成立的担保物权。担保财产标的物的差异，决定了在不同标的物上设立担保物权所需条件与权利内容的不同，例如，以不动产与不动产权利设立抵押权时，需要以登记为其设立要件。

4. 登记担保物权与非登记担保物权

根据担保物权的设立是否以登记为要件，划分为登记担保物权与非登记担保物权。登记担保物权是指以登记为设立要件的担保物权。例如，不动产抵押权非经登记不能成立。非登记担保物权是指不以登记为生效要件的担保物权。例如，动产抵押权、动产质权、留置权等。关于权利质权，除了占有权利凭证的质权外，其他权利质权也需要以登记为成立要件。

5. 典型担保物权与特殊担保物权

依据担保物权是否为《民法典》所明确规定的担保物权类型为标准，将担保物权划分为典型担保物权与特殊担保物权。典型担保物权是《民法典》物权编所明确规定的，属于担保物权类型的权利，有抵押权、质权与留置权。非典型担保物权是不属于法律上明确规定属于担保物权类型的权利，因其具有担保债权实现的效力，被用于债权的担保。如融资租赁、所有权保留、保理以及让与担保等。

二、担保物权的设立

依据担保物权发生的原因或成立的方式的不同，将担保物权分为法定担保物权与约定担保物权。法定担保物权直接由法律规定而成立，约定担保物权由当事人约定而设立。依据《民法典》第388条第1款的规定："设立担保物权，应当依照本法和其他法律的规定订立担保合同。"当事人通过签订担保合同而设立的担保物权属于基于法律行为而设立的担保物权。

（一）担保物权的设立要件

设立担保物权的，首先应当订立担保合同。另外，担保物权作为物权体系的重要权利类型，除法律特殊规定外，其设立需要遵循物权变动的规则，受到物权设立一般规则的约束。

1. 订立担保合同

当事人订立担保合同应当依照《民法典》合同编的规定进行，担保合同的当事人是主债权中的债权人和担保人。担保人可以是债务人，也可以是第三人。另外，担保合同是从合同，其效力依附于被担保的主合同。主合同无效的，担保合同无效。担保合同无效的法律后果，应当依照《民法典》第388条第2款的规定承担。在实践中，担保合同无效，多数是债务人、担保人和债权人都存在过错，因此，依据《民法典》第388条第

2 款:"担保合同被确认无效后,债务人、担保人、债权人有过错的,应当根据其过错各自承担相应的民事责任。"

2. 担保物权依法进行公示

关于物权公示的效力,《民法典》采取公示生效与公示对抗两种效力模式。依据《民法典》第 208 条:"不动产物权的设立、变更、转让和消灭,应当依照法律规定登记。动产物权的设立和转让,应当依照法律规定交付。"据此可知,在公示生效主义的物权变动模式下,当事人之间订立的担保合同仅发生《民法典》合同编上的效力,在当事人之间不产生设立担保物权的法律效果。经过法定的公示形式,即登记或交付,才发生担保物权设立的法律效果。不动产抵押权、动产质权、权利质权即为典型的采取公示生效主义模式设立的担保物权。另外,基于"物权区分原则",法定的物权公示方式的采用,仅产生担保物权的设立的法律效力,并不影响担保合同本身的效力。依据《民法典》第 215 条:"当事人之间订立有关设立、变更、转让和消灭不动产物权的合同,除法律另有规定或者当事人另有约定外,自合同成立时生效;未办理物权登记的,不影响合同效力。"

在公示对抗主义的物权变动模式下,当事人之间关于设立担保物权的合同生效,即在当事人之间产生设立物权的效力,但未经法定的物权公示方式,不得对抗第三人,即所谓的公示对抗主义。其以动产抵押权设立为典型。规定在《民法典》第 225 条:"船舶、航空器和机动车等的物权的设立、变更、转让和消灭,未经登记,不得对抗善意第三人。"

知识点检验 5-1

(二)流质契约

流质契约(也称流抵契约或流押契约),是当事人在设定担保物权时约定,债务人不履行债务时,债权人取得担保财产的合同。《民法典》第 401 条规定:"抵押权人在债务履行期限届满前,与抵押人约定债务人不履行到期债务时抵押财产归债权人所有的,只能依法就抵押财产优先受偿。"第 428 条规定:"质权人在债务履行期限届满前,与出质人约定债务人不履行到期债务时质押财产归债权人所有的,只能依法就质押财产优先受偿。"由上述规定可知,《民法典》对流质契约采取了有限承认的态度,改变了以往认定流质契约无效的规定。上述规定的关键在于对"依法就质押财产优先受偿"与"依法就抵押财产优先受偿"的清算制度的理解。这里的清算应该属于归属型清算。对于清算,理论上可以分为处分型清算和归属型清算。二者的区别在于,发生约定的实现担保物权的事由时,处分型清算是将担保物拍卖、变卖,并用所得价金清偿债务;归属型清算是担保物权人可以直接取得担保物的所有权,担保价值超出债权数额的,超出部分应当返还给担保人。①

(三)反担保

反担保,又称求偿担保或者担保之担保,指在第三人为债务人向债权人提供担保的情形下,第三人为了保障自己承担担保责任后追偿权的实现,要求债务人为自己提供的担保。在由第三人提供担保时,债务履行期限届满且债务人未履行债务时,由第三人承

---

① 中国审判理论研究会民事审判理论委员会. 民法典物权编条文理解与司法适用[M]. 北京:法律出版社, 2020:446.

担担保责任，而后可以向债务人追偿。反担保设立的目的就在于保障第三人追偿权的实现。该规定体现在《民法典》第387条第2款："第三人为债务人向债权人提供担保的，可以要求债务人提供反担保。反担保适用本法和其他法律的规定。"

反担保是相对于担保人向债权人提供的本担保而言的。反担保以本担保存在为前提，在担保人清偿了债务人的债务而遭受损失时，向担保人清偿。在反担保关系中，原担保人为本担保中的债权人，提供反担保的人为反担保人，反担保人可以是债务人本人，也可以是第三人。反担保以保障第三人追偿权的实现为目的，能够满足该目的的抵押、质押与保证的形式都可以采用从而设定反担保，可以设立抵押反担保、质押反担保、保证反担保。需要注意的是，本担保的形式是留置时，不适用反担保。因为作为法定担保方式的留置权，当符合法定条件时，债权人就可以采取留置财产作为实现债权的担保。所以，留置不存在第三人担保的情况，而反担保需要以本担保中的担保人是债务人之外的第三人为条件，所以留置不能适用反担保。

案例分析 5-2

2020年9月，甲欲购买汽车，向乙借款10万元。丙与乙签订担保合同，约定用自己的汽车为甲的借款设立抵押担保。丙虽然签了抵押担保协议，但是觉得风险很大，万一甲不能偿还借款，自己就会蒙受很大损失。

问题：丙可以通过什么方式保护自己的财产权利不遭受损失？

答案解析 扫描此码

三、担保物权的效力

（一）担保物权的担保范围

担保物权的担保范围，是指债权人在实现担保物权时，担保财产变价所得的价金可以用来优先清偿的债权范围。《民法典》第389的规定："担保物权的担保范围包括主债权及其利息、违约金、损害赔偿金、保管担保财产和实现担保物权的费用。当事人另有约定的，按照其约定。"依据上述规定可知，当事人在担保合同中就担保范围已经作出特别约定的，依照约定。当事人未约定的，适用法定的担保范围的规定。法定担保物权的担保范围包括主债权及其利息、违约金、损害赔偿金、保管担保财产的费用和实现担保物权的费用。

1. 主债权

主债权，又称原本债权或原债权，是指担保物权所担保的特定债权。担保物权以确保主债权的清偿为目的，主债权当然属于担保物权所担保的债权范围。例如，买卖合同中出卖人的价款债权，租赁合同中出租人的租金债权等。一般而言，在订立担保合同时，被担保的主债权的种类、数额、履行期限等均在担保合同中约定，并在登记时进行登记。

2. 利息

利息指原本债权的孳息，一般包括法定利息和约定利息。约定利息是借贷双方当事人约定的借款人支付给出借人的利息，但约定利息应受法定最高利息的限制，超出法定的部分无效。法定利息是以国家法律规定为标准而支付的利息。利息自然包括迟延履行利息,即因债务人延迟履行而导致的利息。

3. 违约金

违约金是指当事人不履行债务,给另一方当事人造成了一定的损失,依法或依约向另一方当事人支付一定数额的金钱。在数额限制上,当事人约定违约金的,按约定支付违约金,但存在约定过高需要适当减少或过低于损失需要适当增加时,计入担保范围的违约金应当以人民法院或仲裁机构最终确定的数额为准。

4. 损害赔偿金

损害赔偿金,是指当事人不履行债务时,给另一方当事人造成了一定的损失,向另一方当事人支付的赔偿损失的费用。

5. 保管担保财产的费用

转移占有型担保物权的债权人,在履行妥善保管担保财产的义务的同时,有权向担保人请求保管费用。例如,质权人和留置权人都可以享有保管担保财产的费用请求权。保管费用的开支应以必要为原则,即为保全担保财产的完好功能所必要的保管费用。需要注意的是,这里规定的保管担保财产的费用,作为担保的效力范围是概括性的规定,对于不转移占有型担保物权而言,不存在保管担保财产费用的问题,例如抵押权。

6. 实现担保物权的费用

实现担保物权的费用,是担保物权人因行使担保物权所支付的一切费用。实现担保物权的费用也需要受必要性的限制,主要包括担保财产的估价费用、担保财产拍卖、变卖所需的费用、交通费用和诉讼费用等。实现担保物权的费用的发生,完全是因债务人不履行债务而造成的,自应由债务人负担,并归属担保物权的担保范围。

(二) 担保物权的担保物的范围

担保物权的担保物的范围是指担保物权设立后,担保物权人可以支配其交换价值优先受偿的担保物的范围。当事人就担保物的范围已经作出特别约定的,依照约定;当事人未约定的,适用法定的担保物范围的规定。依据法律规定,担保物的范围不仅包括担保物本身,还包括担保物之外与之有一定联系的某些物或权利。具体而言,包括从物、从权利、孳息、代位物、添附物。

1. 从物、从权利

从物是主物的对称,是指经常配合主物使用起辅助作用的物。例如,用来划船的桨就属于船的从物。为了交易上的便利及充分发挥主物的经济效用,《民法典》规定了从物随主物的规则。《民法典》第 320 条:"主物转让的,从物随主物转让,但是当事人另有约定的除外。"如果在主物上设定了担保物权,在债权人支配担保物的交换价值时,效力也应及于该担保物的从物。担保物权设定前为担保物的从物的,担保物权的效力及于从物。但是,担保物与其从物为两个以上的人分别所有时,担保物权的效力不及于从物。担保物权设立后成为担保物的从物的,担保物权的效力不及于从物,但在担保物权实现时可以一并处理。从权利是为了辅助主权利而发挥作用的一种权利。担保物权的效力及于从权利与担保物权的效力及于从物相同。

2. 孳息

孳息是指原物所产生的收益,分为天然孳息和法定孳息。担保物权以支配担保物的交换价值、担保债权的实现为目的,不存在对担保物进行使用和收益的内容,本不该对担保物的孳息进行收取。孳息之所以会成为担保物权的担保物的范围,原因在于在担保物产生孳息时,担保物权人以其价值充抵债权,不仅可强化担保物权的担保力,而且也方便被担保债权的实现。故法律上普遍将孳息纳入担保物权的担保物的范围。

3. 担保财产的代位物

担保物权的担保效力及于担保财产的代位物。民法典第390条规定:"担保期间,担保财产毁损、灭失或者被征收等,担保物权人可以就获得的保险金、赔偿金或者补偿金等优先受偿。被担保债权的履行期未届满的,也可以提存该保险金、赔偿金或者补偿金等。"这些保险金、赔偿金和补偿金是担保财产毁损、灭失或者被征收的代位物,是担保财产的另一种表现形式,担保物权的担保效力当然及于该代位物。由于这些代位物都是金钱形式的,因而可以直接由债权人优先受偿,或者提存待履行期届满时优先受偿。

4. 添附物

添附,是指不同所有人的物结合在一起而形成不可分离的物或具有新物性质的物,包括加工、混合和附和三种形式。添附物就是结合后形成的那个新物。担保物发生添附的后果是担保物不复存在或担保物成为新物的一部分。依据添附规则确定添附物归属的同时,也就确定了担保物的范围。添附物归属第三人的,担保物权效力及于补偿金;添附物归属担保人的,担保物权效力及于添附物,但是添附导致担保财产价值增加的,担保物权的效力不及于增加的价值部分;担保人与第三人共有添附物的,担保物权的效力及于担保人对添附物共享的份额。

(三)不同担保形式之间的关系

不同担保形式之间的关系是指,当人的担保与物的担保并存时债权人应当按照何种顺序实现债权。人的担保是指主债务人之外的第三人以其全部责任财产为主债务的实现提供担保。《民法典》第392条规定了基本的处理规则,当人的担保与物的担保并存时,依据以下规则处理两者关系:第一,如果在原来的合同中已经约定了如何处理,应当按照约定实现债权。第二,当事人事先没有约定或者约定不明确的,如果是债务人提供物的担保,那么债务人的物权担保优先,债权人应当就该物的担保实现债权。清偿不足的部分,第三人作为保证人,承担补充的担保责任。第三,当事人事先没有约定或者约定不明确,如果是第三人提供物的担保的,物的担保和人的担保处于同一清偿顺位,由债权人选择,可以就物的担保实现债权,也可以要求保证人承担保证责任。第四,提供担保的第三人承担了担保责任的,取得向债务人的追偿权,可以向债务人追偿,补偿自己因承担担保责任遭受的损失。

知识点检验 5-2

四、担保物权的消灭

担保物权的消灭,是指已经成立的担保物权,因为一定的法律事实的出现,而使其不再存在的情形。依据《民法典》第393条的规定，引起担保物权消灭的法律事实，即担保物权的消灭原因主要有：

第一，主债权消灭。担保物权以主债权存在为前提，从属于主债权而存在。因此，在主债权因履行、抵销、免除或其他原因消灭时，担保物权也随之消灭。

第二，担保物权实现。出现担保物权实现的情形时，担保物权人从担保物的价值中优先受偿，担保物权因实现而消灭。

第三，债权人放弃担保物权。担保物权作为一种财产权，权利人当然可以以抛弃的方式处理。债权人放弃担保物权的，担保物权也就随之消灭。当然，债权人放弃担保物权不能损害其他人的利益，损害其他人利益的部分不发生放弃的效力。

第四，法律规定担保物权消灭的其他情形。例如，担保财产灭失后无代位物的情形。

第二节 抵 押 权

本节知识点导图

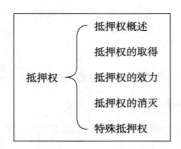

抵押权作为非占有型担保物权，兼顾了对交易安全与效益的保护，既维持了抵押人对标的财产的利用，又发挥了抵押财产的金融价值。抵押权堪称合理的交易结构设计，使之获得"担保之王"的美誉而备受推崇。

一、抵押权概述

（一）抵押权的概念

抵押权是指债权人对于债务人或者第三人不转移占有而作为债务履行担保的财产，在债务人不履行债务或发生当事人约定的实现抵押权的情形时，就该财产进行变价（折价、拍卖或变卖）所得价款优先受偿的权利。《民法典》第394条规定："为担保债务的履行，债务人或者第三人不转移财产的占有，将该财产抵押给债权人的，债务人不履行到期债务或者发生当事人约定的实现抵押权的情形，债权人有权就该财产优先受偿。"在抵押权法律关系中，提供担保财产的债务人或者第三人为抵押人，享有抵押权的债权人为抵押权人，抵押人提供的担保财产为抵押财产，也叫作抵押物。

（二）抵押权的特征

1. 抵押权是一种担保物权

抵押权作为一种担保物权，其设定的目的是担保债权的实现。出现债务人不履行到期债务或者发生当事人约定的实现抵押权的情形时，抵押权人可以对抵押财产的交换价值进行支配，将所得价款优先偿付自己的债权。担保物权的从属性、不可分性、物上代位性与优先受偿性等属性在抵押权中都有明显的体现。

2. 抵押权的标的是债务人或第三人的财产

抵押权不是在债权人自己的财产上设定的，而是在他人的财产上设定的他物权。在抵押关系中，提供抵押物的抵押人既可以是债务人，也可以是债务人之外的第三人。依据抵押人提供的抵押财产性质不同，可以分为不动产抵押权、动产抵押权以及权利抵押权。

3. 抵押权的标的不转移占有

抵押权的设立与存续，不以转移担保财产的占有为必要。抵押权相较于其他担保物权，具有其独特的制度价值。通过抵押设定的担保，就抵押人而言，除因担保的提供而获得资金融通之外，还得继续对抵押财产占有、使用、收益，充分发挥物的效用；就抵押权人而言，也免去占有、保管抵押财产的烦累，而且能通过登记获得效力强大的担保物权，通过折价或者拍卖、变卖等变价方式，以特定的抵押财产之交换价值确保债权优先受偿。基于上述抵押权的制度优势，抵押权在实践中被人们广为推崇。

二、抵押权的取得

抵押权的取得可以分为基于法律行为取得和非基于法律行为取得两种。

（一）基于法律行为取得

基于法律行为设定抵押权，是抵押权取得的基本方式。涉及抵押权关系当事人、抵押权标的、抵押合同、抵押登记等内容。

1. 抵押权关系的当事人

抵押权关系的主体包括抵押人和抵押权人。抵押权人也就是主债权的债权人。抵押人（设押人或出抵人）是以自己所有的或享有处分权的财产为债权设定抵押担保的担保人。抵押人可以是债务人，也可以是债务人之外的第三人，第三人作为抵押人的也称为物上保证人。抵押人可以是法人，也可以是自然人或其他组织，但自然人作为抵押人的，必须具有完全民事行为能力。抵押人必须对抵押财产享有所有权或处分权，抵押人以其不享有所有权或处分权的他人财产设定抵押时，依据《民法典》第311条的规定，抵押权人可以依据善意取得规则取得抵押权。

2. 抵押权的标的

抵押权的标的是指抵押权人用以设定抵押的财产。

1）可以设立抵押权的财产的条件

可以设定抵押权的财产应符合下列条件。

第一，具有特定性。设定抵押权的财产需为债务人或第三人特定化的财产，并通过抵押合同就该财产抵押进行约定。

第二，具有交换价值与可让与性。抵押权以债权人支配抵押财产的交换价值优先受偿债权为目的，必然要求抵押财产具有交换价值与可让与性。

第三，非消耗物。抵押权无须转移抵押财产给抵押权人占有而担保债权的实现。抵押人仍可以对抵押物占有、使用和收益。为保障债权人的权益，抵押财产不能因抵押人继续占有、使用而出现灭失或损毁，要求其具有非消耗性。

第四，须为依法未被禁止抵押的财产。法律明文禁止抵押的财产不能设定抵押权。

2）可以设定抵押财产的范围

依据《民法典》第395条的规定，可以设定抵押的财产包括：建筑物和其他土地附着物；建设用地使用权；海域使用权；生产设备、原材料、半成品、产品；正在建造的建筑物、船舶、航空器；交通运输工具；法律、行政法规未禁止抵押的其他财产。抵押人可以将前款所列财产一并抵押。

《民法典》第395条规定的抵押财产的范围包括了不动产、动产以及权利。"建筑物和其他土地附着物"中的"其他土地附着物"是指除了建筑物之外的，附着于土地之上的不动产，如林木、桥梁、庄稼等。海域使用权是《民法典》新增加的内容。所谓海域使用权，是指权利人根据海域的不同地理特征和资源环境优势开展各种开发利用活动，包括海底资源开发、海水养殖与捕捞、海洋盐水与海水综合利用、海岸及海洋工程建设等，对特定海域进行使用和收益的权利。①

3）禁止设定抵押财产的范围

《民法典》第399条，基于公共利益的考虑规定了禁止抵押的财产范围，包括：土地所有权；宅基地、自留地、自留山等集体所有土地的使用权，但法律规定可以抵押的除外；学校、幼儿园、医疗机构等为公益目的成立的非营利法人的教育设施、医疗卫生设施和其他公益设施；所有权、使用权不明或者有争议的财产；依法被查封、扣押、监管的财产；法律、行政法规规定不得抵押的其他财产。

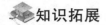知识拓展

土地经营权抵押

为落实中共中央关于农村土地"三权分置"的改革要求，《中华人民共和国农村土地承包法》（以下简称《农村土地承包法》）和《民法典》均增加了关于土地经营权的规定。依据《农村土地承包法》第47条和第53条的规定，农村土地承包经营权的承包人，可以用土地经营权向金融机构融资担保，受让方通过流转取得的土地经营权；以各种方

---

① 朱岩，高圣平，等. 中国物权法评注[M]. 北京：北京大学出版社，2007：22.

式承包农村土地的承包人,亦可依法向金融机构融资担保,以抵押等方式流转土地经营权。用土地经营权设定抵押权的,自抵押担保合同生效时设立,未经登记,不得对抗善意第三人。另外,《民法典》第 395 条关于可以抵押的财产范围的规定,虽然并未明确列出"土地经营权",但运用法律解释规则,可以当然得出"土地经营权"属于可以抵押的财产范围的结论。

4) 抵押财产的特殊规定

抵押财产的特殊规定体现在《民法典》第 396 条、397 条和 398 条。其中涉及动产的浮动抵押和建筑物与建筑物占用范围内的建设用地使用权一并抵押的规定。

第一,抵押财产不确定的浮动抵押。《民法典》第 396 规定了动产的浮动抵押。动产浮动抵押中的抵押财产,与一般抵押权设立时对抵押财产需要具有特定性的要求相违背,浮动抵押财产具有不确定性,抵押财产的范围处于变动状态。当出现浮动抵押权实现的情形时,抵押财产的范围才得以确定。动产浮动抵押作为特殊的抵押形式,会在后续章节进行详细介绍。

第二,建筑物与建筑物占用范围内的建设用地使用权一并抵押。《民法典》第 397 条规定:"以建筑物抵押的,该建筑物占用范围内的建设用地使用权一并抵押。以建设用地使用权抵押的,该土地上的建筑物一并抵押。抵押人未依据前款规定一并抵押的,未抵押的财产视为一并抵押。"《民法典》第 398 条规定:"乡镇、村企业的建设用地使用权不得单独抵押。以乡镇、村企业的厂房等建筑物抵押的,其占用范围内的建设用地使用权一并抵押。"

以上即不动产抵押中所谓的"房随地走""地随房走"的法律依据。用建筑物或建设用地使用权抵押的,抵押权的效力及于未设定抵押的建设用地使用权或建筑物,不以抵押合同中明确约定一并抵押或进行抵押权登记为前提。

3. 抵押合同

依据《民法典》第 400 条的规定,设立抵押权,当事人应当采用书面形式订立抵押合同。抵押合同是要式合同,必须以书面形式订立。之所以对合同做严格的形式要求,是因为一般通过抵押合同设定的抵押权所担保的债权数额较大,法律关系比较复杂,特别是涉及抵押担保人是债务人之外的第三人的情况时,因为涉及第三人的利益,更需要保全证据,明确权利义务关系。所以,法律规定当事人应当采用书面形式订立抵押合同。

1) 抵押合同的内容

抵押合同一般包括如下条款:被担保债权的种类和数额;债务人履行债务的期限;抵押财产的名称、数量等情况;担保的范围;当事人认为需要约定的其他事项。抵押合同不具备上述规定内容的,可以补正,不影响抵押合同的效力。但抵押合同对被担保的主债权种类、抵押财产没有约定或者约定不明,根据主合同和抵押合同不能补正或者无法推定的,抵押合同不成立。

2) 抵押合同的订立与抵押权设立

抵押合同的订立是抵押人与抵押权人之间就特定财产担保债权实现的权利义务关

系的约定,由此成立的合同就是抵押合同。订立抵押合同,在满足作为合同的生效要件时即产生合同效力。签订抵押合同是设立抵押权的第一步,抵押权作为物权的最终设立,还需要依法进行公示。

4. 抵押登记

1)抵押登记的概念

抵押登记又称抵押权登记,是指经当事人申请,登记主管机关依法在登记簿上就抵押物上的抵押权利状态予以登记记载的行为。作为一种物权,抵押权的变动需要进行公示,以保护交易安全,避免纠纷。抵押权无须转移抵押物给抵押权人占有,故不能以交付而采取登记作为抵押权变动的公示方式。

2)抵押登记的效力

《民法典》对于不动产抵押权和权利抵押权兼采登记生效模式和登记对抗模式,对于动产抵押权采取登记对抗模式。

抵押权登记生效模式是指,抵押权的设定以登记为生效要件。当事人除了订立抵押合同,还需办理抵押财产登记手续,将抵押权在登记簿上登记,方可以设定抵押权,抵押权不登记不能设立。依据《民法典》第 402 条的规定,以建筑物和其他土地附着物、建设用地使用权、海域使用权以及正在建造的建筑物等不动产、不动产权利设定抵押的,应当办理抵押登记,抵押权自抵押登记时设立。在物权变动原因和结果相区分的原则(《民法典》第 215 条)下,不动产抵押合同的效力与合同本身的生效要件相关,与是否办理抵押权登记无关。办理不动产抵押登记属于抵押人的义务,且不以抵押权人与抵押人之间有明确的约定为前提。办理不动产抵押登记作为抵押人的主给付义务,如果未办理,抵押人构成违约需要承担违约责任。

知识点检验 5-3

抵押权登记对抗模式是指抵押权基于当事人的合意即可设定,但未经登记,则不得对抗善意第三人。未经登记的抵押权,虽然抵押权已经设立,但第三人无法通过法定的公示方式知悉权利状态,所以不能对抗不知情的善意第三人。依据《民法典》第 403 条的规定,以动产抵押的,抵押权自抵押合同生效时设立;未经登记,不得对抗善意第三人。如果抵押权人将抵押财产出让,对于善意取得该财产的第三人,抵押权人不再享有抵押权,只能向抵押人主张权利。

知识点检验 5-4

(二)非基于法律行为取得

非基于法律行为取得抵押权包括两种:基于法律的规定而取得抵押权,即法定抵押权;通过继承而取得抵押权。

三、抵押权的效力

抵押权的效力主要包括:抵押权对担保债权的效力、抵押权对抵押财产的效力以及抵押权对抵押权人与抵押人的效力。

（一）抵押权对担保债权的效力

抵押权对担保债权的效力，即哪些债权属于抵押担保的范围。当事人在抵押合同中如果已经就担保债权的范围作出了约定，依照其约定；当事人如未做约定的，适用法定的担保范围。抵押权的法定担保范围包括：主债权及其利息、违约金、损害赔偿金和实现担保物权的费用。

（二）抵押权对抵押财产的效力

抵押权对抵押财产的效力是指抵押权人实现抵押权时，可以就哪些财产进行变价并优先受偿，即抵押权所及的抵押财产的效力范围。抵押财产的范围与后顺位抵押权人和一般债权人的利益密切相关。当事人就抵押财产范围已经作出特别约定的，依照约定。当事人未约定的，适用法定的担保范围。依据法律规定，抵押财产的范围不仅包括抵押财产本身，还包括抵押物之外与抵押物有一定联系的某些物或权利。具体来说，包括从物、从权利、孳息、代位物、添附物等。

（三）抵押权对抵押权人的效力

1. 抵押权人的优先受偿权

抵押权人的优先受偿权是指抵押权实现时，抵押权人以抵押财产的变价优先受偿的权利。抵押权人的优先受偿权主要体现在以下几个方面。

（1）抵押权人的债权优先于普通债权人的债权受偿。抵押权人的优先受偿权是相对于普通债权人的受偿而言的。在抵押人被宣告破产时，抵押权人享有别除权。此时，抵押物不列入破产财产范围，抵押权人可以就抵押财产变价，所得价款优先受偿。

（2）已经设立抵押的财产被其他债权人申请采取查封、扣押等财产保全或执行措施的，抵押权人享有优先受偿权。抵押权人的抵押权相较于对抵押财产申请采取查封、扣押的其他债权人的债权具有优先性，查封、扣押不影响抵押权的效力。需要注意的是，未办理登记的动产抵押权不具有公示性，仅在当事人之间产生效力，所以不能对抗其他债权人申请采取查封、扣押等财产保全或执行措施，不能优先受偿。依据《担保制度的解释》第54条第3项的规定，抵押人的其他债权人向人民法院申请保全或者执行抵押财产，人民法院已经作出财产保全裁定或者采取执行措施，抵押权人主张对抵押财产优先受偿的，人民法院不予支持。

（3）顺序在先的抵押权优先于顺序在后的抵押权。同一财产上设定数个抵押权，当抵押担保的债权的价值超出抵押财产的价值时，数个抵押权就形成了竞争关系。为了解决这种竞争关系，《民法典》第414条规定了"登记决定"与"登记优先"的原则来确定抵押权的实现顺序。在实现抵押权时，变价所得的价款依照下列次序清偿：抵押权已经登记的，按照登记的时间先后顺序清偿；抵押权已经登记的先于未登记的受偿；抵押权都未登记的，按照债权比例清偿。

案例分析 5-3

A用自己价值100万元的汽车作抵押，向甲借款50万元，未办理抵押登记。一个月后，A又用该汽车向乙借款30万元，同时用汽车设定抵押，未办理抵押登记。紧接着A又向丁借款10万元，也用汽车设定抵押，并办理了抵押登记。A无法偿还甲、乙、丁的借款，且A的车子贬值，市价仅为60万元。

问题：甲、乙、丁的债权在多大范围内可以优先受偿？

2. 抵押权人的保全权

抵押权是不转移抵押财产占有的担保物权。抵押权人通过支配抵押财产的交换价值优先受偿从而保障主债权的实现。抵押权人不占有抵押财产，为了保障抵押财产的交换价值不减少，《民法典》第408条规定了抵押权人的保全权，即"抵押人的行为足以使抵押财产价值减少的，抵押权人有权要求抵押人停止其行为。抵押财产价值减少的，抵押权人有权要求恢复抵押财产的价值，或者提供与减少的价值相应的担保。抵押人不恢复抵押财产的价值，也不提供担保的，抵押权人有权要求债务人提前清偿债务"。

抵押权人保全权具体包括了以下两个方面的权利内容。

（1）停止侵害或排除妨害请求权。当出现足以使得抵押财产价值明显减少的情形时，抵押权人有权要求抵押人停止足以造成抵押财产价值减少的行为或排除相关的妨碍。其中，造成抵押财产毁损或者抵押财产价值明显减少的主体可以是抵押人也可以是第三人。停止侵害或排除妨害请求权，是抵押权人对造成或足以造成抵押财产价值毁损或者减少的侵害正在进行时采取的救济措施。

（2）恢复原状或增加担保请求权。抵押权人在抵押财产毁损或者价值减少时有权请求抵押人恢复抵押财产的价值或增加担保。恢复原状或增加担保请求权是在抵押财产价值的减少后果已经实际发生时采取的救济措施。抵押人不恢复抵押财产的价值也不提供担保的，抵押权人有权要求债务人提前清偿债务。

知识点检验5-5

3. 抵押权人的处分权

抵押权人的处分权包括抵押权人处分抵押权与抵押权顺位。

1）抵押权人处分抵押权

抵押人处分抵押权主要包括：抵押权的转让、供作担保和抵押权的抛弃。抵押权的转让，是指抵押权人将其抵押权让与他人。抵押权的供作担保，是指将抵押权提供为其他债权的担保。依据《民法典》第407条的规定，抵押权不得与债权分离而单独转让或者作为其他债权的担保。债权转让的，担保该债权的抵押权一并转让，但法律另有规定或者当事人另有约定的除外。据此，除非法律另有规定或者当事人另有约定，抵押权可以随被担保的债权一并转让作为其他债权的担保。抵押权的抛弃是指抵押权人放弃其优先受偿的担保利益。依据《民法典》409条第1款规定，抵押权人可以放弃抵押权或者抵押权的顺位。

2）抵押权人处分抵押权顺位

抵押人处分抵押权顺位包括：抵押权顺位权的让与、抛弃与变更。

抵押权顺位让与，是指同一抵押财产上顺位在先的抵押权人将其抵押权的在先顺位让与后顺位抵押权人。抵押权顺位让与的要件包括：让与当事人必须是对同一抵押财产享有不同顺位的抵押权人；抵押顺位让与人和受让人就顺位让与达成合意；经过登记的抵押权，必须办理变更登记。抵押权顺位的让与，只在顺位让与的当事人之间产生相对的法律效力，其他抵押权人的抵押权归属与顺位都没有变动。在顺位让与当事人之间，受让人取得让与人的优先分配次序，获得顺位利益。

抵押权顺位的抛弃是指抵押权人放弃其顺位利益。抵押权顺位的抛弃无须征得后顺位抵押权人的同意，属于抵押权人的单方法律行为，但如果顺序的抛弃涉及第三人利益，要征得利害关系人的同意。

抵押权顺位的变更是指，同一抵押物上设定抵押权的数个抵押权人，将其抵押权的顺位互换。与抵押权顺序的抛弃与让与仅产生相对效力不同，抵押权顺序的变更所产生的是绝对效力。抵押权顺位的变更需要满足如下条件：设定于同一抵押财产上的顺序不同的抵押权人之间达成互换合意；经过对抵押权享有法律利益的各个抵押权人的同意；变更抵押权顺位还需要办理抵押权变更登记。以上内容规定在《民法典》第 409 条，即"抵押权人与抵押人可以协议变更抵押权顺位以及被担保的债权数额等内容。但是，抵押权的变更未经其他抵押权人书面同意的，不得对其他抵押权人产生不利影响。债务人以自己的财产设定抵押，抵押权人放弃该抵押权、抵押权顺位或者变更抵押权的，其他担保人在抵押权人丧失优先受偿权益的范围内免除担保责任，但是其他担保人承诺仍然提供担保的除外"。

知识点检验 5-6

（四）抵押权对抵押人的效力

抵押人作为抵押财产所有人的法律地位，不因为在抵押财产上设定抵押权而有所改变。抵押人享有对抵押财产占有、使用、收益与处分的权利。但是，抵押人的所有权是设置了抵押权负担的所有权，所以受到一定程度的限制。

1. 抵押人处分抵押财产的权利

在抵押关系存续期间，抵押人可以处分抵押财产。这里对抵押财产的处分仅指法律上的处分，不包括事实上的处分。依据《民法典》第 406 条的规定，抵押人处分抵押财产受到如下限制：

第一，在抵押期间处分抵押权。抵押关系存续期间，抵押人可以转让抵押财产，但当事人对此另有约定的，按照其约定。

第二，抵押权的效力不受影响。抵押人转让抵押财产的，其抵押财产上设定的抵押权不受影响。债务人不履行到期债务或者发生当事人约定的实现抵押权的情形之时，抵押权人仍得追及抵押财产之所在而行使抵押权优先受偿。依据《担保制度的解释》第 43 条的规定，当事人约定禁止或者限制转让抵押财产，但是未将约定登记的，抵押人违反约定转让抵押财产，抵押财产已经交付或者登记，约定的内容仅在当事人之间发生效力，对抵押财产的善意买受人不发生效力，买受人取得抵押财产；当事人约定禁止或者限制转让抵押财产并将约定登记的，抵押人违反约定转让抵押财产，抵押财产已经交付或者登记，抵押权人可以主张转让不发生物权效力。

第三，抵押人的通知义务。抵押人转让抵押财产的，应及时通知抵押权人，抵押权人能够证明抵押财产转让可能损害抵押权的，可以请求抵押人将转让所得的价款向抵权人提前清偿债务或者提存。转让的价款超过债权数额的部分归抵押人所有,不足部分由债务人清偿。

该规定体现了我国立法对抵押财产由限制转让到自由转让的态度转变。《民法典》在允许抵押财产自由转让,保护抵押人财产权行使,充分发挥抵押物效能的同时,也赋予抵押权人在能够证明抵押财产转让可能损害抵押权时,请求抵押人将转让所得的价款向抵押权人提前清偿债务或者提存的权利。

知识点检验 5-7

2. 抵押人出租抵押财产的权利

在抵押关系存续期间,抵押人可以出租抵押财产。抵押财产出租的,不影响抵押权的效力。关于抵押关系存续期间出租抵押财产所形成的相关权利人之间的权利顺位,依据登记的抵押权可以对抗租赁权,未经登记的动产抵押权不能对抗善意承租人的租赁权的规则处理。依据《担保制度的解释》第54条第2项的规定:"抵押人将抵押财产出租给他人并移转占有,抵押权人行使抵押权的,租赁关系不受影响,但是抵押权人能够举证证明承租人知道或者应当知道已经订立抵押合同的除外。"上述规则,需要以抵押财产租赁合同关系生效并且已经将租赁物转移给承租人占有为必要。依据《民法典》第405条的规定,抵押权设立前抵押财产已经出租并转移占有的,原租赁关系不受该抵押权的影响。如果在抵押权设立之前订立了租赁合同,但是抵押财产并未交付承租人占有的,则不受"抵押不破租赁"的限制。

知识点检验 5-8

3. 在抵押财产上再次设定抵押权的权利

财产抵押后,抵押财产的价值大于所担保债权的额度,超出的部分抵押人可以再次设定抵押。这种抵押也叫作再抵押或复合抵押、重复抵押。再抵押是指抵押人为担保数个债权,以同一财产设定抵押,在同一抵押财产上存在数个抵押权的情形。再抵押需要受到禁止超额抵押规则的限制。违反禁止超额抵押规则的后果是超出的部分不具有优先受偿的效力。

4. 抵押人的求偿权

抵押人的求偿权是债务人之外的第三人作为抵押人(物上保证人)时所享有的权利。第三人以自己的财产为债务人设定抵押担保,在抵押权人实现抵押权时,抵押人代替债务人清偿了债务,此时,抵押人享有要求债务人向其偿还其所代为清偿债务的权利。

四、抵押权的消灭

抵押权的消灭,与一般担保物权的消灭原因大致相同,包括主债权消灭、抵押权实现、债权人放弃抵押权、抵押财产灭失以及法律规定抵押权消灭的其他情形。需要注意的是,依据《民法典》第419条的规定,抵押权人应当在主债权诉讼时效期间行使抵押权;未行使的,法院不予保护。由此可知,抵押权受主债权诉讼时效期间的限制。一旦主债权诉讼时效期间届满,抵押权即不再受法院保护。当然,主债权诉讼时效期间届满后,抵押权人仅丧失通过人民法院行使抵押权的胜诉权,抵押权本身并不消灭。

抵押权的实现，是指债务履行期届满，债务人未履行债务，通过依法处理抵押财产而使债权获得清偿。抵押权的实现在本质上是抵押权人的权利而非义务，因而当抵押权人要求债务人清偿债务时，债务人不能以应先行使抵押权为抗辩，并不得强行以抵押财产清偿债务。

（一）抵押权实现的条件

债务履行期届满，债权未受清偿的，抵押权人可以与抵押人通过协议以抵押财产折价或者以拍卖、变卖抵押财产所得的价款优先受偿。抵押权实现的条件是：①抵押权有效存在。②债务人不履行到期债务，或者发生当事人约定的实现抵押权的情形。③债权人的债权未受清偿。

（二）抵押权实现的方式

具备抵押权实现条件时，抵押权人可以与抵押人通过协议，以抵押财产折价或者以拍卖、变卖该抵押财产所得的价款优先清偿债务。抵押权人和抵押人协议实现抵押权不成的，抵押权人可以向人民法院申请或提起诉讼，通过人民法院来实现抵押权。

1. 抵押财产的折价

抵押财产折价又称协议取得抵押财产，是指抵押权人以确定的价格取得抵押财产所有权以受偿其债权。确定的价格超出债权部分要返还给抵押人，不足部分由债务人清偿。

2. 抵押财产的拍卖

拍卖是以公开竞价的方式出卖标的物，以所得价款偿还担保的债权。其成交价格能够最大限度地体现拍卖物的价值，既有利于维护抵押人的利益，也能充分发挥抵押财产对债权的担保效能，从而维护抵押权人的利益。

3. 抵押财产的变卖

抵押财产的变卖是以一般买卖形式出售抵押财产，以所得价款偿还担保的债权。变卖不能像拍卖那样充分地实现抵押财产的价值，一般参考现实经济交往中的市场价格来出售抵押财产。

（三）抵押财产拍卖或变卖后变价款的清偿顺序

依据《民法典》第413条规定，抵押财产折价或拍卖、变卖后，其价款超过债权数额的部分归抵押人所有，不足部分由债务人清偿。司法实践认为，抵押财产折价或者拍卖、变卖的价款低于抵押权设定时约定价值的，应当按抵押财产实现的价值进行清偿。不足清偿的剩余部分，由债务人清偿，抵押人对剩余的债权不再承担担保责任，此时剩余的债权作为普通债权与其他普通债权处于平等受偿地位。如果抵押财产的折价或拍卖、变卖是由当事人通过协商进行的，则抵押权人与抵押人之间可以就该抵押财产折价、拍卖或变卖后所得价款的清偿顺序问题作出约定。如果当事人没有约定，则应按下列顺序清偿：首先抵偿实现抵押权的费用；其次抵偿主债权的利息；最后抵偿主债权。

知识点检验 5-9

五、特殊抵押权

（一）浮动抵押权

1. 浮动抵押权的概念

浮动抵押权，是指企业以其所有的全部财产包括现有的以及将有的财产为标的物而设立的抵押权。依据《民法典》第396条，企业、个体工商户、农业生产经营者可以将现有的以及将有的生产设备、原材料、半成品、产品抵押，债务人不履行到期债务或者发生当事人约定的实现抵押权的情形，债权人有权就抵押财产确定时的动产优先受偿。

在我国，考虑到中小企业能够用于担保融资财产有限的现实情况，允许企业将其现有和将有的财产作为抵押财产融资，满足了中小企业的融资需求，增强了中小企业的融资能力。另外，浮动抵押担保具有办理手续简便且不影响企业正常经营等优势，我国一些企业已经开始在实践中采取浮动抵押的方式融资。浮动抵押作为特殊的抵押形式，相较于一般抵押而言，抵押权设立时抵押财产不特定，在抵押权实现前，抵押财产范围、价值一直处于变动的状态，只有在抵押权实现时抵押财产才被特定化。

2. 浮动抵押权的法律特征

相对于一般抵押权，浮动抵押权具有如下特征。

（1）浮动抵押权的标的范围包括了抵押人的全部财产。既包括了既有财产也包括了将来取得的财产。

（2）在浮动抵押权实现前，抵押标的物处于变动之中。作为抵押标的的集合财产处于变动状态，抵押财产的范围、价值是不能固定和具体明确的。在抵押债权实现时，抵押财产始获确定，抵押权人就实现抵押权时确定的集合抵押财产优先受偿。

（3）浮动抵押权设定后，在抵押权实现前，作为抵押人仍可以利用抵押财产继续进行生产经营活动。

3. 浮动抵押权的适用范围

设定浮动抵押权，不影响企业的正常经营，便利了抵押人，但是对抵押权人来说有所不利。因为在抵押权实现之前，抵押人的财产是不断变化的，如果抵押人的财产状况恶化，抵押权人就不能从抵押财产的价值中完全受偿。因此，浮动抵押权的适用范围应当进行适当限制。设定浮动抵押权需要满足如下条件：只有企业、个体工商户和农业生产经营者在向银行借款或者发行公司债券时，才可以设定浮动抵押权；设定浮动抵押的财产范围限定在生产设备、原材料、半成品、产品抵押。

4. 浮动抵押权的设定

当事人设定浮动抵押权，应当签订书面抵押合同。依据《民法典》第403条的规定，抵押权自抵押合同生效时设立；未经登记，不得对抗善意第三人。但是，由于浮动抵押的特殊性，即使是办理登记的，也不得对抗正常经营活动中已支付合理价款并取得抵押财产的买受人。

5. 浮动抵押权的确定

浮动抵押权的特点就是其担保物的不特定性，在抵押权实现时，需要确定浮动抵押财产的形态以及价值，将浮动抵押转为固定抵押。《民法典》第 411 条规定了抵押财产确定的情形：①债务履行期限届满，债权未实现；②抵押人被宣告破产或者解散；③当事人约定的实现抵押权的情形；④严重影响债权实现的其他情形。

6. 浮动抵押权的效力

（1）浮动抵押权的特殊效力。浮动抵押权作为特殊的动产抵押权，其效力与动产抵押权大致相同，特殊之处在于抵押财产不确定，抵押人可以就其财产进行经营活动，对财产进行收益、处分。浮动抵押权的效力及于浮动抵押确定时抵押人所有的或者有权处分的全部财产。当事人设定浮动抵押权时对财产设定抵押权有约定的，按其约定。

（2）浮动抵押权对其他担保物权的效力。在浮动抵押人的财产上同时存在法定担保物权的，浮动抵押权不能对抗法定担保物权。在同一企业财产上存在数个浮动抵押权的，各抵押权的顺位依成立先后确定。同一日登记成立的浮动抵押权顺位相同，各抵押权人按其债权额比例受偿。在浮动抵押财上存在购买价款抵押权，购买价款抵押权优先，也称为购买价款抵押担保超级优先权。

（3）购买价款抵押担保超级优先权。《民法典》第 416 条规定了动产购买价款抵押担保超级优先权，即"动产抵押担保的主债权是抵押物的价款，标的物交付后十日内办理抵押登记的，该抵押权人优先于抵押物买受人的其他担保物权人受偿，但是留置权人除外"。该条是《民法典》新增加的内容，以购买的货物作为抵押物，担保货物出卖人的价款或为货物价款支付提供融资的出借人的债权得以清偿。在浮动抵押中，抵押财产的范围与价值处于不特定状态，随着抵押人的正常经营活动而变化。进入浮动抵押财产范围的特定动产，在其进入前设立了购买价款抵押，只要购买价款抵押在抵押财产交付后 10 日内办理了抵押登记，该抵押权均优先于抵押物买受人的其他担保物权，也包括浮动抵押权，但不能优先于留置权。

购买价款抵押担保超级优先权，具有超级优先效力，处于超级优先顺位，属于登记在先规则的例外，在设立上必须有严格的限制条件。

第一，抵押物为购置物，抵押担保的主债权是抵押物的购买价款。为了使抵押人能够偿付购置标的物的全部或部分价款，所以在购置的标的物上设立抵押权，保障抵押物出卖人或为抵押物购买提供融资的债权人的债权实现。

第二，购置标的物交付 10 日内办理抵押登记。除了当事人就设立抵押权签订抵押合同外，还需在法定期限内进行登记，否则抵押权人不能享有优先于其他担保物权受偿的权利。

第三，设立购买价款抵押担保超级优先权抵押担保的主债权的债务人与其他竞存的动产担保物权的债务人为同一人。

另外，需要注意的是，超级优先抵押权的优先效力不能对抗留置权。

7. 浮动抵押权的实现

浮动抵押权的实现自抵押权人向人民法院提出实现抵押权的申请，经人民法院作出浮动抵押权实现的决定时开始。人民法院作出浮动抵押权实现的决定应当予以公告，同时发布查封抵押人的总财产的公告，并指定财产管理人管理抵押人的总财产。

（二）最高额抵押权

最高额抵押权以担保债权的实现为目的，相较于一般抵押权，其担保的债权额度是不确定的，仅有一个最高限额。

1. 最高额抵押权的概念

最高额抵押权又称最高限额抵押权，是指为担保债务的履行，债务人或者第三人以抵押财产对一定期间连续发生的债权提供担保，债务人未履行债务时，抵押权人有权在最高债权限额内就该财产优先受偿的特殊抵押权。依据《民法典》第420条第1款的规定，为担保债务的履行，债务人或者第三人对一定期间内将要连续发生的债权提供担保财产的，债务人不履行到期债务或者发生当事人约定的实现抵押权的情形，抵押权人有权在最高债权额限度内就该担保财产优先受偿。

2. 最高额抵押权的法律特征

（1）最高额抵押权是为一定范围内连续发生的不特定债权提供担保的抵押权。为避免每一笔债权均设立抵押担保所带来的烦琐，为一定范围内连续发生的债权一次性设定了最高额抵押担保。最高额抵押权所担保的债权必须是在一定期间连续发生的债权，在最高额抵押权设立之时"连续发生的债权"的最高数额度是确定的，但因为担保债权尚未发生，实际发生的担保额是不确定的。

（2）最高额抵押权具有相对的独立性。相较于一般抵押权的从属性，最高额抵押权具有相对独立性。这主要体现在：最高额抵押权设立于被担保的债权发生之前，不以被担保债权已经发生为前提；除当事人另有约定外，最高额抵押权不随被担保债权的部分转让而转让；在最高额抵押权存续期间，已发生的债权即使已消灭，最高额抵押权也不随同消灭。

（3）最高额抵押权受到最高债权额度的限制。最高额度是指最高额抵押权人优先受偿债权的最高限额。抵押权人只能在最高债权限额内就抵押财产优先受偿。如果抵押所担保的债权没有最高限额，则不能成立最高额抵押权。

3. 最高额抵押权的设立及效力

（1）最高额抵押权的设立。最高额抵押权与普通抵押权在设立的程序与设立的内容上基本相同，但在具体内容上还存在一些特殊要求。最高额抵押权是担保当事人在一定期间内，在连续交易的合同法律关系中产生的不特定的债权，一般需要在合同中确定计算抵押权所担保的债权的实际数额的日期，即决算期；由于最高额抵押权担保的是不特定的债权，因而在设定最高额抵押权的合同中，应当包括最高额抵押权担保的债权范围与最高债权的限额。

（2）最高额抵押权的特殊效力。最高额抵押权所担保的债权范围以最高额抵押权所担保的现在及将来的债权为限。但依据《民法典》第420条第2款规定，最高额抵押权设立前已经存在的债权，经当事人同意，可以转入最高额抵押担保的债权范围。

（3）最高额抵押权的转让。最高额抵押权的转让具有特殊性，依据《民法典》第421条规定，最高额抵押担保的债权确定前，部分债权转让的，最高额抵押权不得转让，但当事人另有约定的除外。

（4）最高额抵押合同条款的变更。设定最高额抵押权的抵押合同条款在抵押担保的债权确定前，可以进行变更，但变更的合同条款范围有所限制，仅可以对最高额抵押合同所独有条款进行变更，即确定债权的期间、债权范围和最高债权限额条款。依据《民法典》第422条的规定，最高额抵押权担保的债权确定前，抵押权人与抵押人可以通过协议变更债权确定的期间、债权范围以及最高债权额。但是，变更的内容不得对其他抵押权人产生不利影响。

（5）最高额抵押权担保的债权被确定后的效力。第一，只有在确定时已经发生的主债权才属于抵押权担保的范围，确定之后产生的债权，即使来源于基础法律关系，也不属于担保的范围。第二，最高额抵押权担保的债权一经确定，无论出于何种原因，担保债权的流动性均随之丧失，该抵押权所担保的不特定债权变为特定债权，此时，最高额抵押权的属性与普通抵押权完全相同。

4. 最高额抵押权担保债权的确定

最高额抵押权担保债权的确定是指最高额抵押权所担保的一定范围内的不特定债权，因一定事由的发生而归于具体、特定。最高额抵押权担保债权确定的事由规定在《民法典》第423条中，下列情形出现时抵押权人的债权确定：约定的债权确定期间届满；没有约定债权确定期间或者约定不明确，抵押权人或者抵押人自最高额抵押权设立之日起满2年后请求确定债权；新的债权不可能发生；抵押权人知道或者应当知道抵押财产被查封、扣押；债务人、抵押人被宣告破产或者被解散清算；法律规定债权确定的其他情形。

5. 最高额抵押权的实现

与普通抵押权相比，最高额抵押权的实现需要注意以下两点。

第一，最高额抵押权所担保的债权确定后，债权已届清偿期而债务人未清偿的，最高额抵押权人可以根据普通抵押权的规定行使其抵押权。其中债权已届清偿期，是指最高额抵押所担保的一系列债权中任何一个已届清偿期。

第二，债权确定时，如果实际发生的债权额高于最高限额，以最高限额为限，超过部分不具有优先受偿的效力；如果实际发生的债权额低于最高限额，以实际发生的债权额为限对抵押财产优先受偿。如果在抵押财产上存在两个以上抵押权，最高额抵押权与普通抵押权依据法律规定的清偿顺序进行清偿。

知识点检验 5-11

（三）共同抵押权

1. 共同抵押权的概念

共同抵押权，也叫作总括抵押权或聚合抵押权，是指为担保同一个债权的实现而在数个财产上设定的抵押权。共同抵押权是通过多个抵押人提供多个抵押财产完成了交换价值的累积，既避免了抵押人的财产风险，又有效地确保债权的清偿。共同抵押权是设立数个抵押权担保同一个债权的实现,而不是以数个抵押财产为标的物,设立抵押权担保同一个债权的实现。因此,共同抵押权的性质是在数个财产上成立的数个抵押权的集合。

2. 共同抵押权的特征

(1)共同抵押权所担保的是同一债权。所谓同一债权,是指数个抵押财产所担保的债权是相同的。这就要求,共同抵押权所担保的是同一个债权人的同一项债权。

(2)共同抵押权的抵押财产为数个。共同抵押权的抵押财产不是一个,而是多个,并且设定抵押权的数个抵押财产各自独立,而不是作为集合物存在。同时,该数个抵押财产也不要求必须属于同一人所有,可以为不同的人所有。

(3)共同抵押权的各个抵押财产对所担保的债权各负全部的担保责任。这一责任与连带债务虽有相似之处但却有本质性的差别。连带债务中负连带责任的人都是债务人,而共同抵押权中负连带责任的是物,可以是债务人所有的物,也可以是第三人所有的物。

3. 共同抵押权的效力

共同抵押权是为担保同一债权而在数个抵押财产上设数个抵押权,抵押权人如何就数个抵押财产受偿成为共同抵押权实现的关键。依据各个抵押财产是否限定了所担保的债权份额,将共同抵押权的效力分为以下两种。

(1)约定各个抵押财产所担保的债权份额的共同抵押权的效力。如果抵押人与抵押权人就其提供的抵押财产上担保的债权份额作出了约定,在债权人需要实现抵押权时,抵押权人虽然仍可以将抵押财产全部予以拍卖或者变卖,但需要算清各个抵押财产的变价款,并依照约定范围就各个抵押财产变价款优先受偿。

(2)未约定各个抵押财产所担保的债权份额的共同抵押权的效力。抵押人对其各自提供的抵押财产上担保的债权份额,没有与抵押权人作出约定或者约定不明,抵押权实现时存在如下问题:一是抵押权人直接支配抵押财产的范围,即抵押权人是否能够或者必须将各个抵押财产一并变价;二是数个抵押财产变价后如何承担担保债权的份额。当事人未约定各个抵押财产所担保的债权份额或抵押顺序的,抵押权人可以就其中任一或者各个抵押财产行使抵押权。每个抵押财产之价值均担保着全部债权。抵押人承担担保责任后,可以向债务人追偿,也可要求其他抵押人清偿其应当承担的份额。但是,共同抵押权人实现抵押权时,如果两个以上的抵押人中有债务人本人的,抵押权人原则上应当先就债务人本人提供的抵押财产变价求偿。如果债权人放弃债务人提供的抵押担保的,其他抵押人有权在债务人抵押财产的价值范围内请求法院减轻或者免除其应当承担的担保责任。

案例分析 5-4

甲公司以自己的房屋,乙公司以自己的建设用地使用权,作为担保财产,为甲公司向银行借款260万元提供抵押担保,并办理抵押登记。甲、乙未约定各个抵押财产所担保的债权份额。借款到期时,甲的房子市价150万元,乙的建设用地使用权市值300万元,在甲没有偿还借款时,银行放弃了甲公司的房屋抵押担保,直接将乙公司的建设用地使用权优先受偿。

问题:银行的做法能否得到支持?为什么?

第三节 质 权

本节知识点导图

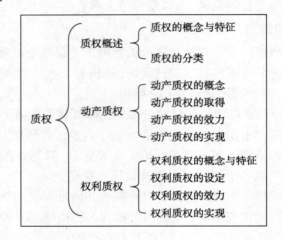

一、质权概述

（一）质权的概念与特征

1. 质权的概念

质权是指债务人或第三人将其动产或权利交债权人占有或控制，在债务人不履行债务或者发生当事人约定的实现权利的情形时，债权人以该动产或权利变价所得价款优先受偿的权利。其中，交付动产或权利的债务人或第三人为出质人，债权人为质权人，交付的动产为质押财产。

2. 质权的特征

质权作为一种古老的担保物权，除具备一般担保物权的特征之外还有其特殊性。

1）质权的标的为动产或财产权利

质权是在债务人或者第三人提供的特定的财产上设定的，质权的标的物只能是动产或者可让与的财产权利，而不能是不动产。不动产只能作为抵押权的标的。抵押财产与质押财产的范围在动产上存在交叉。

2）质权以债权人占有质押财产或出质登记为设立条件

质权的标的为动产或者财产权利，与不动产相比，动产的流动性较大，为了实现质权人对标的财产的支配，动产质权的设定须以质权人占有质押财产作为生效要件。《民法典》第429条明确规定了质权自出质人交付质押财产时设立。当事人之间设定动产质权必须转移标的物的占有，即由质权人占有质押财产。这是质权与抵押权的重要区别。作为特殊质权的权利质权，也需要交付权利凭证或者进行登记才能成立。

3）质权具有留置效力

当事人之间设定动产质权必须转移标的物的占有，在债务人清偿债务前，质权人可以一直留置质押标的物，从而造成出质人的心理压力，促使其清偿债务。需要注意的是，以登记为公示方法的权利质权，已经完全丧失了留置功能，"此类财产权没有以物理形式来使用的价值，它对任何人只具有客观上的交换价值。在设立此类质权时，其经济功能只在于依赖标的物的交换价值优先受偿"[1]，其担保作用与抵押权相似。

（二）质权的分类

1. 动产质权与权利质权

依据设定质权的财产性质不同，将质权分为动产质权与权利质权。动产质权是指以动产为质押财产的质权；权利质权是指以可让与的财产权利为质押财产的质权。区分动产质权与权利质权的主要意义在于，以性质不同的财产设定质权，在质权的设立条件和效力上存在着差别。

2. 一般质权与特殊质权

根据质权的特性，质权可以分为一般质权与特殊质权。一般质权是指法律无特别规定而具有质权一般特性的质权；特殊质权是指法律有特别规定的，在某一方面具有特殊性的质权，如最高额质权。最高额质权是对一定期间内将要连续发生的债权提供担保，与一般质权要求质押财产与担保债务都具有特定性不同，最高额质权担保的债权数额是不确定的。区分一般质权与特殊质权的主要意义在于：一般质权适用法律关于质权的一般规定，而特殊质权除适用法律关于质权的一般规定外，还适用法律关于该种质权的特殊规定。依据《民法典》第439条的规定，出质人与质权人可以协议设立最高额质权。最高额质权除适用动产质权的一般规定外，参照最高额抵押权的有关规定办理。

3. 民事质权与营业质权

根据质权所适用法律属性的不同，质权可以分为民事质权与营业质权。民事质权是指适用民事法律规定的质权。营业质权是以质押借贷为营业而适用典当管理规则的特殊质权。从事质押营业者一般称为当铺、典当行、典当公司等。在营业质权中，债务人不能清偿债务时，当物即归债权人所有或者由债权人以当物的价值优先受偿。营业质权与民事质权的主要区别在于二者对流质条款的态度不同。民事质权中的流质条款需要进行清算，而营业质权中的流质条款无须清算，当物可以直接归债权人所有。

二、动产质权

（一）动产质权的概念

动产质权，是指债权人对于债务人或者第三人移转占有而供作担保的动产，在债务

---

[1] 我妻荣. 新订担保物权法[M]. 申政武，封涛，郑芙蓉，译. 北京：中国法制出版社，2008：104.

人不履行到期债务或者发生当事人约定的实现质权的情形时,依法以该动产折价或者以拍卖、变卖的价款优先受偿的权利。动产质权以动产为标的。

(二)动产质权的取得

1. 基于法律行为而取得动产质权

基于法律行为取得,在实践中最为常见的就是通过签订质押合同的形式而设定动产质权。通过签订质押合同设立动产质权须符合以下要求。

第一,质押财产须为法律允许出质的动产。以法律、法规禁止流通的动产或者禁止转让的动产设定质权担保的,质权合同无效。如果当事人以法律、法规限制流通的动产设定质权,在实现质权时,人民法院应当按照有关法律、法规的规定对该财产进行处理。

第二,出质人对质押财产须有处分权。债务人或第三人作为出质人,应当对质押财产有处分权,否则无权出质。需要注意的是,依据《民法典》第311条第3款的规定,质权可以适用善意取得。

第三,出质人与质权人须签订书面的质押合同。依据《民法典》第427条的规定,设立质权,当事人应当采用书面形式订立质押合同。质押合同一般包括下列条款:①被担保债权的种类和数额;②债务人履行债务的期限;③质押财产的名称、数量等情况;④担保的范围;⑤质押财产交付的时间、方式。依据《民法典》第428条的规定,质权合同约定流质不发生预期后果,必须进行清算。

第四,出质人须将质押财产移交质权人占有。依据《民法典》第429条的规定,质权自出质人交付质押财产时设立。据此,质权的设立时间为质押财产的交付时间。质押财产的交付可以是现实交付、简易交付或者指示交付,但不能是占有改定。因为在占有改定的情况下,质押财产并未实际交付质权人占有。

知识点检验5-12

2. 非基于法律行为而取得动产质权

1)继承取得质权

动产质权属于财产权,当质权人死亡时,其所享有的主债权以及担保该债权的动产质权可由继承人因继承而取得。

2)依善意取得制度取得质权

出质人以无权处分的财产设定质权时,应按照动产的善意取得制度对债权人予以保护而使其善意取得动产质权。《民法典》第311条关于所有权善意取得的规定也适用于当事人善意取得质权。在司法实践中,出质人以其不具有所有权但合法占有的动产出质的,不知出质人无处分权的质权人行使质权,因此给动产所有人造成损失的,由出质人承担赔偿责任。

(三)动产质权的效力

动产质权所担保的债权范围包括主债权及其利息、违约金、损害赔偿金、保管担保财产和实现担保物权的费用,质权合同另有约定的,按照约定。动产质权及于的标的物范围主要包括从物、孳息、质押财产的代位物,与前述担保物权的效力范围大致相似,具体不再赘述。这里主要介绍动产质权对于质权人的效力与动产质权对于出质人的效力。

1. 动产质权对于质权人的效力

1）留置质押财产的权利

动产质押权作为占有型担保物权，以移转标的物给质权人占有为成立要件。质权人在债权受清偿之前，有权拒绝出质人对其占有的质押财产的返还请求权，并对质押财产的全部行使权利。在出质期间，出质人将质押财产转让给第三人的，质权的留置效力不受影响。

2）质押财产孳息的收取权

除了当事人有特别约定外，质权人享有质押财产孳息的收取权。质权人收取质押财产的孳息的权利是基于质权的效力。质权人收取质押财产所生的孳息，并非取得所有权，而只是取得对孳息的质权。对于收取的孳息，质权人应该尽到善良管理人的注意义务。依据《民法典》第430条的规定，质权人收取的孳息应当先充抵收取孳息的费用。

3）费用返还请求权

作为质押财产的所有权人，质押财产出质后，除了所有权在行使上受到一定的限制外，出质人享有所有权人的权利，承担所有权人的义务。既然质押财产为出质人所有，那么，质权人保管质押财产属于为出质人保管，质权人可以请求出质人支付保管质押财产的必要费用。所谓必要费用，是指为保存和管理质押财产不可缺少的费用。

4）质权保全权

因不可归责于质权人的事由致使质押财产有损坏或者明显价值减少的危险，足以危害质权人的权利时，质权人有权要求出质人提供相应的担保，出质人拒不提供担保的，质权人有权将质押财产变价，以保全其债权。《民法典》第433条规定了质权人的质权保全权，因不可归责于质权人的事由可能使质押财产毁损或者价值明显减少，足以危害质权人权利的，质权人有权请求出质人提供相应的担保；出质人不提供的，质权人可以拍卖、变卖质押财产，并与出质人协议将拍卖、变卖所得的价款提前清偿债务或者提存。

质权人请求出质人提供相应担保或进行变价需要具备如下条件：第一，不可归责于质权人的事由导致质押财产有损坏或者价值减少的危险，足以影响质权的实现；第二，达到价值明显减少的程度，少量价值减少或自然的损耗不属于质权人行使该权利的原因；第三，质押权人要求出质人提供的担保需要与质押财产损毁或减少的价值相当。

5）转质权

所谓转质，是指质权人为担保自己的或他人的债务，将质押财产移交于债权人而设立新质权的行为。质权人以质押财产转质的权利，称为转质权。因质权人的转质而取得质权的人，称为转质权人。实践中，依据是否经过出质人同意将转质分为责任转质与承诺转质。

责任转质，即不经出质人同意，质权人为担保自己或他人债务将质押财产转质于债权人而设定新质权。依据《民法典》第434条："质权人在质权存续期间，未经出质人同意转质，造成质押财产毁损、灭失的，应当承担赔偿责任。"

承诺转质，即质权人经出质人同意，为供自己或他人债务的担保而将质押财产转质于债权人，就质押财产再设定新质权的行为。《民法典》对于转质的态度是，未经出质人同意不允许转质，质权人转质，造成质押财产毁损、灭失的，应当承担赔偿责任；在承诺转质的情形，质权人仅对于因转质权人的过错而造成的损失承担责任，对于质押财产转质后非因转质权人的过错而发生的损失不承担责任。承诺转质，实际上是出质人让与质物的部分处分权，法律理应承认承诺转质的效力。

转质权是转质人在其占有的质押财产上设定的比自己的质权更优先的一个新的质权，所以转质权的效力优于原质权的效力。

6）优先受偿权

优先受偿权是质权最为基本的内容，也是质权担保主债权实现的作用方式。质权人的优先受偿权是相对于没有担保的普通债权或一般债权而言的，在出现需要实现质权的情形时，质权人较债务人的一般债权人即无担保的债权人优先受偿，在出现出质人破产的情形时，质权人享有别除权。

7）质权的处分权

质权的处分权是质权人处分其质权的权利，包括质权的放弃、质权的让与或供他债权的担保。依据《民法典》第 435 条："质权人可以放弃质权。债务人以自己的财产出质，质权人放弃该质权的，其他担保人在质权人丧失优先受偿权益的范围内免除担保责任，但是其他担保人承诺仍然提供担保的除外。"质权的从属性决定了其必须与担保的主债权一并让与或供作他债权担保。除当事人另有约定，主债权让与时，质权应随同主债权一并让与。但如果当事人约定了质权不随同让与，质权消灭。

8）保管质押财产的义务

质权人在享有占有质押财产的权利的同时，也负有在占有期间妥善保管质押财产的义务。《民法典》第 432 条第 1 款规定："质权人负有妥善保管质押财产的义务；因保管不善致使质押财产毁损、灭失的，应当承担赔偿责任。"妥善保管义务就是以善良管理人的注意义务加以保管。质权人有过错则承担责任，无过错不承担责任，质押财产因不可抗力而遭受损害的，质权人无须承担责任。

9）返还质押财产的义务

债务人履行债务或者出质人提前清偿所担保的债权的，质权人应当返还质押财产。《民法典》第 436 条规定，债务人履行债务或者出质人提前清偿所担保的债权的，质权人应当返还质押财产。债务人履行债务或者出质人提前清偿所担保的债权是质权当然消灭的事由。质权消灭，质权人丧失了占有质押财产的根据，即应将质押财产返还。

2. 动产质权对于出质人的效力

1）质押财产的处分权

出质人虽将质押财产出质于质权人，并且移转占有于质权人，但并不丧失所有权，因此，出质人在法律上仍有权处分质押财产，只是出质人对质押财产的处分权受到一定的限制。这里的处分仅指法律上的处分，而不能是事实上的处分。在出质期间，出质人转让质押财产的，不能采取现实交付方式，只能对质押财产采取指示交付。

2）保全质押财产的权利

在质押财产上设定质权并不影响出质人财产所有人的身份，在质物为质权人占有的情况下，如果质权人对质物保管不当，可能使质物有毁损、灭失的危险时，出质人作为财产所有者享有保全质押财产的权利。《民法典》第 432 条第 2 款规定："质权人的行为可能使质押财产毁损、灭失的，出质人可以请求质权人将质押财产提存，或者请求提前清偿债务并返还质押财产。"在质权人不能妥善保管，可能使质押财产灭失或者毁损的情形下，出质人可请求质权人将质押财产提存，此时产生的提存费用应由质权人承担。

3）请求及时行使质权的权利

作为占有型担保物权，需要转移质押物给质权人占有。在主债清偿前，质押财产一直处于质权人占有之下，并且质权人享有收取孳息的权利。当出现质权实现的情形时，如果质权人不及时行使质权，有可能导致质物的价值降低，使得出质人蒙受损失的情况。为了保全出质人的财产价值，出质人可以请求质权人及时行使质权。出现质权人不及时行使质权的情形，法律规定出质人可以行使如下权利：第一，请求公权力救济。请求人民法院拍卖、变卖质押财产。第二，请求质权人承担损害赔偿责任。因为质权人怠于行使权利，造成质押人财产价值减损的，由质权人承担赔偿责任。

知识点检验 5-13

4）出质人的求偿权

当出质人是主债务人之外的第三人时，其在代债务人清偿债务或因质权的实现而丧失质押财产的所有权后，享有向债务人追偿的权利。按照《民法典》第 392 条规定可以推导出，在动产质权中，物上保证人在承担担保责任后，有权向债务人追偿，其追偿的数额，应为质权人以质押财产的变价所受清偿的债权数额。

（四）动产质权的实现

动产质权的实现，是指质权人于其债权已届受偿期而未受偿，或者发生当事人约定的实现质权的情形时，以质押财产的价值优先受偿。

依据《民法典》第 436 条第 2 款的规定，债务人不履行到期债务或者发生当事人约定的实现质权的情形，质权人可以与出质人协议以质押财产折价，也可以就拍卖、变卖质押财产所得的价款优先受偿。据此可知，动产质权以债务人不履行到期债务或者发生当事人约定的实现质权的情形为实现的前提条件，以折价、拍卖、变卖为动产质权的实现方法。

三、权利质权

（一）权利质权的概念与特征

权利质权是指，为担保债务的履行，债务人或者第三人将其有权处分的权利出质给债权人，在债务人不履行到期债务或者发生当事人约定的实现权利质权的情形时，债权人就该权利优先受偿的权利。权利质权具有以下特点。

（1）权利质权的标的为财产权利。这里的权利是指所有权、用益物权以外的可以让与的财产权利。

（2）权利质权是质权的特殊形式。相较于动产质权，权利质权的标的与公示方式具有特殊性。其中，通过登记方式设定的权利质权与不动产权利设定抵押权在本质上并无不同，只是我国的民法传统历来将权利质权与动产质权共同规定在质权中，因此，将权利质权定性为特殊质权。

（3）权利质权以交付权利凭证或登记为设立条件。在权利质权的设立上，以具有权利凭证的财产权利设立质权的，应将该权利凭证交付于质权人占有，质权自权利凭证交付质权人时设立；以无权利凭证的财产权利设立质权的，质权自办理出质登记时设立。

（二）权利质权的设定

权利质权属于特殊的质权，准用动产质权的相关规定，在其取得方式上大体与动产质权相同，即包括基于法律行为取得与非基于法律行为取得。通过合同形式设定权利质权是实践中最常见的方式。设立权利质权，除当事人订立书面质押合同外，还需要完成权利凭证交付或权利登记。

可以设定权利质权的权利范围，规定在《民法典》第 440 条，具体有以下几种：①汇票、本票、支票；②债券、存款单；③仓单、提单；④可以转让的基金份额、股权；⑤可以转让的注册商标专用权、专利权、著作权等知识产权中的财产权；⑥现有的以及将有的应收账款；⑦法律、行政法规规定可以出质的其他财产权利。以上权利在具体设定权利质权时，可以划分为交付权利凭证设立与登记设立两大类。

1. 有价证券质权

依据《民法典》第 441 条的规定，以汇票、本票、支票、债券、存款单、仓单、提单出质的，质权自权利凭证交付质权人时设立；没有权利凭证的，质权自办理出质登记时设立。

以汇票、本票、支票出质的，出质人和质权人应当以书面形式订立质押合同，出质人在合同约定的期限内将权利凭证交付质权人。质权自权利凭证交付之日起设立。至于票据出质时是否应当背书记载"质押"字样，司法实践认为，欠缺背书不会导致票据质押无效，但不能对抗善意第三人，即质押背书仅为票据质权的对抗要件而非生效要件。

知识点检验 5-14

2. 基金份额、股权质权

股权是由股份、股票来彰显权利的，股权质权也就表现为以股份、股票进行质押而为质押权人所设定的权利。基金份额是指基金管理人向不特定的投资者发行的，表示持有人对基金享有资产所有权、收益分配权和其他相关权利，并承担相应义务的凭证。

依据《民法典》第 443 条规定，以基金份额、股权出质的，质权自办理出质登记时设立。

基金份额、上市公司股票质权的设立，须经登记结算机构登记后生效。证券登记结算机构是为证券交易提供集中的登记、托管与结算服务的机构，是不以营利为目的的法人。

以非上市公司的股权出质的，或者以有限责任公司的股份出质的，质权自办理出质登记时设立。

3. 知识产权质权

依据《民法典》第 444 条的规定，以注册商标专用权、专利权、著作权等知识产权中的财产权出质的，质权自办理出质登记时设立。

4. 应收账款质权

应收账款质权是指以权利人现有的以及将有的应收账款债权为标的而设立的质权。《民法典》将"应收账款"拓展为"现有的以及将有的应收账款"。这一修改极大地扩张了可供出质的应收账款的范围，同时也是对法律体系内部规定的协同，与《民法典》合同编中关于保理合同的可转让应收账款范围保持了一致。所谓应收账款，是指权利人在交易活动中因销售商品、产品或者提供劳务、设施等而在现在或将来有权收取的款项。依据《民法典》第445条，以应收账款出质的，质权自办理出质登记时设立。

知识点检验 5-15

5. 其他权利质权

依据《民法典》第440条的规定，法律、行政法规规定可以出质的其他财产权利，也可以设立权利质权，即一般债权可以设立权利质权。一般债权是相较于债券、票据完全有价证券化的债权而言的，这些债权主要是通过合同书的形式加以表现的，有借据、欠条以及合同等。以债权设定质权也属于对债权的处分，在本质上与债权让与相同，适用债权转让的一般规则。债权人转让债权的，应当通知债务人；未通知债务人的，对债务人不发生效力。按照债权转让规则，以一般债权设定质权时，出质人应当将债权设质的情况告知债务人。

知识点检验 5-16

（三）权利质权的效力

依据《民法典》第446条，权利质权准用动产质权的有关规定。作为特殊的质权，权利质权特殊的效力内容体现在以下方面。

1. 有价证券质权的效力

依据《民法典》第442条，汇票、本票、支票、债券、存款单、仓单、提单的兑现日期或者提货日期先于主债权到期的，质权人可以兑现或者提货，并与出质人协议将兑现的价款或者提取的货物提前清偿债务或者提存。

2. 基金份额、股权质权的效力

依据《民法典》第443条第2款，基金份额、股权出质后，不得转让，但是出质人与质权人协商同意的除外。出质人转让基金份额、股权所得的价款，应当向质权人提前清偿债务或者提存。

3. 知识产权质权的效力

依据《民法典》第444条第2款，知识产权中的财产权出质后，出质人不得转让或者许可他人使用，但是出质人与质权人协商同意的除外。出质人转让或者许可他人使用出质的知识产权中的财产权所得的价款，应当向质权人提前清偿债务或者提存。

4. 应收账款质权的效力

依据《民法典》第445条第2款，应收账款出质后，不得转让，但是出质人与质权人协商同意的除外。出质人转让应收账款所得的价款,应当向质权人提前清偿债务或者提存。

(四)权利质权的实现

权利质权的实现,是指权利质权所担保的主债权已届清偿期而债务人不履行债务时,或者发生当事人约定的实现质权的情形时,权利质权人依法以质押的权利变价并就其价款优先受偿的行为。权利质权实现的一般方式与动产质权相同,包括当事人协议以质押的权利折价、拍卖或变卖。权利质权作为特殊的动产质权,在具体的实现方式上比动产质权更为复杂。

第四节 留 置 权

本节知识点导图

留置权作为一种典型的担保物权,除具有担保物权的一般特征外还具有其自身特有的属性。作为法定的担保物权,留置权的成立需要严格依据法律的规定。其中,留置的财产仅限于动产,要求留置的动产应当与债权属于同一法律关系,但企业之间留置的除外。

一、留置权概述

1. 留置权的概念

留置权是指债权人合法占有属于债务人的动产,在债务人不履行到期债务时,债权人有权依法留置该财产,以该财产变价所得价款优先受偿的权利。其中,债权人为留置权人,占有的动产为留置财产。以上对留置权的界定也被称为广义的留置权。规定在《民法典》第447条,即"债务人不履行到期债务,债权人可以留置已经合法占有的债务人的动产,并有权就该动产优先受偿"。由于实践中留置权多成立于合同关系领域,所以也有从狭义角度界定留置权的,即债务人按照合同约定占有债务人动产,债务人不履行合同义务时,债权人所享有的留置其已经合法占有的动产,并就该动产优先受偿的权利。

2. 留置权的特征

留置权作为他物权,除了具有他物权的一般特征外,还具有其特殊性。

1)留置权是法定的担保物权

留置权是依法律规定直接成立的担保物权。抵押权与质权的设立需要当事人双方订立抵押合同或质押合同,而留置权只要符合法律规定的要件即成立,无须合同的事前约定。需要注意的是,虽然留置权为法定的担保权利,但当事人可以事前在合同中约定排除。依据《民法典》第449条,法律规定或者当事人约定不得留置的动产,不得留置。

2)留置的财产与债权属于同一法律关系

同一法律关系,是指留置财产应当与债权所形成的债权债务关系属于同一个民事法律关系。①成立留置权要求留置财产为债权发生的原因,如果债权人的债权并非基于留置财产而产生的,则不得留置该财产。《民法典第》第448条规定:"债权人留置的动产,应当与债权属于同一法律关系,但是企业之间留置的除外。"应当注意的是,《民法典》对于上述同一法律关系做了例外的规定,即 "但企业之间留置的除外"也就是承认了商事留置权的特殊性。

3)留置权以合法占有债务人的动产为要件

对债务人的动产,只有债权人取得事实上的管领、控制或支配时,才能成立留置权。因此,留置权以债权人合法占有债务人的动产为前提,并因占有的丧失而消灭。区别于质权的成立以质权人将财产移交债权人占有而成立,留置权是债权人先合法占有财产而后才成立留置权。

课堂讨论 5-1

留置权成立条件中要求债权人已经合法占有债务人的动产,其中"债务人的动产"是指债务人交付债权人占有的动产,还是专指债务人所有的动产?

答案解析 扫描此码

4)留置权是具有双重效力的担保物权

留置权具有的双重效力是指留置权的留置效力与优先受偿效力。当债务履行期届满,债务人不履行债务时,债权人可以留置债务人的动产以促使其履行债务,此即留置权的第一重留置效力。当债务人经过债权人宽限的催告期间,仍不履行债务时,债权人可以就留置财产的变价优先受偿,此即留置权的第二重优先受偿效力。

二、留置权的成立

留置权为法定担保物权,其成立基于法律的直接规定。留置权成立需要具备如下条件。

---

① 黄薇. 中华人民共和国民法典解读·物权编[M]. 北京:中国法制出版社,2020:750.

（一）债权人已经合法占有债务人的动产

债权人合法占有债务人的财产是留置权成立的前提条件。债权人非法占有债务人的动产，不得成立留置权。需要注意的是，这里所谓债务人的动产要做宽泛的理解，并非专指债务人所有的动产，而是指债务人交付给债权人占有的动产。依据《担保制度的司法解释》第62条的规定："债务人不履行到期债务，债权人因同一法律关系留置合法占有的第三人的动产，并主张就该留置财产优先受偿的，人民法院应予支持。第三人以该留置财产并非债务人的财产为由请求返还的，人民法院不予支持。"尽管为第三人所有的动产，但只要系债务人交付给债权人，由债权人合法占有的，也可以成立留置权。

（二）债权人占有的动产与债权属于同一法律关系

债权人占有的动产与债权属于同一法律关系就是要求留置财产为债权发生的原因。这里的"同一法律关系"应理解为"同一个法律关系"。留置权的适用范围应为一切债权，其中，最为常见的就是因合同产生的债权债务关系。例如，在签订了保管合同、运输合同或加工等合同后，出现不支付相应保管、运输或加工费时，保管人、运输人或加工人就可以对保管、运输或加工物行使留置权。需要注意的是，在商业实践中，为了适应交易迅捷和交易安全原则，法律承认了商事留置权，不严格要求留置财产必须与债权的发生具有同一法律关系。

案例分析 5-5

A将一台黑白电视机送到电器维修部修理，1周后，A前往取货时，维修部告知修理费140元，A认为费用过高，拒绝支付。维修部遂扣留了电视机，催促A尽快交纳修理费。半年后，A既未索要电视机，也未交修理费。不久，A又将一台录像机送修。2周后，A如约取货，维修部要求A除交本次修理费170元外，还需将上次所欠140元一并交上方能取走录像机。A只交了170元，要求取走录像机，并称140元以电视机相抵。维修部不同意，说黑白电视机卖不出去，于是，将电视机交给A，而扣留了录像机，限A在1个月之内交付140元，否则变卖录像机。

问题：维修部的做法是否有法律依据？

（三）债务人不履行到期债务

作为担保型担保物权，留置权成立的目的就在于保障债权人的债权实现。当出现债务人不履行债务时，债权人才可以将其合法占有的动产留置，即债权已届清偿期，债务人不履行是留置权成立的条件之一。需要注意的是，留置权的成立条件区别于抵押权和质权，债权已届清偿期，债务人不履行是抵押权和质权实现的条件而不是设立时需要考虑的因素。留置权的实现需要考虑宽限期是否届满，宽限期届满，债务人既未清偿债务，也未提供其他担保，留置权人则可以实现留置权。

（四）无妨碍留置权成立的情形

在具备上述三个条件时，留置权一般即可成立。因而上述三个条件，也被称为留置权成立的积极条件。但如果存在妨碍留置权成立的情形，即使具备了上述三个条件，留置权仍不能成立，因而无妨碍留置权成立的情形被称为留置权成立的消极条件。妨碍留置权成立的情形有以下几种：①当事人约定排除留置权的适用。《民法典》第449条规定："法律规定或者当事人约定不得留置的动产，不得留置。"②债权人留置债务人的财产不得违反公共秩序或善良风俗。《民法典》第153条第2款："违背公序良俗的民事法律行为无效。"③留置财产与债权人所承担的义务相抵触。留置权一经成立，债权人就成为留置权人，依法对留置物和债务人享有权利。基于权利与义务一致性要求，债权人享有留置权以已经完全履行法定或约定的义务为前提。

三、留置权的效力

留置权的效力主要涉及留置权所担保的债权范围、留置权效力所及的标的物范围、对留置权人的效力和对债务人的效力几个方面的内容。其中，留置权所担保的债权范围、留置权效力所及的标的物范围与担保物权总论部分内容相似。需要注意的是，《民法典》第450条规定："留置财产为可分物的，留置财产的价值应当相当于债务的金额。"以下仅就留置权对留置权人的效力和对债务人的效力内容进行介绍。

（一）留置权对于留置权人的效力

1. 留置权人对留置财产的占有权

作为占有型担保物权，留置权人必须对留置物实际管领、控制，此为留置权人的基本权利，也是留置权的基本效力。留置权人对留置财产的占有权是持续的，它使留置权人得以保持对留置财产的持续占有，直至留置权消灭或留置权实现。在此期间内，留置权人的占有权不得被剥夺。

2. 留置权人对留置财产孳息的收取权

在留置权人占有留置财产期间，留置权人可以收取留置财产所产生的孳息，包括天然孳息和法定孳息。《民法典》第452条规定："留置权人有权收取留置财产的孳息。前款规定的孳息应当先充抵收取孳息的费用。"留置财产的孳息充抵债权清偿的顺序是，先充抵收取孳息的费用，次充抵主债权的利息，然后充抵主债权。

3. 留置权人对留置财产必要的使用权

留置权以担保债权的实现为目的而非利用财产为目的，留置权人原则上无权使用留置财产。然而，出于保管和维持留置财产安全的需要，在必要时留置权人有一定的使用权，如为保证车辆的正常性能而适当地使用留置的车辆。必要使用的认定，应依具体情况而定。在主观上应限于以保存为目的，不得以积极取得留置物的收益为目的。

4. 留置权人收取必要保管费用的权利

留置权人在占有留置财产期间对留置财产应妥善保管，由此而支出的保管、保养费以及其他必要的费用，是为债务人的利益而支出的，因此，这种费用应由债务人承担。留置权人有权请求债务人偿还，也可以作为债权从留置财产的变价款项中优先受偿。所谓必要费用，是指为留置财产的保存及管理上所不可缺的费用。

5. 留置权人对留置财产的保管义务

作为占有型担保物权，留置权人对其控制的留置财产，负有妥善保管的义务。违反保管义务，致使留置财产毁损、灭失的，留置权人应当承担相应的赔偿责任。

6. 留置权人返还留置财产的义务

《民法典》第 455 条规定："留置财产折价或者拍卖、变卖后，其价款超过债权数额的部分归债务人所有，不足部分由债务人清偿。"留置权以担保债务履行为目的，在留置权实现前，债务人履行了对留置权人的债务或留置权因其他原因而消灭时，留置权人失去了占有留置财产的法定依据，应将留置财产返还给债务人。

（二）留置权对债务人的效力

1. 留置财产的处分权

留置权人留置财产后，债务人并不因留置权的成立而丧失留置财产的所有权，所以，债务人仍有权处分其所有物，或出卖、或赠与均无不可，但债务人对留置财产的处分权受到一定限制。处分只能为法律上的处分，而不能为事实上的处分，债务人不能对留置财产占有、使用和收益等。

2. 损害赔偿请求权

依据《民法典》第 451 条的规定，留置权人负有妥善保管留置财产的义务，因保管不善致使留置财产毁损、灭失的，应当承担赔偿责任。

3. 请求留置权人及时行使留置权

依据《民法典》第 454 条的规定，债务人可以请求留置权人在债务履行期届满后行使留置权；留置权人不行使的，债务人可以请求人民法院拍卖、变卖留置财产。

4. 留置财产返还请求权

在债务人于留置权人确定的偿还债务的宽限期内偿还了债务，或者提供了其他担保而使留置权归于消灭时，债务人有权请求留置权人返还留置财产，留置权人有义务返还。

5. 债务人负有偿付必要费用的义务

留置财产被留置后，留置权人保管、维护留置财产的一切必要的费用，应由债务人承担。

四、留置权的实现

留置权的实现，是指债务人经过宽限期间，仍不履行债务，债权人将留置财产变价优先受偿的情形。留置权人实现留置权需要依据《民法典》第 453 条的规定进行。

（一）留置权人应对债务人发出履行债务的通知

当事人就债务履行已约定有宽限期的，留置权人无须通知债务人履行债务。当事人没有约定宽限期的，留置权人应通知债务人履行债务的宽限期。债权人未通知债务人宽限期间的，不得实现留置权。

（二）将留置财产变价必须经过一定宽限期间

与抵押权、质权不同，留置权人并不能在债务人于债务履行期限届满未履行债务时即实现留置权。留置权人在留置财产后须再经过一定期间，才可实现留置权。这里的一定期间，也就是给予债务人履行债务的宽限期间。留置权人与债务人应当约定留置财产后的债务履行期间；没有约定或约定不明的，留置权人给债务人的宽限期限不少于60日，但留置鲜活易腐不易保存的动产除外。宽限期届满，债务人仍不履行债务的，留置权人即可以实现留置权。

（三）实现留置权的方法

留置权人实现留置权，主要有三种方法：其一，以留置财产折价；其二，拍卖留置财产；其三，变卖留置财产。应当指出，在留置权与其他担保物权发生竞存时，留置权具有优先效力。依据《民法典》第456条的规定，同一动产上已经设立抵押权或者质权，该动产又被留置的，留置权人优先受偿。

案例分析 5-6

甲向乙借款将一辆轿车抵押给乙，双方签订了抵押合同，并办理抵押登记。因轿车出现故障，甲将轿车送丁修车部修理，因甲不支付修理费，丁将该轿车留置。

问题：抵押权与留置权的实现顺序应如何确定？

答案解析 扫描此码

五、留置权的消灭

留置权的消灭，是指留置权成立以后至留置权实现之前，留置权因一定原因的出现而不复存在。留置权的消灭，除了留置权所担保的债权的消灭、留置权实现以及留置权抛弃等担保物权消灭的一般原因外，还有其消灭的特殊原因。关于留置权消灭的特殊原因，规定在《民法典》第457条，留置权人对留置财产丧失占有或者留置权人接受债务人另行提供担保的，留置权消灭。

（一）留置权人对留置财产丧失占有

留置权以留置权人对留置财产的占有为其成立与存续要件，当出现留置权人对财产丧失占有的情形时，留置权当然消灭。留置权人对留置财产占有的丧失，包括被他人侵夺丧失占有和留置权人自己放弃占有两种。其中，留置权人放弃对留置财产占有，如将留置财产交还债务人、转让他人等，留置权消灭。被他人侵夺留置财产的，留置权人对留置财产丧失占有，留置权就立即消灭。如果留置权人能依据保护占有的规定请求返还标的物，在占有返还请求权的行使期间，留置权不消灭。

（二）债务人另行提供担保

留置权以担保债权的实现为目的，当债权人接受了债务人另行提供的有效担保时，留置权消灭。债务人另行提供担保的形式可以是物保也可以是人保，其必须以债权人接受为条件。留置权人不接受，债务人无论提供何种担保，也不发生留置权消灭的后果。

（三）债务清偿期延缓

债务人超过约定期限不履行债务，是留置权成立的必备要件。既然债务清偿期已经延缓，就不能视为债务人超过约定期限不履行债务，因而留置权当然消灭。因债务清偿期延缓而消灭的留置权属于留置权的相对消灭。这种已消灭的留置权可以再生，当债务人于延缓期限届满时仍不履行债务时，产生新的留置权。

即练即测题

自学自测　扫描此码

复习思考题

1. 简述担保物权的法律效力。
2. 简述抵押权设立的条件。
3. 简述质押权设立的条件。
4. 简述留置权的成立条件。
5. 《民法典》关于担保物权的规定都有哪些方面的变化？

实训材料及实训要求

担保物权相关法律实训

实训素材

实训素材一：依法请求法院实现担保物权的流程

2011年4月10日，王某的姐姐因经商需要资金周转而向王某借款30万元，借期3个月，没有约定利息，王某的姐姐用其一套100平方米左右的私有房产做抵押担保，双方签订了包括抵押条款在内的借款合同，并到房产部门就抵押房屋办理了抵押登记。2011年7月18日，借款到期后，王某催其姐姐还款时，因其姐姐经商亏损而无力偿还且双方未能就该房屋的抵押权实现方式达成一致协议。王某咨询：如何向人民法院申请拍卖房产后优先受偿？

实训流程及考核样例

实训素材二：质权纠纷的起诉与答辩

2015年2月，甲经人介绍找到乙，说让乙到其单位北京××有限责任公司做项目经理，每月工资10000元，并配备一辆面包车。当年5月乙到甲的单位上班，10月甲将配备的面包车换成捷达车，仍配备给乙使用。2017 年 4 月开始甲所在的公司阶段性拖欠乙工资，法定代表人甲对此的答复是只要公司有钱了一定补发，不用担心。乙被拖欠工资的情况一直延续。2019 年 12 月乙找甲要求解决拖欠的工资，但甲说拖欠的工资现在解决不了，解决方案只有一个就是把配备给乙的车质押给乙，其他问题等到过完年再说。2020 年过完春节上班后，在 3 月初左右乙找到甲向其提出辞职，结清所欠的工资，甲说现在没钱，拖欠的工资无法解决，只能按以前说的把捷达车质押给乙，等有钱了再通知乙，乙再把车还给甲。现乙希望通过诉讼的途径保护自己的合法权利。请分别以乙的诉讼代理人与北京××有限责任公司诉讼代理人的身份提交起诉状与答辩状。

实训流程及考核样例

第三篇 市场秩序维护法

第六章

消费者权益保护法

通过本章系统学习,希望同学们掌握如下知识点。

了解:消费者权益保护法产生的背景、原因;我国 2013 年修订该法的背景。

掌握:消费者权益保护法的调整对象及调整范围;消费者、经营者的范围;消费者协会法律地位及职责;消费者的各项权利;经营者的各项义务;消费者争议的解决方法及经营者的法律责任。

难点:消费者的范畴;消费者的安全保障权;经营者的质量担保义务和售后服务义务。

培养:灵活运用消费者权益保护法维护消费者利益的能力。

实训:课后运用本章所学知识点进行消费者维权的实训。

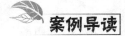

胡某与某网络采购中心买卖合同纠纷案[①]

胡某通过购物网站在某采购中心店铺购买一台洗碗机供其父母使用,成交价款为 2 499 元。采购中心在其网络店铺商品展示页面的商品名称及说明位置标明"全自动洗碗机家用独嵌两用式消毒烘干"字样。随后,胡某在使用过程中发现该洗碗机并不具备宣称的烘干功能,达不到烘干效果。经胡某与某采购中心店铺的客服沟通,客服回应称该洗碗机系"余温烘干""烘不太干"。胡某认为某采购中心利用虚假广告宣传方式误导消费者,构成欺诈行为,侵犯其合法权益,遂诉至法院。

对于上述案情,请同学们思考下列问题:

1. 该网络采购中心的行为侵犯了胡某的什么权利?
2. 经营者应对消费者承担哪些义务?
3. 本案应当如何裁判?

[①] 本案例根据"湖南法院 2019 年度涉消费者权益保护十大典型案例"改编。资料来源:和讯网. http://news.hexun.com/2020-03-14/200632391.html.

第一节　消费者权益保护法概述

本节知识点导图

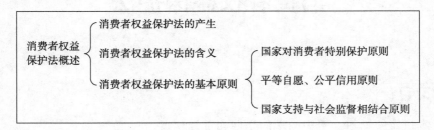

一、消费者权益保护法的产生

现代社会的消费者权益保护立法始于19世纪末20世纪初。最早提出消费者权益保护思想的是英国王室首席法官曼切斯费尔德，他于1756年针对当时流行的"小心选购，出门不换"主义，提出了"买受人给付完整的价金即应获完美的商品"的名言①。这一思想逐渐被世界各国广泛接受。资本主义进入垄断阶段后，垄断公司主导市场，导致消费者的弱势地位更加凸显，西方国家政府开始运用国家干预手段对消费者予以特别保护。历史上最早的涉及消费者权益保护的立法是美国于1890年颁布的《保护贸易和商业不受非法限制和垄断损害法》(即《谢尔曼法》)，这也是世界上第一部反垄断立法，其中限制市场垄断行为、反不正当竞争等观念，间接保护了消费者利益。

"二战"后各国消费者运动呼声鹊起，各国消费者权益保护立法纷纷出台，如1968年日本《保护消费者基本法》、1987年英国《消费者保护法》、美国《消费品安全法》和《消费者租赁法》等。1985年，联合国大会通过了《保护消费者准则》，对消费者的身体安全和经济利益做了特别规定，还对消费者得到赔偿的问题提出了措施。此外，《消费者保护宪章》《关于人身伤害与死亡的产品责任的欧洲公约》等国际协议的出台，也体现了消费者权益的保护国际化发展趋势。

二、消费者权益保护法的含义

消费者权益保护法是调整在保护消费者权益过程中发生的经济关系和社会关系的法律规范的总称。一般认为，消费者权益保护法的概念有广义和狭义之分。广义的消费者权益保护法是指由国家制定、颁布的所有有关保护消费者权益的各种法律规范的总称，实际上是指保护消费者权益的法律体系，包括消费者权益保护法的基本法、安全保障法、标准和计量监督法、价格监督法、竞争监督法等②。狭义上的消费者权益保护法仅指消费者保护基本法，即《中华人民共和国消费者权益保护法》(以下简称《消费者权益保护法》或"消法")。本书主要讲解和使用的是狭义的概念。

---

① 刘静. 产品责任论[M]. 北京：中国政法大学出版社，2000：14.
② 刘文华. 经济法[M]. 北京：中国人民大学出版社，2012：194.

目前，我国适用的《消费者权益保护法》于 1993 年 10 月 31 日第八届全国人民代表大会常务委员会第四次会议通过，后 2009 年 8 月 27 日，第十一届全国人民代表大会常务委员会第十次会议通过《关于修改部分法律的决定》对其第一次修正，各章及条款内容未变，主要在第一章至第五章的各条款前做了提示。2013 年 10 月 25 日，第十二届全国人民代表大会常务委员会第五次会议通过了《关于修改〈中华人民共和国消费者权益保护法〉的决定》，对消法进行了第二次修正。第二次修正后的《消费者权益保护法》已于 2014 年 3 月 15 日正式实施。

三、消费者权益保护法的基本原则

（一）国家对消费者特别保护原则

从法律地位上看，消费者和经营者都属于平等的民事活动主体，然而在商品交易以及服务的过程中，消费者由于经济实力较弱、缺乏专业技术知识等原因处于不可避免的相对弱势地位。因此国家给予消费者以特别的保护，来保障实质上的公平。具体方法包括：对消费者突出规定权利，对经营者突出规定义务；在归责原则上，强调经营者责任，多采用严格责任原则、无过错责任原则；采用举证责任倒置的诉讼制度；一切组织和个人均可就消费者问题进行监督等。

（二）平等自愿、公平信用原则

消法明确规定经营者与消费者进行交易，应当遵循自愿、平等、公平、诚实信用的原则。为此，消法明确规定了消费者的自主选择权、公平交易权、受尊重权等，同时也明确了经营者应当诚实信用的一些具体义务，诸如真实信息提供义务、质量担保义务、格式条款使用限制义务等违反此原则的处罚措施。以此引导经济行为的双方在法律规定的原则下进行正常的交易，尽量不发生或少发生消费纠纷。

（三）国家支持与社会监督相结合原则

依据消法总则的规定，国家应采取措施，保障消费者依法行使权利，维护消费者的合法权益。国家鼓励、支持一切组织和个人对损害消费者合法权益的行为进行社会监督。保护消费者的合法权益是全社会的共同责任。大众传播媒介应当做好维护消费者合法权益的宣传，对损害消费者合法权益的行为进行舆论监督。国家倡导文明、健康、节约资源和保护环境的消费方式，反对浪费。

知识拓展

《电子商务法》与《消费者权益保护法》的衔接

近年来，电子商务的"井喷式"发展，给市场交易活动中的每个主体都带来了巨大的冲击，为经营者销售商品和消费者购买商品的模式带来了深刻变革，一系列的法律问题也随之产生：网络欺诈、平台霸权、电商价格战、众筹刷单、个人信息泄露等侵害消费者权益的不当情形层出不穷。2019 年 1 月 1 日正式实施的《中华人民共和国电子商务法》(以下简称《电子商务法》)，在其权利义务的配置中重点体现出以消费者权益保护为核心的立法思路。在该法的89个条文中，共有20个条文直接提及"消费者"，在其他条文中，虽未直接出现"消费者"字样，但通过对经营者的行为规范和义务设置、争议解决等规定，也能够保护消费者利益。具体来说，《电子商务法》一方面通过经营者特别是网络平台经营者义务的强化，进一步细化和补充了《消费者权益保护法》的规定；另一方面强化了经营者的法律责任，以实现有效监管。①

即练即测题

自学自测　扫描此码

第二节　消费法律关系

本节知识点导图

消费法律关系是在消费相关法律规范调整社会关系的过程中所形成的权利与义务关系。消费法律关系与一般法律关系一样，也由消费法律关系的主体、客体和内容三大要素构成，缺一不可。消费法律关系是消法的调整范围。

一、消费法律关系主体

（一）消费者

消费者是消费的主体，是消费者权益保护理论中最为基础和重要的概念，消法也是以"消费者"为中心来调整消费经济关系的，保护消费者的合法权益更是消法追求的最终目的。

我国消法并未直接定义消费者的概念，只是在该法第2条规定："消费者为生活消费需要购买、使用商品或者接受服务，其权益受本法保护；本法未作规定的，受其他有关法律、法规保护。"由此可以看出，判断某主体是否构成消法意义上的消费者，可以从以下几方面来分析。

---

① 吴景明.《中华人民共和国电子商务法》消费者权益保护法律制度[M].北京：中国法制出版社，2019：46.

1. 消费者是进行消费活动的人

消费者这个身份是人的一种社会角色，社会主体通过消费行为活动取得商品或者接受服务，即成为该特定商品或服务的消费者，才属于《消费者权益保护法》调整和保护的主体。若没有"消费活动"这一前提，"消费者"身份便不存在。

但是，法律上关于"人"的概念有很多种界定方式。在消费者领域，此处"人"的范围，理论上有不同观点。一种观点认为，消费者只能是自然人而不能是法人或其他组织，即单位不能成为消费者，因为商品和服务最终要由个人消费；另一种观点认为，无论自然人、法人还是其他组织，只要是其为生活消费的目的而购买、使用商品或接受服务，都应属于消费者的范畴。

课堂讨论 6-1

单位是消费者吗？举例思考：某单位在端午节采购了一批粽子作为员工福利。但许多员工食用后却出现了食物中毒现象，经查系销售商保存不当导致粽子变质所致。那么，该单位能否以消费者身份向销售商主张权利？

2. 消费者的消费性质属于生活消费

生活消费是人类为了满足物质和文化生活的需要而对生活资料的消耗和精神消费，其购买、使用商品等行为是基于非商业性目的，而不是用于转卖或营业等生产经营性目的。消法意义上的消费者，仅指为了生活目的进行消费的人，而不包括为生产经营目的进行经济交易的人。实践中，为收藏、保存、赠送等需要购买商品，或者替家人、朋友购买物品和代理他人购买生活用品等情形一般也视为基于生活消费目的进行的消费行为。而基于再投资、再销售、出租等目的的购买通常不属于生活消费范畴。

但应当注意的是，消法中有一类被视为消费者的特殊主体——农民，由于其在购买种子、化肥、农药等生产资料的活动中处于与消费者相似的弱势地位，《消费者权益保护法》第62条特别规定："农民购买、使用直接用于农业生产的生产资料，参照本法执行。"也就是说，农民在购买、使用农业生产资料时，可以享受消法规定的消费者所享有的各种权利。

课堂讨论 6-2

何为生活消费目的？假设李某明知 A 超市销售的"纯粮酿造陈醋"其实是勾兑的而并非酿造的，但仍然大量购买以期获得法定赔偿，李某这类"知假买假"的购买者属于消费者吗？

3. 消费者的消费方式包括购买、使用商品或接受服务

消费者所消费的商品或服务应是自己或他人通过一定的方式获得。"一定的方式"通常是指有偿的购买或接受，但消费者并不仅限于支付对价的人，一般认为支付对价者的家庭成员，或是因为偶然原因而在事故现场受到损害的其他人，都属于消费者范畴。甚至不支付任何代价而获得由经营者赠予的商品或服务的人，也属于消费者。

4. 消费者的消费对象包括商品和服务

消费者的消费活动包括购买、使用商品或接受服务。所谓商品，是指与生活消费有关的并通过流通过程推出的那部分商品，不论其是否经过加工制作，也不论其是与物质还是精神相关。所谓服务，是指为方便人们的物质生活和文化生活而有偿作出的工作或者劳动，不具有物质载体形式的满足消费者生活消费需要的行为。

5. 消费者购买、使用的商品或接受的服务由经营者提供

消费者是与经营者相对应的一种法律主体，没有经营者的身份，也就没有消费者。而消费者所使用的商品应当是他人生产、制造、提供的而不是自己生产制造的，否则其会因缺少"消费活动"这一要素而不再具有消费者身份。

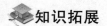

知识拓展

金融消费者

金融消费者是近些年频繁出现的概念，其含义是指为满足个人和家庭需要，购买金融机构金融产品或接受金融服务的公民个人或单位。通常，金融消费者包括两类：一类是传统金融服务中的消费者，包括存款人、投保人等为保障财产安全和增值或管理控制风险而接受金融机构储蓄、保险等服务的人；另一类是购买基金等新型金融产品或直接投资资本市场的中小投资者，他们尽管有盈利动机，但由于与金融机构之间的严重信息不对称和地位不对等，因此仍与普通消费者有质的共性。

（二）经营者

消法领域的经营者含义与一般意义上的经营者含义不同，具有特定的身份特征。《消费者权益保护法》并未给经营者进行明确的定义，仅在第3条中规定："经营者为消费者提供其生产、销售的商品或者提供服务，应当遵守本法；本法未作规定的，应当遵守其他有关法律、法规。"因此，消法意义上的经营者是指通过市场为消费者提供消费资料和消费服务的自然人、法人和其他组织。其表现形式为公司、合伙企业、个人独资企业、个体工商户等；根据商业流程又可划分为生产商、销售商、批发商、零售商等。其法律特征主要包括以下几方面。

知识点检验 6-1

1. 经营者与商品交换密切相关

经营者经营的目的在于获得商品或服务的对价，而对价的获得依赖于商品交换的过程。作为生产者、销售者或服务的提供者，经营者以他人的消费需求作为经营的目标和动力，为获得商品的交换价值而为他人生产、经营商品和提供服务。无商品交换就不存在经营者。

2. 经营者通过市场为消费者提供消费资料和消费服务

消法意义上的经营者必须与消费者相对，消费者的特定身份和需要成为界定此类经营者身份的前提。具体来说，经营者所提供的商品或服务必须是针对具有生活消费目的的消费者的。如果与其交易的是为了生产目的的人，即相对方也是经营者，则双方之间

关系不能适用以保护弱者为根本目的的《消费者权益保护法》，而应适用《民法典》等调整平等主体之间交易关系的法律。

3. 经营者具有消法意义上的经营性身份

一般来说，为消费者提供商品或服务的经营者应当获得特定的经营性身份，如经过市场监督管理机关的登记等，确认该主体是以经营的目的来进行各种经济交易活动，而这种"经营性目的"通常可以通过一定的时间持续性、交易行为的经常性和获利性、空间的相对固定性等因素来进行判断。如果某一交易的一方主体不具有经营性身份，那么这种交易就不是消法意义上的消费行为。

案例分析 6-1

大学生小王将自己用了半年的电动自行车低价出售给同寝室的同学小刘，二者之间的交易行为是否可以适用《消费者权益保护法》？小王和小刘是不是消法意义上的经营者和消费者？

答案解析　扫描此码

知识拓展

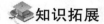

消法适用主体的延伸

在实践中，有很多发生在特殊身份主体之间的经济交往行为，由于长期以来的惯例或是交往行为具有经济利益之外的其他关联，围绕此类行为"双方主体的身份是否可以被认定为消法意义上的经营者和消费者"等问题一直是学理界的争议。诸如患者是不是消费者、医院是不是经营者，商品房买卖是否适用消法，等等。争议的关键点在于，如果承认这些特殊主体的消费者地位，则意味着在法定的情形下，可以适用《消费者权益保护法》第 55 条的规定，要求惩罚性赔偿。如果不承认这些主体的消费者地位，这些主体的弱势性又毋庸置疑，依照《民法典》等相关规定，这些特殊主体往往只能获得形式上的正义，而非实质正义。2013 年通过消法并没有解决这一问题，实践中对消费者和经营者范围的界定也各有不同意见。

（三）消费者组织

消费者组织即消费者保护团体，是指依法成立的对商品和服务进行社会监督，从而保护消费者合法权益的社会团体的总称。它是消费者运动发展的产物，是消费者行使结社权的结果，是一种社会团体，以保护消费者合法权益为宗旨，不以营利为目的。

我国的消费者组织有两种类型，一为消费者协会；二为其他消费者组织，通常是民间的社会组织，如为消费安全而设立的监督组织、为儿童消费者利益保护而设立的组织等。[1]其中消费者协会（以下简称"消协"）是法律明确规定的消费者组织之一[2]。作为消费者集体利益的重要保护者和代表者，消协从建立之初就为我国的消费者保护事业作

---

[1] 李昌麒. 经济法学[M]. 2 版. 北京：法律出版社 2010：348.

[2] 参见《消费者权益保护法》第 36 条：消费者协会和其他消费者组织是依法成立的对商品和服务进行社会监督的保护消费者合法权益的社会组织。

出了巨大贡献。消法对消协的法律性质、职能、维权途径等都进行了明确规定。

1. 消费者协会的法律地位

消费者协会是依法成立的为全体消费者服务的履行法定职能的公益性社会组织。它不以营利为目的，不从事生产经营活动，以保护消费者利益为宗旨，不设会员，不收会费。具有法定性、公益性、外部保护性，与一般社会团体的私益性有本质区别。同时区别于国家机关和各种财团组织、经济组织。

消费者协会基本上按照行政区划设置。全国设立中国消费者协会，各省、自治区、直辖市设立同级消费者协会，其下各行署设立地市级消费者协会，县级设县消费者协会。乡镇、街道亦设立相应的消费者协会。此外，在有些居民聚居区、机关团体、工商企业内部还建立消费者保护站、投诉站、监督站或联络站等。

各级人民政府对消费者协会履行职责应当予以必要的经费等支持。

2. 消费者协会的职责

依据《消费者权益保护法》第37条的规定，消费者协会履行下列公益性职责：

①向消费者提供消费信息和咨询服务，提高消费者维护自身合法权益的能力，引导文明、健康、节约资源和保护环境的消费方式；②参与制定有关消费者权益的法律、法规、规章和强制性标准；③参与有关行政部门对商品和服务的监督、检查；④就有关消费者合法权益的问题，向有关部门反映、查询、提出建议；⑤受理消费者的投诉，并对投诉事项进行调查、调解；⑥投诉事项涉及商品和服务质量问题的，可以委托具备资格的鉴定人鉴定，鉴定人应当告知鉴定意见；⑦就损害消费者合法权益的行为，支持受损害的消费者提起诉讼或者依照本法提起诉讼；⑧对损害消费者合法权益的行为，通过大众传播媒介予以揭露、批评。

消费者协会应当认真履行保护消费者合法权益的职责，听取消费者的意见和建议，接受社会监督。

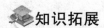
知识拓展

中国消费者协会公益诉讼首案

2015年12月，中消协接到投诉举报函，称山东福田雷沃国际重工股份有限公司（以下简称"雷沃重工"）生产、销售的"福田五星牌"正三轮摩托车不符合强制性国家标准规定，侵害消费者利益。中消协成立工作组开展调查，发现雷沃重工公司生产、销售的 FT200ZH-10E、FT200ZH-11E、FT250ZH-2E 等车型车辆，均不符合强制性国家标准。如在东北市场上销售的一款正三轮摩托车，其车总质量应为590千克，然而其实际总重量是1160千克；此外，这款车前轮没有刹车，只有后边两个轮子参与制动，在荷载超重6~7倍的情况下，刹车很容易严重失灵。对此，2016年7月1日，中消协就雷沃重工股份有限公司、北京天华旭自行车商店等被告违法、违规生产销售正三轮摩托车一案，向北京四中院提起消费民事公益诉讼。共提出6项诉讼请求，包括判令被告立即停止生产、销售已被工信部《道路机动车辆生产企业及产品公告》撤销的所有型号产品；判令被告立即停止生产、销售不符合强制性国家标准的所有型号产品；确认被告违法、违规生产和销售的行为对众多不特定消费者构成了"欺诈行为"等。2016年7月25日，北京四中院正式受理此案。其间，中消协与雷沃重工等四被告多次进行会谈、调解、质证，2019年4月26日初步达成调解协议。经人民法院公告和审查后，2019年6月10日，北京市四中院正式签发民事调解书，中消协六项诉讼请求全部实现。

随着经济快速发展，侵犯消费者群体性权益的消费纠纷大量出现，而单个消费者往往势单力薄，举证困难，消费维权常常陷入尴尬境地。消法因此特别赋予了消协诉讼主体的地位，对于群体性消费事件，消费者可以请求消协提起公益诉讼。但需要注意的是，单一消费事件，消费者只能自行提起民事诉讼。同时依照消法第47条的规定，并非所有的消费者协会均可提起公益诉讼。只有中国消费者协会以及在省、自治区、直辖市设立的消费者协会，才可以向人民法院提起诉讼。

3. 对消费者协会的限制

依据《消费者权益保护法》第38条的规定，消费者协会应当遵循以下限制。

（1）消费者组织不得从事商品经营和营利性服务。这一要求包括两方面含义：第一，消协不得以营利为目的从事商品生产、流通的活动，如投资开办企业、设置商店或以消协名义从事商事代理活动等；第二，消协在日常工作中为消费者提供消费信息和咨询服务，以及进行其职责范围内的其他事务，不得以营利为目的而收取服务费、咨询费等费用。

（2）不得以收取费用或者其他牟取利益的方式向消费者推荐商品和服务。这一限制要注意两方面内容：第一，消协可以进行产品和服务的推荐工作。推荐产品和服务是消协指导消费者消费的重要方式之一，其可以通过报刊、网络、电视等传播媒介或通过专题讲座、举办展览、散发宣传资料等方式进行优质产品和服务的正常推荐工作；第二，消协向社会推荐产品和服务，不得以牟利为目的。凡是以收取费用或牟利目的而进行的产品和服务的推荐行为，不论其推荐是否真实，是否对消费者造成实质损害，均属违法。

知识点检验 6-2

（四）国家机关

在消费法律关系中，国家机关是比较特殊的一类主体，它不参与到直接的消费交易行为中，但对消费经营等活动的顺利进行起着至关重要的作用。宏观的消费政策等需要国家机关来制定和调整，消法确立的国家特别保护原则需要各级国家机关来具体实施、监督和执行，消费经营过程中的具体问题和各种程序需要国家机关来解决与维护。

与消费经营活动密切相关的国家机关主要有各级市场监督管理部门、食品药品监督管理部门、物价管理部门、卫生行政部门等，此外农业管理部门、林业管理部门等也须在各自的职责范围内对消费活动进行监督管理。

二、消费法律关系客体

消费法律关系客体即消法法律关系主体之权利和义务所指向的对象、事务或标的，具体来说就是生活消费资料，也可称为消费资料或消费品，是用来满足人们物质和文化生活需要的社会产品。

依据不同的划分标准，消费资料主要可以按以下三种方式区分。

（1）按消费对象划分可分为实物消费和劳务消费两种，前者是以商品形式存在的消费品，后者是以劳务形式存在的消费品。

（2）按消费目的划分，可分为生存资料、发展资料、享受资料三种。生存资料主要包括衣、食、住、用方面的基本消费品；发展资料主要是用于发展体力、智力的体育、文化用品等；享受资料则通常是高级营养品、华丽服饰、艺术珍藏品等。

（3）按消费种类划分，一般分为吃、穿、住、用、行等类。

上述三种划分方法，并不是截然分开的，而是互相穿插的。如各种吃、穿、住、用、行方面的物质产品，不同程度地包括满足劳动者的生存、发展、享受三个部分的消费需要；这三部分中，有的属于实物消费，有的属于劳务消费。无论生存资料、享受资料或发展资料，其具体内容都会随着社会生产的发展而不断丰富和扩大，各自的结构也会发生变化。

需要注意的是，按照现行《消费者权益保护法》，也有些特殊生产资料列入消费法律关系客体的范畴，如农民购买、使用的直接用于农业生产的生产资料等。

三、消费法律关系内容

消费法律关系内容即消费者在购买使用商品或接受服务过程中与其他各主体发生的权利义务关系。具体包括以下关系。

（一）消费者与经营者的关系

消费者与经营者之间的关系是消法调整的最基础的权利义务关系，首先体现为基于商品买卖、服务提供所达成的合同关系，双方在合同中约定彼此的权利义务。如果该合同从缔结到履行完毕的全部过程中，双方都能够严格遵守《民法典》合同编平等、自由、诚信等原则的要求，则事实上是不需要特别界定双方间的消费关系的，仅依照合同法律制度即可解决问题。但是，由于消费者处于相对弱势的地位，经营者往往可能会在利益的驱动下打破合同基本原则，以不公平、不诚信的经营手段侵害消费者的合法权益。因此，消法以法律义务的形式确定了经营者缔结合同应遵照的一些特定的义务性和责任性前提，如经营者对消费者的安全保障义务、真实信息提供义务等，即使这些前提性义务和责任没有在双方的合同内容中明确体现，经营者也应严格遵守法律的规定以保护消费者权益，否则经营者就应当承担相应的法律责任。可以说，消法对于消费者的保护已经在一定意义上超越了《民法典》合同编的平等交易原则，在消费合同关系中的合同主体、履行要件、违约责任等方面形成了追求实质性公平的特殊原则。

（二）消费者与消费者组织的关系

消费者组织设立的最主要目的就是保护消费者利益。保护消费者的利益包括保护消费者的根本利益、保护消费者某一方面的利益以及保护某些消费者的利益。其与消费者之间主要是一种服务与指导关系，为消费者提供知识、经验、沟通、支持等服务，归根结底作为消费者组织要为保护消费者服务。

（三）消费者组织与经营者的关系

消费者组织代表着消费者的利益，在与经营者进行沟通时，其群体性的优势可以更好地反映消费者意志，为消费者赢得更多有利条件。同时消费者组织对经营者也起到监督、鞭策作用，对于经营者的不法行为等进行批评、建议、检举、控告。消法赋予的消费者协会的公益诉讼职能，广义上来讲也是一种监督关系。

（四）国家机关与经营者的关系

国家机关与经营者之间主要体现为管理者和被管理者的关系，各国家机关依其职权对经营者进行监督管理。这是一种纵向关系体系，既包括国家专业职能部门、行业管理部门与经营者之间因产品质量管理而在生产经营过程中所发生的监管关系，也包括司法机关对经营者损害消费者权益的审判关系。

第三节 消费者权利

本节知识点导图

消费者权利是消费者保护的核心问题，《消费者权益保护法》赋予消费者维护自身权益的方法之一就是在立法中明确规定消费者在何种情况下享有何种权利。消费者权利的内涵有狭义和广义之分。狭义的消费者权利仅指消费者为了满足生活消费需要，在购买、使用商品或者接受服务中依法为或不为一定行为，以及要求经营者和其他有关主体为或不为一定行为的法律许可。广义的消费者权利可以理解为"消费者权益"，是消费主体的权利和利益的合称。其中的消费者利益由多种利益因素构成，主要包括物质经济利益、精神文化利益、安全健康利益、时效利益、环境利益等。《消费者权益保护法》第二章专章规定了消费者的九项基本权利。

一、安全保障权

安全保障权是指消费者在购买、使用商品和接受服务时享有人身、财产安全不受损害的权利。这是消费者应该享有的首要权利，也是最基本的权利。按照消法相关规定，消费者安全保障权主要体现在以下两方面。

1. 消费者的人身安全权

消费者人身安全权是指消费者在购买使用商品或接受服务过程中享有的生命健康权。其具体含义又包括：①消费者的生命安全权，即消费者的生命安全应获得保障；②消费者的健康安全权，即消费者的健康应不受损害。

2. 消费者的财产安全权

消费者的财产安全权是指保障消费者的财产不受损失的权利。财产损失既包括财产在外观上的损毁，也包括其内在价值的减少。需要注意的是，财产的损失并不仅指消费对象的损失，也包括消费者的其他财产的损失。如果消费者系正常使用商品或接受服务，却因此致使消费者的其他财产受到损害，同样视为损害了消费者的财产安全权。

值得注意的是，消费者在整个消费过程中都享有安全权。在实践中一般认为，从消费者进入经营者提供的经营场所之时，整个消费过程就已经开始，无论某个个体消费者是否实际消费，都不妨碍经营者对所有潜在消费者提供安全保障的义务。这就要求经营权提供的商品或服务达到下列要求：①经营者提供的商品或服务本身必须具有合理的安全性或者安全性保障措施，符合国家规定的安全卫生等标准，不得存在不合理的缺陷或安全隐患；②经营者提供的消费场所、服务设施等应具有必要的安全保障，使消费者能在安全的环境中选购商品或接受服务。

案例分析 6-2

2019 年 4 月 21 日，周某到被告道县某超市买菜时，因超市一楼的一台冷藏柜发生爆炸，导致超市里的人员极度恐慌，周某在跑出超市过程中被后面的逃生人员碰撞摔倒在地受伤。周某向派出所报警，经公安干警调查询问并查看超市事发时监控视频，证实原告确在事发逃生时被其他逃生人员碰撞摔倒。经鉴定，周某因被伤及至左侧第 6 肋骨及右侧 4、5、6 肋骨骨折，共支出医疗费 10 439.16 元。周某向超市索赔，但超市表示，周某受伤是由于其他人逃生撞倒所致，与超市并无直接因果关系，故拒绝赔偿。

问题：超市是否应该承担对周某的赔偿责任？

二、知悉真情权

知悉真情权又称知情权，是指消费者依法所享有的了解其购买、使用的商品和接受的服务的有关真实情况的权利。这一权利的行使和落实，直接影响交易行为的发生、履行以及后续责任的承担。经营者对此项权利的配合，实际上也构成对消费者的一种保证。

知悉真情权包含以下两方面基本内涵。

（1）消费者有权了解商品或服务的真实情况。经营者向消费者提供的各种信息应是客观真实的，无虚假、片面之处，以供消费者据此作出正确的判断，决定是否进行交易。

（2）消费者有权充分了解商品或服务的有关情况。对于商品的价格、产地、生产者、用途、性能、规格、等级、主要成分、生产日期、有效期限、检验合格证明、使用方法说明书、售后服务，或者服务的内容、规格、费用等有关情况，消费者有权根据商品、服务的具体形态，要求经营者提供真实介绍。一般来说，对商品和服务中与消费者利益相关的、能够影响消费者判断的与商品或服务有直接联系的信息，消费者都有权了解。但是，与消费者利益没有直接联系的信息以及国家法律保护的技术、经营信息、商业秘密，消费者不能要求经营者告知。

三、自主选择权

自主选择权是指消费者享有自主选择商品或者服务的权利。也就是说，消费者有权根据自己的需求及意向，自主决定其所要购买的商品或服务。对此，反不正当竞争法也有类似的规定，只不过其是从调整市场公平竞争的视角来强化消费者的自主选择权。

对于这个权利的理解主要体现在五方面：①消费者有权自主选择提供商品或者服务的经营者，作为自己的交易对象。任何经营者不得强迫消费者接受其提供的商品或服务。②消费者有权自主选择商品品种或者服务方式，经营者不得强迫消费者接受自己不需要的商品或服务。③消费者在自主选择商品或者服务时，有权进行比较、鉴别和挑选。④消费者有权自主决定购买或者不购买任何一种商品、接受或者不接受任何一项服务。经营者可以为消费者行使选择权提供各种信息和咨询意见，但不得代替或强迫消费者作出选择。只要消费者在比较、鉴别和挑选过程中未对经营者的商品造成损害，经营者不得强迫其接受。⑤消费者具有"远程购物7日无理由退货权"，也可称为"远程购物7天反悔权"。依据现行消费者权益保护法相关规定，除特殊情况外，经营者采用网络、电视、电话、邮购等方式销售商品，消费者有权自收到商品之日起7日内退货，且无须说明理由。

但是消费者行使自主选择权也有条件限制。首先，消费者自主选择商品和服务的行为必须是合法行为，同时遵守社会公德，不得侵害国家、集体和他人合法利益。其次，在下列情况下，自主选择权的行使要遵守特定的规制。

（1）经营者提供的商品或服务本身的属性不适合行使自主选择权的，经营者可以以明确告知的方式排除消费者的此项权利。例如悬挂标识："白色衣物，非买勿动"；再如"裸装食品，勿直接动手取放"。这些商品本身的特殊属性，注定其不可能任消费者采取随意的方式进行消费。

（2）消费者行使远程购物7日无理由退货权应满足法定的限制条件：①消费者退货

的商品应当完好。退回商品的运费由消费者承担；经营者和消费者另有约定的，按照约定。②不适用无理由退货的例外商品：消费者定做的；鲜活易腐的；在线下载或者消费者拆封的音像制品、计算机软件等数字化商品；交付的报纸、期刊。除前述所列商品外，其他根据商品性质并经消费者在购买时确认不宜退货的商品，不适用无理由退货。

知识点检验 6-3

四、公平交易权

公平交易权是指消费者在购买商品或者接受服务时，有权获得质量保障、价格合理、计量正确等公平交易条件，有拒绝经营者的强制交易行为的权利。公平交易一般而言是要求交易双方在交易过程中交易条件平等，获得的利益相适应。具体来说，此项权利包含以下两方面内容。

（1）消费者有权获得公平交易的条件，表现为：①消费者有权要求商品或服务的质量具有适销性，具备其普遍意义上应具有的功能。当经营者对商品或服务的质量有特别承诺时，符合经营者承诺的条件。②消费者有权要求商品或服务的定价合理。商品或服务的价格应当与其质量保持一致，其价格的确定应符合其合理的成本和利润需求，经营者不得质次价高、非法牟利。③消费者有权要求商品计量正确，使用经检验合格的计量工具，采用法定计量单位，计算准确无虚假。

（2）消费者有权拒绝经营者的强制交易行为。强制交易行为，是指经营者违背消费者意愿，未经消费者承诺而进行交易，或强迫消费者接受一些不合理条件，使消费者权利受到损害的行为。该行为剥夺了消费者自主选择权，本身就是不公平的体现。

知识拓展

旅游者有权拒绝强制交易行为

2013 年 10 月 1 日《中华人民共和国旅游法》正式实施，其中明确规定旅游者有权拒绝强制交易行为。旅行社未与旅游者协商一致或未经旅游者要求，指定购物场所、安排旅游者参加另行付费项目，以及旅行社的导游、领队强迫或者变相强迫旅游者购物、参加另行付费项目的，旅游者有权拒绝，也可以在旅游行程结束后 30 日内，要求旅行社为其办理退货并先行垫付退货货款、退还另行付费项目的费用。

五、获得赔偿权

获得赔偿权是指消费者对其在购买、使用商品或者接受服务过程中受到的人身、财产损害所享有的依法获得赔偿的权利。

消费者遭受的人身及财产损害，通常因以下原因导致：①由于经营者未采取或未提供必要的安全措施而导致；②由于服务经营者采用的服务方式不当而导致；③由于不公平的交易条件而导致；④由于商品存在缺陷而导致；⑤由于经营者违反约定或法定义务所导致；⑥由于经营者的侮辱、殴打或其他不公平对待而导致；⑦在解决因以上原因而发生的消费者与经营者之间的争议过程中发生的必要费用支出等。在购买、使用商品或者接受服务过程中，消费者所遭受的损害通常直接来源于经营者的故意或过失行为，经营者因此负有不可推卸的责任，消费者可以通过法定途径要求获得赔偿。

六、依法结社权

依法结社权是指消费者享有的依法成立维护自身合法权益的社会组织的权利。消费者往往是单独的、分散的个体社会成员，但其所面对的经营者却可能具有较强的经济实力，拥有较大的组织机构和较多的专业人员，这种实力上的悬殊会导致消费者很难获得真正的平等。因此消费者除了通过国家支持和社会帮助以外，还可以通过成立自己的组织对经营者的行为进行监督，对消费者提供各种帮助、支持，代表消费者参与政府决策，反映消费者呼声，加强消费者教育，为消费者提供各种服务，进行自我救济、自我教育。

需要注意的是，消费者行使此项权利，应依照《社会团体登记管理条例》的法定程序设立合法社团，并在法律及其章程规定的范围内进行活动。政府对合法的消费者团体不应加以限制，并且在制定有关消费者方面的政策时，还应当向消费者团体征求意见，以求更好地保护消费者权利。

七、获取知识权

获取知识权也称为消费者的受教育权，是指消费者享有的获得有关消费和消费者权益保护方面的知识的权利。知识的掌握是权利行使的前提，消费者只有掌握更多的消费知识，才能在消费过程中获得更多的主动权。获取知识权对于消费者了解、行使其他消费者权利具有重要意义，有利于消费纠纷的事前预防、事后救济。这项权利意味着以下两项内容。

（1）消费者有权主动要求通过适当的方式获得与消费有关的知识；经营者应积极配合消费者获取消费知识。这些知识包括两个方面：①消费知识，主要包括怎样正确选购、合理使用商品的技巧、商品的一般价格构成、某种商品的正常功能效用等知识；②有关消费者保护方面的知识，主要是消费者的法律知识储备，如消费者权利、经营者义务、如何维权、维权时应注意的问题等知识。

（2）政府、社会应当努力保证消费者能够接受这种教育，除督促经营者充分客观地披露有关商品、服务的信息外，还必须通过各种制度和措施促进有关知识及时传播，例如开办专门的消费知识讲座、通过大众媒体传播消费知识等，保障消费者受教育的权利能够实现。

消法在规定消费者享有获取知识权的同时，又对消费者提出了要求，即消费者应当努力掌握所需商品或者服务的知识和使用技能，正确使用商品，增强自我保护意识。值得注意的是，这并非是为消费者设定义务，而是为了促进消费者的自我教育，保障其获得有关知识权的实现，由法律对消费者提出的原则性要求。

八、受尊重权

消费者的受尊重权是指消费者在购买、使用商品和接受服务时，享有的人格尊严、民族风俗习惯得到尊重和个人信息依法得到保护的权利。

消费者的受尊重权，包括三方面内容。

（1）消费者的人格尊严不受侵犯。对消费者进行辱骂、殴打、强行搜身、非法拘禁等行为都属于侵犯消费者人格尊严的行为。该项权利是法律赋予消费者的一项重要权利，经营者不得以任何方式剥夺，如个别经营者企图通过发布格式性公告"本店有权搜查顾客携带的包袋"等方式将侵犯消费者人格尊严的行为合法化的做法，均构成对消费者受尊重权的侵犯。

（2）消费者的民族风俗习惯应当得到尊重。经营者不得强迫少数民族消费者接受本民族禁忌的食品或其他商品，在商品包装、广告宣传等方面不得使用有损少数民族形象的文字图画等。

（3）消费者的个人信息应得到保护。个人信息是消费者的重要隐私，也涉及消费者的人身和财产安全，其获取和利用应当充分尊重消费者的意愿。任何人未经消费者同意，不得随意使用、泄露、出售或者非法向他人提供收集的消费者个人信息；同时经营者还应当采取必要措施确保信息安全。

案例分析 6-3

小美到当地一家知名美容院接受全身 SPA 按摩。等候室里，另一顾客杨女士的服装、手包也放在一旁。按摩结束时，杨女士发现自己新买的 iPhone7 不见了，怀疑是小美偷偷拿走了，遂找到美容院的工作人员要求对小美进行搜身。小美起初不同意，但美容院的工作人员表示，不接受搜身便不能离开。无奈之下小美接受了搜身，自证清白后离开，但心中十分不快，遂找到消协投诉了整个事情经过。

问题：如果你是消协的工作人员，你认为美容院的做法正确吗？

九、监督批评权

监督批评权是指消费者所依法享有的对有关商品或服务的价格、质量、品种、供应量、供应方式、服务态度、侵权行为等问题以及消费者权益保护工作，向有关经营者或有关机构提出意见、建议或进行检举、控告的权利。其监督的对象包括经营者，也包括国家机关及其工作人员；监督的方式包括检举、控告、批评、建议。具体来说包括两个方面。

（1）对经营者提供的商品和服务进行监督。当经营者存在违法行为侵害消费者权益时，消费者有权向有关部门检举、控告，要求处理。

（2）对消费者保护工作的监督。主要表现为对国家机关及其工作人员在保护消费者权益工作中的违法失职行为进行控告、检举；以及对保护消费者权益工作提出批评、建议，以促进消费者保护工作的改善。

需要注意的是，这一权利并不仅仅由进行了具体消费行为的消费者享有，任何可能具有消费者身份的人均可就其发现的经营者的不法行为、国家机关及工作人员在保护消费者权益工作中的违法失职行为等进行检举、控告，行使监督批评的权利。

第四节 经营者义务

本节知识点导图

```
              ┌ 履行法律义务的义务
              │ 听取意见和接受监督义务
              │ 安全保障义务
              │ 商品或服务真实信息提供义务
              │ 身份标明义务
   经营者义务 ┤ 凭证和单据出具义务
              │ 质量担保义务
              │ 售后服务义务
              │ 格式条款使用限制义务
              │ 尊重消费者人格义务
              └ 消费者个人信息保密义务
```

经营者的义务是指经营者依法必须为一定的行为或不为一定的行为,以满足和实现消费者生活消费需要的义务。经营者的义务是与消费者的权利对立统一的、相互依存的。虽然消法规定的经营者的义务主要是经营者与消费者之间的一种平等主体间的义务,但也包含着经营者对国家和社会承担的义务。

我国消法第三章专门规定了经营者的义务。这些义务普遍适用于经营者,但经营者的义务并不仅限于此。在某些特殊领域,法律对经营者尚有其他方面的要求,如食品卫生法对食品经营者的特殊义务规定、药品管理法对药品经营者的特殊义务规定等,这些法律对特殊经营者的特殊义务的规定是对消法的补充或具体化。

一、履行法律义务的义务

履行法律义务的义务是指经营者必须履行法律、法规规定的义务及合同约定的义务。消法第16条规定:"经营者向消费者提供商品或者服务,应当依照本法和其他有关法律、法规的规定履行义务。经营者和消费者有约定的,应当按照约定履行义务,但双方的约定不得违背法律、法规的规定。"具体来说包括两个方面的内容。

首先,经营者必须履行法定义务,也就是法律直接规定的义务,不得以任何理由逃避这些义务的履行。如消费者权益保护法规定了一般经营者的义务,再如产品质量法、药品管理法、食品卫生法、反不正当竞争法等法律为保护消费者合法利益,其根据不同情况对特殊经营者的义务进行了强制性规定。

其次,经营者应严格履行其与消费者约定的义务,但前提是双方的约定不违背法律、法规的规定。法律规范不能穷尽一切可能,实践中也应该尊重交易双方的自愿选择,当事人的约定在彼此之间形成了合同关系,合同的履行同样受到法律的保护。但是,在约定的义务中,如果存在违法、违规的内容,则该权利义务关系不受法律保护,消费者无权要求经营者履行该类约定。

二、听取意见和接受监督义务

听取意见和接受监督义务是指经营者应当听取消费者对其提供的商品或者服务的意见,接受消费者的监督。其中,听取意见不仅限于听取购买商品或接受服务的消费者的意见,其他消费者提出的意见和建议,经营者也应当听取。同时,经营者还要接受消费者和社会的监督,监督的对象不仅是对商品或服务本身,对经营者及其工作人员、经营环境等都可以提出监督和建议。

经营者听取意见和接受监督义务与消费者的监督批评权相对应。对于消费者的批评、建议、检举和控告,经营者不得对消费者进行人身攻击,而应当正确对待,分情况鉴别处理。为保障此项义务的履行,经营者应为消费者反映意见提供便利渠道,如设立专门机构、配备专门人员、公开投诉建议电话、设置意见簿等,保证消费者监督工作的顺利进行。

消费者是经营者最好的评判者,消费者的监督也是督促经营者改善经营管理、提高产品和服务质量、实现消费者权益的最有力保证。[1]

三、安全保障义务

安全保障义务是指经营者依法承担的保证其提供的商品或者服务符合保障人身、财产安全要求的义务。通常来讲,安全保障义务包括两个方面:一是经营者应保证其所提供的商品或服务不对消费者的人身、财产造成损害;二是经营者应保证在其经营场所的消费者、潜在消费者或者其他进入服务场所的人的人身、财产安全免遭侵害。消费者的人身与财产安全是其最基本的利益所在,经营者的这一义务与消费者的安全保障权相对应。具体来说,安全保障义务的实现方式包括以下几种。

(1)对虽然不存在缺陷,但可能危及人身、财产安全的商品和服务,经营者应当:①说明真实情况;②作出明确警示;③说明正确使用方法;④标明危害防止方法。上述的"说明"和"标明"均要求一般智力水平的消费者所能理解和接受。

(2)对存在缺陷,且有危及人身、财产安全危险的商品或者服务,经营者应履行:①报告义务,即应当立即向有关行政部门报告;②告知义务,即告知购买的消费者;③采取防止措施,包括采取停止销售、警示、召回、无害化处理、销毁、停止生产或者

---

[1] 李昌麒. 经济法学[M]. 2版. 北京:法律出版社,2010:338.

服务等措施。采取召回措施的，经营者应当承担消费者因商品被召回支出的必要费用。上述三项义务应在发现缺陷存在时立即履行，同时履行。应当注意的是，若经营者采取上述措施后仍未能避免危险事故的发生，且消费者无重大过失，经营者对消费者人身或财产的损害仍应承担赔偿责任。

（3）宾馆、商场、餐馆、银行、机场、车站、港口、影剧院等向公众提供服务的经营场所的经营者，应当确保经营场所的合理安全，防止因经营场所的安全缺失与隐患给消费者造成人身或财产伤害。对经营场所所负有安全保障义务的主体，应包括经营场所的所有者、管理者、承包经营者等对该场所负有安全保障义务或者具有事实上控制力的公民、法人或其他社会组织。此种安全保障义务具体内容包括对经营者自身提供服务所承担的安全保障义务和预防外来（外界、第三人）侵害的安全保障义务。后者具体体现为：①提供和经营规模及收费相适应的预防第三人侵害的必要设备、设施；②对有可能发生第三人侵权的服务场所配备与其规模相当的适合的保安人员，保安人员在日常工作中认真履行职责，防御来自第三人的侵害；③对可能发生第三人侵害的不安全因素作出明显的警示、劝告；④因第三人侵害而使受害人遇险，经营者应当尽到尽力救助的义务。

案例分析 6-4

2020年6月的一天，王某在喝酒后来到家附近的A浴室洗浴，浴室的工作人员看到其走路摇晃，便出言提醒说酒后不宜洗浴桑拿，并询问王某是否有高血压、心脏病等病史。王某非常不耐烦，斥责工作人员多管闲事，未回答任何问题便直接进入浴室。工作人员急忙联系浴室负责人，负责人要求工作人员向110指挥部报警。工作人员拨打110后又接待了另一批客人，之后进入浴室查看王某情况，发现王某以奇怪的姿势趴在浴池中，上前呼唤方发现王某没有知觉。服务员赶紧招来其他人帮忙将王某从浴池中抬出放到地面抢救，拨打120急救电话，此时110警员赶到。遗憾的是王某的生命没能挽回。公安局作出法医学尸体检验鉴定书，分析认为王某系心脏病发作或其他身体不适的情况下进入水池中溺死。但也查明，王某溺亡时，A浴室并未安排任何工作人员在浴室内负责处理突发事件。王某的妻子多次要求A浴室赔偿，但均遭到拒绝。对此，你认为A浴室应否对王某的死亡承担责任？为什么？

四、商品或服务真实信息提供义务

商品或服务真实信息提供义务是指经营者依法承担的向消费者真实、全面地提供商品或服务的基本信息的义务。这些基本信息通常包括质量、性能、用途、有效期限、价格等信息，这些信息的真实、全面与否，直接影响消费者的消费决策和售后保障范围。由于在交易过程中消费者与经营者掌握的信息相差悬殊，消法规定经营者的此项义务，有利于保护消费者的知情权，对消费者有着十分重要的意义。这也是民法中诚实信用原则对经营者的基本要求。

按照现行消费者权益保护法相关规定，商品或服务真实信息提供义务主要包括以下五方面。

（1）经营者提供的信息应当真实。即经营者向消费者提供有关商品或者服务的质量、性能、用途、有效期限等信息，不得做虚假或者引人误解的宣传。

（2）经营者提供的信息应当充分、全面。即凡可能影响消费者正确判断、选择、使用、消费商品或服务的信息，不论该信息是有利于还是不利于经营者，经营者都应该提供。

（3）经营者对消费者就其提供的商品或者服务的质量和使用方法等问题提出的询问，应当作出真实、明确的答复。

（4）经营者提供商品或者服务应当明码标价。具体来说，应做到价签价目齐全、标价内容真实明确、字迹清晰、货签对位、标示醒目；价格变动时应当及时调整。但实践中，此项义务受到经营方式的限制，如对农贸市场上个体经营者出售的蔬菜水果等不便要求一律实行明码标价，因此目前通常仅要求商店出售的商品明码标价。

（5）经营者提供必要经营信息的义务。按照有关法律规定，经营者应将营业执照置于住所或者营业场所醒目位置，即是对此义务履行形式的进一步明确。另外，采用网络、电视、电话、邮购等方式提供商品或者服务的经营者，以及提供证券、保险、银行等金融服务的经营者，应当向消费者提供经营地址、联系方式、商品或者服务的数量和质量、价款或者费用、履行期限和方式、安全注意事项和风险警示、售后服务、民事责任等信息。

知识点检验 6-4

五、身份标明义务

经营者的身份标明义务是指经营者在与消费者的交易中表明自己真实身份的义务。消法明确规定：经营者应当标明其真实名称和标记。经营者的名称和标记能够反映出经营者的经营状况、信誉等基本信息，是体现商品或者服务质量的重要标志。经营者真实地标明其名称和标记，也是消费者进行购买商品或接受服务的重要依据。消法要求经营者标明真实身份，可以有效防止消费者误解，防止个别经营者"搭便车"等违法行为。同时，在发生侵害消费者合法权益的行为时，也可顺利确认经营者以获得法律救济。

经营者的身份标明义务包含以下几方面。

（1）经营者应当标明其真实名称和标记。例如，生产者应当在商品或其包装上标明自己的名称和标记；销售者应当于其经营场所标明其名称或标记；服务业者应在其服务场所等适当位置标明自己的身份，个体工商业者应当标明自己的姓名。经营者应当保证其标明的名称和标记的真实，不得冒充他人或采用足以引起消费者误解的近似于他人的名称或标记。

（2）租赁他人柜台或者场地的经营者，应当标明其真实名称和标记。即在租赁柜台或场地进行交易活动时，经营者不得以柜台和场地出租者的名称和标记从事经营活动。

（3）采用网络、电视、电话、邮购等方式提供商品或者服务的经营者，以及提供证券、保险、银行等金融服务的经营者，应当向消费者提供经营地址、联系方式等信息，以便消费者查询其真实身份，了解交易的具体情况。

六、凭证和单据出具义务

凭证和单据出具义务是指经营者承担的向消费者出具发票等购货凭证或者服务单

据的义务。购货凭证是指商品的经营者在商品买卖合同履行后向消费者出具的证明合同履行的书面凭证；服务单据则是指服务的提供者在服务合同履行后向消费者出具的证明合同履行的书面凭证。购货凭证和服务单据通常表现为发票、收据、保修单等形式，是经营者与消费者之间合同关系的书面证明，是消费者日后要求经营者履行责任、要求索赔等的有力证据。

依照法律规定，在以下三种情况下，经营者有出具购货凭证或服务单据的义务。

（1）国家法律规定应当出具的。在我国有关法律、法规中，有相关的一些条文直接或间接地规定了经营者有出具购货凭证或服务单据的义务。如《中华人民共和国发票管理办法》中规定："销售商品、提供服务以及从事其他经营活动的单位和个人，对外发生经营业务收取款项，收款方应当向付款方开具发票。"

（2）依照商业惯例应当出具的。商业惯例是人们在商业活动中普遍遵守的准则，是人们在长期的交易活动中形成的习惯做法。在依照商业惯例应当出具购货凭证或者服务单据时，经营者也有义务出具；反之则不必主动出具单据。如集贸市场上零售蔬菜、水果，商店里出售橡皮、铅笔等小额商品，一般不开发票；而大宗货物买卖和运输、宾馆和旅店住宿等则形成了开具发票的习惯做法。

（3）消费者索要购货凭证或者服务单据的，经营者必须出具。即使法律无强制性规定，且按一般商业习惯亦不提供凭证、单据时，在消费者主动索要的情况下，经营者也具有出具义务，不得以任何理由予以刁难或拒绝。若经营者拒不出具，消费者有权解除合同，取消交易，并向当地税务管理机关投诉。

七、质量担保义务

经营者的质量担保义务是指经营者依法承担的保证其提供的商品或服务在消费者正常使用的前提下，具备应有的或是与其产品说明、广告相符的质量的义务，以使消费者的消费目的得以真正实现。商品或服务的质量是影响消费者决策的重要因素，直接涉及消费行为的发生、交易价格等条件的确定，还会影响消费者的人身及财产安全。对此，消法特别将商品和服务的质量担保义务列为经营者的一项重要义务，产品质量法也对经营者的产品质量责任进行了明确规定。

根据现行消费者权益保护法相关规定，质量担保义务具体包括以下四方面。

（1）对商品或服务的一般质量担保义务。即经营者应当保证在正常使用商品或者接受服务的情况下，其提供的商品或者服务具有其应当具有的质量、性能、用途和有效期限等。

（2）对商品或服务的许诺遵守义务。即经营者以广告、产品说明、实物样品或者其他方式表明商品或者服务的质量状况的，应当保证其提供的商品或者服务的实际质量与其表明的质量相符。

（3）提供耐用商品或者装饰装修等服务时，经营者的举证责任义务。即经营者提供的机动车、计算机、电视机、电冰箱、空调器、洗衣机等耐用商品或者装饰装修等服务，消费者自接受商品或者服务之日起6个月内发现瑕疵，发生争议的，由经营者承担有关瑕疵的举证责任。此规定是为了减少消费者由于举证困难造成的维权障碍，在此我国法律采取了举证责任倒置的措施。

（4）经营者质量担保义务的例外。按照消法规定，经营者质量担保义务例外的情形有：①消费者在购买该商品或者接受该服务前已经知道其存在瑕疵，且存在该瑕疵不违反法律强制性规定的时候，经营者相应的质量担保义务可以免除。②消费者非正常、非合理地使用商品或接受服务。

案例分析 6-5

2019年8月5日，周先生购买了一台笔记本电脑，价格4 900元。使用20天后，周先生发现，该电脑只要使用超过1小时，便出现严重的机身发烫的问题，商家却称检测无故障，且已经过了15天包换的有效期，无法处理。周先生要求退货被拒绝，只好拨打了12315投诉。

答案解析 扫描此码

问题：若你是消协的工作人员，你可以给周先生提供什么建议？

八、售后服务义务

经营者的售后服务义务，即经营者的退货、更换、修理的义务，也被称为"三包"义务，是指经营者对其提供的商品或服务，应当按照国家规定或与消费者的约定承担的修理、更换、退货或其他责任的义务。从法律性质上讲，售后服务义务是经营者对消费者承担的消费附随义务，对消费者的消费体验和利益保护有着重要影响，而售后服务的便捷、周到也会令经营者获得更多的交易机会。

售后服务义务具体包括以下三方面。

（1）当商品或服务存在质量瑕疵时，经营者的退换、修理义务。依据消法的规定，经营者提供的商品或者服务不符合质量要求的，消费者可以依照国家规定、当事人约定退货，或者要求经营者履行更换、修理等义务。没有国家规定和当事人约定的，消费者可以自收到商品之日起7日内退货；7日后符合法定解除合同条件的，消费者可以及时退货，不符合法定解除合同条件的，可以要求经营者履行更换、修理等义务。符合上述情形进行退货、更换、修理的，经营者应当承担运输等必要费用。

对于此项义务，应注意几个关键点：①上述的经营者退换、修理义务仅针对不符合质量要求的商品或服务，质量符合要求的商品或服务不在此列。②消费者享有售后服务方式的选择权。即在没有法律规定和当事人约定时，对于质量不符合要求的商品或服务，消费者可以要求退货，而不是必须只能接受换货或者修理等服务。③消费者的退货权有时间限制，是有限退货权。即自收到商品之日起7日内行使，7日之后行使时需要满足法定解除合同的条件。

（2）对于不存在质量瑕疵的商品或服务，消法并没有明确规定，则经营者应当按照国家相关规定以及当事人之间的约定来严格履行退换货、保修等售后服务义务。

（3）远程消费模式下，经营者承担无理由退货的义务。依据现行消费者权益保护法规定，经营者采用网络、电视、电话、邮购等方式销售商品，除特殊商品外，只要保持商品完好，消费者有权自收到商品之日起7日内退货，且无须说明理由，经营者应当予以退货。经营者应当自收到退回商品之日起7日内返还消费者支付的商品价款。

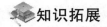知识拓展

我国现行的"三包"政策

"三包"政策是零售商业企业对所售商品实行"包修、包换、包退"的简称,指商品进入消费领域后,卖方对买方所购物品负责而采取的在一定限期内的一种信用保证办法。对不是因用户使用、保管不当,而属于产品质量问题而发生的故障提供该项服务。

"三包"政策最重要的就是各项时间节点。依照目前的规定,产品自售出之日起 7 日内发生性能故障,消费者可以选择退货、换货或修理;15 日内则可以选择换货或修理。"三包"有效期自开具发票之日起计算。在国家发布的第一批实施"三包"的 18 种商品中,如彩电、手表等的"三包"有效期,整机分别分半年至一年,主要部件为一年至三年。在"三包"有效期内修理两次,仍不能正常使用的产品,消费者可凭修理记录和证明,调换同型号同规格的产品或按有关规定退货,"三包"有效期应扣除因修理占用和无零配件待修的时间。换货后的"三包"有效期自换货之日起重新计算。

九、格式条款使用限制义务

格式合同是指经营者事先制定的,对于经营者和消费者的权利和义务作出完整规定的合同。此种合同于消费者购买商品或接受服务时成立,一方面,此类合同节省了交易成本,提高了交易效率,如我国在航空、邮电、保险、房地产等行业都广泛采用了这一合同形式;但是另一方面,有些经营者往往从自身利益出发,利用其在该行业的垄断地位,在格式合同中加入一些对消费者不公平、不合理或含有减轻自己义务的内容。但消费者对这类合同只能要么接受,要么拒绝,而没有讨价还价的余地,因此很容易在交易中吃亏,造成事实上的不平等。

经营者的格式条款使用限制义务,也可表述为单方意思表示使用适当义务,是指经营者在使用格式条款等行为时,应限制其适用方式,保障消费者权利不受侵犯的义务。通常这类单方意思表示的形式包括格式条款、通知、声明、店堂告示等。这一义务与消费者的公平交易权相呼应,要求经营者不得以单方意思表示的形式作出对消费者不公平、不合理的规定,不得以此来减免自己的责任和侵犯消费者的利益。

根据消法规定,此义务包括以下几方面。

(1)经营者在经营活动中使用格式条款的,应当以显著方式提请消费者注意商品或者服务的数量和质量、价款或者费用、履行期限和方式、安全注意事项和风险警示、售后服务、民事责任等与消费者有重大利害关系的内容,并按照消费者的要求予以说明。

(2)经营者不得以格式条款、通知、声明、店堂告示等方式,作出排除或者限制消费者权利、减轻或者免除经营者责任、加重消费者责任等对消费者不公平、不合理的规定,不得利用格式条款并借助技术手段强制交易。

(3)格式条款、通知、声明、店堂告示等含有前款所列内容的,其内容无效。

基于上述规定,正确理解这一义务应注意以下 4 个方面:①经营者不得以格式合同、通知、声明、店堂告示等方式作出对消费者不公平、不合理的规定,或减轻、免除其损害消费者合法权益应当承担的责任。②格式合同、通知、声明、店堂告示等含有对消

费者不公平、不合理的规定或减轻、免除其损害消费者合法权益应当承担的责任的条款的,该条款内容无效。例如某商场出售家用电脑时,向消费者声明:本店对计算机内预装软件是否有合法版权概不负责,机器售出后发生任何版权纠纷,概与本店无关。上述行为就是经营者单方面的无效声明。③对格式条款的理解发生分歧的,按照一般的常理作出解释或者作出不利于格式条款提供者的解释。④格式条款和非格式条款不一致的,应当采用非格式条款。

案例分析 6-6

在某高校上学的小张遇到了一件让人气恼的事情:去某理发店理发,结账时被告知加收5元钱毛巾使用费。但这项费用并未有人事先告知小张,只是在小张提出异议时理发店表示:"因为我们店坚持给客人使用新毛巾,成本很高,所以一直都是收取毛巾使用费的,从来也没有人提出过异议啊?"5元钱虽然不多,但小张仍觉得自己被"强制消费"了。

问题:对此,你的看法是怎样的?

十、尊重消费者人格义务

人身自由和人格尊严不受侵犯是公民的一项基本权利。对此,我国《宪法》规定,公民的人身自由不受侵犯,任何公民,非经人民检察院批准或者决定或者人民法院决定,并由公安机关执行,不受逮捕。禁止非法拘禁和以其他方法非法剥夺或者限制公民的人身自由,禁止搜查公民的身体;公民的人格尊严不受侵犯,禁止用任何方法对公民进行侮辱、诽谤和诬告陷害。为使上述规定在消费领域得到充分体现,我国消法规定了经营者的尊重消费者人格义务。

尊重消费者人格义务是指经营者承担的不得损害消费者人格权利的义务,具体表现为经营者不得对消费者进行侮辱、诽谤,不得搜查消费者的身体及其携带的物品,不得侵犯消费者的人身自由。此项义务与消费者的受尊重权相对应,要求经营者在整个消费环节中均做到尊重消费者的人格、意志以及风俗习惯,不得以故意或者过失的方式侵犯消费者的人格权,也不得以一般合同条款的约定加以排除。

知识拓展

消费者实施盗窃行为时经营者的处理办法

当经营者怀疑或发现消费者有漏付款项甚至有偷窃行为时,应当说服消费者自觉交付遗漏款项和交出偷窃物品。一些超市内部制定了对偷盗的处罚办法,如规定"偷一罚十"。这种做法是不符合法律规定的,经营者对顾客没有处罚权。当消费者置之不理,或者狡辩抵赖时,经营者应当立即或尽快请求公安机关处理。

十一、消费者个人信息保密义务

消费者个人信息保密义务是指经营者在收集、使用消费者个人信息时应尊重消费者意愿,并严格采取保密措施的义务。消费者的个人信息对于经营者来说是一种无形的财富，可以帮助经营者有针对性地分析消费者需求，提高交易成功的可能性。因此许多经营者采取一些不正当的手段获取、出售、使用消费者个人信息，这不仅构成对消费者隐私权、安全权等的侵犯，更会扰乱正常的经济秩序，破坏公平竞争。为此，2013年通过的消法修订后增加了经营者对消费者个人信息保密义务的规定。

消费者个人信息保密义务的内容包括以下几方面。

（1）经营者收集、使用消费者个人信息，应当遵循合法、正当、必要的原则，明示收集、使用信息的目的、方式和范围，并经消费者同意。经营者收集、使用消费者个人信息，应当公开其收集、使用规则，不得违反法律、法规的规定和双方的约定收集、使用信息。

（2）经营者及其工作人员对收集的消费者个人信息必须严格保密，不得泄露、出售或者非法向他人提供。经营者应当采取技术措施和其他必要措施，确保信息安全，防止消费者个人信息泄露、丢失。在发生或者可能发生信息泄露、丢失的情况时，应当立即采取补救措施。

（3）经营者未经消费者同意或者请求，或者消费者明确表示拒绝的，不得向其发送商业性信息。

第五节　争议解决及法律责任确定

本节知识点导图

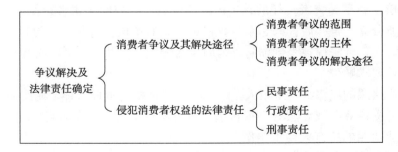

一、消费者争议及其解决途径

（一）消费者争议的范围

消费者争议，是指消费者与经营者之间发生的与消费者权益有关的争议。争议发生或是由于消费者认为经营者的行为侵犯了其合法权益,或是由于消费者与经营者之间就消费者权益有关问题有不同的认识,属于民事权益争议的范畴。其实质是经营者与消费者之间价值目标的不同和物质利益的冲突。①大多数情况下争议是由于经营者所提供的商品或服务存在一定的质量方面问题等原因,造成了消费者人身、财产损失而引发的纠纷;而争议发生后,损失的责任分配和承担便成为争议双方解决问题的焦点。实践中,往往表现为消费者向经营者主张赔偿责任。

对于此类争议的解决,除《消费者权益保护法》之外,《产品质量法》《食品安全法》、《广告法》、《刑法》等法律中都有相关规定。因此在适用法律时要注意多部法律的配合与协调。

(二)消费者争议的主体

消费者争议的主体分为两方:一方是享有求偿权的主体;另一方是被要求承担赔偿责任的主体。

1. 享有求偿权的主体

按照消法规定,享有求偿权的主体通常包括四类:①商品的购买者;②商品的使用者;③服务的接受者;④第三人,即因偶然原因在事故现场而受到损害的其他人。

2. 被要求承担赔偿责任的主体

该类主体通常包括以下八类。

(1)销售者或服务者。这是在未出现商品缺陷或服务造成人身、财产损害的大多数情况下,承担赔偿责任的直接主体。依据法律规定,消费者在购买、使用商品时,其合法权益受到损害的,可以向销售者要求赔偿。销售者赔偿后,属于生产者的责任或者属于向销售者提供商品的其他销售者的责任的,销售者有权向生产者或者其他销售者追偿。消费者在接受服务时,其合法权益受到损害的,可以向服务者要求赔偿。

(2)生产者。生产者是商品缺陷或造成了人身、财产损害时承担责任的直接主体。依据相关法律规定,消费者或者其他受害人因商品缺陷造成人身、财产损害的,可以向销售者要求赔偿,也可以向生产者要求赔偿。属于生产者责任的,销售者赔偿后,有权向生产者追偿。属于销售者责任的,生产者赔偿后,有权向销售者追偿。

(3)企业分立、合并后,承受原企业权利义务的单位。消费者在购买、使用商品或者接受服务时,其合法权益受到损害,因原企业分立、合并的,可以向变更后承受其权利义务的企业要求赔偿。

(4)营业执照的出借人、出租人。该主体亦是直接的责任主体。使用他人营业执照的违法经营者提供商品或者服务,损害消费者合法权益的,消费者可以向其要求赔偿,也可以向营业执照的持有人要求赔偿。

(5)展销会的举办者、柜台出租者。消费者在展销会、租赁柜台购买商品或者接受服务,其合法权益受到损害的,可以向销售者或者服务者要求赔偿。展销会结束或者柜台租赁期满后,也可以向展销会的举办者、柜台的出租者要求赔偿。展销会的举办者、

---

① 刘文华.经济法[M].北京:中国人民大学出版社,2012:203.

柜台的出租者赔偿后，有权向销售者或者服务者追偿。

（6）网络交易平台提供者。消费者通过网络交易平台购买商品或者接受服务，其合法权益受到损害的，可以向销售者或者服务者要求赔偿。网络交易平台提供者不能提供销售者或者服务者的真实名称、地址和有效联系方式的，消费者也可以向网络交易平台提供者要求赔偿；网络交易平台提供者作出更有利于消费者的承诺的，应当履行承诺。网络交易平台提供者赔偿后，有权向销售者或者服务者追偿。网络交易平台提供者明知或者应知销售者或者服务者利用其平台侵害消费者合法权益，未采取必要措施的，依法与该销售者或者服务者承担连带责任。

（7）广告经营者、发布者。消费者因经营者利用虚假广告或者其他虚假宣传方式提供商品或者服务，其合法权益受到损害的，可以向经营者要求赔偿。广告经营者、发布者发布虚假广告的，消费者可以请求行政主管部门予以惩处。广告经营者、发布者不能提供经营者的真实名称、地址和有效联系方式的，应当承担赔偿责任。广告经营者、发布者设计、制作、发布关系消费者生命健康商品或者服务的虚假广告，造成消费者损害的，应当与提供该商品或者服务的经营者承担连带责任。

（8）社会团体或者其他组织、个人。这些主体若在关系消费者生命健康商品或者服务的虚假广告或者其他虚假宣传中向消费者推荐商品或者服务，造成消费者损害的，应当与提供该商品或者服务的经营者承担连带责任。

知识点检验 6-5

（三）消费者争议的解决途径

依据消法相关规定，消费者和经营者发生消费者权益争议的，有下列五种解决途径。

（1）与经营者协商和解。和解俗称"私了"，是消费者、经营者双方自行协商解决消费纠纷。

（2）请求调解。调解是由调解人出面，协调解决消费者与经营者间的消费纠纷。发生消费纠纷，消费者可以向消费者协会投诉，请求调解。消费者也可以请求其他调解人调解。调解成功，消费者与经营者可以达成调解协议。

（3）向有关行政部门投诉。发生消费纠纷，消费者可以向有关行政部门申诉，请求解决。行政部门受理申诉后，可以调解消费者同经营者的纠纷，此时行政部门处于民事调解人的地位。行政机关根据消费者的申诉，发现经营者有损害消费者权益的行径，可对违法的经营者予以行政处罚，此时行政部门居于行政执法的位置。

（4）提请仲裁机构仲裁。仲裁是解决消费纠纷的一条新途径。仲裁必须有仲裁协议，消费者与经营者可以在消费合同中签订仲裁条款，也可以在纠纷发生后达成仲裁协议。仲裁委员会根据仲裁协议受理消费纠纷。消费者和经营者可以各自选择一名仲裁员、共同选择首席仲裁员组成合议仲裁庭，也可以共同选择一名仲裁员组成独任仲裁庭。仲裁庭不公开仲裁。仲裁实行一裁终局的原则。仲裁裁决具有法律效力，一方当事人不履行的，对方当事人可以请求人民法院强制执行。消费纠纷仲裁的程序，将由仲裁法作出规定。

（5）向人民法院提起诉讼。发生消费纠纷，消费者可以向人民法院提起诉讼。符合起诉条件的，人民法院应当受理。

二、侵犯消费者合法权益的法律责任

（一）民事责任

按照消法规定，经营者应承担民事责任的原因通常有 10 种，分别是：①商品或者服务存在缺陷的；②不具备商品应当具备的使用性能而出售时未做说明的；③不符合在商品或者其包装上注明采用的商品标准的；④不符合商品说明、实物样品等方式表明的质量状况的；⑤生产国家明令淘汰的商品或者销售失效、变质的商品的；⑥销售的商品数量不足的；⑦服务的内容和费用违反约定的；⑧对消费者提出的修理、重作、更换、退货、补足商品数量、退还货款和服务费用或者赔偿损失的要求，故意拖延或者无理拒绝的；⑨经营者对消费者未尽到安全保障义务，造成消费者损害的；⑩法律、法规规定的其他损害消费者权益的情形。

这些民事责任承担的形式归纳起来，主要有分为以下三类。

1. 侵权责任

经营者的侵权责任主要有如下两种。

（1）产品和服务侵权责任

产品和服务侵权责任是指经营者因其提供的产品和服务本身存在缺陷，造成消费者人身、财产损害而依法承担的损害赔偿责任。该责任的产生主要是由于经营者未尽到对消费者的安全保障义务，造成消费者损害。产品和服务侵权责任的承担方式主要包括：①人身伤害赔偿。经营者提供商品或者服务，造成消费者或者其他受害人人身伤害的，应当赔偿医疗费、护理费、交通费等为治疗和康复支出的合理费用，以及因误工减少的收入；造成残疾的，还应当赔偿残疾生活辅助具费和残疾赔偿金；造成死亡的，还应当赔偿丧葬费和死亡赔偿金。②财产损害赔偿。经营者提供商品或者服务，造成消费者其他财产损失的，经营者应当恢复原状或折价赔偿。

（2）经营者直接侵权责任

经营者直接侵权责任是指经营者提供商品或服务的过程中，直接侵害消费者的人格尊严、人身自由和财产权，所应承担的直接侵害责任。

经营者侵害消费者的人格尊严、侵犯消费者人身自由或者侵害消费者个人信息依法得到保护的权利的，应当停止侵害、恢复名誉、消除影响、赔礼道歉，并赔偿损失。经营者有侮辱诽谤、搜查身体、侵犯人身自由等侵害消费者或者其他受害人人身权益的行为，造成严重精神损害的，受害人可以要求精神损害赔偿。

2. 合同责任

（1）违反品质担保的责任。如经营者提供的商品不具备商品应当具备的使用性能而出售时未做说明，不符合在商品或者其包装上注明采用的商品标准，不符合商品说明、实物样品等方式表明的质量状况等情形，应当承担民事责任，其责任承担方式主要包括：①采取修理、重作、更换、退货、退还货款和服务费用等补救措施；②赔偿损失。

（2）一般违约责任。一般违约责任是指经营者违反其与消费者签订的合同的约定义务而应承担的民事责任。具体表现为根据消费者要求或主动采取修理、重作、更换、退货、补足商品数量、退还货款和服务费用等补救措施；赔偿损失；支付违约金；继续履行等。

（3）特殊合同的违约责任。《消费者权益保护法》第53条规定："经营者以预收款方式提供商品或者服务的，应当按照约定提供。未按照约定提供的，应当按照消费者的要求履行约定或者退回预付款；并应当承担预付款的利息、消费者必须支付的合理费用。"

（4）不合格商品的退货责任。依法经有关行政部门认定为不合格的商品，消费者要求退货的，经营者应当负责退货。

3. 欺诈行为的惩罚性赔偿责任

经营者提供商品或者服务有欺诈行为的，应当承担惩罚性赔偿责任。即在经营者作出欺诈行为的前提下，经营者承担的民事责任不再局限于一般民事责任的补偿原则，而是要求经营者在消费者损失的基础上进行多倍的赔偿，以惩罚和遏制不诚信经营行为，更好地保障消费者利益。

根据消法相关规定，惩罚性赔偿主要体现在两方面：①经营者提供商品或者服务有欺诈行为的，应当按照消费者的要求增加赔偿其受到的损失，增加赔偿的金额为消费者购买商品的价款或者接受服务的费用的3倍；增加赔偿的金额不足500元的，为500元。法律另有规定的，依照其规定。②经营者明知商品或者服务存在缺陷，仍然向消费者提供，造成消费者或者其他受害人死亡或者健康严重损害的，受害人除有权要求经营者依照本法承担侵权损害赔偿责任之外，还有权要求所受损失两倍以下的惩罚性赔偿。

知识拓展

《食品安全法》的十倍惩罚性赔偿制度

生活消费中很重要的一类消费品就是食品。食品安全问题关乎着国民的生存安全，关于食品的违法违规行为可能会给消费者造成更大的损害，因此我国专门在《中华人民共和国食品安全法》（以下简称《食品安全法》）中制定了较消法更为严格的惩罚性赔偿制度。《食品安全法》第148条第2款明确规定："生产不符合食品安全标准的食品或者经营明知是不符合食品安全标准的食品，消费者除要求赔偿损失外，还可以向生产者或者经营者要求支付价款十倍或者损失三倍的赔偿金；增加赔偿的金额不足一千元的，为一千元。但是，食品的标签、说明书存在不影响食品安全且不会对消费者造成误导的瑕疵的除外。"也就是说，如果消费者购买商品属于食品，则在损害发生时可以要求更多倍的赔偿来保护自身权益。

（二）行政责任

行政责任是指经济法主体违反经济法律法规依法应承担的行政法律后果，包括行政处罚和行政处分。

1. 经营者的行政责任

经营者因产品质量问题侵害消费者权益承担行政责任的原因主要有10种，分别是：

①提供的商品或者服务不符合保障人身、财产安全要求的;②在商品中掺杂、掺假,以假充真,以次充好,或者以不合格商品冒充合格商品的;③生产国家明令淘汰的商品或者销售失效、变质的商品的;④伪造商品的产地,伪造或者冒用他人的厂名、厂址,篡改生产日期,伪造或者冒用认证标志等质量标志的;⑤销售的商品应当检验、检疫而未检验、检疫或者伪造检验、检疫结果的;⑥对商品或者服务做虚假或者引人误解的宣传的;⑦拒绝或者拖延有关行政部门责令对缺陷商品或者服务采取停止销售、警示、召回、无害化处理、销毁、停止生产或者服务等措施的;⑧对消费者提出的修理、重作、更换、退货、补足商品数量、退还货款和服务费用或者赔偿损失的要求,故意拖延或者无理拒绝的;⑨侵害消费者人格尊严、侵犯消费者人身自由或者侵害消费者个人信息依法得到保护的权利的;⑩法律、法规规定的对损害消费者权益应当予以处罚的其他情形。按照消费者权益保护法规定,经营者有上述情形之一,除承担相应的民事责任外,其他有关法律、法规对处罚机关和处罚方式有规定的,依照法律、法规的规定执行;法律、法规未做规定的,由有关行政部门责令改正,可以根据情节单处或者并处警告、没收违法所得、处以违法所得1倍以上10倍以下的罚款,没有违法所得的,处以50万元以下的罚款;情节严重的,责令停业整顿、吊销营业执照。此外,处罚机关应当记入信用档案,向社会公布。

经营者或他人因拒绝、阻碍有关行政部门工作人员依法执行职务,但未使用暴力、威胁方法的,由公安机关依照《中华人民共和国治安管理处罚法》的规定,处警告或者200元以下罚款;情节严重的,处5日以上10日以下拘留,可以并处500元以下罚款。

经营者对行政处罚决定不服的,可以依法申请行政复议或者提起行政诉讼。

2. 国家机关工作人员的行政责任

国家机关工作人员玩忽职守或者包庇经营者侵害消费者合法权益的行为的,尚未构成犯罪的,由其所在单位或者上级机关给予行政处分。

(三)刑事责任

刑事责任主要有三方面:一是经营者严重侵犯消费者合法权益的刑事责任。即经营者违反消费者权益保护法规定提供商品或者服务,侵害消费者合法权益,构成犯罪的,依法追究刑事责任。二是阻碍执法所需要承担的刑事责任。即以暴力、威胁等方法阻碍有关行政部门工作人员依法执行职务的,依法追究刑事责任。三是国家机关工作人员执法所需承担的刑事责任。即国家机关工作人员玩忽职守或者包庇经营者侵害消费者合法权益的行为,情节严重,构成犯罪的,依法追究刑事责任。

另外,需要特别注意的是,当经营者同时需要承担刑事责任、民事责任和行政责任时,其民事责任具有优先赔偿性。对此,现行消费者权益保护法也有相关规定,即经营者违反消费者权益保护法规定,应当承担民事赔偿责任和缴纳罚款、罚金,其财产不足以同时支付的,先承担民事赔偿责任。这一规定体现了法律对消费者权益保障的基本宗旨。

 复习思考题

1. 消费者的含义及范围应怎样界定？
2. 我国消法赋予了消费者哪些权利？
3. 我国消法规定了经营者的哪些义务？
4. 消费者争议的解决途径有哪些？
5. 我国消法对惩罚性赔偿责任是如何规定的？

 实训材料及实训要求

实训素材

案例一：姜先生在商场购买了一双标价 1 259 元的皮鞋，回家越穿越感觉小，刮掉胶粘的 41 码标签后，竟发现印着 40 码，多次与商场联系要求退货被拒，于是投诉到消协，以商场故意欺诈为由，主张退货并要求赔偿 3 倍鞋款。

案例二：4 月，刘女士在商场购买了一台洗衣机。7 月，洗衣机出现故障，售后人员上门维修时发现，洗衣机的品牌与刘女士出具发票上标明的品牌不符。于是刘女士找到商场要求退货，但商场称已验货并签收，且洗衣机已使用 3 个月故不予退货。

案例三：徐先生在一家团购网站上购买了两张电影票。换票后等待观影时，影院通知因设备故障当天无法放映，并提出"只可改签，不可退票"的意见。徐先生因居住在市内，不便再来本地观影，故要求退票，但被影院拒绝。

上述三个案例都属于消费者与经营者之间发生了纠纷，未能协商解决的情况。在此类情况下，请同学们思考：

实训流程及考核样例

1. 消费者可以通过哪些途径维护自己的权益？
2. 如果想要到相关部门进行投诉或申诉，应该遵照怎样的流程？

第七章

产品质量法

 **学习目标**

通过本章系统学习,希望同学们掌握以下知识点。

了解:产品质量法的立法概况及我国的质量法律体系。

掌握:产品的范围;产品质量的评判标准;我国产品质量监督管理的各项具体制度;生产者、销售者的产品质量义务。

难点:认证制度;产品瑕疵责任和产品缺陷责任。

培养:运用产品法律规范判断各产品质量责任主体行为后果的综合能力。

实训:课后运用本章所学知识点进行判断生产者和销售者法律责任的实训。

 **案例导读**

马某诉陕西重型汽车有限公司等健康权纠纷案[①]

2013年7月15日,王某将其驾驶的案涉车辆送至位于南京市江宁区麒麟街道的"许昌传动轴厂东南维修站"进行水箱维修。因该车水箱位于驾驶室下部,该修理站维修工马某在将驾驶室举升起来后,进入驾驶室下面修理水箱的过程中,案涉车辆的驾驶室举升缸轴座托架总成突然断裂,导致驾驶室落下将其砸伤。马某在中国人民解放军81医院住院治疗17天,经该院治疗诊断为:创伤性截瘫,腰1椎体爆裂性骨折。截至2013年8月1日,共花去医疗费89 989.6元。

案涉车辆生产厂商为陕西重型汽车有限公司(以下简称陕西重汽公司),该车系鸿安公司于2010年9月18日购买,自购买后未进行过改装。事故发生之时,该车已进行了正常的年检,并办理了道路运输证。

陕西重汽公司认为,导致事故发生的案涉车辆的举升缸轴座托架总成断裂的部件确系其原厂部件,但案涉车辆整车及其零部件在出厂前均通过了质量检测,并符合国家标准,导致驾驶室向后落下砸伤马某的原因是由于其未将驾驶室举升至正确位置,故陕西重汽公司不应承担任何责任。但其未能提供证据证明,且其对零部件断裂与未将驾驶室举升至正确位置是否存在必然因果联系,亦无法作出合理说明。

马某则认为其已经按照正确的操作规范将驾驶室举升到位,陕西重汽公司生产的案

---

① 本案例根据江苏省南京市中级人民法院(2014)宁民终字第613号《民事裁判文书》整理。资料来源:法律家网站.http://www.fae.cn/yx/detail383433_df.html.

涉车辆零部件存在质量缺陷问题致使举升缸轴座托架总成突然断裂才是其受伤的原因。

根据以上案件资料，请回答下列问题：

1. 何谓产品质量缺陷责任？
2. 本案的举证责任应当由谁承担？
3. 马某的损失是否可以要求陕西重汽公司承担？为什么？

第一节　产品质量法概述

本节知识点导图

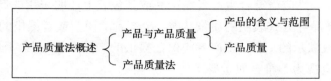

一、产品与产品质量

（一）产品的含义和范围

"产品"一词在经济生活和法律领域中大量使用，被赋予了广泛的含义。产品在《现代汉语词典》（第7版）当中的解释为"生产出来的物品"。法律意义上的产品是指经过某种程度或方式的加工，用于消费和使用，并且由国家法律予以明确界定的物品。按照《中华人民共和国产品质量法》（以下简称《产品质量法》）规定，产品是指经过加工、制作，用于销售的产品。从这一界定来看，产品质量法意义上的产品的范畴实际上可以界定为一般意义上的"商品"。

但是并不是所有经过加工、制作，用于销售的产品都是产品质量法所调整的产品，根据产品质量法及相关法律规定，下列物品不属于其调整范围：①建设工程不属于产品质量法调整的产品，但是，建设工程使用的建筑材料、建筑构配件和设备属于产品质量法所调整的产品范围；②天然的物品；③非用于销售的物品；④军工产品；⑤核设施和核产品；⑥违禁品；⑦初级农产品。

课堂讨论 7-1

下列哪些物品应属于《产品质量法》调整的产品范围：玉米油、海洛因、自来水、电力、买东西附带的赠品、大连国际会议中心、袋装大米、菜市场销售的野生小龙虾、血液制品、尚在研制阶段的新品类化妆品、药品、初中化学实验指导教材、电影作品、手枪？

（二）产品质量

产品质量是产品满足明确和隐含需要的能力和特征的总和。其中的"需要"往往随着时间、空间的变化而变化，在法律支持对产品质量进行标准化管理的情况下，可以转化为具有具体指标的特征和特性。

产品质量的评判标准通常包括性能、适用性、安全性、耐用性、可靠性、可维修性、经济性、环保性以及美学性、信誉性等方面。我国产品质量法对产品质量的界定有三方面的基本要求①。

（1）产品的安全性。产品应当不存在危及人体健康和人身、财产安全的不合理的危险；如该类产品具有在保障人体健康和人身、财产安全方面的国家或行业标准的，应当符合该标准。

（2）产品的可用性。产品必须具备其应当具备的使用性能，否则即视为不符合质量要求。但事先对产品存在使用性能方面的瑕疵作出说明者除外。

（3）担保性。产品应当符合生产者在产品或其包装上注明采用的产品标准，符合以产品说明、实物样品等方式表明的质量状况。生产者的说明或者提供的实物样品都是对产品质量的明示或默示的担保，生产者应保证提供的产品质量与其一致；如果产品实际质量与其不符，应视为不符合质量要求。

二、产品质量法

（一）产品质量法的立法概况

产品质量法是调整在生产、流通和消费过程中因产品质量所发生的社会关系的法律规范的总和。主要包括产品质量监督管理、产品质量责任、产品质量损害赔偿处理和产品质量争议处理等方面的法律规定。

《中华人民共和国产品质量法》是我国关于产品质量领域的基本立法，该法于1993年通过，并分别于2000年、2009年和2018年进行了修订。此外还有与其配套的系列法律、法规、条例、规章、司法解释、质量标准等，如《中华人民共和国标准化法》《中华人民共和国工业产品生产许可证管理条例》《产品质量监督抽查管理暂行办法》等，它们共同组成了我国的产品质量法体系。

另外，《产品质量法》与《消费者权益保护法》从内容上有一定交叉，二者是互相配合的关系；《民法典》对产品生产和销售的一般准则、产品缺陷责任的承担进行规定；《刑法》中也规定了生产、销售伪劣商品罪；与产品质量相近且关系密切的专门领域也有相关立法，如《中华人民共和国食品安全法》《中华人民共和国农产品质量安全法》《中华人民共和国药品管理法》实践应用中应注意这些法律之间的区分及配合协调。

（二）产品质量法的立法宗旨

《产品质量法》第1条明确规定："为了加强对产品质量的监督管理，提高产品质量水平，明确产品质量责任，保护消费者的合法权益，维护社会经济秩序，制定本法。"可见，我国的产品质量法具有社会化功能，注重社会整体利益和社会个体利益的协调保护。在实践中就需要从产品生产、运输、保管、销售等各个环节，动员国家、社会、企业、个人等各方力量进行全方位的综合监督管理，并综合运用民事、行政、刑事等多种

---

① 李昌麒. 经济法学[M]. 2版. 北京：法律出版社，2010：364.

法律手段，解决产品质量问题。

（三）产品质量法的调整对象

产品质量法的调整对象主要包括两方面：一是产品质量责任关系，指在产品销售、使用过程中，生产者、销售者与消费者、用户在产品质量方面发生的权利义务关系；二是产品质量监督管理关系，主要指质量监督管理机构与生产者、销售者在产品质量方面的管理与被管理关系。

第二节 产品质量的监督与管理

本节知识点导图

一、产品质量监督管理制度概述

（一）产品质量监督的基本形式

产品质量监督，是指由产品质量监督机构、有关组织和消费者，按照相关质量标准，对生产者的产品质量进行评价、考核和鉴定，以促进生产者加强质量管理，执行质量标准，保证产品质量，维护用户和消费者利益。我国的产品质量监督主要有以下三种形式。

（1）自我监督。生产者自身按照技术标准和订货合同等对产品质量进行检验。

（2）社会监督。社会监督的具体方式可以是消费者投诉、群众评议、舆论监督以及保护消费者权益的社会组织进行的监督等。

（3）国家监督管理。国家通过立法，授权特定的国家机关，以政府名义进行产品质量监督管理，可以分为评价型监督管理和强制型监督管理两类。前者主要为质量认证管理；后者主要包括生产许可管理、产品质量检验管理、产品质量监督检查管理。

（二）我国的产品质量监督管理体制

我国对产品质量的监督管理主要体现为行政管理，职能上采取统一管理与分工管理相结合，范围上采取级别管理与地域管理相结合的管理模式。按照现行《产品质量法》规定，国务院市场监督管理部门主管全国产品质量监督工作。国务院有关部门在各自的职责范围内负责产品质量监督工作。县级以上地方市场监督管理部门主管本行政区域内的产品质量监督工作。县级以上地方人民政府有关部门在各自的职责范围内负责产品质量监督工作。法律对产品质量的监督部门另有规定的，依照有关法律的规定执行。

目前我国负责产品质量监督统一管理的机构为国家市场监督管理总局（以下简称国家市监总局）和地方各级市场监督管理局，国家市监总局对地方市监部门实行垂直领导。国家市监总局负责管理产品质量安全风险监控、国家监督抽查工作，建立并组织实施质量分级制度、质量安全追溯制度，指导工业产品生产许可管理，负责产品质量监督工作。设专门的产品质量安全监督管理司，以及与产品质量监管密切相关的标准技术管理司、标准创新管理司、认证监督管理司、认可与检验检测监督管理司等机关部门；设立中国合格评定国家认可中心、国家标准技术审评中心等直属单位，共同构建全方位、多层次的产品质量监管机制。

知识点检验 7-1

二、产品质量监督管理具体制度

（一）工业品生产许可证制度

2002 年起，国家对保护国家安全、保护人类健康或安全、保护动植物生命或健康、保护环境等重要工业产品实施生产许可证制度。《中华人民共和国工业产品生产许可证管理条例》规定，任何企业未取得生产许可证不得生产列入目录的产品，任何单位和个人不得销售或者在经营活动中使用未取得生产许可证的列入目录的产品。这些产品包括：直接关系人体健康的加工食品，可能危及人身、财产安全的产品，关系金融安全和通信质量安全的产品，保障劳动安全的产品，影响生产安全、公共安全的产品等。需要注意的是，工业产品生产许可证是颁发给企业的，而不是发给产品的。即已经设立登记的企业，对列入目录的产品提出生产申请，经国务院工业产品生产许可证主管部门组织对企业进行审查验收合格，作出准予生产的许可决定后，颁发给生产企业相应的工业产品生产许可证。

📖 知识拓展

生产哪些产品的企业需要获得工业产品生产许可证？

根据《中华人民共和国工业产品生产许可证管理条例》第 2 条的规定，"国家对生产下列重要工业产品的企业实行生产许可证制度：（一）乳制品、肉制品、饮料、米、面、食用油、酒类等直接关系人体健康的加工食品；（二）电热毯、压力锅、燃气热水器等可能危及人身、财产安全的产品；（三）税控收款机、防伪验钞仪、卫星电视广播地面接收设备、无线广播电视发射设备等关系金融安全和通信质量安全的产品;(四)安全网、安全帽、建筑扣件等保障劳动安全的产品;(五)电力铁塔、桥梁支座、铁路工业产品、水工金属结构、危险化学品及其包装物、容器等影响生产安全、公共安全的产品;(六)法律、行政法规要求依照本条例的规定实行生产许可证管理的其他产品。"

(二)产品质量检验制度

按照现行《产品质量法》规定,产品质量应当检验合格,不得以不合格产品冒充合格产品。所谓合格产品,是指产品符合应具备的可用性和社会公认的产品所应当达到的要求。产品质量检验是指由产品质量检验机构根据特定标准对产品质量进行检测,并判断其合格与否的活动。

产品质量检验通常依据检验主体的不同分为生产者自我检验、销售者进货检验和第三方检验三种。生产者自我检验又称为生产检验,是指生产者通过内部设置的检验机构,按照法律强制要求或自主进行的产品质量检测,目的在于保证所生产产品的质量;销售者进货检验是指销售者购进产品时的验收检验,其目的是为了确保外购产品的质量,保护自身利益;第三方检验是由各级政府的质量监督部门所授权的独立产品质量检验机构作为公正的第三方所进行的检验。产品质量检验机构必须依法按照有关标准,客观、公正地出具检验结果。为此,现行产品质量法对产品质量检验机构设置了检测条件和能力的标准,不是任何一个主体均能成为产品质量检验机构,其必须具备相应的检测条件和能力,经省级以上人民政府产品质量监督部门或者其授权的部门考核合格后,方可承担产品质量检验工作。当然,如果法律、行政法规对产品质量检验机构另有规定的,那么依照有关法律、行政法规的规定执行。

(三)认证制度

认证制度又称为合格评定程序,是指任何直接或间接确定技术法规或标准中相关要求被满足的程序。根据相关主体的意愿性标准,可以分为强制性产品认证制度和自愿性产品认证制度两种。

1. 强制性产品认证制度

强制性产品认证制度,是一国政府为保护广大消费者人身和动植物生命安全,保护环境、保护国家安全,依照法律法规实施的一种产品合格评定制度,通过制定强制性产品认证的产品目录和实施强制性产品认证程序,对列入目录中的产品实施强制性的检测和审核。凡列入强制性产品认证目录内的产品,没有获得指定认证机构的认证证书,没有按规定加施认证标志,一律不得进口、不得出厂销售和在经营服务场所使用。强制性产品认证制度在推动国家各种技术法规和标准的贯彻、规范市场经济秩序、打击假冒伪劣行为、提升产品的质量管理水平和保护消费者权益等方面,具有其他工作不可替代的作用和优势。

目前,强制性产品认证制度领域的基础文件是国家质检总局 2001 年颁布的并于 2009 年修订的《强制性产品认证管理规定》,此外的配套文件和法规还包括《第一批实施强制性产品认证的产品目录》《强制性产品认证标志管理办法》《国家认监委关于实施强制性产品认证制度有关问题的通知》《强制性产品认证机构、检查机构和实验室管理办法》（总局令第 65 号）《强制性产品认证收费标准》等。国家认证认可监督管理委员会是国务院授权的负责全国强制性产品认证工作的机构。地方质检机构对所辖区内列入目录的产品实施监督，对强制性产品认证违法行为进行查处。

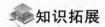知识拓展

3C 认证制度

所谓 3C 认证，就是中国强制性产品认证制度，英文名称 China Compulsory Certification，英文缩写 CCC。它是中国政府为兑现入世承诺，于 2001 年 12 月 3 日将原来的"CCIB"认证和"长城 CCEE 认证"进行统一，按照世贸组织有关协议和国际通行规则而实施的基础性安全认证制度。目前列入强制性认证目录的产品包括电线电缆、开关、低压电器、电动工具、家用电器、音视频设备、信息设备、电信终端、机动车辆、医疗器械、安全防范设备、油漆、陶瓷、汽车产品、玩具等产品。3C 认证主要是试图通过"统一目录，统一标准、技术法规、合格评定程序，统一认证标志，统一收费标准"等一揽子解决方案，彻底解决长期以来中国产品认证制度中出现的政出多门、重复评审、重复收费以及认证行为与执法行为不分的问题，并建立与国际规则相一致的技术法规、标准和合格评定程序，促进贸易便利化和自由化。

2. 自愿性产品认证制度

依据产品质量法规定，我国的自愿性认证制度分为下列两种：企业质量体系认证和产品质量认证。

（1）企业质量体系认证

企业质量体系认证是指由国务院产品质量监督部门或其授权的部门认可的认证机构，依据国际通用的"质量管理和质量保证"系列标准，按照规定的程序，对企业的质量体系和质量保证能力进行审核，包括对企业的质量管理制度、企业的生产、技术条件等保证产品质量的诸因素进行全面的评审，对符合要求的，通过颁发认证证明书的形式，证明企业的质量保证能力符合相应标准要求的活动。其中所谓国际通用的"质量管理和质量保证"系列标准，指的是国际标准化组织（ISO）发布的 ISO 系列国际标准。

在我国，企业质量体系认证采用自愿原则，即参加质量体系认证应当是企业自愿的行为，任何单位或个人都不得强迫企业申请质量体系认证。企业通过参加质量体系认证，获得认证证书，有助于提高企业在市场上的信誉，并增强竞争能力。

（2）产品质量认证

产品质量认证也称产品认证，国际上多称合格认证，是指由依法取得产品质量认证资格的认证机构，依据有关的产品标准和要求，按照规定的程序，对申请认证的产品进行工厂审查和产品检验，对于符合标准和要求的，通过颁发认证证书和认证标志以证明该项产品符合相应标准的活动。

在我国，产品质量认证也实行自愿原则，并实行第三方认证制度，即由独立于生产方和购买方，并获得质量监督部门认可的专门认证机构进行认证。经认证合格的，由认

证机构颁发产品质量认证证书，准许企业在产品或者其包装上使用产品质量认证标志。产品质量认证机构应当依照国家规定对准许使用认证标志的产品进行认证后的跟踪检查；对不符合认证标准而使用认证标志的，要求其改正；情节严重的，取消其使用认证标志的资格。

需要注意的是，获得企业质量体系认证的企业，并不等于获得产品质量认证，不得因此在其产品上使用产品质量认证标志。但取得产品质量认证的企业，其企业质量体系必须满足"质量管理和质量保证"的标准要求，以及特定产品的补充要求，所以一般无须申请企业质量体系认证；不过，已取得企业质量体系认证的生产者在申请产品质量认证时，可以免除对企业质量体系的检查。

课堂讨论 7-2

企业质量体系认证和产品质量认证有哪些联系和区别？

（四）产品质量监督检查制度

与前两项制度不同，产品质量监督检查是一项强制性的行政措施，是指政府产品质量监督部门依据《产品质量法》等法律法规的规定对生产者、销售者和使用者的产品质量实施监督检查，并依法进行处理的具体行政行为。根据现行产品质量法规定，它以监督抽查为主要方式，重点针对三类产品：①可能危及人体健康和人身、财产安全的产品；②影响国计民生的重要工业产品；③消费者、有关组织反映有质量问题的产品。

全国范围的监督抽查工作由国务院产品质量监督部门规划和组织。县级以上地方产品质量监督部门在本行政区域内也可以组织监督抽查。法律对产品质量的监督检查另有规定的，依照有关法律的规定执行。对依法进行的产品质量监督检查，生产者、销售者不得拒绝。

抽查的样品应当在市场上或者企业成品仓库内的待销产品中随机抽取，根据监督抽查的需要，可以对产品进行检验。检验抽取样品的数量不得超过检验的合理需要，并且不得向被检查人收取检验费用。监督抽查所需检验费用按照国务院规定列支。国务院和省、自治区、直辖市人民政府的产品质量监督部门应当定期发布其监督抽查的产品的质量状况公告。

在此需要注意的是，国家监督抽查的产品，地方不得另行重复抽查；上级监督抽查的产品，下级不得另行重复抽查。生产者、销售者对抽查检验的结果有异议的，可以自收到检验结果之日起 15 日内向实施监督抽查的产品质量监督部门或者其上级产品质量监督部门申请复检，由受理复检的产品质量监督部门作出复检结论。

监督抽查的产品质量不合格的，由实施监督抽查的产品质量监督部门责令其生产者、销售者限期改正。逾期不改正的，由省级以上人民政府产品质量监督部门予以公告；公告后经复查仍不合格的，责令停业，限期整顿；整顿期满后经复查产品质量仍不合格的，吊销营业执照。监督抽查的产品有严重质量问题的，依照产品质量法的相关规定对生产者、经营者进行处罚。

知识点检验 7-2

第三节 生产者、销售者的产品质量义务

本节知识点导图

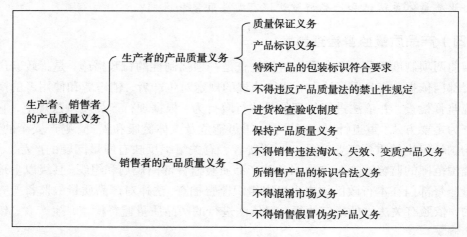

一、生产者的产品质量义务

（一）质量保证义务

生产者应当保证其产品的质量符合默示或明示的内在质量。按照现行法律法规规定，产品质量应当符合下列要求：①符合安全标准。也就是说，产品不存在危及人身、财产安全的不合理的危险，有保障人体健康和人身、财产安全的国家标准、行业标准的，应当符合该标准；②具备产品应当具备的使用性能，但是，生产者对产品存在使用性能的瑕疵作出说明的除外；③符合在产品或者其包装上注明采用的产品标准，符合以产品说明、实物样品等方式表明的质量状况。

（二）产品标识义务

产品标识是指用于识别产品及其质量、数量、特征、特性和使用方法所做的各种表示的统称，可以用文字、符号、数字、图案等表示。

根据产品质量法的规定，产品或者其包装上的标识必须真实，并符合下列要求：①有产品质量检验合格证明。②有中文标明的产品名称、生产厂厂名和厂址。③根据产品的特点和使用要求，需要标明产品规格、等级、所含主要成分的名称和含量的，用中文相应予以标明；需要事先让消费者知晓的，应当在外包装上标明，或者预先向消费者提供有关资料。④限期使用的产品，应当在显著位置清晰地标明生产日期和安全使用期或者失效日期。⑤使用不当，容易造成产品本身损坏或者可能危及人身、财产安全的产品，应当有警示标志或者中文警示说明。裸装的食品和其他根据产品的特点难以附加标识的裸装产品，可以不附加产品标识。

（三）特殊产品的包装标识符合要求

产品包装是指为在流通过程中保护产品、方便贮运、促进销售，按一定技术方法而采用的容器、材料及辅助物等的总称。

根据产品质量法的规定，特殊产品的包装标识应符合以下要求：易碎、易燃、易爆、有毒、有腐蚀性、有放射性等危险物品以及储运中不能倒置和其他有特殊要求的产品，其包装质量必须符合相应要求，依照国家有关规定作出警示标志或者中文警示说明，标明储运注意事项。

案例分析 7-1

景德镇甲瓷器厂销售给大连市乙商场一批瓷器，约定乙商场先支付一般货款作为预付款，货到验收后支付另一半货款。半个月后，大连市乙商场收到了货物，当场拆包查验时发现一半以上的瓷器都出现了裂纹。仔细检查包装后发现，该批瓷器以普通纸箱包装，外包装上没有写明运送的物品为瓷器，但在明显处写有"里面的货物很脆弱，请搬运者轻拿轻放"字样。大连市乙商场认为甲瓷器厂因欠缺专业性而不适合继续交易，不仅拒收了货物，还要求退回已付货款，追究违约责任。甲瓷器厂认为，己方虽然没有特别标明运送的物品是瓷器，但也写明了运输要"轻拿轻放"，运输公司的装卸工粗暴装卸的行为，丝毫未曾顾忌内容物是导致损失的原因，己方的瓷器质量没有问题，乙商场不能据此追究己方的违约责任。

扫描此码 答案解析

问题：甲瓷器厂的说法成立吗？

（四）不得违反产品质量法的禁止性规定

生产者的产品质量义务除上述积极义务外，还要具备产品质量法规定的消极义务，主要如下。

（1）生产者不得生产国家明令淘汰的产品。所谓国家明令淘汰的产品，是指国务院以及国务院有关行政部门依据其行政职能，按照一定的程序，采用行政的措施，通过发布行政文件的形式，向社会公布某项产品或者某个型号的产品，自何年、何月、何日起禁止继续生产、销售、使用。国家明令淘汰的产品，一般是涉及消耗能源高、污染环境、产品性能落后、疗效不确、毒副作用大等方面因素的产品。目前国家明令宣布淘汰的产品包括石化化工、铁路、钢铁、建材、机械、药品、农药等领域的多种产品。

（2）生产者不得伪造产地，不得伪造或者冒用他人的厂名、厂址。伪造产地是指在甲地生产的产品在产品标识上标注乙地的地名的质量欺诈行为。伪造或者冒用他人的厂名、厂址是指在产品标识上非法标注他人的或者不真实的厂名、厂址。

（3）生产者不得伪造或者冒用认证标志等质量标志。质量标志是指标明产品质量状况的证书、标记等，包括文字、符号和图案等。

（4）生产者生产产品，不得掺杂、掺假，不得以假充真、以次充好，不得以不合格产品冒充合格产品。其中，"杂"是指非同类产品或物品；"假"是指具有与产品相同外观等特性的易混淆非同类产品或物品；"次"是指质量、档次、等级等方面较差的同类产品；不合格产品是指经检验和试验判定，产品质量特性与相关技术要求相偏离，不符合产品质量标准的产品，包括废品、返修品和等外品等。

知识点检验 7-3

二、销售者的产品质量义务

按照现行产品质量法规定，销售者的产品质量义务主要有以下六方面。

（一）进货检查验收制度

销售者应当建立并执行进货检查验收制度，验明产品合格证明和其他标识。销售者进货检查验收制度是指为确保销售者进货的质量、数量符合国家法律和合同的要求，产品销售者应当审验供货商的经营资格，验明产品的合格证明和其他标识，并建立产品进货台账等，以保证进货产品的质量。事实上，这也是销售者维护其自身利益的需要。

（二）保持产品质量义务

销售者应当采取措施，保持销售产品的质量。生产者的产品通过销售者到达消费者和用户手中，中间通常会有一段"时间差"。在此期间内，可能因销售者未采取应有的保质措施等而导致产品出现质量问题，因此法律规定了销售者的此项义务。通常销售者应当根据产品的特点，采取必要的防雨、防晒、控制温湿度等措施保持其销售的产品不变质。

（三）不得销售违法淘汰、失效、变质产品义务

所谓失效、变质的产品，是指失去了产品所应当具有的安全性和适用性，失去了产品原有的使用价值的产品。这样的产品一旦流入用户、消费者的手中，必然或可能危及人体健康和人身、财产安全。因此，产品法明确规定销售者不得销售国家明令淘汰并停止销售的产品和失效、变质的产品。

（四）所销售产品的标识合法义务

销售者销售的产品的标识应当符合产品质量法规定的五项条件：①有产品质量检验合格证明。②有中文标明的产品名称、生产厂厂名和厂址。③根据产品的特点和使用要求，需要标明产品规格、等级、所含主要成分的名称和含量的，用中文相应予以标明；需要事先让消费者知晓的，应当在外包装上标明，或者预先向消费者提供有关资料。④限期使用的产品，应当在显著位置清晰地标明生产日期和安全使用期或者失效日期。⑤使用不当，容易造成产品本身损坏或者可能危及人身、财产安全的产品，应当有警示标志或者中文警示说明。如果裸装的食品和其他根据产品的特点难以附加标识的裸装产品，则可以不附加产品标识。

（五）不得混淆市场义务

销售者不得伪造产地，不得伪造或者冒用他人的厂名、厂址。不得伪造或者冒用认证标志等质量标志。

（六）不得销售假冒伪劣产品义务

销售者销售产品，不得掺杂、掺假，不得以假充真、以次充好，不得以不合格产品冒充合格产品。

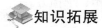

销售者违反产品质量义务可构成消法意义上的欺诈行为

依据 2015 年 3 月 15 日起实施的《侵害消费者权益行为处罚办法》第 5 条规定，经营者有销售失效、变质的商品，销售伪造产地、伪造或者冒用他人的厂名、厂址、篡改生产日期的商品，销售伪造或者冒用认证标志等质量标志的商品，销售的商品或者提供的服务侵犯他人注册商标专用权，销售伪造或者冒用知名商品特有的名称、包装、装潢的商品等行为之一且不能证明自己并非欺骗、误导消费者而实施此种行为的，属于欺诈行为。在销售的商品中掺杂、掺假，以假充真，以次充好，以不合格商品冒充合格商品，销售国家明令淘汰并停止销售的商品的，均属于欺诈行为。

第四节　生产者、销售者的产品质量责任

本节知识点导图

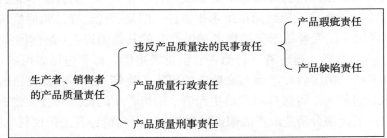

违反产品质量法的法律责任又被称为"产品质量责任"，主要指生产者、销售者以

及其他对产品质量负有直接责任的责任者,因违反产品质量法所规定的产品质量义务所应承担的各种法律责任的总称。其特征包括:①它可以产生于产品生产、销售、检验、使用或行政管理的各个环节。②发生原因多样化。有的是因为违反产品质量监督管理法规的相关规定,也有的是因为违反合同约定,或因为违反产品质量法造成人身财产损害等。③其责任主体包括产品生产、经营、检验及行政管理过程中所有应对产品质量问题负责的组织或个人,包括生产者、设计者、原材料和零部件的供应者、销售者、承运者、仓储者、检验者、执法者以及他们的负责人和直接责任人员等。④此责任属于经济法责任,具体表现为综合责任,即同一行为的责任经常由不同责任人同时承担,承担方式可能同时包括民事责任、行政责任、刑事责任等责任形式。

一、违反产品质量法的民事责任

违反产品质量法的民事责任可以分为两大类:一种是生产者、销售者的产品质量民事责任;另一种是其他主体的产品质量民事责任。前者又可以分为产品瑕疵责任和产品缺陷责任两种,其中"瑕疵"和"缺陷"是两个不同的概念。法律意义上的瑕疵,一般就是不完全、不彻底的意思,在此特指产品质量不符合法律规定或当事人约定的质量标准,不具有其应当具备的使用性能;缺陷是产品质量法上的特有概念,特指产品存在危及人身、他人财产安全的不合理的危险。瑕疵产品并不一定有带来人身财产危害的危险,故不一定属于缺陷产品;而有缺陷的产品,也可能并无瑕疵,属于质量合格产品。

(一)产品瑕疵责任

产品瑕疵责任是指因生产或销售的产品存在瑕疵,即产品质量不符合明示或默示的质量要求,生产者或销售者应承担的责任。

1. 产品瑕疵责任的产生原因

为了更好地明确产品瑕疵责任,产品质量法对其产生的原因进行了列举,主要有三方面原因:①不具备产品应当具备的使用性能而事先未做说明;②不符合在产品或者其包装上注明采用的产品标准;③不符合以产品说明、实物样品等方式表明的质量状况。

2. 产品瑕疵责任的责任主体

产品瑕疵责任的求偿权主体是消费者和用户,赔偿责任主体一般为销售者,后者基于二者之间的合同关系来承担产品瑕疵责任,且只要产品存在瑕疵,销售者就必须承担产品瑕疵责任,而无论销售者对瑕疵的形成是否存在过错。销售者不能因瑕疵实际系由生产者、运输者或仓储者导致而拒绝承担责任。但是,若能够证明瑕疵属于生产者、运输者、仓储者的责任或者属于向销售者提供产品的其他销售者(简称供货者)的责任的,销售者有权向生产者、运输者、仓储者、供货者追偿,即非过错方可向过错方追偿。

产品生产者、销售者对产品瑕疵造成的损害负连带责任,消费者和用户无须分清造成产品瑕疵的过错方,可选择向产品生产者、销售者中的任意一方主张权利。实践中消费者和用户一般无法分清造成产品瑕疵的过错方,而向销售者主张权利较为经济和效率。

3. 产品瑕疵责任的构成要件

产品瑕疵责任的构成,必须同时具备以下三方面条件:①销售的产品确实存在瑕疵,该瑕疵既可以是表面瑕疵，也可以是隐蔽瑕疵；②该瑕疵的形成时间应早于产品交付的时间；③消费者善意且没有重大过失。即瑕疵不是消费者和用户造成，并且在产品交付时，消费者和用户并不知晓瑕疵的存在。

4. 产品瑕疵责任的责任承担形式

产品瑕疵责任是由法律直接规定的责任，是一种特殊侵权责任，当事人无权协商。根据产品质量法，销售的产品具有瑕疵责任的，销售者应当负责修理、更换、退货；给购买产品的消费者造成损失的，销售者应当赔偿损失。属于生产者或者供货者责任的，销售者有权向生产者、供货者追偿。生产者之间，销售者之间，生产者与销售者之间订立的买卖合同、承揽合同有不同约定的，合同当事人按照合同约定执行。

求偿权利人对于救济的手段具有选择权，但应根据标的的性质以及损失的大小，遵循公平合理、诚实信用的原则进行选择，同时要符合合同法律制度和消费者权益保护法的相关规定。按照产品质量法规定：因产品质量发生民事纠纷时，当事人可以通过协商或者调解解决。当事人不愿通过协商、调解解决或者协商、调解不成的，可以根据当事人各方的协议向仲裁机构申请仲裁；当事人各方没有达成仲裁协议或者仲裁协议无效的，可以直接向人民法院起诉。

5. 产品瑕疵责任的诉讼时效期间

诉讼时效是指民事权利受到侵害的权利人在法定时效期间不行使权利，当时效届满后，人民法院对权利人的权利不再进行保护的制度。依据《民法典》第188条的规定，产品瑕疵责任的诉讼时效期间为3年。

案例分析 7-2

李阿婆在电器商场看到一款打折的电饭煲，折扣力度很大。李阿婆询问打折原因，促销员解释说该打折电饭煲是积压商品，因款式老旧、功能较少才打折。李阿婆想着电饭煲除了煮饭也基本不会作为他用，自己也不需要追求最新功能，于是购买一台。但使用了3天后，电饭煲经常出现无故断电现象，煮的饭常常夹生。李阿婆找到电器商场，说电饭煲质量有问题，要求退货。商场却表示，当时这款电饭煲是打折产品，卖的时候就说了款式老、功能少，出点问题也正常，而且依照商场内部规定，打折商品售出一概不退不换。如果李阿婆想要退货，商场可以提供生产者厂址，让李阿婆自行联系厂家退货。

答案解析 扫描此码

问题：商场的做法合法吗？

（二）产品缺陷责任

产品缺陷责任又可称为产品责任，是指产品因为具有缺陷而致使他人的人身或该缺陷产品以外的其他财产遭受损害时，产品的生产者、销售者及有关主体应承担的责任。

1. 缺陷责任的产生原因

缺陷责任的产生原因在于产品存在"缺陷"。按照现行《产品质量法》的相关规定，缺陷是指产品存在危及人身、他人财产安全的不合理的危险，该类产品有保障人体健康和人身、财产安全的国家标准、行业标准的，不符合该标准也认为产品存在缺陷。为此，产品缺陷通常包括：制造缺陷、设计缺陷、警示说明缺陷、跟踪观察缺陷（未尽到召回警示义务导致的缺陷）[①]等。

2. 缺陷责任的责任主体

缺陷责任的求偿权主体是受侵害人，也即消费者和用户；责任承担主体是产品的生产者和销售者，二者对受侵害人承担连带责任。销售者不能指明缺陷产品的生产者也不能指明缺陷产品的供货者的，销售者应当承担赔偿责任。依据《民法典》第1203条及《产品质量法》第43条的规定，因产品存在缺陷造成人身、他人财产损害的，受害人可以向产品的生产者要求赔偿，也可以向产品的销售者要求赔偿。属于产品生产者的责任，产品的销售者赔偿的，产品的销售者有权向产品的生产者追偿。属于产品的销售者的责任，产品的生产者赔偿的，产品的生产者有权向产品的销售者追偿。

然而，受侵害人获得赔偿之后，生产者与销售者之间如何确定赔偿责任的最终承担人？产品从生产到流通至消费者手中，经历了诸多环节，若无法确定缺陷产生的过错方，又应如何处理？

对此，现行产品质量法对不同情况下赔偿最终主体予以不同规定。①销售者承担过错责任。销售者对缺陷及损害结果的发生有过错的，由销售者承担相应责任，也就是说，由于销售者的过错使产品存在缺陷，造成人身、他人财产损害的，销售者应当承担赔偿责任；销售者不能指明缺陷产品的生产者也不能指明缺陷产品的供货者的，销售者应当承担赔偿责任。②生产者承担严格责任。若销售者没有过错，或无法证明销售者有过错，则由生产者承担赔偿责任，来作为赔偿责任的最终承担人，而无论生产者是否有过错。如此规定，可以最大限度地维护消费者利益。

此外，《民法典》第1204条也对产品缺陷责任的其他责任主体予以明确规定：因运输者、仓储者等第三人的过错使产品存在缺陷，造成他人损害的，产品的生产者、销售者赔偿后，有权向第三人追偿。

3. 缺陷责任的构成要件

缺陷责任的构成，必须同时具备以下三方面条件：①产品存在缺陷，且这种不合理的危险在产品离开生产者或销售者之间就已经存在。②有损害的客观事实。即产品缺陷造成了人身和缺陷产品以外的其他财产的损害。若产品有缺陷，但并未造成人身或财产损害，或者仅造成缺陷产品本身的损害，均不构成产品缺陷责任，而仅是由生产者或销售者承担产品瑕疵责任。③产品缺陷与损害后果之间有因果关系。

上述三项条件是生产者承担缺陷责任应当满足的要件。若主张销售者的缺陷责任，还应当具备第四项要件，即销售者存在过错。这项条件在生产者与销售者的责任划分中尤为重要。

[①] 此处对于产品缺陷类型的分类方法参照了中国人民大学民商事法律科学研究中心"侵权责任法司法解释研究"课题组于2011年提出的《侵权责任法司法解释草案建议稿》第99条的分类。资料来源：华律网法律法规专题，网址：https://www.66law.cn/tiaoli/1184.aspx。

4. 缺陷责任的责任承担形式

按照现行法律规定，缺陷责任的承担形式主要有三类：①因产品存在缺陷造成受害人人身伤害的，侵害人应当赔偿医疗费、治疗期间的护理费、因误工减少的收入等费用；造成残疾的，还应当支付残疾者生活自助具费、生活补助费、残疾赔偿金以及由其扶养的人所必需的生活费等费用；造成受害人死亡的，并应当支付丧葬费、死亡赔偿金以及由死者生前扶养的人所必需的生活费等费用。②因产品存在缺陷造成受害人财产损失的，侵害人应当恢复原状或者折价赔偿；受害人因此遭受其他重大损失的，侵害人应当赔偿损失。③因产品缺陷危及他人人身、财产安全的，被侵权人有权请求生产者、销售者承担排除妨碍、消除危险等侵权责任。

5. 生产者缺陷责任的例外情形

按照《产品质量法》规定，生产者能够证明有下列情形之一的，不承担赔偿责任：①未将产品投入流通的；②产品投入流通时，引起损害的缺陷尚不存在的；③将产品投入流通时的科学技术水平尚不能发现缺陷的存在的。

但是，《民法典》第1202条又规定"因产品存在缺陷造成他人损害的，生产者应当承担侵权责任"，却并未规定例外情形。而损害赔偿是承担侵权责任的主要形式之一，二者在适用时产生了协调问题。有学者认为，依据新法优于旧法的原则，《民法典》侵权责任编的规定已经取代了产品质量法的规定，但本书认为，不能一概而论。《产品质量法》规定生产者的除外责任，其目的在于保护生产者主观上没有过错时的正当利益；而《民法典》侵权责任编的规定更强调受侵害者的利益，同时排除生产者客观上造成损害时而不需承担责任的可能性，二者在立法目的上存在可以协调之处，应根据特别法优于一般法的原则，在司法实务中原则性地适用《产品质量法》规定的生产者缺陷责任的例外情形；同时还应综合考虑到例外情形产生原因的合理性，以及受害人是否存在过错等情况，具体问题具体分析。

案例分析 7-3

2020年某日，段某启动刚从单位拿回的电磁炉，打算给家中展示下厨艺。谁知，"轰"的一声，电磁炉爆炸，段某的手被炸伤。事后段某找到有关部门进行调查。原来该型电磁炉是某电器公司的新产品，出事前几天送到段某单位（电子产品检验所）请求测试，段某认为该电器公司产品质量一直不错，于是就顺手拿回了一台使用，谁想竟生故障。

问题：若段某起诉某市电器公司，能否胜诉？为什么？

6. 缺陷责任的诉讼时效

产品缺陷责任的诉讼时效期间为3年。此处需要特别注意各法律规定之间衔接的问题：依据现行《产品质量法》第45条的规定，因产品存在缺陷造成损害要求赔偿的诉讼时效期间为2年；要求损害赔偿的请求权在缺陷产品交付最初消费者满10年丧失。但2018年7月23日开始适用的《最高人民法院关于适用〈中华人民共和国民法总则〉诉讼时效制度若干问题的解释》明确规定："《民法总则》施行后诉讼时效期间开始计算的，应当适用《民法总则》第188条关于3年诉讼时效期间的规定。当事人主张适用民法通则关于2年或者1年诉讼时效期间规定的，人民法院不予支持。"2020年颁布的《民法典》沿用了《民法总则》的相关规定，故当前产品缺陷责任的诉讼时效应该为3年。同时，上述司法解释还规定，2017年10月1日前，诉讼时效期间尚未满《民法通则》规定的2年或者1年，当事人可以主张适用3年诉讼时效期间的规定；对于《民法通则》规定的2年或者1年诉讼时效期间已经届满的，不能适用3年的诉讼时效期间。

7. 产品存在缺陷的补救措施

产品投入流通后发现存在缺陷的，根据《消费者权益保护法》的相关规定，生产者、销售者应当及时采取停止销售、警示、召回、无害化处理、销毁、停止生产等补救措施。未及时采取补救措施或者补救措施不力造成损害的，应当承担侵权责任。《民法典》第1205条还规定，因产品缺陷危及他人人身、财产安全的，被侵权人有权请求生产者、销售者承担停止侵害、排除妨碍、消除危险等侵权责任。

同时，《民法典》又进一步对生产者或销售者的主观状态予以强调：明知产品存在缺陷仍然生产、销售，造成他人死亡或者健康严重损害的，被侵权人有权请求相应的惩罚性赔偿。

知识拓展

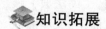

缺陷产品召回制度

缺陷产品召回制度，是指在产品存在可能引发消费者健康、人身安全问题的缺陷时，产品的生产者、经营者等召回义务主体或者国家特定职能部门等，应及时通知消费者，设法从市场上和消费者手中收回缺陷产品，并根据产品缺陷的严重程度、缺陷产品的数量等因素，采取免费修理、更换、退赔等补救措施。目前我国在相关领域的立法主要有《缺陷汽车产品召回管理条例》《儿童玩具召回管理规定》《食品召回管理规定》《药品召回管理规定》等，但尚未建立系统而完善的缺陷产品召回法律体系。

知识点检验7-4

（三）其他主体的产品质量民事责任

1. 产品质量检验机构、认证机构的民事责任

产品质量检验机构、认证机构出具的检验结果或者证明不实，造成损失的，应当承担相应的赔偿责任。产品质量认证机构对不符合认证标准而使用认证标志的产品，未依法要求其改正或者取消其使用认证标志资格的，对因产品不符合认证标准给消费者造成的损失，与产品的生产者、销售者承担连带责任。

2. 社会团体、社会中介机构的民事责任

社会团体、社会中介机构对产品质量作出承诺、保证，而该产品又不符合其承诺、保证的质量要求，给消费者造成损失的，与产品的生产者、销售者承担连带责任。

二、产品质量行政责任

产品质量的行政责任由产品质量监督部门,即市场监督管理局追究和制裁。依据其责任承担的主体不同,《产品质量法》将产品质量行政责任分为以下五类。

(一)生产者、销售者的产品质量行政责任

生产者、销售者的下列行为应承担相应的行政责任:①生产、销售不符合保障人体健康和人身、财产安全的国家标准、行业标准的产品;②在产品中掺杂、掺假,以假充真,以次充好,或者以不合格产品冒充合格产品;③生产国家明令淘汰的产品,销售国家明令淘汰并停止销售的产品;④销售失效、变质的产品;⑤伪造产品产地的,伪造或者冒用他人厂名、厂址的,伪造或者冒用认证标志等质量标志的;⑥产品标识不符合法律规定;⑦拒绝接受依法进行的产品质量监督检查。其承担行政责任的形式主要有:责令停止生产或销售;没收违法生产或销售的产品;没收违法所得;罚款;责令公开更正;吊销营业执照等。

(二)产品质量检验机构、认证机构的产品质量行政责任

产品质量检验机构、认证机构的下列行为应承担行政责任:①伪造检验结果或者出具虚假证明;②对不符合认证标准而使用认证标志的产品,未依法要求其改正或者取消其使用认证标志资格;③向社会推荐生产者的产品或者以监制、监销等方式参与产品经营活动。其承担行政责任的形式包括:责令改正;罚款;对责任人员处以罚款;没收违法所得;取消其检验、认证资格等。

(三)产品质量监督部门或者其他国家机关的产品质量行政责任

产品质量监督部门或者其他国家机关的下列行为应承担行政责任:①在产品质量监督抽查中超过规定的数量索取样品或者向被检查人收取检验费用的;②向社会推荐生产者的产品或者以监制、监销等方式参与产品经营活动。其承担行政责任的形式包括:由其上级机关或者监察机关责令改正,消除影响,没收违法收入,对直接负责的主管人员和其他直接责任人员依法给予行政处分等。

(四)各级人民政府工作人员和其他国家机关工作人员的产品质量行政责任

各级人民政府工作人员和其他国家机关工作人员的下列行为应承担行政责任:①包庇、放纵产品生产、销售中违反本法规定行为;②向从事违反本法规定的生产、销售活动的当事人通风报信,帮助其逃避查处;③阻挠、干预产品质量监督部门依法对产品生产、销售中违反本法规定的行为进行查处,造成严重后果;④滥用职权、玩忽职守、徇私舞弊,尚不构成犯罪的。其承担行政责任的形式为依法给予行政处分。

(五)其他的产品质量行政责任

其他产品质量行政责任有四类:①知道或者应当知道属于产品质量法规定禁止生产、销售的产品而为其提供运输、保管、仓储等便利条件的,或者为以假充真的产品提供制假生产技术的,没收全部运输、保管、仓储或者提供制假生产技术的收入,并处罚款;②服务业的经营者将禁止销售的产品用于经营性服务的,责令停止使用;对知道或

者应当知道所使用的产品属于产品质量法规定禁止销售的产品的，按照违法使用的产品（包括已使用和尚未使用的产品）的货值金额，依照本法对销售者的处罚规定处罚；③隐匿、转移、变卖、损毁被产品质量监督部门查封、扣押的物品的，罚款并处没收违法所得；④拒绝、阻碍产品质量监督部门工作人员依法执行职务，未使用暴力、威胁方法的，由公安机关依照《治安管理处罚法》的规定处罚。

知识点检验 7-5

三、产品质量刑事责任

（一）生产者、销售者的产品质量刑事责任

生产者、销售者的下列行为，构成犯罪的，依法承担刑事责任：①生产、销售不符合保障人体健康和人身、财产安全的国家标准、行业标准的产品；②在产品中掺杂、掺假，以假充真，以次充好，或者以不合格产品冒充合格产品；③销售失效、变质的产品。

（二）产品质量检验机构、认证机构的产品质量刑事责任

产品质量检验机构、认证机构伪造检验结果或者出具虚假证明，构成犯罪的，依法追究刑事责任。

（三）各级人民政府工作人员和其他国家机关工作人员的产品质量刑事责任

各级人民政府工作人员和其他国家机关工作人员的下列行为，构成犯罪的，依法承担刑事责任：①包庇、放纵产品生产、销售中违反《产品质量法》规定行为；②向从事违反《产品质量法》规定的生产、销售活动的当事人通风报信，帮助其逃避查处；③阻挠、干预产品质量监督部门依法对产品生产、销售中违反《产品质量法》规定的行为进行查处，造成严重后果；④滥用职权、玩忽职守、徇私舞弊。

（四）其他的产品质量刑事责任

知道或者应当知道属于禁止生产、销售的产品而为其提供运输、保管、仓储等便利条件的，或者为以假充真的产品提供制假生产技术，构成犯罪的，依法追究刑事责任。以暴力、威胁方法阻碍产品质量监督部门的工作人员依法执行职务的，依法追究刑事责任。

自测题

自学自测　扫描此码

复习思考题

1. 产品和产品质量的含义是什么？
2. 我国的产品质量监督管理制度有哪些？

3. 生产者和销售者有哪些产品质量义务?
4. 生产者和销售者的产品质量责任及其归责原则是怎样的?
5. 产品瑕疵责任与产品缺陷责任的区别是什么?

实训材料及实训要求

实训素材

本实训可根据实训素材背景资料采用模拟法庭形式进行。

(一) 背景资料

法庭审判模拟情境

2015年1月1日,A市新兴商场(位于A市开发区)推出"元旦电器促销活动",推荐B市神风冷气贸易工程公司(位于B市,以下简称神风公司)生产的型号为L079的空调,派发宣传单并在商场内打出广告词称该款空调为"节能环保变频空调",售价为人民币3 999元。A市市民向某看到广告后,认为该款空调物有所值,遂购买。按照惯例,新兴商场承诺1月3日免费送货上门,送货后向某可随时给商场的售后服务部门电话要求上门免费安装,安装时只要出具购货发票即可(发票上没有购买者姓名)。

1月3日新兴商场送货后,向某要求开箱验货,但送货人员称自己仅负责送货,验货可等安装时一并进行。向某因而未曾拆开包装。此后向某也一直未曾要求安装。直至2015年6月1日,朋友王某新婚,向某便将该空调作为结婚礼物送给王某,并将购货发票交与王某请其自己打电话给新兴商场要求安装。

2015年6月5日,新兴商场接到王某电话后到王家安装了空调。使用两个月后王某发现空调制冷制热偶有故障,但并未有大碍,遂未放在心上。2016年1月7日,王的妻子李某开空调时突然发生爆炸,碎片四溅,其中一片正好击中李某的左眼;同时损坏空调所在的墙面(需重新装修)。经医院诊断,李某眼角膜裂伤,属外伤性白内障。治疗4个半月后,2016年5月20日,医院诊断其视力恢复无望,且眼内残留细微塑料碎渣,完全取出尚需2~3次手术,将来还可能发生其他并发症。

2016年6月10日,王某与李某找到新兴商场,要求赔偿其治疗及误工、护理费用计人民币105 000元,经济损失(墙面重新装修)人民币8 000元,以及精神损害赔偿人民币35 000元。

新兴商场称:商场与空调生产者B市神风公司签订的售后技术服务合同仅约定保修期内商场承担安装、维修等售后服务,而空调系1年以前售出,已过1年的保修期,也就是李某因人身损害与商场进行的诉讼已经超过1年的诉讼时效期间,丧失了胜诉权,故商场不应承担责任;同时伤者李某并非购买者,与商场没有购销合同关系,空调爆炸系产品质量问题,应找其生产厂家赔偿。

多次与商场协商未果后,2016年8月4日,王某与李某又找到空调生产厂家B市神风冷气贸易工程公司要求赔偿,神风公司对爆炸空调检查后认为:导致空调爆炸的原因是压缩机有质量缺陷,而该压缩机系C市天宇压缩机厂生产;神风公司购进压缩机时质量抽查合格,且同批次的其他空调均未发生质量问题,说明神风公司的组装没有质量问题，故产品责任的承担者应为 C 市天宇压缩机厂，神风公司不承担赔偿责任。另外，神风公司在调查中向王某与李某说明该 L079 型号的空调并非节能环保变频空调，新兴商场做了虚假广告。

但此时天宇压缩机厂已被另外一家环宇压缩机厂收购。对此事件，环宇压缩机厂表示当时的工作人员已经离开工厂，神风公司当时验货时并未提出质量异议，而压缩机在爆炸中已经完全损坏，不能证明压缩机有质量问题。

2016 年 10 月 10 日，王某与李某始终未能获得任何赔偿，找到 A 市法源律师事务所咨询后，决定委托该所律师向法院提起诉讼，要求获得上文提到的人身损害、财产损害及精神损害赔偿。

（二）方法与步骤

1. 实训准备活动。实训教师将模拟情境的基本情况，包括当事人身份、争议发生的时间与经过、事件后果等提供给学生，由全体同学讨论分析，并解决以下先期问题：

（1）被告可以是谁？

（2）王某与李某应向哪个法院提起诉讼？

2. 确定原被告双方及受诉法院，并选定角色进行扮演。

需要角色：向某扮演者 1 人、李某扮演者 1 人、王某扮演者 1 人、商场工作人员 1 人、神风公司工作人员 1 人、法源律师事务所律师 2 人、商场方委托律师 1 人、神风公司委托律师 1 人、主审法官 1 人、陪审人员 2 人、书记员 1 人、模拟法庭组织者 1～2 人。

3. 学生课后准备和撰写相关书面材料。具体包括：法源律师事务所为王某、李某夫妇出具的法律意见书，双方委托律师进行诉讼的授权委托书（委托人为法人时应有法定代表人身份证明），民事起诉书，民事答辩状，双方代理词，双方的证据目录（包括证据本身）。

实训流程及考核样例

第八章

反不正当竞争法

 学习目标

通过本章系统学习，希望同学们掌握以下知识点。

了解：反不正当竞争法的立法概况及修订进程。

掌握：不正当竞争行为的概念和特征；各种不正当竞争行为的各种表现形式；不正当竞争行为的法律责任。

难点：反不正当竞争法的立法宗旨和基本原则的运用；反不正当竞争法与其他法律的协调适用。

培养：灵活判断不正当竞争行为的行为性质及其法律责任承担方式的综合运用能力。

实训：课后运用本章所学知识点进行不正当竞争行为演示分析的实训。

 案例导读

兰某、××小拇指汽车维修科技股份有限公司诉××市小拇指汽车维修服务有限公司等侵害商标权及不正当竞争纠纷案[①]

原告兰某、××小拇指汽车维修科技股份有限公司（以下简称××小拇指公司）诉称：其依法享有"小拇指"注册商标专用权，而××市小拇指汽车维修服务有限公司（以下简称××小拇指维修公司）、××市华商汽车进口配件公司（以下简称××华商公司）在从事汽车维修及通过网站进行招商加盟过程中，多次使用小拇指图片标识，且存在单独或突出使用"小拇指"的情形，侵害了其注册商标专用权；同时，××小拇指维修公司擅自使用××小拇指公司在先的企业名称，构成对××小拇指公司的不正当竞争。

××小拇指公司成立于2004年10月22日，法定代表人为兰某。2011年1月14日，××小拇指公司取得第6573882号"小拇指"文字注册商标。2011年4月14日，兰某将其拥有的第6573882号"小拇指"文字注册商标以独占使用许可的方式，许可给××小拇指公司使用。××小拇指公司多次获中国连锁经营协会颁发的中国特许经营连锁120强证书，2009年××小拇指公司"小拇指汽车维修服务"被浙江省质量技术监督局认定为浙江服务名牌。

---

① 最高人民法院指导案例第30号，最高人民法院审判委员会讨论通过2015年4月15日发布。案例来源：最高人民法院官网。

××小拇指维修公司成立于2008年10月16日，法定代表人田某。××华商公司成立于1992年11月23日，法定代表人与××小拇指维修公司系同一人，即田某。××小拇指维修公司、××华商公司在从事汽车维修及通过网站进行招商加盟过程中，多次使用小拇指图片标识，且存在单独或突出使用"小拇指"的情形。

根据以上材料，请你分析：

1. ××小拇指维修公司和××华商公司是否侵犯了兰某、××小拇指汽车维修科技股份有限公司的注册商标使用权？为什么？
2. ××小拇指维修公司和××华商公司是否对××小拇指公司构成不正当竞争？
3. 本案属于哪种不正当竞争行为？

第一节　反不正当竞争法概述

本节知识点导图

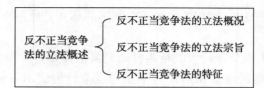

一、反不正当竞争法的立法概况

反不正当竞争法是竞争法的核心内容之一。从广义上说，反不正当竞争法是国家为了维护市场竞争在经济运行中的基础性作用，对市场主体的一切偏离公平竞争原则的行为进行规制的法律规范的总称。从狭义上讲，反不正当竞争法是国家对经营者在市场竞争中违反商业道德、扰乱经济秩序的行为进行规制的法律规范的总称。根据国情及对反不正当竞争法的定位不同，世界各地对该法的立法模式主要有两种：一种是将反不正当竞争法和反垄断法合并立法，如澳大利亚、匈牙利等；另一种则是分别立法，如日本、美国和德国等。

我国同多数国家、地区一样，采取了分立式立法模式。1993年9月2日第八届全国人大常委会第三次会议审查通过了《中华人民共和国反不正当竞争法》以下简称《反不正当竞争法》，是我国第一部专门调整市场竞争行为的法律。此后该法分别于2017年11月和2019年4月进行了两次修订，其中2017年的修订幅度较大，从不正当竞争行为的概念、类型、行为表现到执法程序等，均根据社会经济的发展状况进行了相应的修订，例如在立法宗旨的保护对象中增加了"消费者"，更加准确地界定了市场混淆行为的范围，新增了针对互联网领域不正当竞争行为的规定等。2019年的修订则主要围绕侵犯商业秘密行为的相关规定进行，将侵犯商业秘密的举证责任分配以法条的形式明确，减轻了商业秘密权利人在民事诉讼中的举证责任。同时将恶意侵犯商业秘密的惩罚性赔偿也纳入《反不正当竞争法》规定，加大对恶意侵权的惩罚力度。

《反不正当竞争法》的制定实施，对于鼓励和保护公平竞争，制止不正当竞争行为，维护经营者和消费者合法权益，保障我国社会主义市场经济健康发展，发挥了重要作用。近年来的修订，涵盖了当前实践中常见的反不正当竞争行为，并具有开放性和包容性；在执法权配置、执法调查规定、法律责任承担方面的规定更加全面、完善，使得新的反不正当竞争法更具实践可操作性，这体现了我国的《反不正当竞争法》正在由知识产权辅助保护法向竞争法功能日趋强化的非知识产权法的过渡，从传统的经营者保护到经营者、消费者、公共利益"三叠加"保护的过渡，从公平的竞争观到效率和创新的竞争观的保护。在未来，反不正当竞争法的实施将促进营造更公平、诚信的生产经营环境，也将促进我国市场经济的长足健康发展。

二、反不正当竞争法的立法宗旨

竞争是市场活动的核心，市场经济对资源的合理配置是通过竞争机制来实现的。但竞争同世界上的任何事物一样具有两重性。在竞争作用下，可以产生积极的企业行为和社会效果，推动市场经济健康的发展；同时由于利益动机的影响，同样也可以产生消极的企业行为和社会效果，使得一些经营者企图不通过自己的正当努力和商业活动来获取市场中的竞争优势。因此，通过立法的形式规范不正当的竞争行为，就成为市场经济秩序维护的基石。

《反不正当竞争法》第1条就明确了该法的立法宗旨："为了促进社会主义市场经济健康发展，鼓励和保护公平竞争，制止不正当竞争行为，保护经营者和消费者的合法权益，制定本法。"从宏观和微观两个层面上做了阐述。宏观上是为了维护市场的竞争机制，创造公平竞争的市场环境，促进市场经济健康发展；微观上对妨害市场秩序的不正当竞争行为坚决制止，维护经营者的合法竞争行为及合法权益，维护消费者利益。

三、反不正当竞争法的特征

通过对反不正当竞争法内涵及宗旨的阐释，可以总结出其如下特征。

（1）反不正当竞争法具有公法与私法的双重属性。《反不正当竞争法》对监督检查部门的工作职责、权限及执法程序进行了详细规定，是反不正当竞争行政执法的主要依据。经营者的公平竞争关系到市场秩序的稳定和有序，关系到全社会的公共利益，因此国家需要通过法律形式确定权力机构进行适当的管理。也就是说，各级人民政府应当采取措施，制止不正当竞争行为，为公平竞争创造良好的环境和条件。作为调整市场秩序的法律，反不正当竞争法是我国经济法体系中的一部重要法律。

（2）反不正当竞争法的规制范围具有不确定性。反不正当竞争法通过禁止经营者实施一定行为的方式来为竞争行为划定合法与违法的标准，但这个标准往往比较抽象、模糊，具有一定程度的不确定性。另外，不正当竞争行为的本质在于违反了商业道德，而商业道德的含义和形式会随着经济的发展以及人们交易习惯的变化而变化，为此，反不正当竞争法的规制范围也随之变化。

（3）反不正当竞争法具有与其他法律的竞合性。不正当竞争行为的模式多种多样，严重程度不一，这使得反不正当竞争法的外延十分广泛，其适用不可避免地与其他一些法律相交叉，具有一定的竞合性。例如，《反不正当竞争法》调整的反不正当竞争行为类型的个别条款，与《反垄断法》所调整的垄断行为类型的某些条款相竞合，两部法律的这些竞合条款从执行主体、构成条件、法律责任上都存在一定交叉甚至矛盾，如何进行协调便是修订过程中需要考虑的问题。此外，还存在着《反不正当竞争法》与《知识产权法》《商标法》《消费者权益保护法》等多部法律协调的问题。

（4）反不正当竞争法保护的法益具有社会性。它解决的是个体利益与社会利益之间的矛盾，要保护的是众多经营者和消费者的利益，而非局限于某个单独个体的利益。为此，反不正当竞争法以保护社会公共利益为主，具有一定的社会性。

第二节　不正当竞争行为

本节知识点导图

一、不正当竞争行为的内涵及特征

（一）不正当竞争行为概念的界定

1883 年《保护工业产权巴黎公约》第 10 条第 2 款规定："凡在工商业活动中违反诚实经营的竞争行为即构成不正当竞争的行为"，这是最早出现的不正当竞争行为的概念。

我国《反不正当竞争法》第 2 条也对不正当竞争行为进行了界定："本法所称的不正当竞争行为，是指经营者在生产经营活动中，违反本法规定，扰乱市场竞争秩序，损害其他经营者或者消费者的合法权益的行为。"同时《反不正当竞争法》在第二章列举并禁止了 7 种不正当竞争行为。所以说，我国是采用"一般条款+特别列举"的方式来界定不正当竞争行为的。

（二）不正当竞争行为的法律特征

（1）不正当竞争行为的实施主体主要是经营者。所谓经营者，是指从事商品生产、经营或者提供服务（以下所称商品包括服务）的自然人、法人和非法人组织。在实践中对经营者的界定不以是否具有经营资格为标准，也不以是否盈利为标准。非经营者不是竞争行为主体，所以不能成为不正当竞争行为的主体。

在有些情况下，非经营者的某些行为也会妨害经营者的正当经营活动，侵害经营者的合法权益，这种行为也是现行《反不正当竞争法》的规制对象。例如，消费者因个人原因非法散布关于经营者的虚假信息等，其行为本身并不具有不正当竞争的目的，但却可能产生损害经营者竞争能力的结果。

（2）不正当竞争行为是违法或违反商业道德的行为。行为的违法性或违反商业道德性主要表现在主观和客观两方面，经营者在从事不正当竞争行为时，主观上有不遵循自愿、平等、公平、诚实信用原则或违反商业道德的过错，同时在客观上实施了反不正当竞争法所禁止的违法行为或者违反商业道德的行为。

（3）不正当竞争行为所侵害的客体是正常的市场竞争秩序和其他经营者、消费者的合法权益。反不正当竞争法旨在营造公平的竞争秩序，保护经营者正常经营，从而促进技术进步和社会生产力的发展。对这一客体破坏的行为必然为反不正当竞争法所规制。

二、不正当竞争行为的表现形式

2017年《反不正当竞争法》修订过程中，删除了1993年版法律所界定的"独占地位经营者的限购排挤行为、滥用行政权力限制竞争行为、低价倾销行为、搭售行为、串通投标行为"共5种不正当竞争行为类型，新增了"互联网领域不正当竞争行为"这一适应网络时代发展的行为类型。不正当竞争行为有以下表现形式。

（一）市场混淆行为

市场混淆行为是指经营者为了争夺市场，采用假冒、仿冒等欺骗性手段，使相关公众对商品生产者、经营者或者商品生产者、经营者存在特定联系产生误认，以使人产生误解的行为。市场混淆行为主要有以下几种表现形式：①擅自使用与他人有一定影响的商品名称、包装、装潢等相同或者近似的标识；②擅自使用他人有一定影响的企业名称（包括简称、字号等）、社会组织名称（包括简称等）、姓名（包括笔名、艺名、译名等）；③擅自使用他人有一定影响的域名主体部分、网站名称、网页等；④其他足以引人误认为是他人商品或者与他人存在特定联系的混淆行为。

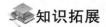知识拓展

销售者是否属于市场混淆案件中的经营者

辨析此类问题，需要从法律规定和执法实践两个层面进行分析。一是从法律规定层面上看，法条对于经营者的定义没有明确包括销售者，有人认为执法部门不能将法律条文扩大化，鉴于法无授权不可为，将销售者认定为经营者没有依据。但本书认为，无论是从法律的文字解释还是整体解释，新《反不正当竞争法》所称的经营者都应是指独立参与市场经营的各类主体。从经营性质上来看，经营者包括生产者、销售者和服务提供

者。将销售者纳入经营者的范畴是符合法律解释的，也符合立法本意。二是从执法实践层面上看，销售者是沟通生产者和消费者的桥梁，是商品流通领域的一个重要环节，是基层监管以及解决投诉举报的重要市场主体。消费者接触最多的也是销售者。因此，将销售者从经营者中剥离出去不具有现实可行性。

那么，市场混淆案件中销售者应承担什么样的法律责任呢？销售者不像生产者可以组织高水平的、大规模的生产活动，一般是小规模的、单个的、多变的、面向消费者进行终端销售的市场主体。因此，销售者的责任承担不宜过重。打击商业混淆行为的重点在于源头生产者而不在于终端销售者。如果销售者仅是销售相关产品，尽到合理的注意义务，合法的来源凭证、进销货合同等材料齐全，不宜认定负有法律责任。但是，对于存在"擅自使用"情形的销售者，也就是销售者明知或者应知其所销售的商品存在混淆情形时，则应当承担则需要承担相应的过错责任。①

知识点检验 8-1

（二）商业贿赂行为

商业贿赂是指经营者为了谋取交易机会或者竞争优势而采用财物或者其他手段贿赂可能影响交易的单位或者个人的行为。其贿赂对象包括：①交易相对方的工作人员；②受交易相对方委托办理相关事务的单位或者个人；③利用职权或者影响力影响交易的单位或者个人。

商业贿赂行为的特征如下。

（1）行为的主体是经营者，经营者的工作人员进行贿赂的，应当认定为经营者的行为。但是，经营者有证据证明该工作人员的行为与为经营者谋取交易机会或者竞争优势无关的除外。同时需要注意的是，反不正当竞争法所规定的商业贿赂仅限于商业行贿，而受贿者，由于其直接目的是满足自己的物质和非物质欲望，并不具有不正当竞争的性质，故商业受贿应当适用《公司法》、《刑法》等其他法律来认定和处理，而不适用《反不正当竞争法》。

（2）行为人的目的在于谋取交易机会或者竞争优势。这意味着为了提干、晋级、调动等其他目的收买有关人员，不构成商业贿赂。

（3）行为人在客观上实施了以财物或其他手段给可能影响交易的单位或个人以利益的行为。所谓"财物"，包括现金和实物；"其他手段"，是指提供各种免费度假、解决子女亲属就业或资助外国留学等类似的给付财物之外的其他利益的手段。

（4）行为人的行为具有违法性。即行为人的行为违反了法律规定和商业道德，足以达到认定为商业贿赂的程度。按照商业惯例赠送的小额广告礼品、符合财务制度的礼仪性接待开支等，都不能认定为商业贿赂。

另外需要注意的是，经营者在交易活动中，可以以明示方式向交易相对方支付折扣，或者向中间人支付佣金。经营者向交易相对方支付折扣、向中间人支付佣金的，应当如实入账。接受折扣、佣金的经营者也应当如实入账。

---

① 曹智明，高建州，朱华毅. 商业混淆案件中销售者责任辨析[N/OL]. 中国市场监管报. 2018-11-22. http://www.cicn.com.cn/zggsb/2018-11/22/cms112672article.shtml.

知识拓展

回扣、折扣和佣金的区别

商业贿赂行为常常以给付"回扣"的方式体现,按照是否采取账外暗中的方式,回扣可以简单分为两种,即"账内明示"的回扣和账外暗中的回扣。在实践中,"回扣"往往是以谋取不正当利益为目的的行为。而折扣是在商品或劳务买卖业务中,由经营者以明示和入账的方式,给予交易对方的款项上的优惠,是否打折售卖,是独立的商品生产者、经营者的一种自主的企业行为,只要不违反国家计划、政策及财经纪律,不营私舞弊,均属合法。佣金则是经营者在市场交易中以明示入账的方式给予为其提供服务的中间人,如居间人、经纪人等的劳务报酬。居间人、经纪人都是独立于交易双方的第三人,是独立主体,其收入报酬也是合法的。

课堂讨论 8-1

甲商场向导游和司机支付"导购费"以拉来游客扩大销量。甲商场认为:导游和司机并不是商品购买者,只是中间人;而且向商场各经营户收取的用来支付导游、司机的"导购费",甲商场都如实记账,因此,"导购费"应定性为佣金,而非回扣。你认为这种说法正确吗?

(三)虚假或引人误解的宣传行为

虚假或引人误解的宣传行为是指经营者为了谋取交易机会或者竞争优势,对商品(含服务)进行虚假的或者引人误解的商业宣传,导致或者足以导致购买者对商品产生错误认识的不正当竞争行为。现行反不正当竞争法以列举的形式规定了虚假宣传行为的形式,即经营者不得对其商品的性能、功能、质量、销售状况、用户评价、曾获荣誉等做虚假或者引人误解的商业宣传,欺骗、误导消费者。2017 年法律修订时,针对电子商务领域大量出现的"刷单炒信"等不正当竞争行为,特别规定:经营者不得通过组织虚假交易等方式,帮助其他经营者进行虚假或者引人误解的商业宣传。

虚假或引人误解的宣传行为的构成要件如下。

(1)行为主体为经营者,包括从事商品生产、经营(含提供服务)的自然人、法人和非法人组织。

(2)行为人在主观方面通常表现为故意,具有谋取交易机会或竞争优势的动机,具有误导他人购买商品的目的。

(3)行为人在客观方面对商品做了虚假或引人误解的商业宣传。行为人可能采用广告、展销会、新闻采访、邮寄、散发虚假说明书、现场演示等形式,通过表述上的失实、语义含混、内容虚假、片面陈述和夸大优缺点等手段蒙骗购买者、打击竞争者。依据《最高人民法院关于审理不正当竞争民事案件应用法律若干问题的解释》第 8 条规定,对商品做片面的宣传或者对比的,将科学上未定论的观点、现象等当作定论的事实用于商品宣传的,以歧义性语言或者其他引人误解的方式进行商品宣传的行为均可认定为虚假宣传行为。

（4）行为产生了引人误解或足以引人误解的后果，即产生了欺骗、误导购买者的后果或可能性。也就是说，该行为在客观上导致或足以导致消费者陷入实质性的错误认识。经营者以明显的夸张方式宣传商品，不足以造成相关公众误解的，不属于引人误解的虚假宣传行为。应当根据日常生活经验、相关公众一般注意力、发生误解的事实和被宣传对象的实际情况等因素，对引人误解的虚假宣传行为进行认定。

现行《中华人民共和国广告法》对构成虚假广告的认定进行了明确规定，在认定广告相关的虚假宣传行为时可参考其规定。

案例分析 8-1

某牙膏生产厂在其生产的"田七"105 g 特效中药牙膏包装盒上标示：田七又名"金不换"，为历代名医所称颂的名贵中药。以现代科技提取出丰富的田七精华——田七总皂苷，具有散血止痛、消炎抑菌之功效，长期使用更能强化牙龈、牙质，使之更健康。对虚火牙痛、牙龈出血、牙本质过敏、口腔溃疡、牙菌斑，能有效改善及预防等宣传预防和治疗疾病内容的宣传用语。经核查，该牙膏属日化用品非药品，其预防和治疗疾病的宣传未经国家法定部门核准。请分析，对当事人的行为应如何定性？为什么？

答案解析 扫描此码

（四）侵犯商业秘密行为

根据现行《反不正当竞争法》规定，商业秘密是指不为公众所知悉，能为权利人带来经济利益，具有实用性并经权利人采取适当保密措施的技术信息和经营信息。商业秘密具有秘密性、实用性、保密性、价值性等特点。《最高人民法院关于审理不正当竞争民事案件应用法律若干问题的解释》第 9～17 条就商业秘密的认定和保护进行了较为详细的规定。

侵犯商业秘密行为是指以不当手段，违法获取、披露、使用他人商业秘密的行为。依据现行《反不正当竞争法》相关规定，经营者不得采用下列手段侵犯商业秘密：①以盗窃、利诱、胁迫、电子侵入或者其他不正当手段获取权利人的商业秘密。②披露、使用或者允许他人使用以前项手段获取的权利人的商业秘密。③根据法律和合同，有义务保守商业秘密的人（包括与权利人有业务关系的单位、个人，在权利人单位就职的职工，以及任何被权利人要求保守商业秘密的人）披露、使用和允许他人使用其所掌握的商业秘密。④教唆、引诱、帮助他人违反保密义务或者违反权利人有关保守商业秘密的要求，获取、披露、使用或者允许他人使用权利人的商业秘密。经营者以外的其他自然人、法人和非法人组织实施前款所列违法行为的，视为侵犯商业秘密。⑤第三人明知或者应知商业秘密权利人的员工、前员工或者其他单位、个人实施本条第一款所列违法行为，仍获取、披露、使用或者允许他人使用该商业秘密的，视为侵犯商业秘密。

实践中，认定是否构成侵犯商业秘密行为，必须首先依法确认商业秘密确实存在；其行为主体不仅限于经营者，也可以是其他人，但《反不正当竞争法》仅对经营者侵犯商业秘密行为进行规制；同时仅要求行为实施这一客观事实，并不要求必然存在财产等损害。

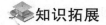 知识拓展

侵权方式认定上新增惩罚性赔偿规定

2019 年修订的《反不正当竞争法》规定了恶意实施侵犯商业秘密情节严重的行为，可以判决惩罚性赔偿，在按照法律规定的计算方法确定的赔偿数额的一倍以上五倍以下确定赔偿数额。2019 年修订之前没有惩罚性赔偿，因此，即便面对恶意的侵犯商业秘密的行为也只能按照被侵权所受到的实际损失确定、侵权人因侵权所获得的利益等规则来确定赔偿金额。出现商业秘密权利人维权后得不偿失的情况。

权利人公司可能需要花费不菲的律师费聘请律师提供法律服务协助维权，但是经历数年的诉讼和维权后，得到法院判决的赔偿金额是"被侵权所受到的实际损失确定、侵权人因侵权所获得的利益"等规则来确定的，有些得不偿失。因此，2019 年修订明确规定"经营者恶意实施侵犯商业秘密行为，情节严重的，可以在按照上述方法确定数额的一倍以上五倍以下确定赔偿数额"。

（五）不当有奖销售行为

有奖销售是指经营者为了销售商品或者提供服务，附带性地向购买者提供金钱、物品或者其他经济利益的行为。包括两种类型：奖励所有购买者的附赠式有奖销售和奖励部分购买者的抽奖式有奖销售。在同等条件下，给予确定奖励的，是附赠式有奖促销；以偶然性的方法确定奖励种类或者是否给予奖励的，是抽奖式有奖促销。

并非所有的有奖销售行为都是违法的，法律所禁止的仅仅是不正当的有奖销售行为。所谓不正当有奖销售，是指经营者违反诚实信用原则和公平竞争原则，以欺骗或其他不正当手段，附带提供给用户和消费者金钱、实物或其他好处，引诱交易，促使其商品或服务销售的不正当竞争行为。

依照现行《反不正当竞争法》规定，不正当有奖销售行为主要有三种：①所设奖的种类、兑奖条件、奖金金额或者奖品等有奖销售信息不明确，影响兑奖；②用谎称有奖或者故意让内定人员中奖的欺骗方式进行有奖销售；③高额抽奖式的奖售，即抽奖式有奖销售，最高奖的金额超过 5 万元。

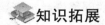 知识拓展

规定了有奖销售最高金额

《反不正当竞争法》历经 2017 年、2019 年两次补充修订后，完善了不正当有奖销售的表现形式，最大的修订是，对于抽奖式的有奖销售，规定了最高奖的金额不得超过 5 万元。

知识点检验 8-2

（六）诋毁商誉行为

商誉是社会公众对市场经营主体名誉的综合性积极评价。它是经营者长期努力追求，刻意创造，并投入一定的金钱、时间及精力才取得的。良好的商誉本身就是一笔巨大的无形财富。

诋毁商誉行为是指经营者捏造、散布虚假事实，损害竞争对手的商业信誉、商品声誉，从而削弱对手竞争力，为自己取得竞争优势的行为。该行为违背公认的商业道德和市场竞争规则，是对其他经营者市场竞争中的无形财产的侵害。

其构成要件主要包括：①行为主体是市场活动中的经营者，而且往往是与被诋毁的当事人具有竞争关系的经营者；与经营者串通损害他人商誉的其他单位和个人可构成共同侵权人；新闻单位被利用和被唆使的，仅构成一般的侵害他人名誉权行为，而非不正当竞争行为。②行为人在主观上存在故意。过失一般不认定为诋毁商誉行为，但可以根据民法中的侵犯他人名誉权的侵权行为处理。③行为人在客观上实施了捏造、散布虚假事实的行为，行为方式多样。④诋毁行为是针对一个或多个特定竞争对手的。如果捏造、散布的虚假事实不能与特定的经营者相联系，商誉主体的权利便不会受到侵害，便不会构成诋毁商誉行为。应注意的是，对比性广告通常以同行业所有其他经营者为竞争对手而进行贬低宣传，此时应认定为诋毁商誉行为。

案例分析 8-2

甲厂曾经因产品质量问题受到市场监督管理局的查处，其竞争者乙厂此后在拓展业务时经常故意向客户提起这件事情，导致不少本来倾向与甲厂达成交易的客户不再与甲厂联系，甲厂的经营效益大减。现该甲厂欲以"诋毁商誉"为由起诉乙厂。你认为，乙厂的行为是否构成诋毁商誉行为？为什么？

（七）互联网不正当竞争行为

为了应对反不正当竞争法一般条款在网络领域缺乏预见性的问题，2017 年的《反不正当竞争法》修订草案首次提出了互联网条款。2018 年生效的《反不正当竞争法》新引入了被称为网络条款的第 12 条。法律规定经营者利用网络从事生产经营活动，应当遵守本法的各项规定。经营者不得利用技术手段，通过影响用户选择或者其他方式，实施下列妨碍、破坏其他经营者合法提供的网络产品或者服务正常运行的行为。

（1）未经其他经营者同意，在其合法提供的网络产品或者服务中，插入链接、强制进行目标跳转。

（2）误导、欺骗、强迫用户修改、关闭、卸载其他经营者合法提供的网络产品或者服务。

（3）恶意对其他经营者合法提供的网络产品或者服务实施不兼容。

（4）其他妨碍、破坏其他经营者合法提供的网络产品或者服务正常运行的行为。

中国政法大学传播法研究中心副主任朱巍认为：互联网领域的不正当竞争类型很多，一方面包含传统领域中的不正当竞争行为，一方面也有其特殊表现形式，比如利用软件优势，屏蔽别人广告、捆绑销售、互联网劫持等都是典型的不正当竞争。

知识拓展

"互联网反不正当竞争第一案"

奇虎 360 与腾讯间的 "3Q 大战"，源于 2010 年双方 "明星产品" 之间的 "互掐"。

2010年9月，360发布了其新开发的"隐私保护器"，专门收集QQ软件是否侵犯用户隐私。随后，QQ立即指出360浏览器涉嫌借黄色网站推广。2010年11月3日，腾讯宣布在装有360软件的电脑上停止运行QQ软件，用户必须卸载360软件才可登录QQ，强迫用户"二选一"。双方为了各自的利益，从2010年到2014年，两家公司上演了一系列互联网之战，并走上了诉讼之路。

第三节 法律责任及监督检查

本节知识点导图

一、对不正当竞争行为的监督检查

（一）监督检查部门

依据2019年修正《反不正当竞争法》第4条规定反不正当竞争行为的监督检查部门为县级以上人民政府履行工商行政管理职责①的部门对不正当竞争行为进行查处；法律、行政法规规定由其他部门查处的，依照其规定。例如工业和信息化部门有权对信息和有关工业行业中的不正当竞争行为进行监督检查；商务部门有权对涉外贸易中的不正当竞争行为进行监督检查；知识产权局和新闻出版总署有权对与专利和出版业有关的不正当竞争行为进行监督检查；住建部门、文化部门等也有权对与其职能、所辖行业相关的不正当竞争行为进行监督检查；等等。②

知识拓展

执法主体部门职权界限如何明确

1993年《反不正当竞争法》的规定，实质上同时确立了多个行政主体的执法权限，

---

① 国务院机构改革，将工商行政管理职能纳入市场监督管理部门的职权范围。
② 刘文华. 经济法[M]. 4版. 北京：中国人民大学出版社，2012：174.

使执法主体职权界限不明确，常常出现多个政府部门之间因执法分工与界限的竞合而重复执法和相互推诿责任的现象。对此修订送审稿统一了执法主体，在总则部分明确规定：县级以上人民政府工商行政管理部门对不正当竞争行为进行监督检查；其他法律、行政法规另有规定的，相关部门也可以依照其规定进行监督检查。使工商行政管理部门对不正当竞争行为具有一般管辖权，而相关部门则需承认工商行政管理部门在其权限范围内的管辖权。

（二）监督检查部门的职权

监督检查部门在监督、检查不正当竞争行为时，享有四种类型的职权，分别为：询问权、查询复制权、检查权和处罚权。其中询问权是指监督检查部门有权按照规定程序询问被检查的经营者、利害关系人、证明人，并要求提供证明材料或者与不正当竞争行为有关的其他资料；查询复制权是指监督检查部门有权查询、复制与不正当竞争行为有关的协议、账册、单据、文件、记录、业务函电和其他资料；检查权是指监督检查部门有权对与市场混淆行为有关的财物进行检查，必要时可以责令被检查的经营者说明该商品的来源和数量，暂停销售，听候检查，不得转移、隐匿、销毁财物；处罚权是指监督检查部门有权对不正当竞争行为进行处罚，处罚的形式包括责令停止违法行为、消除影响、没收违法所得、吊销营业执照、处以罚款等。

有学者认为这四项权力无法完全有效地监管经营者的不正当竞争行为，建议增加权力来确保监督检查部门的执法力度。2019年修正的《反不正当竞争法》根据这一观点，增加了监督检查部门对涉嫌不正当竞争行为的财物实施查封、扣押；查询涉嫌不正当竞争行为的经营者的银行账户及与存款有关的会计凭证、账簿、对账单等；对有证据证明转移或者隐匿违法资金的，可以申请司法机关予以冻结等权力。

二、违反《反不正当竞争法》的法律责任

（一）民事责任

按照《反不正当竞争法》相关规定，经营者违反反不正当竞争法规定，给被侵害的经营者造成损害的，应当承担损害赔偿责任。经营者的合法权益受到不正当竞争行为损害的，可以向人民法院提起诉讼。

因不正当竞争行为受到损害的经营者的赔偿数额，按照其因被侵权所受到的实际损失确定；实际损失难以计算的，按照侵权人因侵权所获得的利益确定。

需要注意的是，反不正当竞争行为给其他经营者造成的损害形式不同，其所需承担的民事责任也有所不同。例如经营者恶意实施侵犯商业秘密行为，情节严重的，可以在按照上述方法确定数额的一倍以上五倍以下确定赔偿数额。赔偿数额还应当包括经营者为制止侵权行为所支付的合理开支。经营者实施市场混淆行为和侵犯商业秘密行为的，权利人因被侵权所受到的实际损失、侵权人因侵权所获得的利益难以确定时，由人民法院根据侵权行为的情节判决给予权利人500万元以下的赔偿。

（二）行政责任

不正当竞争行为行政责任的承担，依据其行为主体、行为方式和情节轻重的不同，

分别承担不同类型的行政责任。

（1）强制行为人停止不正当竞争行为或责令限期改正。例如强制停止虚假广告宣传行为、停止诋毁商誉行为、停止以低于成本的价格销售商品等。

（2）没收非法所得。例如对假冒名优商品、商标，擅自使用知名商品特有的名称、包装、装潢，制作、发布虚假广告等行为，所得利润，应予以没收；商业贿赂行为有违法所得的，应予以没收。

（3）处以罚款。例如对擅自制作知名商品特有的名称、包装、装潢，对采用财物或其他手段进行贿赂，对违反规定的有奖销售，对侵犯他人商业秘密等不正当竞争行为给予金额不等的罚款。

（4）吊销营业执照。例如经营者擅自使用知名商品特有的名称、包装、装潢，或者使用与知名商品近似的名称、包装、装潢，造成和他人的知名商品相混淆，使购买者误认为是该知名商品，情节严重的，可以吊销营业执照。

（5）对滥用行政权力限制竞争行为规定了特殊的行政责任，即由上级机关责令其改正；情节严重的，由同级机关或者上级机关对直接责任人员给予行政处分。

（6）监督检查不正当竞争行为的国家工作人员滥用职权、玩忽职守，不构成犯罪的，给予行政处分。

（三）刑事责任

不正当竞争行为情节严重，造成重大损失的，应当承担刑事责任。依据现行《反不正当竞争法》规定：销售伪劣商品，采用贿赂手段以销售或购买商品，情节严重，构成犯罪的，依法追究刑事责任；监督检查部门工作人员滥用职权，玩忽职守和徇私舞弊，故意包庇犯罪行为人不受追诉，构成犯罪的依法追究其刑事责任。我国《刑法》中还规定了侵害他人商业信誉、商品声誉罪、虚假广告罪、串通投标罪、侵犯商业秘密罪等。

自学自测 扫描此码

复习思考题

1. 市场混淆行为的表现形式有哪些？
2. 商业贿赂行为和一般贿赂行为的区别是什么？
3. 虚假宣传行为的构成要件是什么？
4. 侵犯商业秘密行为的举证责任应如何承担？
5. 诋毁商誉行为的构成要件有哪些？

实训材料及实训要求

实训材料

"饿了么"VS"美团"不正当竞争案

原告：上海拉扎斯信息科技有限公司

被告：北京三快科技有限公司

原告诉称：原告系 2008 年创建的"饿了么"平台，致力于用科技打造本地生活服务平台，推动了中国餐饮行业的数字化进程，将外卖培养成中国人继做饭、食堂后的第三种常规就餐方式。2018 年 4 月，阿里巴巴联合蚂蚁金服收购"饿了么"，拓展本地生活服务新零售的全新升级。三快公司系"美团网""美团外卖"等本地生活服务平台的网站的经营者，与原告系同业竞争者。2012 年 3 月 14 日，三快公司在金华市设立分公司，负责金华区域内婺城区、金东区、兰溪市、永康市、浦江县、武义县、磐安县的"美团网"团购和外卖两大块经营业务。2017 年 11 月 14 日，金华市市场监督管理局对三快公司金华分公司作出行政处罚决定，认定：①三快公司金华分公司在经营中，利用签订协议和"合作承诺书"的方式，约定如果入网商户只和其独家经营将享有服务费价格优惠，优惠后为 2%（具体依照商家经营范围不同而各有不同），如果商户违反约定，不和其独家经营而和其他"经营相同或近似业务的服务平台"开展经营，其会将服务费收费标准调高至 6%（具体依照商家经营范围不同而各有不同），该行为存在利用不正当竞争手段，阻碍他人与竞争对手正常交易的情况。②三快公司金华分公司存在胁迫他人放弃与竞争对手交易的不正当竞争行为。美团外卖业务部的业务员通过不允许附加美团外卖服务、不签协议等方式迫使商家签署外卖服务合同中选择"只与乙方（美团外卖）进行外卖在线平台合作"这一补充约定。2016 年下半年，美团业务员为推广线上业务，在知道自己维护的商户同时与"饿了么""百度外卖"等同类在线外卖平台合作后，强制关停商户在"美团外卖"上的网店，停止"美团外卖"商家客户端账户使用，迫使商户删除其他外卖平台上相关信息并提供相关账号密码后，才允许商户重新登录"美团外卖"平台，通过这些手段胁迫商户放弃与其竞争对手合作。据此，金华市市场监督管理局对三快公司金华分公司作出行政处罚决定书。基于上述事实，原告认为：案涉双方属于同行业竞争者；三快公司金华分公司通过调整收费优惠比例的方式，迫使商户与"美团"独家开展经营活动；通过不允许附加"美团外卖"服务和不签协议等方式迫使商户签署只与美团进行外卖在线平台合作的约定，排除商户与原告等同行业竞争者的合作；三快公司金华分公司为推广线上业务，强制关停与原告"饿了么"平台有合作关系的商户在美团外卖上的网店并停止客户端账户使用，迫使商户终止与原告等同行业竞争方合作，而与被告独家合作；被告的上述行为，不正当地阻碍商户与除被告外的其他同行业经营者进行交易的机会，剥夺了商户的选择权，排除了原告等同行业竞争者的竞争机会，扰乱了正常的市场竞争秩序，不仅损害了商户的合法权益，更损害了原告的合法权益，构成不正当竞争。三快公司作为"美团网"和"美团"APP 的经营者，系其金华分公司不正当竞争行为的受益者；依据《公司法》第 14 条规定，三快公司应当为其金华分公司的行为承担法律责任。

被告辩称：第一，根据民事诉讼法规定，民事案件的审理应当以事实为依据，以法律为准绳，行政行为与地方性法规无法直接作为法院裁判的依据。反不正当竞争法也没有直接将案涉行为规定为不正当竞争。金华市市场监督管理局在作出行政处罚时，不仅没有上位法律依据，且认定案涉行为构成不正当竞争，亦存有错误，为何案涉排他性交易属于不正当竞争行为？金华市市场监督管理局更没有询问原告，也没有给予被告辩驳和申诉的权利。被告不是侵权行为人，且也不是行政处罚的对象，更不知悉行政处罚调查的详情。拉扎斯公司以此为依据认为三快公司金华分公司存在不正当竞争行为，对其造成了损失，没有事实和法律依据。第二，本案实质是独家交易或者是排他性交易。排他性交易并不违法，被告提交的证据也说明了各行各业均广泛存在该类交易，很多法院的判例也确认该类交易行为是合法有效的。据此，金华市市场监督管理局将该类行为直接认定为不正当竞争行为是错误的，没有直接法律依据。排他性交易并不会因为行业不同而有别，商户对是否独家有选择权，选择了与"美团"独家交易，就意味着放弃了与其他外卖平台的交易。第三，本案并不存在拉扎斯公司遭受损失的事实，即使金华市市场监督管理局对被告金华分公司作出行政处罚，也不等同于拉扎斯公司因此遭受了损失，拉扎斯公司也并没有证明其相应的损失及其计算方式，因此，拉扎斯公司没有损失，其作为本案原告主体是不适格的。在某一个具体商户与被告达成了排他性交易的情况下，是否就意味着拉扎斯公司因此遭受了损失？无论是合同法律制度还是反不正当竞争法律制度，都以保护并促进市场竞争、保护各市场主体都有机会和权利参与竞争为主旨，但绝非保护市场主体都能均等获利。虽然被告与某一商户达成了排他性交易，但是拉扎斯公司在全国范围内也广泛存在与商户达成排除"美团"的交易，拉扎斯公司并未因此而丧失竞争权利和机会。第四，退一步讲，假设拉扎斯公司存在其所谓的损失，该损失也与被告没有因果关系。拉扎斯公司所谓的损失其实是其参与市场竞争的自然结果，而并非排他性交易所造成的。若按拉扎斯公司所主张的观点和理由，拉扎斯公司在全国范围内也与不计其数的商户达成诸多排他性交易，同样也给被告造成了损失，请求法院调查拉扎斯公司排他性交易的签署和履行情况，以综合判断损失情况。综上所述，被告的独家交易或者排他性交易，既未违反法律，也未违背诚实信用原则和公认的商业道德，独家交易本身及其履行应当合法有效，不应被视为不正当竞争行为。

根据上述背景材料，请大家思考：本案争议的焦点是什么？北京三快科技有限公司的行为是否构成不正当竞争行为？为什么？如果你是法官，你将基于哪些事实和理由裁判此案？

实训流程及考核样例

第九章

反 垄 断 法

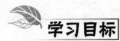 **学习目标**

通过本章系统学习，希望同学们掌握以下知识点。

了解：我国反垄断法的立法概况及法律适用状况。

掌握：反垄断法的含义及特点；各种垄断行为的表现形式及构成要件；反垄断法的适用除外制度；对涉嫌垄断行为案件的监督处理程序。

难点：市场支配地位的确定；经营者集中的强制申报制度；行政性垄断的法律适用。

培养：根据垄断行为认定标准认定垄断主体行为性质及法律责任的综合分析能力。

实训：课后运用本章所学知识点进行垄断行为类型分析的实训。

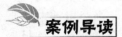 **案例导读**

首例联合抵制交易垄断协议案①

2012年6月2日，广州市番禺动漫游艺行业协会召集有关协会会员企业召开"第二届理事工作会议"，共有21家协会的会员企业派代表参加了本次会议。在此次会议上，当事人组织与会企业讨论并通过了番禺动漫游艺行业协会草拟的《展会联盟协议书》，主要涉及以下内容："广州市番禺动漫游艺行业协会的会员单位、本协议的联盟企业郑重承诺：除本协议约定的特殊情况外，仅参加由本协会主导、主办或者承办的广州展会，如番禺商用动漫游戏产业博览会（GAGA展）、广州电子游戏国际产业展（GTI），并在参与上述展会过程中遵守协会的相关指引，共同打造文明办展、参展的良好行业氛围。""协会会员或者本协议联盟企业如需参与非协会主导、主办或者承办的其他广州展会，需在参展前提前30天书面向协会提出申请，并由协会书面批示方可。""协会会员单位、本协议联盟企业一致同意，抵制非法展会，绝不参加与本行业无关或者协会认为不参加的展会，共同建设合法、公平、有序的办展环境，共创番禺动漫游戏、游艺产业的美好未来。"

本次与会的企业中，有19家现场在上述协议书上签名盖章。会后，协会的两名工作人员将上述协议书送到本行业协会的其他会员处，征集签名、盖章后拿回协会。最终有52家本行业的会员企业在《展会联盟协议书》中签名、盖章，成为《展会联盟协议

---

① 本案根据广东省工商行政管理局粤工商经处字〔2015〕第2号《行政处罚决定书》改编。资料来源：中华人民共和国国家工商行政管理总局官网。

书》的签约企业。

对此,请同学们思考下列问题:

1. 广州市番禺动漫游艺行业协会的行为是正当的行业内部组织管理行为,还是违反了《反垄断法》的行为?
2. 《反垄断法》规制的垄断行为有哪些种类?
3. 我国对反垄断调查的程序是如何规定的?
4. 各种垄断行为的法律后果如何?

第一节 反垄断法概述

本节知识点导图

一、反垄断法的概念及立法概况

(一)反垄断法的概念

反垄断法是国家对市场主体的具有排除、限制竞争效果的行为进行规制的法律规范总和。其作用是预防和制止垄断行为,保护市场公平竞争,提高经济运行效率,维护消费者利益和社会公共利益,促进社会主义市场经济健康发展。反垄断法属于经济法的重要组成部分,有"经济基本法"之称。

从上述概念中,我们可以看出反垄断法具有以下特征:①反垄断法规制的主体是市场主体,包括企业、企业联合组织以及其他民事主体。但非市场主体的某些行为也会构成垄断行为,如政府机构或行业协会实施的限制竞争行为,由于具有对市场机制的破坏作用,也是反垄断法的规制对象,因此垄断案件往往既涉及公法领域,又涉及私法领域。②反垄断法规制的行为是具有排除、限制竞争效果的行为。即反竞争行为。③反垄断法是实体法律规范和程序法律规范的总和,其立法也兼顾实体和程序内容,以便于适用。

(二)反垄断法立法概况

1890年美国出台了《保护贸易和商业不受非法限制和垄断损害法》(即《谢尔曼法》),是世界上第一部反垄断法。随着"二战"后经济的蓬勃发展,破坏市场自由竞争的垄断行为不断出现,各国纷纷制定和调整反垄断法,反垄断法也出现了国际化趋势。

2007年8月30日,第十届全国人民代表大会常务委员会第二十九次会议通过了《中华人民共和国反垄断法》(以下简称《反垄断法》),并于2008年8月1日起施行。2012年最高人民法院又颁布了《最高人民法院关于审理因垄断行为引发的民事纠纷案件应用法律若干问题的规定》,对因垄断行为受到损失以及因合同内容、行业协会的章程等违反反垄断法而发生争议的民事诉讼案件的提出、举证责任的承担等问题加以规范和细化。

反垄断法与本书第八章的反不正当竞争法都是规制市场主体竞争行为的法律,并且在反垄断法与反不正当竞争法立法实践中,两法开始出现了融合的趋势,《反垄断法》的许多内容与现行的《反不正当竞争法》发生了竞合。然而,二者之间在法律性质、立法目的、规制行为范围等方面均有所区别。总体来说,反垄断法重在防止市场竞争之自由被破坏而导致不公平,使市场上存在合理"数量"的竞争,以维护市场自由竞争为己任;而反不正当竞争法重在防止市场自由竞争过度而导致不公平,使市场上存在高"品质"的竞争,以维护市场公平竞争为己任。[①]

二、垄断的含义

反垄断法主要规制的是垄断行为,那么何谓垄断?垄断最初是一个经济学领域的概念,是指一个企业独占或者若干企业寡占生产或市场的状态。在法律领域中,垄断是指主体违反市场自由竞争机制,在一定的生产或流通领域,对市场进行排他性控制,或对市场竞争进行实质性的限制,妨碍公平竞争秩序的行为或状态。

一般来说,垄断与竞争互相排斥,同时垄断又是自由竞争的手段或者结果。[②]一旦垄断削弱甚至取代了自由竞争,就会给经济和社会的发展带来危害。垄断主体会利用领域内取得的优势市场地位,控制资源和生产销售,设立进入壁垒,排斥自由竞争。由于固定的高额利润的获得,垄断主体会停止应用新技术,甚至阻止他人的技术创新,阻碍社会发展;而消费者也会因无法选择其他经营者,以致利益受到侵害。为此,各国都通过立法对垄断行为进行规制,以防止其对市场自由竞争机制构成实质性的损害。

课堂讨论 9-1

"反垄断就是反大企业,只有大企业才有条件垄断",这种说法正确吗?

知识拓展

关注反垄断法执法重点

国家发展和改革委员会价格监督检查与反垄断局于每年年初发布年度反垄断执法重点的行事风格已渐成惯例。2016年3月,发改委在"2016年价格监管与反垄断工作要点"一文中公布,在商品领域,发改委将密切关注药品、医疗器械、汽车和零配件及工业原材料等。在服务领域,发改委将密切关注海运、电信以及金融。而与知识产权相关的领域也将是发改委的执法重点。

此外,在立法方面,随着《国务院反垄断委员会关于滥用知识产权的反垄断指南》和《国务院反垄断委员会关于汽车业的反垄断指南》的征求意见稿已相继起草完成,国家及各地发展和改革委对于调查滥用知识产权排除、限制竞争和汽车行业反垄断行为将更具有权威和针对性。

[①] 郑友德,伍春艳. 我国反不正当竞争法修订十问[J]. 法学,2009(1).

[②] 刘文华. 经济法[M]. 4版. 北京:中国人民大学出版社,2012:176.

第二节 垄断行为

本节知识点导图

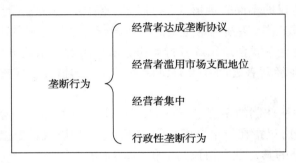

《反垄断法》对垄断行为采取了列举的方式进行规定,其中第3条规定了三种垄断行为:"(一)经营者达成垄断协议;(二)经营者滥用市场支配地位;(三)具有或者可能具有排除、限制竞争效果的经营者集中。"同时该法的第8条又对垄断行为进一步拓展:行政机关和法律、法规授权的具有管理公共事务职能的组织不得滥用行政权力,排除、限制竞争。由此可见,我国法律所禁止的垄断行为包括以上四种类型,前三类垄断行为的主体是经营者,第四类垄断行为的主体是行政机关和法律、法规授权的具有管理公共事务职能的组织。

一、经营者达成垄断协议

(一)垄断协议的概念

《反垄断法》第13条第2款明确定义了垄断协议的概念:"本法所称垄断协议,是指排除、限制竞争的协议、决定或者其他协同行为"。

通常来讲,垄断协议应具备下列条件:①必须有明确的协议,即经营者之间存在共谋,其形式表现为书面的协议、共同的行为等;②协议中约定了经营者之间的共同行动或协商行动,而非擅自行动;③经营者的一致行为能够引起限制或妨害竞争的后果。

(二)垄断协议的分类

依据不同的标准,垄断协议可以划分为不同类型。

(1)按照垄断协议主体进行分类,可以将垄断协议分为横向限制竞争协议和纵向限制竞争协议。前者是指处于同一生产或流通环节的经营者之间通过协议控制特定区域经济活动中的某一特定方面的行为。协议主体一般同为生产者或同为销售者，通常当事人之间的经济实力比较接近。横向限制竞争协议通常会包含：实施固定价格、限制产量、划分市场、限制购买或开发、联合抵制其他竞争对手等排除、限制竞争的约定。后者是指在同一产业中两个或两个以上处于不同环节、没有直接竞争关系但是有买卖关系的经营者之间的垄断协议行为。如生产者与批发商之间。一般来说，处于前一阶段的经营者，被称为"上游经营者"；而处于后一阶段的经营者，被称为"下游经营者"。

我国的反垄断法并没有采取这一学理上的说法为垄断协议分类命名，而是根据垄断协议主体的不同身份对垄断协议进行直接表述，将垄断协议划分为"具有竞争关系的经营者达成的垄断协议"和"经营者与交易相对人达成的垄断协议"，分别对应横向限制竞争协议和纵向限制竞争协议。

（2）根据垄断协议的不同表现形式，可以将垄断协议分为垄断约定、垄断决定和其他协同的垄断行为等三类。垄断约定是指同行业经营者之间达成的限制竞争的协议或者合同。垄断决定是指企业联合组织或者行业协会所作出的限制竞争的决定。其他协同的垄断行为是指同行业经营者之间在没有协议或者决定的情况下实施的协调一致的限制竞争的行为。

（3）按照我国执法体制的角度进行分类，垄断协议还可分为价格垄断协议和非价格垄断协议。价格垄断协议指在价格方面排除、限制竞争的协议、决定或者其他协同行为。除价格垄断协议以外的其他垄断协议为非价格垄断协议。

（4）根据垄断协议的不同内容，可以将垄断协议分为固定价格协议、限制数量协议、划分市场协议、联合抵制协议、串通投标协议等种类。

（三）反垄断法禁止的垄断协议的类型

经营者达成垄断协议虽然并不直接对市场结构产生影响，但它在经济生活中更加常见和典型，往往通过固定价格损害消费者权益、阻碍或限制其他经营者进入市场等方式妨碍自由竞争机制，对市场竞争危害很大，因此为各国反垄断法所禁止。按照我国现行法律的规定，反垄断法禁止的垄断协议类型有三大类。

（1）具有竞争关系的经营者之间不得达成的垄断协议。其包括：①固定或者变更商品价格；②限制商品的生产数量或者销售数量；③分割销售市场或者原材料采购市场；④限制购买新技术、新设备或者限制开发新技术、新产品；⑤联合抵制交易；⑥国务院反垄断执法机构认定的其他垄断协议。

（2）经营者与交易相对人之间不得达成的垄断协议。其包括：①固定向第三人转售商品的价格；②限定向第三人转售商品的最低价格；③国务院反垄断执法机构认定的其他垄断协议。

（3）行业协会不得组织本行业的经营者从事反垄断法所禁止的协议垄断行为。

（四）垄断协议禁止的例外和豁免

反垄断立法同时也考虑到了这样的情况：某些垄断协议虽然具有限制竞争的后果，但从整体效果而言，是有利于社会技术进步、有利于社会公共利益的，因此，各国反垄断法大多又规定了在特殊情况下，经营者达成的特定垄断协议可以得到法律的豁免。

依据《反垄断法》第15条的规定，经营者能够证明其所达成的协议属于下列情形之一的可以不适用《反垄断法》第13条、第14条的禁止性规定：①为改进技术、研究开发新产品的；②为提高产品质量、降低成本、增进效率，统一产品规格、标准或者实行专业化分工的；③为提高中小经营者经营效率，增强中小经营者竞争力的；④为实现节约能源、保护环境、救灾救助等社会公共利益的；⑤因经济不景气，为缓解销售量严重下降或者生产明显过剩的；⑥为保障对外贸易和对外经济合作中的正当利益的；⑦法律和国务院规定的其他情形。属于其中第①项至第⑤项的情形，经营者还应当证明所达成的协议不会严重限制相关市场的竞争，并且能够使消费者分享由此产生的利益。

知识拓展

2019年国家市监总局令第10号《禁止垄断协议暂行规定》

由国家市场监督管理总局制定出台的《禁止垄断协议暂行规定》于2019年9月1日起正式施行。该规定着眼于预防和制止垄断协议，规范和保障市场监管部门依法行使职权，主要包含六个方面的内容：第一，对垄断协议反垄断执法机制做了系统性规定，明确普遍授权原则，建立国家和省两级执法机制，明确了指定管辖、委托调查、协助调查等执法机制，以及省级市场监管部门对垄断协议立案和处理的报告备案制度等；第二，明确了"其他协同行为"的具体认定方式，列举了认定该类行为应考虑的因素；第三，细化了垄断协议的具体认定方式，约束了反垄断执法机构的自由裁量权，也给经营者合规经营以明确的引导；第四，系统规定了执法程序，明确了举报、立案、调查、处理、公示等程序性规定；第五，细化了豁免制度和宽大制度，明确了其申请条件、考量因素、行为效力等；第六，规定了垄断协议的处理，对处罚决定的作出、确定罚款的考虑因素以及行政处罚决定书的内容等进行细化。该暂行规定统一了实体性和程序性规定，明确了执法规则，细化了执法标准，对于指导执法实践有着重要的现实意义。

知识点检验 9-1

二、经营者滥用市场支配地位

（一）市场支配地位

1. 滥用市场支配地位的内涵

市场支配地位，是指经营者在相关市场内具有能够控制商品价格、数量或者其他交易条件，或者能够阻碍、影响其他经营者进入相关市场能力的市场地位。其中，"其他交易条件"是指除商品价格、数量之外能够对市场交易产生实质影响的其他因素，包括商品品种、商品品质、付款条件、交付方式、售后服务、交易选择、技术约束等。而滥用一般意义上是指行为人在行使权利时，超出了法律和道德的范围，给他人和社会造成了损害。滥用市场支配地位行为还可称为滥用市场优势地位行为，是指经营者凭借已经获得的市场支配地位，排挤竞争对手的行为或进行不公平交易的行为。①

滥用市场支配地位行为的构成要件包括：①经营者已取得市场支配地位。这是实施滥用支配地位行为的前提条件，也是滥用支配地位行为的主体要件。②经营者必须实施了滥用支配地位的行为。即具有市场支配地位本身并不违法，只有对这种地位加以滥用才违法。③经营者的行为产生了破坏自由竞争的市场秩序、损害其他竞争者与消费者的利益的后果。

2. 相关市场的界定

对经营者市场地位进行判断，必须先明确判断所适用的市场的范围。选取市场范围的大小直接关系到经营者的产品或服务所占的市场份额，进而影响对该经营者的市场地位、其行为是否构成不法垄断行为等的认定。

所谓相关市场，《反垄断法》第12条具体规定了其内涵，所谓相关市场，是指经营者在一定时期内就特定商品或者服务（以下统称商品）进行竞争的商品范围和地域范围。因此，界定相关市场要考虑商品、地域和时间三个方面的因素。

3. 市场支配地位的认定标准

根据现行法律规定，认定经营者具有市场支配地位应依据的因素包括：①该经营者在相关市场的市场份额，以及相关市场的竞争状况；②该经营者控制销售市场或者原材料采购市场的能力；③该经营者的财力和技术条件；④其他经营者对该经营者在交易上的依赖程度；⑤其他经营者进入相关市场的难易程度；⑥与认定该经营者市场支配地位有关的其他因素。

知识拓展

《禁止滥用市场支配地位行为暂行规定》对于市场支配地位认定标准的细化

《禁止滥用市场支配地位行为暂行规定》第6条至第13条对《反垄断法》第18条认定经营者具有市场支配地位应当依据的因素进行了进一步细化，为执法实践提供更为清晰的指引。其中，第6条明确了确定经营者在相关市场的市场份额的指标为销售金额、销售数量或者其他指标，其中"其他指标"也将经营者的产能、用户数量等指标囊括在内，在个案中给予执法机构更多维度，更准确反映经营者的市场份额。第7条将销售和原材料扩展至"产业链上下游市场"，增加"需要投入的其他资源的能力"等，更加契合市场实际情况和执法需要。第8条对经营者的财力和技术条件明确可以考虑的具体因素，财力情况主要考虑资产规模、盈利能力、融资能力等现有和潜在的财力因素，技术条件主要考虑研发能力、技术装备、技术创新和应用能力、拥有的知识产权等因素。第9条对分析依赖程度明确了可以考虑的具体因素，包括交易关系、交易量、交易持续时间、转向其他交易相对人的难易程度等，核心是分析其他经营者开展经营在何种程度上依赖于该经营者。第10条详细规定了市场进入难易程度的考虑因素，如市场准入、获

---

① 李昌麒. 经济法学[M]. 2版. 北京：法律出版社，2010：249.

取必要资源的难度、采购和销售渠道的控制情况、资金投入规模、技术壁垒、品牌依赖、用户转换成本、消费习惯等。第 12 条总结执法经验，特别是充分吸收了在查处高通公司滥用市场支配地位案中的执法经验，明确了认定知识产权领域经营者具有市场支配地位可以考虑的特殊因素，包括知识产权的替代性、下游市场对利用知识产权所提供商品的依赖程度、交易相对人对经营者的制衡能力等。

总体而言，该暂行规定主要是明确了考虑因素的方向和范围。在执法实践中需要根据个案的具体情况，选择因素中的部分或者全部进行具体分析，并不是必须考虑每一个具体因素。

4. 可以推定经营者具有市场支配地位的情形

根据现行法律规定，可以推定经营者具有市场支配地位的情形有三种，分别是：①一个经营者在相关市场的市场份额达到 1/2 的；②两个经营者在相关市场的市场份额合计达到 2/3 的；③三个经营者在相关市场的市场份额合计达到 3/4 的。并且规定，经营者市场份额不足 1/10 的，不应当推定该经营者具有市场支配地位；被推定具有市场支配地位的经营者，有证据证明不具有市场支配地位的，不应当认定其具有市场支配地位。

（二）滥用市场支配地位的表现形式

反垄断法禁止具有市场支配地位的经营者从事下列滥用市场支配地位的行为：①垄断价格行为，即在一定时期内以不公平的高价销售商品或者以不公平的低价购买商品的行为；②掠夺性定价行为，又称低价倾销行为，即没有正当理由，以低于成本的价格销售商品的行为；③拒绝交易行为，即没有正当理由，拒绝与交易相对人进行交易；④强制交易行为，即没有正当理由，限定交易相对人只能与其进行交易或者只能与其指定的经营者进行交易。其行为大多数发生在公用企业等国家授权垄断经营者身上或自然垄断行业中；⑤捆绑交易行为，也可简称为搭售行为，即没有正当理由搭售商品，或者在交易时附加其他不合理的交易条件。通常强迫买方接受的是与商品无关的产品或服务。但搭售行为并不必然是违法的行为，例如出于产品的完整性需要，销售商将鞋子和鞋带一起出售，尽管这两种产品完全可以分开销售；⑥差别交易行为，即没有正当理由，对条件相同的交易相对人在交易价格等交易条件上实行差别待遇；⑦国务院反垄断执法机构认定的其他滥用市场支配地位的行为；⑧经营者滥用知识产权，排除、限制竞争的行为。

知识点检验 9-2

课堂讨论 9-2

著名的"3Q 大战"是反垄断法滥用市场支配地位领域的著名案例。2011 年 10 月，奇虎公司在广东省高院起诉腾讯公司，称：在 2010 年 11 月 3 日，腾讯发布《致广大 QQ 用户的一封信》，逼迫用户在 360 与 QQ 软件之间"选边站队"，要么卸载 QQ，要么卸载 360 软件。此行为"妨害了市场竞争，构成了滥用市场支配地位，请求广东高院判决腾讯立即停止垄断民事侵权行为，赔偿其各项损失 1.5 亿多元。该案在 2012 年 4 月 18 日开庭审理。

360认为：本案的"相关商品市场"应界定为"即时通信市场"，QQ难以被其他即时通信服务替代，因其综合了文字、音频、视频等功能及服务，构成独立的商品市场。本案相关地域市场为中国大陆的即时通信软件及服务市场。艾瑞咨询《中国即时通讯行业发展报告》显示被告的市场份额达76.2%；中国互联网络信息中心《2009年中国即时通讯用户调研报告》显示被告QQ软件的渗透率高达97%。

　　腾讯则认为：360"人为高估"了QQ的市场地位。腾讯是通过免费的QQ软件为用户提供邮箱、空间等其他应用服务。QQ也并非无可替代，同样面临其他如微博、飞信等产品的威胁，此外，QQ软件除了提供即时通信外，还提供广告、资讯、空间等服务；MSN上还有必应搜索、翻译、网购等。这些都是综合性平台，免费产品只是吸引用户来搭建平台的手段，竞争的实质是互联网企业在各自平台上开展增值服务和广告业务的竞争，这也是360杀毒软件与QQ通信软件两个不同领域的产品能发生"3Q"大战的原因。这恰恰说明QQ所处的市场并不能构成独立商品市场。

　　对此，同学们可以从下列角度讨论：本案的相关市场到底该如何界定，是终端软件、即时通信、网络即时社交工具抑或是其他？腾讯是否构成了市场支配地位？腾讯的"二选一"属于滥用市场支配地位的行为吗？

三、经营者集中

（一）经营者集中的含义

　　经营者集中是指经营者通过合并、资产购买、股份购买、合同约定（联营、合营）、人事安排、技术控制等方式取得对其他经营者的控制权或者能够对其他经营者施加决定性影响的情形。反垄断法意义上的经营者集中，并不关注被集中的企业的法律人格或债务关系的变化，而是关注集中后的市场主体对市场竞争可能产生的影响，以确保维护一个均衡和竞争性的市场结构。

　　按照现行《反垄断法》规定，经营者集中包括三种情形：①经营者合并；②经营者通过取得股权或者资产的方式取得对其他经营者的控制权；③经营者通过合同等方式取得对其他经营者的控制权或者能够对其他经营者施加决定性影响。

（二）经营者集中的程序控制

　　经营者集中一般是市场经济条件下市场主体的自由行为，但由于经营者集中有可能导致排除和限制竞争，所以各国政府都对经营者集中进行政府管制。我国采取事前审批的强制申报制度，即经营者集中达到国务院规定的申报标准的，应当事先向国务院反垄断机构申报，未申报的不得实施集中。

1. 国务院规定的申报标准

　　根据国务院2008年8月颁布的《国务院关于经营者集中申报标准的规定》，经营者集中达到下列标准之一的，经营者应当事先向国务院商务主管部门申报，未申报的不得实施集中：①参与集中的所有经营者上一会计年度在全球范围内的营业额合计超过100亿元人民币，并且其中两个经营者上一会计年度在中国境内的营业额均超过4亿元人民币；②参与集中的所有经营者上一会计年度在中国境内的营业额合计超过20亿元人民币,营业额的计算应当考虑银行、保险、证券、期货等特殊行业和领域的实际情况。

经营者集中未达到上述标准,但按照规定程序收集的事实和证据表明该集中具有或可能具有排除限制竞争效果的,反垄断执法机构应当依法进行调查。

2. 强制申报的例外

反垄断立法同时考虑到了例外的情况,规定如果经营者集中达到下列情形之一的,可以不向国务院反垄断执法机构申报:①参与集中的一个经营者拥有其他每个经营者50%以上有表决权的股份或者资产的;②参与集中的每个经营者50%以上有表决权的股份或者资产被同一个未参与集中的经营者拥有的。也即是如果经营者的控制权原来就已经是集中的,那么在不增加其他经营者控制权的情况下,实施的经营者合并等行为并不需要申报。

3. 经营者集中审查的标准

审查经营者集中,应当考虑下列因素:①参与集中的经营者在相关市场的市场份额及其对市场的控制力;②相关市场的市场集中度;③经营者集中对市场进入、技术进步的影响;④经营者集中对消费者和其他有关经营者的影响;⑤经营者集中对国民经济发展的影响;⑥国务院反垄断执法机构认为应当考虑的影响市场竞争的其他因素。

经营者集中具有或者可能具有排除、限制竞争效果的,国务院反垄断执法机构应当作出禁止经营者集中的决定。但是,经营者能够证明该集中对竞争产生的有利影响明显大于不利影响,或者符合社会公共利益的,国务院反垄断执法机构可以作出对经营者集中不予禁止的决定。

4. 审查的行政程序

按照现行法律规定,审查的行政程序主要有三方面:①由经营者向国务院反垄断执法机构提交法定的文件、资料。②国务院反垄断执法机构应当自收到经营者提交的文件、资料之日起30日内对申报的经营者集中进行初步审查,作出是否实施进一步审查的决定,并书面通知经营者。③决定实施进一步审查的,应当自决定之日起90日内审查完毕,作出是否禁止经营者集中的决定,并书面通知经营者。特定情形下该期限可以延长,但最长不得超过60日。

国务院反垄断执法机构审查及作出决定前,经营者不得实施集中。国务院反垄断执法机构逾期不进行进一步审查或未作出决定的,经营者可以实施集中。对反垄断执法机构作出的关于经营者集中的决定不服的,可以先依法申请行政复议;对行政复议决定不服的,可以依法提起行政诉讼。

5. 经营者未申报而实施集中的法律后果

依据2012年2月1日起施行的商务部《未依法申报经营者集中调查处理暂行办法》,由商务部负责未依法申报经营者集中的调查处理工作。对涉嫌未依法申报经营者集中,任何单位和个人有权向商务部举报。经调查认定被调查的经营者未依法申报而实施集中的,商务部可以对被调查的经营者处50万元以下的罚款,并可责令被调查的经营者采取停止实施集中、限期处分股份或者资产、限期转让营业或者其他必要措施,恢复到集中前的状态。

案例分析 9-1

2013年紫光集团在中国和全球营业额均为35.53亿元人民币，锐迪科公司2013年在中国和全球营业额分别为20.63亿元人民币、21.38亿元人民币。请问，这两家公司的合并应当履行怎样的程序？

答案解析　扫描此码

四、行政性垄断行为

（一）行政性垄断概念

行政性垄断是相对于经营者垄断而言的，它是指行政机关和公共组织滥用行政权力，排除或者限制竞争而形成的垄断。其行为主体特定为"行政机关和法律、法规授权的具有管理公共事务职能的组织"，具有相对优势地位的市场主体所为的行为则不能包含在行政性垄断行为范畴之列。2019年9月1日施行的《制止滥用行政权力排除、限制竞争行为暂行规定》（国家市场监督管理总局第12号令）对该类行为的类别、特征、认定标准、执法程序和机制等进行了细化规定。

（二）行政性垄断行为种类

根据《反垄断法》规定，行政机关和法律、法规授权的具有管理公共事务职能的组织实施的行政性垄断行为主要包括几种。

（1）限定或者变相限定单位或者个人经营、购买、使用其指定的经营者提供的商品。

（2）实施下列行为，妨碍商品在地区之间的自由流通：①对外地商品设定歧视性收费项目、实行歧视性收费标准，或者规定歧视性价格；②对外地商品规定与本地同类商品不同的技术要求、检验标准，或者对外地商品采取重复检验、重复认证等歧视性技术措施，限制外地商品进入本地市场；③采取专门针对外地商品的行政许可，限制外地商品进入本地市场；④设置关卡或者采取其他手段，阻碍外地商品进入或者本地商品运出；⑤妨碍商品在地区之间自由流通的其他行为。

（3）以设定歧视性资质要求、评审标准或者不依法发布信息等方式，排斥或者限制外地经营者参加本地的招标投标活动。

（4）采取与本地经营者不平等待遇等方式，排斥或者限制外地经营者在本地投资或者设立分支机构。

（5）强制经营者从事本法规定的垄断行为。

（6）制定含有排除、限制竞争内容的规定。

知识点检验 9-3

五、反垄断法的适用除外制度

（一）适用除外制度的概念

适用除外制度又称例外制度，是指国家针对某些产业的特点和需要，以及为了整个国民经济的健康发展，在法律法规中规定，对某些行业、企业或行为不适用某些法律和政策的法律制度。[1]

---

[1] 刘文华. 经济法[M]. 4版. 北京：中国人民大学出版社，2012：184.

从社会公共利益角度而言，并不是所有的领域都应该鼓励市场竞争，如自然垄断行业和涉及国家安全的领域，往往需要避免过度竞争，国家也会有针对性地制定这些领域的法律和政策。另外，垄断带来的规模效应，能够提高经营者本身乃至国家的市场竞争力。实践证明，只要垄断地位没有被滥用，规模性经营对经济的发展可能利大于弊。因此，垄断在特定情况下有其存在的合理性，并非都应受到法律的否定或制裁。《反垄断法》适用除外制度是对反垄断法基本制度的修正，有助于国家整体经济发展。

（二）适用除外制度的表现形式

为了对特定行业和行为进行保护，适用除外制度在特定范围内排除了《反垄断法》的适用，因此必须在立法上对其适用范围进行严格限定。按照现行《反垄断法》规定，适用除外制度主要适用以下几方面：①对某些特定行业的保护。国有经济占控制地位的关系国民经济命脉和国家安全的行业以及依法实行专营专卖的行业，国家对其经营者的合法经营活动予以保护，并对经营者的经营行为及其商品和服务的价格依法实施监管和调控，维护消费者利益，促进技术进步。也就是说，合法的企业组织垄断和经营垄断受法律保护。实践中，许多部门和行业，如铁路、电力、邮政、城市公用事业等，任其自由竞争并不适应我国现实的经济情况，因此从国家整体利益出发，这些企业组织的特定垄断行为是法律允许的。②对为社会公共利益或者企业经营特殊性质的垄断协议行为的例外。③对合理行使知识产权行为的例外。也就是经营者依照有关知识产权的法律、行政法规规定行使知识产权的行为，不适用《反垄断法》。④对农业生产经营的例外。主要针对农业生产者及农村经济组织在农产品生产、加工、销售、运输、储存等经营活动中实施的联合或者协同行为。⑤对经营者集中控制的豁免例外。

知识点检验 9-4

课堂讨论 9-3

汽车"零整比"是近年来引起普遍关注的一个名词。2014年4月10日，中国保险行业协会和中国汽车维修协会首次披露了18种常见车型的"整车配件零整比"和"50项易损配件零整比"两个系数。结果显示，在18个车型零整比系数中，最高的为1273%，也就是说如果更换该车型所有配件，费用相当于购买12款新车。而国际通行的整车零整比标准仅为300%。

目前，汽车生产企业在管理销售系统方面拥有较强的话语权，由于维修技术信息不公开和零部件的流通渠道长期被汽车生产厂家垄断，经销商在定价权、配件供应、售后服务等方面都遭受到汽车生产企业的强力干涉。

问题的焦点集中于几个方面：汽车生产企业是否可以规定经销商售出的汽车和配件价格？汽车制造商是否有权禁止初装零部件配件商在初装汽车零部件上同时加贴自己的商标、标识和零件代码？汽车企业与经销商签订销售合同究竟是不是构成垄断？汽车企业是否构成滥用市场支配地位行为？到底哪些行为可以根据《反垄断法》第15条主张个案豁免？对于这些问题，同学们的观点是什么？

第三节 反垄断监管及法律责任

本节知识点导图

> 反垄断监管及法律责任
> ├─《反垄断法》的监督执行机构及其对涉嫌垄断行案件的处理程序
> └─违反《反垄断法》应承担的法律责任

一、《反垄断法》的监督执行机构

按照《反垄断法》规定，反垄断监管工作体系为"反垄断委员会"和"反垄断执法机构"的双层框架模式。我国的《反垄断法》的实施机制，也是以行政执法为主、民事诉讼为重要补充的"双轨制"模式。

（一）反垄断委员会的职责

国务院设立反垄断委员会，主要负责组织、协调、指导反垄断工作，具体履行下列职责：①研究拟定有关竞争政策；②组织调查、评估市场总体竞争状况，发布评估报告；③制定、发布反垄断指南；④协调反垄断行政执法工作；⑤国务院规定的其他职责。国务院反垄断委员会的组成和工作规则由国务院规定。

反垄断委员会主要通过召开委员会全体会议、主任会议和专题会议履行职责，不替代成员单位和有关部门依法行政。反垄断委员会主任由一名国务院副总理担任。

（二）反垄断执法机构的职责

国务院规定的承担反垄断执法职责的机构（以下统称国务院反垄断执法机构）依照《反垄断法》规定，负责反垄断执法工作。国务院反垄断执法机构根据工作需要，可以授权省、自治区、直辖市人民政府相应的机构，依照本法规定负责有关反垄断执法工作。

目前，我国国务院反垄断执法机构是指国家市场监督管理总局及省级市场监管部门。国家市场监督管理总局负责反垄断执法工作，根据《反垄断法》的规定，授权各省、自治区、直辖市人民政府市场监督管理部门负责本行政区域内的反垄断执法工作。

知识点检验 9-5

二、对涉嫌垄断案件的处理程序

（一）调查程序的启动

反垄断执法机构依法对涉嫌垄断行为进行调查，其程序启动分为两种情形：①依职权调查，即反垄断执法机构自行发现涉嫌垄断行为后依法发起调查，也包括根据当事人的申报而启动的调查。②接受举报后展开调查。反垄断法规定，对涉嫌垄断行为，任何单位和个人有权向反垄断执法机构举报；反垄断执法机构应当为举报人保密；举报采用书面形式并提供相关事实和证据的，反垄断执法机构应当进行必要的调查。

（二）调查程序的展开

反垄断执法机构在调查过程中可行使以下权力：①检查权；②询问权；③查阅、复制权；④查封、扣押相关证据权；⑤查询经营者银行账户权。反垄断执法机构及其工作人员对执法过程中知悉的商业秘密负有保密义务。同时，被调查的经营者、利害关系人有权陈述意见。被调查者应当配合反垄断执法机构依法履行职责，不得拒绝、阻碍反垄断执法机构的调查。

（三）处理决定

反垄断执法机构对涉嫌垄断行为调查核实后，认为构成垄断行为的，应当依法作出处理决定，并可以向社会公布。

（四）经营者承诺

对反垄断执法机构调查的涉嫌垄断行为，被调查的经营者承诺在反垄断执法机构认可的期限内采取具体措施消除该行为后果的，反垄断执法机构可以决定中止调查。中止调查的决定应当载明被调查的经营者承诺的具体内容。反垄断执法机构决定中止调查的，应当对经营者履行承诺的情况进行监督。经营者履行承诺的，反垄断执法机构可以决定终止调查。

反垄断执法机构接受承诺的决定有两个法律后果，一是经营者的承诺对经营者本身具有法律约束力，二是反垄断执法机构不再对经营者采取行动。一个承诺如果是发生在经营者集中审查中，反垄断执法机构一般是作出附条件的批准。

有下列情形之一的，反垄断执法机构应当恢复调查：①经营者未履行承诺的；②作出中止调查决定所依据的事实发生重大变化的；③中止调查的决定是基于经营者提供的不完整或者不真实的信息作出的。

（五）行政复议和行政诉讼程序

对反垄断执法机构作出的关于经营者集中的决定不服的，可以先依法申请行政复议；对行政复议决定不服的，可依法提起行政诉讼。对反垄断执法机构作出的其他决定不服的，可以依法申请行政复议或者直接提起行政诉讼。

三、违反《反垄断法》应承担的法律责任

（一）民事责任

我国现行《反垄断法》对于经营者的民事责任仅进行了原则性规定：经营者实施垄

断行为给他人造成损失的，依法承担民事责任。但对反垄断民事赔偿责任相关的具体问题，如原告资格、起诉条件、损害赔偿额的确定等问题均未作进一步的规定。2012 年最高人民法院发布了《最高人民法院关于审理因垄断行为引发的民事纠纷案件应用法律若干问题的规定》，对经营者的民事责任进行了一些细化，但仍有一些学理上和实践中的争议问题并未解决。

（1）在承担民事责任的形式方面，依据该司法解释，有停止侵害、赔偿损失等形式。也有观点认为消除危险也适合作为垄断行为的民事责任形式[①]。

（2）在民事责任赔偿范围方面，依据该司法解释，原告因调查、制止垄断行为所支付的合理开支也可以计入损失赔偿范围。但也有观点认为，反垄断法上的民事损害赔偿责任在性质上属于经济法上的民事责任，因此应兼有公益和私益双重性质，除损害赔偿这一私益性补偿功能之外，还应兼顾惩罚、威慑、恢复等公益性功能目标，因此应适用多倍赔偿制度[②]。

（3）在民事责任追究程序方面，依据该司法解释，利害关系人可直接提出民事损害赔偿责任之诉，而无须行政执法机构认定的前置程序。若被诉垄断行为属于协议垄断行为，还应当适用举证责任倒置规则。

（二）行政责任

1. 经营者的行政责任

对违反反垄断法的经营者，反垄断执法机构还要结合经营者的行为，要求经营者承担相应的行政责任。根据垄断行为类型的不同及情节轻重，分别承担不同责任。

（1）经营者达成并实施垄断协议的，由反垄断执法机构责令停止违法行为，没收违法所得，并处上一年度销售额 1% 以上 10% 以下的罚款；尚未实施所达成的垄断协议的，可以处 50 万元以下的罚款。经营者主动向反垄断执法机构报告达成垄断协议的有关情况并提供重要证据的，反垄断执法机构可以酌情减轻或者免除对该经营者的处罚。

（2）经营者滥用市场支配地位的，由反垄断执法机构责令停止违法行为，没收违法所得，并处上一年度销售额 1% 以上 10% 以下的罚款。

（3）经营者违反反垄断法规定实施集中的，由国务院反垄断执法机构责令停止实施集中、限期处分股份或者资产、限期转让营业以及采取其他必要措施恢复到集中前的状态，可以处 50 万元以下的罚款。

（4）对反垄断执法机构依法实施的审查和调查，拒绝提供有关材料、信息，或者提供虚假材料、信息，或者隐匿、销毁、转移证据，或者有其他拒绝、阻碍调查行为的，由反垄断执法机构责令改正，对个人可以处 2 万元以下的罚款，对单位可以处 20 万元以下的罚款；情节严重的，对个人处 2 万元以上 10 万元以下的罚款，对单位处 20 万元以上 100 万元以下的罚款。

此外，行业协会组织本行业的经营者达成垄断协议的，反垄断执法机构可以处 50 万元以下的罚款；情节严重的，社会团体登记管理机关可以依法撤销登记。

---

① 刘迎霜. 浅析我国反垄断法中的民事责任[J]. 南京社会科学，2009（1）.
② 李志刚，徐式媛. 反垄断法上的民事赔偿责任[J]. 人民司法，2011（7）.

2. 行政性垄断的行政责任

行政机关和法律、法规授权的具有管理公共事务职能的组织滥用行政权力，实施排除、限制竞争行为的，由上级机关责令改正；对直接负责的主管人员和其他直接责任人员依法给予处分。反垄断执法机构可以向有关上级机关提出依法处理的建议。法律、行政法规另有规定的，依照其规定。

3. 行政工作人员的行政责任

反垄断执法机构工作人员滥用职权、玩忽职守、徇私舞弊或者泄露执法过程中知悉的商业秘密，构成犯罪的，依法追究刑事责任；尚不构成犯罪的，依法给予处分。

（三）刑事责任

《反垄断法》第52条规定，对反垄断执法机构依法实施的审查和调查，拒绝提供有关材料、信息，或者提供虚假材料、信息，或者隐匿、销毁、转移证据，或者有其他拒绝、阻碍调查行为，构成犯罪的，依法追究刑事责任。该条款应适用刑法中的妨害公务罪。

《反垄断法》第54条规定，反垄断执法机构工作人员滥用职权、玩忽职守、徇私舞弊或者泄露执法过程中知悉的商业秘密，构成犯罪的，依法追究刑事责任。该条款应适用《刑法》中的渎职罪和侵犯商业秘密罪。

此外，《刑法》在第223条和第226条规定了串通投标罪和强迫交易罪两项罪名，实施与此相关的垄断行为情节严重构成犯罪的，也要依法承担相应的刑事责任。

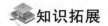

垄断协议行为的宽恕制度

垄断协议行为对市场竞争的危害性不言而喻，但由于其行为隐蔽性高，反垄断执法机构获得相关证据非常困难。宽恕制度就是专为侦破垄断协议而量身定做的一项法律制度，其基本思路是向垄断协议参与成员提供一定的罚款减免，来诱使垄断协议成员主动向执法机关报送垄断信息，以便帮助执法机关及时发现并破解垄断协议，降低执法成本。我国《禁止垄断协议暂行规定》第33条、第34条明确规定：参与垄断协议的经营者主动报告达成垄断协议有关情况并提供重要证据的，可以申请依法减轻或者免除处罚。反垄断执法机构应当根据经营者主动报告的时间顺序、提供证据的重要程度以及达成、实施垄断协议的有关情况，决定是否减轻或者免除处罚。对于第一个申请者，反垄断执法机构可以免除处罚或者按照不低于80%的幅度减轻罚款；对于第二个申请者，可以按照30%至50%的幅度减轻罚款；对于第三个申请者，可以按照20%至30%的幅度减轻罚款。

自学自测 扫描此码

复习思考题

1. 反垄断法的立法目的和意义？
2. 垄断协议有哪些类型？其各自的构成要件是什么？
3. 经营者滥用市场支配地位行为的认定标准是什么？
4. 我国法律对经营者集中行为进行了怎样的程序控制？
5. 行政性垄断行为与一般垄断行为的区别在哪里？
6. 反垄断适用除外制度与垄断协议豁免制度有什么区别？

 实训材料及实训要求

实训素材一：

2012年至2014年7月，东风日产通过下发商务规定、价格管理办法、考核制度等方式，严格限定广东省内经销商整车销售的网上、电话和营业厅报价以及最终成交价，并于2013年对违反价格管控措施的广州经销商进行处罚。自2012年4月至2014年7月，广州区域经销商在东风日产广州地区协力会组织下，多次召开会议，达成并实施了固定相关车型价格的协议。在调查过程中，东风日产积极配合，并在调查开始后立即停止了相关违法行为，根据法律规定修改了经销协议、商务规定等公司管理政策；广州经销商停止了价格协商，废除了区域价格协议。

实训素材二：

2014年2月，中国通信工业协会旗下的手机中国联盟向国家发改委递交了一份报告，称全球最大的智能手机芯片供应商美国高通公司的商业模式损害中国手机产业，举报其过度收取专利费和搭售的行为涉嫌垄断。发改委对其进行发起了反垄断调查。目前数据显示，截至2013年9月29日的财年里，高通全球总营收额达249亿美元，其中在中国市场营收额达到123亿美元，占比达49%。高通占有全球手机芯片市场份额30%，在中国市场占比高达40%左右。国内一家知名手机厂商的公关部门负责人杨先生表示："全球主流智能机厂家，都得买高通的芯片。稍微懂行点的消费者听说手机搭载的是高通芯片，往往都会对这手机另眼相看。但是，无论企业大小、销量多少，要想用高通的芯片，先得一次性交纳大约上百万美元的专利入门费。之后在客户采购芯片、手机售出这两个阶段，手机厂商又要分别再为芯片专利付一次费。"

实训素材三：

2016年8月1日，滴滴出行发表公开声明，宣布与优步全球达成战略协议，滴滴出行将收购优步中国的品牌、业务、数据等全部资产，在中国大陆运营。CNIT-Research发布的《2016年Q1中国专车市场研究报告》显示，一季度专车市场整体保持了高速增长，滴滴、优步分别以85.3%和7.8%的订单市场份额居行业前两位，二者合并后占据国内市场份额将达到93.1%。然而8月2日举行的商务部新闻发布会上，商务部新闻发言人沈丹阳表示，仍未收到交易方的有关申报。

实训素材四:

工程造价学是近年来建筑管理业内的热门专业,也是业内职业培训及相关技能比赛的热门项目。该技能的学习或比赛操作,都必须使用专业的软件程序及其操作平台来进行,而生产这类软件程序的企业中,斯维尔、广联达、上海鲁班软件有限公司三家,占据了市场的主要份额。2014 年 4 月 1 日,广东省教育厅主办"2014 年全国职业院校技能大赛(高职组)"时,在《赛项技术规范》和《竞赛规程》中都明确,赛事软件指定使用广联达独家的认证系统、广联达土建算量软件 GCL2013 和广联达钢筋算量软件 GGJ2013。培训学校为了参加"省赛"和"国赛",就要购买广联达软件。更重要的是,这些高职院校的学生毕业后进入施工单位、造价咨询公司,会倾向性选择广联达软件。从长远市场战略看,如果不对这种行政指定产品的做法加以制止,工程造价技能软件的市场将会造成"一家独大"的局面。

请根据以上案件资料的介绍,分析这些案件中各主体的行为是否违反《反垄断法》的规定?其行为违法的原因是什么?《反垄断法》对于类似行为的法律规定是怎样的?其法律责任该如何承担?

实训流程及考核样例

第四篇 知识产权法

第十章

专 利 法

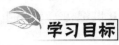

通过本章系统学习,希望同学们掌握以下知识点。
了解:专利制度的起源与发展;专利申请与审查的步骤。
掌握:我国《专利法》保护的专利种类;专利申请的原则;授予专利的条件。
难点:专利权在权力行使方面受到的限制;《专利法》第四次修正的新变化。
实训:模拟专利申请的法律过程。

安徽理工大学的祝云辉、祝二辉兄弟在大学期间完成了包括组装式电雷管、会"唱歌"的电脑散热器在内的 23 项发明专利。兄弟二人上大学后就跟随老师做课题,大二那年在老师的指导下开始申请国家专利。他们兄弟二人也因此被称为"专利兄弟"。

思考:
1. 什么样的发明创造可以申请专利?
2. 申请专利应遵循哪些原则?需要递交哪些文件?
3. 一项发明创造一旦取得专利就会获得永久保护吗?

第一节 专利法概述

本节知识点导图

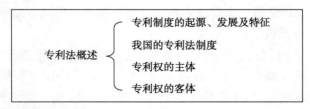

一、专利制度的起源、发展及特征

(一)专利制度的起源

随着生产力水平的提高,人类不再是只靠体力进行社会竞争,科学技术的重要性日益突出。为了鼓励技术创新，一些国家开始制定政策对发明创造进行物质奖励。13 世纪英王就开始颁发一种叫作"公开证书"的诏书，对那些在技术上创新的人进行奖励。1474 年，威尼斯城邦元老院颁布了世界上第一部具有现代专利法特点的专利法。

（二）专利制度的发展

人类社会发展到自由资本主义时期以后，"自由""平等""博爱"的思想观念深入人心。专利法是在一定程度上提倡垄断的法，因此很长一段时间内专利法都被认为是"恶法"，专利制度的发展一度受到影响。然而，实践是检验真理的唯一标准。经过一段时间，人们发现，实施专利制度的那些国家的经济稳步增长，因此在 20 世纪初，专利制度在各国纷纷被建立起来。

（三）专利制度的特征

1. 在技术实施上的垄断

一般情况下，专利权属于专利权人所有，非经权利人许可，其他人都不得利用。同一主题的发明创造，国家只授予一项专利权，即使是不同主体不谋而合产生的同一发明创造也只能授予在先申请人的一项专利权；同时两项以上专利权不得同时保护相同的技术方案，例如某人可以就同样的主题同时申请发明和实用新型专利，如果想要获得发明专利权，就必须放弃先期获得授权的实用新型专利权。专利权人一经许可，他人就可以进行商业性利用，同时，专利权还可以在同一时间有多个主体同时利用并获得收益。

2. 对技术信息的公开

对所申请专利的技术信息进行公开是专利申请人的一项义务。专利申请人在进行专利申请时，必须在专利说明书中对该项技术的细节进行完全公开，否则该项专利申请可能会因公开不充分而被驳回。这不但是我国专利申请人的义务，也是世界各国专利申请人的义务。通过公开技术细节，相关的技术人员可以通过专利文献在全世界范围内了解该技术领域的最新研究动向，从而避免了重复研发，更大程度促进了科学技术的发展。

二、我国的专利法制度

在我国历史上，专营、专卖独占权这种意义上的专利制度的萌芽远比西方国家早，春秋、西汉时既有对盐、铁、茶、丝等实行官办或商卖的垄断经营制度。清末受西方思想的影响，一些维新、启蒙思想家曾经主张建立专利制度，但随着维新变法的失败，专利制度在我国的建立也夭折了。

1944 年，国民党政府制定了中国第一部专利法，但由于国民党政府在内战中失败，这部专利法并未在大陆实施，而是在台湾实施了。1980 年中国专利局成立，开始起草《中华人民共和国专利法》（以下简称《专利法》），历经24稿，最终于 1984 年 3 月 12 日第六届全国人民代表大会常务委员会第四次会议通过，于 1985 年 4 月 1 日开始实施，并且分别在 1992 年、2000 年、2008 年以及 2020 年进行过四次修正，第四次修正后的《专利法》于 2021 年 6 月 1 日起实施。国务院为了更好地促进《专利法》实施，于 2001 年 6 月 15 日公布了《中华人民共和国专利法实施细则》（以下简称《专利法实施细则》），并且分别于 2002 年和 2010 年进行了修订。

三、专利权的主体

（一）发明人或设计人

发明人（针对发明和实用新型）或设计人（针对外观设计）是指直接参与发明创造并对发明创造的实质性特点作出创造性贡献的人。在发明创造的过程中，仅仅为发明创造进行组织管理工作，或者仅仅提供物质支持，或者提供咨询意见以及提供辅助工作的人，不是发明人。

发明人必须是利用自己的智力和思维进行创造性劳动的人，因此，发明人只能是自然人。同时，发明行为是一种事实行为，无须行为人具有相应的民事行为能力，即使是无民事行为能力的孩童进行的发明创造，只要符合《专利法》规定的授予专利权的条件，也一样能够授予专利权，该无民事行为能力人也就成为发明人或设计人。

根据我国《专利法》和巴黎公约的规定，外国的发明人或设计人只要满足下列条件之一就可以在我国申请专利：①该外国人在我国或者任意一个巴黎公约成员国内有经常居所或营业所；②该外国人所属的国家同中国签订了专利保护的双边条约或共同参加了有关国际公约；③若该外国人的所属国允许我国公民在该国申请专利，那么根据互惠原则，我国也对该国公民予以专利申请权。

我国《专利法》对涉外专利申请作出了特别的限制。根据《专利法》相关条款规定，在中国没有经常居所或者营业所的外国人、外国企业或者外国其他组织在中国申请专利和办理其他专利事务的，应当委托依法设立的专利代理机构办理。任何单位或者个人将在中国完成的发明或者实用新型向外国申请专利的，应当事先报经国务院专利行政部门进行保密审查。保密审查的程序、期限等按照国务院的规定执行。

（二）专利权的归属

一般情况下，发明人就是专利申请人，专利申请通过后，申请人也就成为专利权人。

> **知识拓展**
>
> #### 发明人和申请人不一致的情形
>
> 首先，专利申请权的转让可以导致发明人和申请人不一致。发明人在专利申请提出前和专利申请提出后都可以将专利申请权转让给他人。其次，专利申请权的继承可以导致发明人和申请人不一致。无论是未启动专利申请程序的发明创造还是正在申请专利的发明创造，其专利申请权都可以继承。最后，基于法律的直接赋予导致发明人和申请人不一致。如职务发明的发明人是自然人，而申请人是单位。
>
> 通常情况下，一项发明创造，如果是发明人基于自己的意志、完全独立地利用自己的物质技术条件进行的智力创造，那么这项发明创造的专利权当然归发明人本人。但是，在下述三种特殊情况下，专利权则不属于或者不完全属于发明人。

1. 职务发明

所谓职务发明，是指执行本单位的任务或者主要是利用本单位的物质技术条件所完成的发明创造。其中"执行本单位的任务"完成的发明创造包括以下情况：①在本职工作中作出的发明创造；②履行本单位交付的本职工作之外的任务所作出的发明创造；③退休、调离原单位后或者劳动、人事关系终止后1年内作出的，与其在原单位承担的本职工作或者原单位分配的任务有关的发明创造。"主要是利用本单位的物质技术条件"所完成的发明创造是指本单位的资金、设备、零部件、原材料或者不对外公开的技术资料等。例如，某大学教师张某，在寒假期间利用学校实验室的设备发明了节能电灯，则是职务发明。职务发明创造申请专利的权利属于该单位，申请被批准后，该单位为专利权人。

2. 共同发明

共同发明是指两个或两个以上的人共同完成的发明创造。共同发明的专利申请权属于合作开发的各方当事人共有，合作开发的当事人一方不同意申请专利的；另一方或其他各方不得申请专利。专利共有人对专利权的行使有约定的，从其约定。没有约定的，专利共有人有权自己实施或以普通许可的方式许可他人实施该专利，所得报酬为全体专利共有人共有。

3. 委托发明

委托发明是指以合同的方式委托他人进行的发明创造。对于委托发明的专利权归属，首先要看合同有无约定，合同有约定的从其约定，无约定的，专利权归属于受托方，因为受托方才是完成发明创造的人。

案例分析 10-1

小熊饼干厂委托甲研究所和乙研究所共同研究一种快速制作饼干的方法，甲乙研究所于是共同指派了赵、钱、孙、李四个人组成项目小组。赵某（甲研究所）和钱某（乙研究所）负责研究工作，孙某负责项目的协调管理工作，李某负责项目的资料翻译和整理工作。随后，项目小组完成了任务，发明了一种快速制作饼干的方法。

问题：这一方法的专利权归谁？谁可以在该专利文件中写明自己是发明人或者设计人？①

四、专利权的客体

（一）我国《专利法》所保护的专利种类

按照我国现行《专利法》规定，专利权的客体包括三类：发明、实用新型和外观设计。

1. 发明

发明，是指对产品、方法或者其改进所提出的新的技术方案。发明，可以是对产品

---

① 石景光. 专家释法之公民与知识产权法[M]. 北京：新华出版社，2010：141.

的发明，也可以是对方法的发明，而实用新型由于其要求有新的形状和构造，故只有产品才可以申请实用新型专利。发明的特征有：①发明必须是一种技术方案，并且是一种新的技术方案。首先，发明不能是对现有技术的简单重复，它必须在现有技术的基础上有所创新、有所进步。其次，发明必须是一种具体的方案，而不能只是存在于脑海中的一种设想，只有能够实施的技术方案才称得上发明。②发明必须利用自然规律或自然现象。发明通常是自然科学领域中的智力创造成果，文学、文艺和社会科学领域中的智力创造成果，不受《专利法》的保护。③自然规律和自然现象本身也不是发明创造。自然规律和自然现象本身是原本就存在于大自然中，人们只能"发现"自然规律和自然现象，而不能"发明"自然规律和自然现象。

2. 实用新型

实用新型是指对产品的形状、构造或者其结合所提出的适于实用的新的技术方案。相对于发明而言，实用新型对技术创新的要求要低一些。但是，实用新型不仅要求一项发明创造具有技术创新，还要求其具有新的形状和构造。通常一些达不到发明专利创造性难度要求的小发明创造适合申请实用新型专利。

如前所述，发明专利既可以授予产品也可以授予方法，而实用新型专利却只能授予产品。但是，并不是所有的产品都可以授予实用新型专利。气体、液体、粉末状、颗粒状的物质或者材料，由于其没有固定的形状或构造而不可以授予实用新型专利。另外，构成产品的物质分子结构或者组分的变化，不属于产品结构的变化，不能授予专利。例如，一个玻璃水杯不改变形状构造而只是单纯将其材质变成塑料的，不视为该水杯拥有了新的形状和构造。

实用新型专利主要保护的是小发明。其要求比发明专利的要求低，保护期限比发明专利的保护期限短，审查程序也比发明专利方便快捷，只要通过初步审查即被认为合格，无须进行实质性审查。

知识点检验 10-1

3. 外观设计

外观设计是指对产品的形状、图案或者其结合以及色彩与形状、图案的结合所作出的富有美感并适于工业应用的新设计。

一种产品的外观设计越新颖、越优美就越能吸引消费者的眼球，在一定程度上能起到促销的作用。与发明和实用新型相比较，外观设计只追求美感而不需要有技术上的创新，也不追求实用功能。外观设计和实用新型构成要素中虽然都有"形状"，但二者也不相同。外观设计的"形状"只需要具有美感即可，实用新型的"形状"却是需要具备某种实用功能的形状。

外观设计必须以产品为依托，外观设计与产品相结合才能受到《专利法》的保护。离开了产品，外观设计也就失去了载体，此时的"外观设计"也就不能称为外观设计，而只是《著作权法》保护的美术作品。需要注意的是，在第四次《专利法》修改中，将外观设计专利的保护客体扩展到产品的局部外观设计，而非之前的只有对产品的整体作出的外观设计，才可以申请外观设计专利。

（二）专利权客体的排除领域

我国《专利法》不但规定了《专利法》保护的发明创造的种类，也规定了一些不授予专利权的发明创造或事项。这些事项主要有以下几种。

（1）违反法律、社会公德或者妨害社会公共利益的发明创造，违反法律、行政法规的规定获取或者利用遗传资源，并依赖该遗传资源完成的发明创造，不授予专利权。

在我国，所有法律制定的目的都是为了维护公众的合法权益。一项发明创造，即使再有创造性，只要其违反法律规定，就不能够被授予专利。例如，用于赌博的器具、工具；用于仿制钞票的机器，因其本身违法性而不可以授予专利。但是，法律不可能穷尽一切违反公益的事项，因此，《专利法》规定，违反社会公德或者妨害社会公共利益的发明创造，也不可以授予专利。例如，发明创造的实施或使用会严重污染环境、破坏生态平衡的，不授予专利；一把能打开任何锁的"万能钥匙"，没有违反法律的直接规定，但因其有害于公益，也不可以授予专利。

随着遗传和基因技术的快速发展，在生物、制药、农业等技术领域，科学技术的发展越来越多地依赖于遗传资源的利用。因此，遗传资源已经成为一个国家重要的战略性物质资源[①]。根据我国加入的《生物多样性公约》，遗传资源属于国家所有，任何非法获取遗传资源完成的发明创造，都不能被授予专利。我国是一个遗传资源大国，《专利法》的这一规定对防止非法窃取我国遗传资源有着重要的意义。

（2）科学发现不能被授予专利。科学发现是原本就存在的客观事实，而不是人类智慧所创造产生，因此不能被授予专利。阿基米德发现的杠杆原理不能被授予专利，因其是科学发现。但是，利用杠杆原理发明的机械千斤顶则可以被授予专利。

（3）智力活动的规则和方法不能被授予专利。被授予专利的发明创造必须是利用自然规律或自然现象而形成的技术方案。智力活动的规则和方法只是单纯利用人文知识或社科知识进行的思维推理，因而不能被授予专利。足球比赛的规则、会计上的复式记账法都属于智力活动的规则和方法。

（4）疾病诊断和治疗方法不能被授予专利。疾病诊断和治疗方法一旦被授予专利势必会导致就医成本的增加，不利于民生。并且一项疾病的诊断和治疗方法被授予专利意味着除了专利权人以外的人要想使用该专利必须经过专利权人的同意，如果病人情况危急时医生进行诊断和治疗之前还要先经过专利权人的同意，这也不现实。因此，我国《专利法》规定疾病诊断和治疗方法不能被授予专利。

（5）动物和植物品种不能被授予专利。我国现行《专利法》规定，动物和植物品种不能被授予专利。但是，培育或者生产动植物新品种的方法可以依法被授予专利。例如，杂交水稻新品种不能被授予专利，但是培育杂交水稻的方法可以被授予专利。

（6）原子核变换方法以及用原子核变换方法获得的物质不能被授予专利。核技术是一个特殊的领域，一旦被授予专利即意味着专利权人可以自由地实施核技术，不利于公众安全，因此大多数国家

知识点检验 10-2

[①] 尹新天. 中国专利法详解[M]. 北京：知识产权出版社，2011：53.

都对核技术不授予专利。我国《专利法》之所以规定原子核变换方法以及用原子核变换的方法获得的物质不能被授予专利是从国家和公众安全的角度出发，也是为了保护本国核工业的发展。

自学自测 扫描此码

第二节　专利申请与审批

本节知识点导图

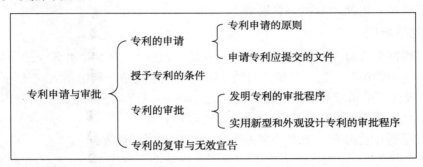

一、专利的申请

（一）专利申请的原则

1. 申请在先原则

申请在先原则是指两个以上的申请人分别就同样的发明创造申请专利的，专利权授予最先申请的人。对于此项原则，《专利法》第9条做出针对性的规定，可见，我们国家同世界上绝大多数国家一样，也采取申请在先的原则。申请在先的原则能够在一定程度上促使发明人尽早申请专利，从而使该项技术尽早公之于众，避免重复开发并推进科技的发展。

申请在先的原则涉及申请时间的确定。大多数国家以日为单位来判断申请时间的先后。申请专利可以直接到国家专利行政部门递交申请文件，也可以通过邮局邮寄申请文件。直接到国家专利行政部门递交申请文件的，以国务院专利行政部门收到专利申请文件之日为申请日；如果申请文件是邮寄的，以寄出的邮戳日为申请日。如果同一日有两个或者两个以上的申请人就同一技术方案递交申请文件的，视为同时申请。同时申请的，应当在收到国务院专利行政部门的通知后自行协商确定申请人。协商不成的，国务院专利行政部门将驳回各方申请。

2. 书面原则

《专利法实施细则》第2条规定：专利法和本细则规定的各种手续，应当以书面形式或者国务院专利行政部门规定的其他形式办理。据此，与专利有关的各种手续都应当以书面的形式办理，除非法律另有规定。要求与专利有关的手续采用书面原则的益处在于日后发生专利纠纷时有据可查。另外，在电子商务技术日益完善的今天，书面原则并不排除无纸化的电子申请案，因为书面原则不等于纸面化，电子申请是现代化的更为便捷的一种书面申请。

3. 单一性原则

单一性原则是指一件专利申请只能包含一项发明、实用新型或者外观设计。实践中，有人为了方便或节省申请费用而将两项或者两项以上的发明创造在同一个专利申请案中提出，这种情况下，国务院专利行政管理部门会要求申请人进行分案处理。所谓分案处理，是指将一个不满足单一性原则的申请案进行拆分，使其变成两个或两个以上的满足单一性原则的申请案。单一性原则的目的是方便将数以万计的专利进行分门别类，从而便于人们查阅，也便于专利的管理。

4. 优先权原则

优先权原则是来自《巴黎公约》的一项制度。《巴黎公约》是世界上最早签订的关于工业产权保护的国际公约。依照该公约，优先权原则是指专利申请人在任何一个《巴黎公约》的成员国申请专利后的一定时间内，又向其他《巴黎公约》的成员国申请专利，则以其第一次申请专利的时间为其后续申请的申请日。

优先权原则在我国专利法中体现为国内优先权和国际优先权。

所谓国内优先权，是指申请人自发明或者实用新型在中国第一次提出专利申请之日起12个月内，或者自外观设计在中国第一次提出专利申请之日起6个月内，又向国务院专利行政部门就相同主题提出专利申请的，可以享有优先权。例如，当首次申请由于偶然原因成为死案，或者在首次申请递交后又就发明进行了改进，只要还在优先权期限内，均可在再次申请专利时提出专利权要求。

所谓国际优先权，是指申请人自发明或者实用新型在外国第一次提出专利申请之日起12个月内，或者自外观设计在外国第一次提出专利申请之日起6个月内，又在中国就相同主题提出专利申请的，依照该外国同中国签订的协议或者共同参加的国际条约，或者依照相互承认优先权的原则，可以享有优先权。不同种类的专利享有国际优先权的期限不同，发明和实用新型是12个月，外观设计6个月，均从首次申请之日起计算。

专利申请人要想享有专利优先权必须向相关专利局提出优先权请求，专利局不会主动审查专利申请人是否享有优先权。如果申请人不主动申请优先权则视为无优先权。

5. 诚实信用原则

实践中，在申请专利、使用专利中过程中出现了一些不诚信问题。例如，编造技术方案、虚构实验数据骗取专利授权，甚至进而骗取政府补贴、单位奖励、减刑假释等；又如，利用实用新型、外观设计专利授权无须经过实质性审查的特点，故意将他人使用的现有技术、现有设计注册为专利,或者在专利申请文件中提出表述模糊的权利要求,在取得专利权后,向他人发送侵权律师函要求支付许可使用费,或者先提起侵权诉讼后要求对方支付和解金。对此,《专利法》在第四次修改中规定,申请专利和行使专利权应当遵循诚实信用原则。不得滥用专利权损害公共利益和他人合法权益或者排除、限制竞争。

知识点检验 10-3

(二)申请专利应提交的文件

申请发明或者实用新型专利的,应当提交请求书、说明书及其摘要和权利要求书等文件。请求书应当写明发明或者实用新型的名称,发明人的姓名,申请人姓名或者名称、地址,以及其他事项。说明书应当对发明或者实用新型作出清楚、完整的说明,以所属技术领域的技术人员能够实现为准,必要的时候,应当有附图。摘要应当简要说明发明或者实用新型的技术要点。权利要求书应当以说明书为依据,清楚、简要地限定要求专利保护的范围。

申请外观设计专利的,应当提交请求书、该外观设计的图片或者照片以及对该外观设计的简要说明等文件。申请人提交的有关图片或者照片应当清楚地显示要求专利保护的产品的外观设计。

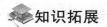

知识拓展

撰写说明书的顺序

说明书可以按照如下顺序来撰写:①发明或实用新型的名称;②技术领域;③背景技术;④发明或实用新型的目的;⑤发明内容;⑥发明或者实用新型与现有技术相比所具有的优点或者积极效果;⑦附图说明;⑧实施举例或实施方式。

二、授予专利的条件

一项发明创造要想获得专利,就必须满足一定的条件。如果对所有发明创造都不加限制地授予专利权,那么专利权就没有存在的价值空间。我国《专利法》规定了授予专利权的条件为:新颖性、创造性和实用性。

(一)新颖性

所谓新颖性,是指该发明或者实用新型不属于现有技术,也没有任何单位或者个人就同样的发明或者实用新型在申请日以前向国务院专利行政部门提出过申请,并记载在申请日以后公布的专利申请文件或者公告的专利文件中。

新颖性侧重于"新"字。这里的"新"是指跟原有的技术不尽相同,即申请专利的发明创造不属于已有技术的范畴。如何判断一项技术是否属于已有技术,主要看该技术的内容是否已被公开,为公众所知晓。这里的"公开"必须是向不特定的人展示。家庭、朋友范围内的展示不能称其为"公开"。

关于判断新颖性的地域标准，各国的做法有相对标准和绝对标准两种。所谓相对标准，又叫相对新颖性，是指只要该发明创造在国内没有被公开就认为其具备新颖性，即使该技术在国外已被公开也不会影响它在我国的新颖性；所谓绝对标准，又叫绝对新颖性，它要求申请专利的发明创造在全世界范围内都没有被公开，都不是已有技术的范畴。我国采用的是绝对标准，也就是说在我国一项发明创造要具备新颖性就必须在全世界范围内都没有被公开。

关于判断新颖性的时间标准，各国的做法也有两种，即发明标准和申请标准。所谓发明标准，是指以发明时该技术是否公之于众为标准来判断一项发明创造是否具有新颖性；所谓申请标准，是指以申请专利时该技术是否公之于众为标准来判断一项发明创造是否具有新颖性。我国同世界上绝大多数国家一样，采用的是申请标准。如果一项发明创造在发明时没有被公开，但是由于发明人没有及时申请专利导致申请时该发明创造已经被公开，则该发明创造会因不具备新颖性而无法获得专利。

我国《专利法》中还规定了一些特殊情形，在这些情形下，虽然发明创造已经被公开，我们仍视其具有新颖性。申请专利的发明创造在申请日以前6个月内，有下列情形之一的，不丧失新颖性：①在中国政府主办或者承认的国际展览会上首次展出的。这里的中国政府承认的国际展览会，是指国际展览会公约规定的在国际展览局注册或者由其认可的国际展览会。②在规定的学术会议或者技术会议上首次发表的。这里的学术会议或者技术会议，是指国务院有关主管部门或者全国性学术团体组织召开的学术会议或者技术会议。③他人未经申请人同意而泄露其内容的。④在申请日以前6个月内，在国家出现紧急状态或者非常情况时，为公共利益目的首次公开的，不丧失新颖性。

案例分析 10-2

某日用品厂研制出一种"多功能压面机"，这种产品性能稳定、设计独特。该日用品厂向专利局提出实用新型专利申请。专利局经审查发现，该产品在国内市场尚属首创。2010年，日本某工厂开始生产相同的压面机，并且在日本市场销售。

问题：该"压面机"是否具有新颖性？

（二）创造性

创造性是指与现有技术相比，该发明具有突出的实质性特点和显著的进步，该实用新型具有实质性特点和进步。由该含义可以看出，发明和实用新型在创造性方面的要求是不同的，发明专利对创造性的要求更高。

实质性特点是指申请专利的发明或者实用新型与申请日以前的已有技术相比具有明显的区别。何谓"明显的区别"？通常认为在已有技术的基础上经过逻辑的分析、推理或者简单的实验就能得出的结果不能称其为明显的区别，必须经过创造性的思维才能得出的结果才是明显的区别。其中发明专利对实质性特点的要求更高，要求具有"突出的实质性特点"。

进步是指申请专利的发明或者实用新型与申请日以前的已有技术相比，其技术方案具有良好的效果，这种良好的效果可以是克服了现有技术中的某种缺点，也可以是具备了某种新的优点。同样，发明专利不但要求申请专利的技术方案有"进步"，还要求这种进步是"显著的"。

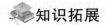知识拓展

创造性的判断标准

各国专利法都要求以所属技术领域的普通技术人员的眼光来判断一项发明创造是否具有创造性。《专利审查指南》中指出，所属技术领域的技术人员是一种假设的"人"，假定他知晓申请日或者优先权日之前发明所属技术领域所有的普通技术知识，能够获知该领域中所有的现有技术，并且具有应用该日期之前常规实验手段的能力，但他不具有创造能力。这样的普通技术人员如果认为一项发明创造有难度，则该发明创造即具有创造性。

（三）实用性

实用性是指该发明或者实用新型能够制造或者使用，并且产生积极效果。

实用性要求一项技术方案不能仅仅是存在于脑海中的构思，不能是纯理论性而无法实施的方案。另外，一项具有实用性的技术方案不但要求能够实施，还要求能够重复实施。如果申请仅仅提出了发明的任务，而没有说明实现其任务的技术手段，或者只说明了部分技术手段，该发明就是一项尚未完成的发明，它不能制造或者使用，因而不具备实用性。

实用性还要求一项技术方案的实施能够产生积极的效果。积极效果是指这项技术实施后对社会是有益的，例如可以提高产品质量、增加农作物产量、节省能源、保护环境等。在判断有益性时需要特别注意，在申请专利时这种发明创造所带来的积极效果可能还没有产生，但要具备产生积极效果的可能性。例如，贝尔在1876年的174456号美国专利就是现代电话的鼻祖，但在当时却被第一流的电器专家贬斥为"连玩具都不如的无用专利"。

三、专利的审批

国务院专利行政部门受理专利申请人的申请后，要进行审查才能决定是否授予专利。我国针对不同的专利种类采取不同的专利审查制度，对发明专利采取的是早期公开延迟审查制，对实用新型和外观设计专利采取的是即时审查制。

（一）发明专利的审批程序

1. 初步审查

初步审查主要是指审查专利申请是否具备法律规定的文件和其他必要的文件，这些文件是否符合规定的格式，审查申请案是否明显违反法律、社会公德，是否属于专利法的保护范围。初步审查不合格的，国务院专利行政部门应当将审查意见通知申请人，要

求其在指定期限内陈述意见或者补正。申请人期满未答复的,其申请视为撤回。申请人陈述意见或者补正后,国务院专利行政部门仍然认为不符合规定的,应当予以驳回。

2. 早期公开

国务院专利行政部门收到发明专利申请后,经初步审查认为符合要求的,自申请日起满18个月,即行公布。国务院专利行政部门可以根据申请人的请求早日公布其申请。申请人请求早日公布其发明专利申请的,应当向国务院专利行政部门声明。国务院专利行政部门对该申请进行初步审查后,除予以驳回的外,应当立即将申请予以公布。早期公开的内容包括发明说明书、摘要、权利要求书以及申请人的姓名、地址、申请日期、申请号和国家专利分类等。允许早日公开有利于科学技术的发展和传播,也有利于避免重复开发。

3. 实质审查

实质审查是指国务院专利行政部门对申请专利的发明创造审查其是否有新颖性、创造性和实用性。一般情况下国务院专利行政部门不会主动对专利申请案进行实质审查,只有在申请人请求其进行实质审查时国务院专利行政部门才会启动实质审查程序。如果自申请日之日起3年内申请人没有提出实质审查的请求,该专利申请即视为被撤回。

发明专利申请经实质审查没有发现驳回理由的,由国务院专利行政部门作出授予发明专利权的决定,发给发明专利证书,同时予以登记和公告。发明专利权自公告之日起生效。

另外,法律还规定若出现专利审查的不合理延迟,可以请求延长专利保护期限。即自发明专利申请日起满4年,且自实质审查请求之日起满3年后授予发明专利权的,请求人可以就在授权过程中的不合理延迟给予专利权期限补偿,但由申请人引起的不合理延迟除外。

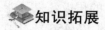
知识拓展

药品专利的特殊保护

药品专利期限补偿:法律规定,为补偿新药上市审评审批占用的时间,对在中国获得上市许可的新药相关发明专利,专利权人可以请求给予专利权期限补偿,补偿期限不超过5年。获得期限补偿的新药专利,该新药批准上市后享受的总有效专利权期限不超过14年。

专利链接:法律规定因仿制药上市审评审批过程中产生的专利纠纷,仿制药上市许可申请人与有关专利权人或者利害关系人均有机会启动专利纠纷早期解决方案。相关当事人可以诉诸法院或国务院专利行政部门,就申请注册的药品相关技术方案是否落入他人药品专利权保护范围作出裁判。相应地,国务院药品监督管理部门可以根据法院生效裁判或者国务院专利行政部门的决定,作出是否暂停批准相关药品上市的决定。

(二)实用新型和外观设计专利的审批程序

我国对实用新型和外观设计专利的审查程序是即时审查制。国务院专利行政部门在收到申请案后只对申请案进行初步审查,初步审查合格后即授予专利权。由于对实用新型和外观设计不进行实质审查,因此实践中很多实用新型和外观设计专利的质量不高,甚至一些不该授予专利权的技术方案也被授予了专利权,这只能通过专利的事后监督程序来纠正。

四、专利的复审与无效宣告

(一)专利的复审

如果专利申请人的申请案被驳回,而申请人对该驳回决定不服的,可以自收到驳回通知之日起3个月内,向国务院专利行政部门请求复审。向国务院专利行政部门请求复审的,应当提交复审请求书,说明理由,必要时还应当附具有关证据。国务院专利行政部门复审后,作出决定,并通知专利申请人。

专利申请人对国务院专利行政部门的复审决定不服的,可以自收到通知之日起3个月内向北京市第一中级人民法院提起行政诉讼。

(二)专利无效宣告

为了防止国务院专利行政部门错误地授予专利权,尤其是实用新型和外观设计专利,由于其不进行实质审查因而错误的可能性更大一些,专利法规定了授予专利后的补救措施。自国务院专利行政部门公告授予专利权之日起,任何单位或者个人认为该专利权的授予不符合专利法规定的,可以请求国务院专利行政部门宣告该专利权无效。

国务院专利行政部门接到请求后,应当对宣告专利权无效的请求及时审查和作出决定,并通知请求人和专利权人。请求人或专利权人对国务院专利行政部门宣告专利权无效或者维持专利权的决定不服的,可以自收到通知之日起3个月内,以专利复审委员会为被告,向北京市第一中级人民法院提起行政诉讼。

宣告无效的专利权视为自始即不存在。宣告专利权无效的决定,对在宣告专利权无效前人民法院作出并已执行的专利侵权的判决、调解书,已经履行或者强制执行的专利侵权纠纷处理决定,以及已经履行的专利实施许可合同和专利权转让合同,不具有追溯力。但是因专利权人的恶意给他人造成的损失,应当给予赔偿。如果不返还专利侵权赔偿金、专利使用费、专利权转让费,明显违反公平原则的,应当全部或者部分返还。

自测题

自学自测　扫描此码

第三节　专利权取得及保护

本节知识点导图

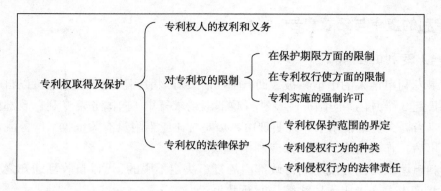

一、专利权人的权利和义务

（一）专利权人的权利

1. 专利实施权

专利权人取得专利权以后可以自己实施专利，这是专利权人最基本的权利。只有允许专利权人自己实施专利，才能给专利权人带来经济利益。

与专利实施权相对应的是禁止实施权。专利权人享有实施专利的垄断权，自然也可以禁止他人实施该专利。如果专利是因产品而被授予，则任何单位或者个人未经专利权人的许可，不得为生产经营目的制造、使用、许诺销售、销售、进口其专利产品；如果专利是因方法而被授予，则专利权人有权禁止他人未经许可为生产经营目的使用其专利方法以及使用、许诺销售、销售、进口依照该专利方法直接获得的产品；如果专利是因外观设计而授予，任何单位或者个人未经专利权人的许可，都不得实施其专利，即不得为生产经营目的制造、许诺销售、销售、进口其外观设计专利产品。

2. 专利许可权

专利许可权是指专利权人可以在一定期间内将自己的专利许可给他人使用从而获得使用费的权利。实践中，很多人获得专利权以后自己没有能力实施专利或者能力有限而无法充分实施专利，这种情况下专利权人可以许可他人实施自己的专利，既获得了经济利益又造福社会。

按照被许可人享有专利权的排他程度不同，专利实施许可分为独占实施许可、排他实施许可以及普通实施许可。独占实施许可是指专利权人许可被许可人享有其全部专利实施权，被许可人之外的任何人，包括专利权人自己都不能实施该专利；排他实施许可是指专利权人许可被许可人实施其专利，在许可期间，专利权人自己可以实施该专利，但不能再许可第三人实施专利；普通实施许可是指专利权人许可被许可人实施其专利，在许可期间，专利权人自己可以实施该专利，也可以再许可第三人实施该专利。

3. 专利处分权

专利处分权是指在专利权有效存在期间，专利权人可以处分自己的专利，这种处分包括放弃专利权和转让专利权。当事人签订了转让专利的书面合同之后，还必须向国务院专利行政部门登记，由国务院专利行政部门予以公告。专利权的转让自登记之日起生效。

4. 专利标记权

专利权人有权在其专利产品上标明专利记号以及专利号。这主要是为了起到警示作用，提示公众该产品中包含专利，不可随意仿冒。当然，专利权人也可以不在产品上标记专利标志和专利号。但在美国等国家，专利标记在专利法中是作为权利人的义务予以规定的。

知识拓展

专利开放许可制度

法律规定，专利权人可以书面向国务院专利行政部门声明其愿意以一定的许可费条件给予任何单位或者个人专利实施许可的意愿，国务院专利行政部门对专利权人的许可声明予以公告，实行开放许可。他人以书面方式通知专利权人并依照公告支付许可使用费即可获得专利实施许可。

开放许可实施期间，专利权人不得就该专利给予他人独占或者排他许可。

开放许可实施期间，对专利权人需要缴纳的专利年费相应给予减免。

（二）专利权人的义务

1. 缴纳专利年费的义务

缴纳年费是专利权人最基本的义务，专利权人应当自被授予专利权的当年开始缴纳年费。年费主要用于专利局的日常管理和服务工作。专利年费的数额是随着时间的推移逐渐增多，这种年费的设计方法可以促使专利权人尽早放弃专利，从而使专利技术尽早进入公有领域。

2. 公开技术方案的义务

如前所述，专利制度的特征是在技术实施上的垄断和对技术信息的公开。如果专利权人在专利申请文件中没有完全公开技术方案，该专利申请将会被驳回。公开的主要目的是使相关领域的技术人员了解该领域科技的发展情况，防止重复研究。

3. 充分实施专利的义务

专利权人取得专利权之后的一定期限内，应当自己实施专利或者许可他人实施专利。如果专利权人自己不实施，也不许可他人实施，或者其自身以及被许可人的生产能力严重不足，造成国内市场对该专利产品的需求不能得到满足，国务院专利行政部门有权强制许可有生产能力的人实施该专利。

二、对专利权的限制

（一）在保护期限方面的限制

专利权不是无期限保护的。一项发明创造获得专利权之后只在一定期限内受专利法的保护，超过专利法规定的期限，该专利技术就进入公有领域，专利权人的专利权也因此而终止。我国《专利法》规定，发明专利的保护期限为 20 年，实用新型的保护期限为 10 年，而外观设计专利的保护期限为 15 年。关于专利保护期限的起算点，《专利法》规定专利保护期自专利申请之日起计算，而不是从授予专利之日起算。

知识点检验 10-4

（二）在专利权行使方面的限制

我国专利法对专利权的行使规定了一些限制条件。下列情况虽然表面上侵犯了专利权，但专利法规定不视为侵犯专利权。

1. 首次销售

按照我国《专利法》规定，专利产品或者依照专利方法直接获得的产品，由专利权人或者经其许可的单位、个人售出后，使用、许诺销售、销售、进口该产品的，不视为侵犯专利权。也就是说，专利产品或者依照专利方法直接获得的产品，经过首次销售后，其专利权得以实现，进而专利权实施完毕，专利权人对这些售出的产品不再具有支配权。至于专利产品的所有人再次销售产品以及如何使用专利产品，都不受专利权人限制。

2. 先行实施权

按照我国《专利法》规定，在专利申请日前已经制造相同产品、使用相同方法或者已经做好制造、使用的必要准备，并且仅在原有范围内继续制造、使用的，不视为侵犯专利权。在专利权人申请专利之前，已经有人开始制造专利产品或做好制造专利产品的准备，这样的人是先用权人。在专利权人申请专利并且获得专利权以后，先用权人可以在原有的范围内继续制造专利产品或使用专利方法。所谓在原有范围之内，是指在原有生产规模的范围之内，如果在专利权人获得专利权之后先用权人又扩大了生产规模则不受法律保护。

3. 交通工具临时过境

按照我国专利法规定，临时通过中国领陆、领水、领空的外国运输工具，依照其所属国同中国签订的协议或者共同参加的国际条约，或者依照互惠原则，为运输工具自身需要而在其装置和设备中使用有关专利的，不视为侵犯专利权。这一制度是为了维护国家间的自由运输，由巴黎公约最先作出的规定，只适合于在我国临时停靠的运输工具。2009 年马来西亚籍货轮"亚拉巴"号从马来西亚出发驶往韩国，途中遭遇台风袭击，发动机出现故障，遂临时停靠中国广州。中国的技术人员在对其发动机进行检修时发现该发动机的核心部件"连杆活塞"使用了某造船厂取得的实用新型专利。但是"亚拉巴"号是因台风袭击而临时停靠中国港口，属于临时过境，按照我国《专利法》相关规定，在其发动机中使用专利不视为侵权。[①]

[①] 黄武双. 知识产权法案例与图表[M]. 北京：法律出版社，2010：243.

4. 非营利性实施

按照我国《专利法》规定，专为科学研究和实验而使用有关专利的；为提供行政审批所需要的信息，制造、使用、进口专利药品或者专利医疗器械的，以及专门为其制造、进口专利药品或者专利医疗器械的都不视为侵犯专利权。这种非营利性实施之所以不视为侵犯专利权是因为其产品没有进入流通领域，不会对专利权人的利益造成威胁。

另外，《专利法》第77条还规定了善意侵权的情形。为生产经营目的使用、许诺销售或者销售不知道是未经专利权人许可而制造并售出的专利侵权产品，能证明该产品合法来源的，不承担赔偿责任。善意侵权必须满足以下条件：①侵权人是不知情的。只有不知情的侵权人才可以称得上是善意侵权人。②为生产经营目的使用、许诺销售或销售侵权产品。如果是制造侵权产品，则不在此之列。③能证明该产品合法来源。侵权人必须证明该侵权产品是其通过正常的商业渠道获得的，这可以说明侵权人的"善意"，也便于进一步追究侵权责任。善意侵权的法律后果是侵权人可以不承担赔偿责任，但必须停止侵害。如果侵权人知道自己销售的是侵权产品后继续销售的，则不属于善意侵权。

案例分析 10-3

刘实在美国学习期间完成了一项产品发明，于2006年12月2日向我国专利局递交了专利申请。甲企业自2006年10月开始在北京制造相同产品，刘实获得专利权后，甲企业在原有范围内继续制造。2008年2月刘实许可乙企业制造该产品并且是独占许可实施。同年，刘实自己也在北京建厂生产该产品。2009年8月，刘实发现张某的超市正在出售蕴含自己专利权的仿制产品，经查实，张某的仿制品是通过正常进货渠道从王某处购得。张某并不知该产品为仿制品。

问题：甲企业、刘实以及张某的行为是否合法？为什么？

知识点检验 10-5

（三）专利实施的强制许可

所谓专利实施的强制许可，是指在法律规定的特殊情况下，无须经专利权人的同意，具备实施专利条件的人可在报经国务院专利行政部门审核、批准后而取得的专利实施许可。

我国《专利法》规定了以下种类的强制许可。

（1）有下列情形之一的，国务院专利行政部门根据具备实施条件的单位或者个人的申请，可以给予实施发明专利或者实用新型专利的强制许可：①专利权人自专利权被授予之日起满3年，且自提出专利申请之日起满4年，无正当理由未实施或者未充分实施其专利的；②专利权人行使专利权的行为被依法认定为垄断行为，为消除或者减少该行为对竞争产生的不利影响的。

（2）在国家出现紧急状态或者非常情况时，或者为了公共利益的目的，国务院专利行政部门可以给予实施发明专利或者实用新型专利的强制许可。

（3）为了公共健康目的，对取得专利权的药品，国务院专利行政部门可以给予制造并将其出口到符合中华人民共和国参加的有关国际条约规定的国家或者地区的强制许可。

（4）一项取得专利权的发明或者实用新型比前已经取得专利权的发明或者实用新型

具有显著经济意义的重大技术进步,其实施又有赖于前一发明或者实用新型的实施的,国务院专利行政部门根据后一专利权人的申请,可以给予实施前一发明或者实用新型的强制许可。

在依照上述规定给予实施强制许可的情形下,国务院专利行政部门根据前一专利权人的申请,也可以给予实施后一发明或者实用新型的强制许可。

(5)强制许可涉及的发明创造为半导体技术的,其实施限于公共利益的目的和专利权人行使专利权的行为被依法认定为垄断行为,为消除或者减少该行为对竞争产生的不利影响的。

强制许可属于普通许可,取得实施强制许可的单位或者个人不享有独占的实施权,并且无权允许他人实施。并且取得实施强制许可的单位或者个人应当付给专利权人合理的使用费,或者依照中华人民共和国参加的有关国际条约的规定处理使用费问题。付给使用费的,其数额由双方协商;双方不能达成协议的,由国务院专利行政部门裁决。

三、专利权的法律保护

(一)专利权保护范围的界定

专利权人在申请专利时向国务院专利行政部门递交了权利要求书,具体说明申请人请求专利法对其发明创造的保护范围。在判断一项行为是否侵权时,不应将双方实际生产的产品进行对比,而应将该被指控侵权的产品与权利要求书进行对比。按照《专利法》第64条规定,发明或者实用新型专利权的保护范围以其权利要求的内容为准,说明书及附图可以用于解释权利要求的内容。外观设计专利权的保护范围以表示在图片或者照片中的该产品的外观设计为准,简要说明可以用于解释图片或者照片所表示的该产品的外观设计。

(二)专利侵权行为的种类

1. 专利实施侵权

专利实施侵权是指在专利有效期内,行为人未经许可,以营利为目的实施他人专利的行为。这是最常见的一种专利侵权行为。

2. 假冒他人专利

按照《专利法》实施细则相关规定,假冒专利的行为有以下种类:①在未被授予专利权的产品或者其包装上标注专利标识,专利权被宣告无效后或者终止后继续在产品或者其包装上标注专利标识,或者未经许可在产品或者产品包装上标注他人的专利号;②销售未被授予专利权的产品或者其包装上标注专利标识,专利权被宣告无效后或者终止后继续在产品或者其包装上标注专利标识,或者未经许可在产品或者产品包装上标注他人的专利号的产品;③在产品说明书等材料中将未被授予专利权的技术或者设计称为专利技术或者专利设计,将专利申请称为专利,或者未经许可使用他人的专利号,使公众将所涉及的技术或者设计误认为是专利技术或者专利设计;④伪造或者变造专利证书、专利文件或者专利申请文件;⑤其他使公众混淆,将未被授予专利权的技术或者设计误认为是专利技术或者专利设计的行为。

（三）专利侵权行为的法律责任

1. 民事责任

负责专利执法的部门处理专利侵权案件时，认定侵权行为成立的，可以责令侵权人立即停止侵权行为，给专利权人造成损失的，还应当赔偿损失。侵犯专利权的赔偿数额按照权利人因被侵权所受到的实际损失确定。当侵犯专利权的行为造成专利权人的信誉受损时，专利权人可以请求人民法院或者专利行政管理部门责令侵权人采取适当方式恢复专利权人的信誉，以消除由于侵权造成的不良影响。另外，还规定惩罚性赔偿制度，对故意侵犯专利权，情节严重的，可以将赔偿额提高到1~5倍。

2. 行政责任

按照现行专利法规定，假冒专利的，除依法承担民事责任外，由管理专利工作的部门责令改正并予公告，没收违法所得，可以并处违法所得5倍以下的罚款；没有违法所得的，可以处25万元以下的罚款。

3. 刑事责任

假冒他人专利构成犯罪的，应依法追究刑事责任。根据《刑法》第216条规定：假冒他人专利，情节严重的，处3年以下有期徒刑或者拘役，并处或者单处罚金。

自测题

自学自测 扫描此码

复习思考题

1.《专利法》就专利权的归属是如何规定的？
2.《专利法》规定的专利种类有哪些？
3. 专利申请的原则有哪些？
4. 授予专利权的条件有哪些？
5.《专利法》对专利权作出了哪些限制？

案例分析

鞠爱军是山东银河酒业（集团）总厂的一名的普通员工。1996年2月4日，鞠爱军向中国专利局递交了一份关于"酒瓶"的外观设计专利申请，并1997年9月20日取得了专利局授予的外观设计专利。后鞠爱军与银河酒厂签订了一份专利独占实施许可合同，专利许可费为每年15万元。

1996年8月16日，山东武城古贝春集团总公司（以下简称古贝春集团）与诸城康业副食经销处（以下简称康业经销处）签订经销协议：由康业经销处提供酒瓶，古贝春集团提供剩余包装物及散酒，生产"古贝春头曲"。协议签订后，古贝春集团使用康业经销处回收的旧酒瓶，进行清洗消毒后灌制白酒后包装成"古贝春头曲"并投入市场。该酒包装盒上注明生产制造商为古贝春集团。

1998年9月，专利权人鞠爱军发现市场上一家名为古贝春集团的公司，未经其许可，擅自使用了他设计的酒瓶，生产一种"古贝春头曲"的酒产品。鞠爱军立即要求古贝春集团停止生产，在协商破裂后，鞠爱军向法院起诉了古贝春集团，请求法院判令被告停止侵权，并赔偿30万元经济损失。被告提出抗辩，称自己使用的是收购的旧酒瓶，是一种合法的使用的行为，原专利权已经用尽，所以不构成侵权。①

1. 什么是独占实施许可？
2. 什么"是首次销售后权利用尽"？本案能否适用这一原则？为什么？

实训材料及实训要求

实训材料：专利侵权行为的认定

2016年3月，运动服饰品牌耐克起诉厦门诚大进出口有限公司（以下简称厦门诚大）侵犯其外观设计专利权。耐克称其曾数次警告厦门诚大涉嫌专利侵权。2013年耐克就开始向对方发送要求停止生产侵权运动鞋的邮件，还曾派代表前往国际专业鞋展约见厦门诚大的相关人员，告知该公司的行为涉嫌侵权但厦门诚大仍然继续生产、出售侵权鞋子，包括耐克很受欢迎的Flyknit系列款式。目前，耐克公司提出的诉讼请求除了要求金钱赔偿和法律审判，还请求法庭立即并永久禁止厦门诚大继续生产、出售侵权运动鞋。②

实训流程及考核样例

---

① 参见鞠爱军诉古贝春集团知识产权案，北京知识产权律师网。
② 参见钱瑜，王薄立. 终于受不了"山寨"了耐克首次状告中国鞋企侵权[N]. 北京商报，2016-03-29.

第十一章

商 标 法

 学习目标

通过本章系统学习,希望同学们掌握以下知识点。

了解:商标的含义、特征以及分类;商标注册的流程。

掌握:商标注册的原则;商标侵权行为的类型及法律责任。

重点:掌握商标注册需满足的条件。

难点:驰名商标的特殊保护。

实训:模拟注册商标的法律过程。

 案例导读

2007年,工程师侯某在与朋友小聚时即兴作了一首打油诗:酒逢知己千杯少,朋友相逢莫言醉。并且当场起了个白酒名字:莫言醉。朋友们都说这个名字非常好,于是侯某花了1 000元在商标局注册了"莫言醉"商标。2012年,作家莫言获得诺贝尔文学奖,"莫言醉"商标一度被众多白酒生产厂家所青睐。最终,侯某以税后1 000万元的价格将"莫言醉"商标卖给某知名白酒生产厂家。

请回答下列问题:

1. 自然人可以申请注册商标吗?
2. 申请商标注册需要满足什么条件?
3. 申请商标注册需要递交什么文件?

第一节 商标法概述

本节知识点导图

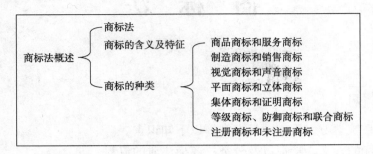

一、商标法

商标法是调整在商标注册、使用、管理和保护注册商标专用权的过程中所发生的社会关系的法律规范的总称,这是广义的商标法的含义。广义的商标法不但包括《中华人民共和国商标法》(以下简称《商标法》),还包括有关法律、行政法规和规章中跟商标有关的法律规范。狭义的商标法仅指全国人大常委会通过的《商标法》。

《中华人民共和国商标法》于1982年8月23日通过,于1983年3月1日开始实施,这是我国在知识产权领域的第一部法律。随后因经济发展的需要,《商标法》又于1993年、2001年、2013年、2019年进行了四次修正。2019年的《中华人民共和国商标法》修正案于2019年4月23日开始实施。同时,国务院为了更好地实施《商标法》,于2002年9月15日施行了《中华人民共和国商标法实施条例》,并在2014年4月29日进行了修订。

其中,2019年修订的《商标法》主要变化点有三方面:

一是商标不正当注册的处理。明确不正当注册的概念,及申请可以直接驳回。同时将不正当注册列入商标异议核心审理规范制度,并明确规定不正当注册商标列入商标无效宣告制度。

二是加重商标侵权赔偿标准。首先将恶意侵犯商标专用权的赔偿数额的倍数由3倍改为5倍。其次如果商标被侵权后,赔偿数额难以确定的,则由人民法院根据侵权行为的情况判决给予500万元以下的赔偿。最后,对于假冒注册商标的商品,责令销毁,相关材料与工具,责令销毁或禁止进入商业渠道且不予补偿。

三是规范商标代理行为。明确代理机构禁止代理范畴,不得接受不正当注册的委托,同时扩大代理机构违法行为的行政及司法处罚情形。

二、商标的含义及特征

(一)商标的含义

商标是指任何能够将自然人、法人或者其他组织的商品与他人的商品区别开的标志,包括文字、图形、字母、数字、三维标志、颜色组合和声音等,以及上述要素的组合。

在现行《商标法》中声音也可以作为商标注册。实践中,不少声音给人们留下了深刻印象,已经足以成为一种商品的标志,比如"恒源祥,羊羊羊",就曾经是家喻户晓的声音,大大提升了企业的知名度。允许声音作为商标注册是我国商标发展的必然,也顺应了世界商标发展的趋势。

(二)商标的特征

1. 商标必须以工商业活动为基础

商标是一种标记,这种标记不同于拥有著作权的作品,它必须以工商业活动为基础。商标存在的目的就是区分、推荐和宣传商品或服务,使自己的商品或服务更有特色,从而吸引更多的顾客,增加产品销量。离开了工商业活动,商标就失去了存在的意义。

2. 商标具有广告宣传的作用

商标是商品或服务的"名字",一项商品或服务要想让人们口碑相传,就必须有一个便于称呼的名字。一项商品或服务的商标越有特点,越便于记忆,就越能够产生良好的宣传效果。在传播十分发达的信息社会,一个朗朗上口的商标在广告宣传中起到的作用是十分巨大的。

3. 商标是一种可以交易的财产

一个商标经过商家的长期使用和不断投入会产生一定的价值,甚至有些"名牌产品",其商标的价值往往大于商品本身的价值。在北京人民大会堂举办的"中国知识产权(驰名商标)高峰论坛"发布会上,广药集团旗下"王老吉"品牌价值评估为1 080.15亿元。商标作为一种无形资产,是可以独立交易的。但是,商标的价值也会随着商家口碑的变化而不断变化。曾经价值非常高的"三鹿"商标因三聚氰胺事件的发生而使其价值一落千丈。

三、商标的种类

不同的分类基准,会产生不同类型的商标,到目前为止,主要分类有七种。

(一)商品商标和服务商标

根据商标标示对象的不同,可以把商标分为商品商标和服务商标。商品商标是使用于商品上的,例如康师傅、联想、阿迪达斯等;服务商标是使用于服务上的,也称为"服务标记",例如吉祥馄饨是提供餐饮服务的,中国移动是提供电信服务的,香格里拉是提供住宿服务的,这些商标都是服务商标。

(二)制造商标和销售商标

根据商标的使用者在商品的生产流通过程中所处的不同环节可以将商标分为制造商标和销售商标。制造商标是商品的生产者在自己制造的商品上使用的商标,如海尔公司在自己制造的电器上使用"海尔"商标,联合利华集团在自己生产的商品上使用"夏士莲""奥妙""立顿"等商标;销售商标又叫作"商业商标",是商品的经营者使用的商标。"国美电器""沃尔玛""麦凯乐"都不生产商品,而只是销售商品,这样的商标叫作销售商标。当然，也有的商标既是制造商标也是销售商标，比如"屈臣氏"，既是护肤类商品的生产商标，又是销售化妆品的销售商标。

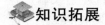知识拓展

商标与商号

商号是企业名称中的特征部分。有一些企业的商标和商号相同，比如海尔公司的商号是海尔，其生产的商品也用"海尔"做商标。还有一些企业的商标和商号不同，比如宝洁公司的商号是"宝洁"，其生产的产品使用了"海飞丝""舒肤佳""玉兰油"等商标。

（三）视觉商标和声音商标

《商标法》修改之前，要求商标必须能够为视觉所感知，视觉商标由文字、图形或者文字和图形的组合构成。《商标法》修改之后，声音可以作为商标申请。如此规定使大家熟悉的QQ、旺旺、因特尔的声音都可以作为商标注册。声音可以单独作为商标申请，也可以作为商标的一部分，和视觉商标组合在一起共同构成一个完整的商标。

（四）平面商标和立体商标

根据商标所呈现出来的形态，可以将商标分为平面商标和立体商标。平面商标是指只由两维要素组成的视觉商标。大多数商标是平面商标。立体商标又称三维商标，是指以产品的外形或产品的长、宽、高三维标志为构成要素的商标。立体商标比如奔驰车的商标外面是一个环形里面是三角星、麦当劳的商标是圆滑的"m"。

（五）集体商标和证明商标

根据商标具有的特殊作用，商标可以分为集体商标和证明商标。集体商标是指以工商业团体、协会或者其他组织的名义注册，供该组织成员在工商业活动中使用，以表明使用者在该组织中成员资格的标志，例如"佛山陶瓷"；证明商标是指由对某个具体商品或者服务有检测和监督能力的组织注册，而由注册人以外的人使用于其商品或服务，用以证明该商品或服务的原产地、原料、制造方法、质量或者其他特定品质的标志[①]，例如"绿色食品"。

集体商标和证明商标都是由多个生产者或经营者共同使用的商标，但二者有很多不同之处。集体商标表明商品或服务来自同一组织；证明商标表明商品或服务的质量达到特定品质。集体商标只能由该集体成员使用，该组织外的成员不能用，属于"俱乐部型"的；证明商标则是只要达到特定品质即可使用，属于"开放型"的。集体商标不能转让；证明商标能转让。

（六）等级商标、防御商标和联合商标

等级商标是指同一个企业生产的同类产品因质量、规格不同而使用了同一系列的不同商标。例如，青岛同泰橡胶厂生产的轮胎，因规格不同，分别使用"骆驼""金鹿""工农"等商标。

---

① 吴汉东. 知识产权法[M]. 4版. 北京：法律出版社，2011：218.

防御商标是指商标所有人把自己的商标同时注册在其他非同种或非类似的商品上，以防止因他人的注册而淡化自己的商标。例如"蒙牛"商标可以在牛奶之外的其他商品上注册，甚至在所有类别的商品上注册，以防止他人的注册和使用。

联合商标是指同一企业在自己生产的同一或类似商品上注册多个类似的商标，以防止他人注册跟自己类似的商标而导致混淆。例如北京全聚德烤鸭，在烤鸭这类商品上注册了"全聚德""德全聚""德聚全"等商标。

知识点检验 11-1

（七）注册商标和未注册商标

根据商标是否登记注册，商标可以划分为注册商标和未注册商标。我国商标注册采用自愿注册的原则，未注册商标也可以使用，甚至成为驰名商标。家喻户晓的"小肥羊"商标就曾经是一个未注册的驰名商标。但是商标法对注册商标和未注册商标的保护力度不相同。

即练即测题

自学自测　扫描此码

第二节　商标注册条件及流程

本节知识点导图

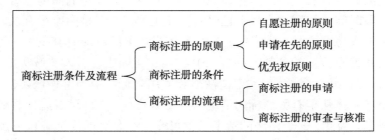

一、商标注册的原则

（一）自愿注册的原则

自愿注册是指我国商标法并不强制商标的注册，商标使用人是否注册商标完全出于自愿。我国《商标法》允许使用未注册的商标，只不过注册商标和未注册商标的法律地位不同，注册商标享有专有使用权，商标注册人可以禁止他人将与自己相同或近似的商标使用在和自己的商品相同或类似的商品上，而未注册商标的使用人则无权禁止他人使用与自己相同或类似的商标。

实践中，那些准备长期生产以及有市场潜力的产品会使用注册商标。而那些地产地销、试产试销、短期经营的产品则会选择使用未注册商标。

我国《商标法》在规定自愿注册原则的同时，也保留了强制注册的规定。《商标法》第 6 条就规定了强制注册，即"法律、行政法规规定必须使用注册商标的商品，必须申请商标注册，未经核准注册的，不得在市场销售"。目前我国法律规定必须使用注册商标的商品只有烟草制品。

知识点检验 11-2

（二）申请在先的原则

申请在先的原则是指两个或者两个以上的申请人就相同或类似的商品申请的商标是相同或者近似的商标，那么商标局会初步审定并公告申请在先的商标，驳回其他人的申请，不予公告。

与申请在先的原则相对应的是使用在先的原则。使用在先是指对于同时申请商标注册的，根据使用时间的先后来决定谁能够获得注册。美国是采用使用在先原则的国家。商标申请人在申请商标注册的时候，应当提交商标使用情况的证明。

我们国家采取的是以申请在先为原则，以使用在先为补充的制度。正如《商标法》第 31 条所规定，两个或者两个以上的商标注册申请人，在同一种商品或者类似商品上，以相同或者近似的商标申请注册的，初步审定并公告申请在先的商标；同一天申请的，初步审定并公告使用在先的商标，驳回其他人的申请，不予公告。也就是说，同一天申请，使用人应该向商标局提供自己在先使用的证据。如果同时申请并且同时使用的，或者同时申请人均未使用商标，那么申请人可以自行协商解决，协商不成的，由申请人以抽签的方式确定一个申请人或者由商标局裁定来确定一个申请人。在此需要强调一点是，对于申请时间的确定标准，我国是以"日"为标准的，同日申请的，视为同时申请。

申请在先的原则有利于稳定商标注册秩序，但是申请在先的原则也有其弊端。有一些商标经过一段时间的使用在市场上已经有一定的影响，但是商家没有及时注册，导致自己的商标被他人恶意抢注。实践中，这种不正当竞争的情形时有发生。为此，我国商标法规定了禁止恶意抢注的条款，并且 2014 年《商标法》引入"诚实信用原则"。即 2014 年《商标法》第 7 条规定，"申请注册和使用商标，应当遵循诚实信用原则。"该规定是倡导市场主体从事有关商标的活动时应诚实守信，同时对当前日益猖獗的商标抢注行为予以规制。为此，这个民法的帝王条款可能会在日后的商标确权以及维权案件中作为兜底性条款而被大量使用。

课堂讨论 11-1

《专利法》规定的申请在先原则和商标法有何不同？

（三）优先权原则

优先权原则是巴黎公约最先提出来的，目的在于给予其成员国日期优惠。目前世界上绝大多数国家实行申请在先的原则，并且要求申请的商标具有新颖性，这就决定了商标申请人要想在多个国家申请同一个商标就必须在这些国家同时申请。但是在同一天向多个国家提出商标申请是很困难的，为此，巴黎公约规定了优先权制度。

我国商标法规定了申请优先权和展览优先权。申请优先权是指商标注册申请人自其商标在外国第一次提出商标注册申请之日起 6 个月内，又在中国就相同商品以同一商标提出商标注册申请的，依照该外国同中国签订的协议或者共同参加的国际条约，或者按照相互承认优先权的原则，可以享有优先权；展览优先权是指商标在中国政府主办的或者承认的国际展览会展出的商品上首次使用的，自该商品展出之日起 6 个月内，该商标的注册申请人可以享有优先权。

需要注意的是，商标局并不会主动审查申请人是否享有优先权。申请人要求优先权的应当在提出商标注册申请的时候提出书面声明，并且在 3 个月内提交展出其商品的展览会名称、在展出商品上使用该商标的证据、展出日期等证明文件；未提出书面声明或者逾期未提交证明文件的，视为未要求优先权。

二、商标注册的条件

商标注册人申请注册的商标必须满足一定的条件才能够获准注册，即申请注册的商标必须具有显著性和非冲突性。

（一）显著性

显著性又叫作"识别性"，是指商标具有的能够将不同的商品生产者和经营者区别开来的属性。显著性是商标应该具有的根本属性。商标最基本的作用就是识别作用，如果生产者或者经营者在产品上使用的商标与这类产品的联系过于密切，那么这个商标就不能将该生产者与他人生产的产品很好地区别开来。显著性包括固有显著性和获得显著性。

1. 固有显著性

固有显著性是指一个商标在其自身的构成上满足法律规定的条件，"天生"就能够将自己所标示的商品或服务与其他商品或服务区别开来的属性。

《商标法》第 10 条至第 12 条规定了因缺乏固有显著性而不得注册为商标的标志。

1）官方标志、徽记

按照现行法律规定，官方标志、徽记包括以下内容：①同中华人民共和国的国家名称、国旗、国徽、国歌、军旗、军徽、军歌、勋章等相同或者近似的，以及同中央国家机关的名称、标志、所在地特定地点的名称或者标志性建筑物的名称、图形相同的；②同外国的国家名称、国旗、国徽、军旗等相同或者近似的，但经该国政府同意的除外；③同政府间国际组织的名称、旗帜、徽记等相同或者近似的，但经该组织同意或者不易误导公众的除外；④与表明实施控制、予以保证的官方标志、检验印记相同或者近似的，但经授权的除外；⑤同"红十字"、"红新月"的名称、标志相同或者近似的。这些官方标志、徽记既不得作为商标注册，也不得作为商标使用。

2）仅有本商品的通用名称、图形、型号的标识

仅有本商品的通用名称、图形、型号的标志不得作为商标注册。通用名称是一种商

品的统称，如果允许某个生产者或者经营者注册为商标，那么其他提供该种产品或服务的商家也就不能在自己的商品或服务上使用该通用名称，这显然是不公平的。并且，如果某个商家将通用名称注册为商标，消费者看到该商标想到的通常是这一类商品而不是某个商家生产的商品。例如，企业想将"牛奶"两个字注册在牛奶这类商品上，将"XL"注册在服装这类商品上，都会因为缺乏固有显著性而无法获得注册。

3）仅直接表示商品的质量、主要原料、功能、用途、重量、数量及其他特点的标识

仅直接表示商品的质量、主要原料、功能、用途、重量、数量及其他特点的属于"描述性标志"。描述性标志代表的是一类商品的共有特征，而不是某个企业生产的商品的个别特征，因此不允许作为商标注册。

这里需要注意的是，不允许作为商标注册的仅仅是"直接"表明商品的质量、主要原料、功能、用途、重量、数量及其他特点的标志。如果是间接的、采用暗示的手法对产品进行描述的文字、图形，属于暗示性标志，暗示性标志通常被认为是具有显著性的最低限度，允许注册为商标。描述性标志与暗示性标志的主要区别在于是"直接"还是"间接"对商品和服务进行描述。"健力宝"饮料、"南极人"保暖内衣都属于暗示性标志。"黑又亮鞋油""五粮液白酒"则属于直接描述的标志，原则上不得作为商标注册。

4）县级以上行政区划的地名以及公众知晓的外国地名

如果用地名作为一种商品的商标，那么给人的第一印象是这种商品的产地是此地。如果该地名真的是该商品的产地，那么该地名被注册为商标以后意味着注册企业对该地名拥有专有使用权，该地的其他生产经营者不能再在自己的商品上使用该地的地名，这明显是不公平的。如果该地名不是该商品的产地，那么用地名作为商品的商标无疑是一种欺骗消费者的行为。

以下三种情况下，县级以上行政区划的地名以及公众知晓的外国地名可以作为商标注册。①地名有其他含义的。某些地名，其词汇除了指示该地名外，还有其他含义。例如，我国的凤凰县、保安县，属于地名有其他含义的，这种情况下该地名允许作为商标注册。②地名作为集体商标、证明商标组成部分的。地名作为集体商标、证明商标是符合地名的公众属性的，因为集体商标和证明商标不是被某一个企业垄断，而是多个企业共同使用。③已经注册的使用地名的商标继续有效。《商标法》是1982年通过的，在此之前已经有效存在的商标可以继续有效。例如"青岛啤酒""玉溪烟"都属于这类商标。

5）功能性三维标志

《商标法》第12条规定，以三维标志申请注册商标的，仅由商品自身的性质产生的形状、为获得技术效果而需有的商品形状或者使商品具有实质性价值的形状，不得注册。

所有的商品都有自己的形状，这些形状如果允许被注册为商标，那么他人就无法再生产该形状的商品，相当于赋予商标注册人以垄断的权利。因此，圆圈形状不得注册为轮胎的商标，鸭梨形状也不得注册为鸭梨的商标。

上述五种不具有固有显著性的标志，1）和4）商标法要求既不能作为商标注册，也不得作为商标使用。2）、3）和5）仅仅不得作为商标注册。

一般来说，一个商标与其标示的商品的联系越不密切，说明这个商标的固有显著性越强。固有显著性最强的商标是臆造商标。臆造商标是指商家以自己杜撰的词汇作为商

标，这个词汇没有含义，字典里也查不到，例如"柯达""尼康"等。任意商标的固有显著性仅次于臆造商标。任意商标是商家拿来一个现成的、字典里能找得到的词汇作为自己的商标，但是这个词汇与自己的商品联系不大。例如"苹果"牌手机、"联想"牌电脑、"友谊"牌雪花膏。固有显著性最弱的是暗示性商标。暗示性商标是以隐喻、暗示的方法表明商品属性的商标，其与商品有一定的联系。例如"野马"牌自行车、"小护士"牌护肤霜。

2. 获得显著性

现实生活中，有一些商标不具有固有显著性，原则上不能被注册为商标，但是却被注册为商标使用在商品上。例如，"五粮液白酒""黑又亮鞋油""田七（是制造牙膏的一种中草药成分）牙膏"，都属于描述性标志，但是却被注册为商标广泛地使用，这是因为这些商标虽然不具有固有显著性，但是具有获得显著性。

获得显著性是指一个不具有固有显著性的商标，经过一段时间的使用，获得了一定的市场含义，能够使相关公众识别该使用人提供的商品、服务时，该标志即被视为具有显著性。获得显著性又称为"第二含义"。第二含义是区别于商标所使用的词汇的第一含义而言。例如"田七"的第一含义是一种中草药，很多牙膏使用了这个中草药成分。原则上来说，"田七"属于描述性标志，不具有固有显著性，不能被注册为商标。但是，广西奥奇丽股份有限公司经过长时间的使用，使得人们一听到"田七"两个字，除了想到一味中草药，还想到了广西奥奇丽股份有限公司生产的牙膏，这就是"田七"两个字的第二含义，也就是说，"田七"本来不具有显著性，但是长时间地使用使它产生了识别的功能，它也因此"获得"了显著性。

对于上述五种不具有固有显著性，不得注册为商标的标志，只有2）、3）和5）经过使用能够获得显著性，1）和4）由于禁止使用而无从获得显著性。

一个具有显著性的商标，也有可能由于商家的不当使用而使其显著性退化。显著性退化的标志就是商标沦为通用名称。导致商标显著性退化的原因有商标使用人的疏忽大意，也有客观原因。商标显著性退化的结果是导致商标被注销。大家熟知的"优盘"就是显著性退化的一个著名案例。深圳朗科公司于1999年注册了"优盘"商标，使用在移动存储产品上。而2002年10月，北京华旗资讯数码科技有限公司向国家工商总局商评委就该商标提出商标争议。商评委认为，深圳朗科公司自身一直以来将"优盘"作为商品名称使用，客观上淡化了优盘作为商标的显著性。同时，众多同行业经营者和消费者已经普遍将"优盘"作为一种新型的计算机移动存储器的商品通用名称加以使用。如果允许深圳朗科公司将该商标独占，就会妨碍同行业其他经营者正当合理使用这一名称，也会导致消费者的误认。因此，商评委将这一商标注销。可见，商家在使用商标时一定要防止商标显著性的退化，尤其是在广告宣传中，要突出表明这是一个商标，而不是商品的通用名称。

（二）非冲突性

非冲突性包括不得与公序良俗原则相冲突，不得与在先权利相冲突。

1. 不得与公序良俗原则相冲突

公序良俗原则是民法的一个重要原则。商标作为商品的标记，要在市场上广泛使用和传播，必定不能违反公共秩序和善良风俗。不违反公序良俗原则在商标法中有以下体现：①商标不能带有民族歧视性。例如"黑鬼"是对黑人的一种蔑称，不得注册为商标。②商标不能带有欺骗性，容易使公众对商品的质量等特点或者产地产生误认。如果一个生产香烟的企业注册"延年益寿"四个字为商标，就属于带有欺骗性的商标。众所周知，吸烟有害健康，没有一种香烟具有"延年益寿"的作用。③商标不得有害于社会主义道德风尚或者有其他不良影响。例如，申请注册"金钱万岁"作为商标，属于宣传拜金主义的思想，是不被允许的。

2. 不得与在先的合法权利相冲突

"在先权利"是指商标申请注册之前他人已经拥有的合法权利，例如在先的肖像权、姓名权、外观设计权、著作权等，当然也包括他人在先的商标权。某企业未经过肖像权人的同意，擅自拿某名人的肖像注册商标就属于与他人的肖像权相冲突。

知识点检验 11-3

三、商标注册的流程

（一）商标注册的申请

1. 申请人

按照现行商标法相关规定，自然人、法人或者其他组织在生产经营活动中，对其商品或者服务需要取得商标专用权的，应当向商标局申请商标注册。据此，任何民事主体都可以申请注册商标，包括自然人、法人以及其他组织。

申请注册商标的民事主体可以是一个也可以是两个或两个以上。如果是两个以上的自然人、法人或者其他组织可以共同向商标局申请注册同一商标，则共同享有和行使该商标专用权。

2. 申请文件

申请商标注册，应当向商标局提交《商标注册申请书》1 份、商标图样 5 份；指定颜色的，并应当提交着色图样 5 份、黑白稿 1 份。

另外，申请商标注册的，申请人应当提交能够证明其身份的有效证件的复印件，如法人的营业执照、自然人的身份证。如果使用人物肖像作为商标申请注册的，申请人必须提供经公证机关公证过的肖像权人的授权书。人用药品商标注册，应当附送卫生行政部门发给的药品生产企业许可证或者药品经营企业许可证；申请卷烟、雪茄烟和有包装的烟丝的商标注册申请，应当附送国家烟草主管机关批准生产的证明文件。

3. 申请方式

商标注册申请等有关文件，可以以书面方式或者数据电文方式提出。

值得一提的是，2014 年实施的修订后商标法，将原来的一标一类的申请方式改为允许一标多类的申请方式。所谓"一标一类"是指，商标注册申请人在不同类别的商品上申请注册同一商标的，应当按商品分类表分别提出注册申请，即一次申请只能注册一种商品。2019 年修正的《商标法》规定：商标注册申请人可以通过一份申请就多个类别的商品申请注册同一商标。这就是"一标多类"。一标多类的规定简化了企业的申请程序,降低了企业的商标注册成本,对规模较大、跨类经营较多以及注重保护性商标注册的企业来说无疑是一个福音。

4. 后续申请

商标首次申请成功后,发生下列情形的,需要再次办理注册手续:①另行注册。注册商标需要在核定使用范围之外的商品上取得商标专用权的,应当另行提出注册申请。②重新注册。注册商标需要改变其标志的,应当重新提出注册申请。③变更注册。注册商标需要变更注册人的名义、地址或者其他注册事项的,应当提出变更申请。④转移注册。作为商标权人的自然人死亡,作为商标权人的组织终止或法院判决执行质押等原因而发生商标权的移转时,接受该注册商标专用权移转的当事人应当凭有关证明文件或者法律文书到商标局办理注册商标专用权移转手续。

知识点检验 11-4

知识拓展

规范商标代理行为

商标代理是指代理人在代理权限范围内,以被代理人的名义从事民事法律行为,所产生的后果直接归属于被代理人。2019年商标法修订时,对商标代理行为进行了细化规范。主要体现在两方面:一是细化了代理机构禁止代理范畴。例如,增加商标代理机构知道或者应当知道委托人申请注册的商标属于商标不当注册情形的,不得接受其委托。二是通过扩大对代理机构违法行为的行政及司法处罚情形。即:商标代理机构有下列行为之一的,由工商行政管理部门责令限期改正,给予警告,处一万元以上十万元以下的罚款;对直接负责的主管人员和其他直接责任人员给予警告,处五千元以上五万元以下的罚款;构成犯罪的,依法追究刑事责任:(1)办理商标事宜过程中,伪造、变造或者使用伪造、变造的法律文件、印章、签名的;(2)以诋毁其他商标代理机构等手段招徕商标代理业务或者以其他不正当手段扰乱商标代理市场秩序的;(3)开展商标不正当注册行为,未经授权而将被代理人或被代表人的商标进行注册,明知他人在先使用的未注册商标相同或近似而抢注的。商标代理机构有上述行为的,由工商行政管理部门记入信用档案;情节严重的,商标局、商标评审委员会可以决定停止受理其办理商标代理业务,予以公告。商标代理机构违反诚实信用原则,侵害委托人合法利益的,应当依法承担民事责任,并由商标代理行业组织按照章程规定予以惩戒。对恶意申请商标注册的,根据情节给予警告、罚款等行政处罚;对恶意提起商标诉讼的,由人民法院依法给予处罚。

(二)商标注册的审查与核准

1. 形式审查

商标局收到商标申请文件之后,要进行形式审查。形式审查是对商标申请文件、手续是否符合法律规定进行的审查,审查中如果发现商标申请文件存在非实质性问题,商标局即通知申请人加以补正,申请人限期未补正的,予以退回。

2. 实质审查

形式审查通过之后，商标局要对申请注册的商标进行实质审查。实质审查主要审查申请注册的商标是否具有显著性和非冲突性。

3. 初步审定和公告

按照 2019 年修正的《商标法》及其实施条例的规定，对申请注册的商标，商标局应当自收到商标注册申请文件之日起 9 个月内审查完毕，符合本法有关规定的，予以初步审定公告，公告期为 3 个月。

对驳回申请、不予公告的商标，商标局应当书面通知商标注册申请人。商标注册申请人不服的，可以自收到通知之日起 15 日内向商标评审委员会申请复审。商标评审委员会应当自收到申请之日起 9 个月内作出决定，并书面通知申请人。有特殊情况需要延长的，经国务院工商行政管理部门批准，可以延长 3 个月。当事人对商标评审委员会的决定不服的，可以自收到通知之日起 30 日内向人民法院起诉。

4. 异议提出和处理

商标局将初步审定的商标在《商标公告》上公布之日起 3 个月内，认为这一商标注册申请侵犯了其在先权利的在先权利人或者利害关系人可以提出异议，但是申请注册的商标可能侵犯公众利益的，任何人都有权利提出异议。

对初步审定公告的商标提出异议的，商标局应当听取异议人和被异议人陈述事实与理由，经调查核实后，自公告期满之日起 12 个月内作出是否准予注册的决定，并书面通知异议人和被异议人。有特殊情况需要延长的，经国务院工商行政管理部门批准，可以延长 6 个月。

5. 核准注册

如果商标局经过审查认为异议不成立而作出准予注册决定的，发给商标注册证，并予公告。异议人不服的，可以向商标评审委员会请求宣告该注册商标无效。

如果商标局作出不予注册决定，被异议人不服的，可以自收到通知之日起 15 日内向商标评审委员会申请复审。商标评审委员会应当自收到申请之日起 12 个月内作出复审决定，并书面通知异议人和被异议人。有特殊情况需要延长的，经国务院工商行政管理部门批准，可以延长 6 个月。被异议人对商标评审委员会的决定不服的，可以自收到通知之日起 30 日内向人民法院起诉。人民法院应当通知异议人作为第三人参加诉讼。

📖 **知识拓展**

商标不正当注册的处理

2019 年修正商标法，新增商标不当注册的规定。规范商标不正当注册行为，是诚实信用原则的重要体现，2019 年修订的商标法从四方面对商标不正当注册行为进行规范；首先，商标法明确规定不以使用为目的的恶意商标注册申请，应当予以驳回。其次，对初步审定公告的商标，任何人认为属于商标不正当注册，可以向商标局提出异议。再次，已经注册的商标，如果属于商标不当注册的，由商标局宣告该注册商标无效，其他单位或者个人可以请求商标评审委员会宣告该注册商标无效;最后,商标代理机构知道或者应当知道委托人申请注册的商标属于不以使用为目的的恶意商标注册申请,不得接受其委托。

商标局和商标评审委员会都是国家工商局下设的行政机关,级别相同,互不隶属。商标局主管全国商标的申请、审核,对符合条件的申请授予商标权。商标评审委员会是行政司法机构,负责处理商标争议。不服商标局驳回注册申请的决定、不服商标局作出撤销注册商标的决定、不服商标局的异议裁定,都可以向商标评审委员会申请复审。

第三节 注册商标所有人的权利和义务

本节知识点导图

一、注册商标所有人的权利

(一)注册商标专用权

注册商标专用权是指商标权人对其注册商标享有的独占性使用的权利。我国《商标法》采用自愿注册的原则,注册商标的所有人享有该注册商标的专有使用权,可以排除其他任何人对商标的使用。未注册商标的使用者虽然可以使用该商标,却不能排除他人的使用,因此不享有商标专用权。

商标权人可以将自己的商标使用于商品、商品包装或者容器以及商品交易文书上,或者将商标用于广告宣传、展览以及其他商业活动中,但是商标权人对注册商标的使用必须符合法律规定。按照现行商标法相关规定,注册商标的专用权,以核准注册的商标和核定使用的商品为限。商标权人在此规定之内的使用行为才受法律保护。商标权人无权自行改变商标的外观,也不能擅自将商标用在其他商品上。注册商标需要在核定使用范围之外的商品上取得商标专用权的,应当另行提出注册申请。注册商标需要改变其标志的,应当重新提出注册申请。

(二)注册商标使用许可权

注册商标的许可使用是指商标权人许可他人在一定期限内使用自己的注册商标并收取一定费用的权利。实践中,注册商标使用许可包括独立的商标使用许可和其他合同中的商标使用许可条款。独立的商标使用许可是指商标权人仅仅许可他人使用自己的注册商标。其他合同中的商标使用许可条款有可能是技术转让合同中,被许可人采用专利技术或非专利技术生产经营某项产品,因而可以使用许可方的注册商标;也有可能是在一些连锁经营、特许经营合同中(如麦当劳、吉祥馄饨等)包含着商标许可使用的条款。

商标使用许可权的种类与专利许可权的种类完全一样,也可以分为普通许可、排他许可以及独占许可。

(三)注册商标的转让、移转权

注册商标的转让是指注册商标所有人将自己拥有的注册商标转让给他人所有的权利。一些自然人设计并且注册商标后将商标转让来赚取经济利益,还有一些企业在转产后或者企业倒闭时也会将自己拥有的商标转让。

注册商标的转让必须签订书面合同,转让人和受让人应当向商标局提交转让注册商标申请书。转让注册必须经商标局核准注册、公告后才能生效。另外,还要注意,联合商标必须一并转让,否则容易导致混淆;已经许可他人使用的商标要转让必须经过被许可人的同意或者先解除许可使用合同再办理转让。

注册商标的移转是指因转让以外的原因而发生的商标权利的转移。如因继承而移转,因企业合并、被兼并而移转等。

(四)注册商标的续展权

注册商标的有效期限是 10 年,自核准注册之日起计算。为了维护市场秩序的稳定,我国商标法允许注册商标所有人在商标保护期终止时通过续展来延续注册商标的有效期限。商标权可以续展,这与专利权期限有所不同,这是因为商标属于经营性标记,允许商标续展有利于维护市场经济秩序的稳定;专利属于技术方案,允许专利续展相当于允许一项技术一直垄断在某个经济主体手中,不利于社会生产力的发展。

注册商标有效期满,需要继续使用的,商标注册人应当在期满前 12 个月内按照规定办理续展手续;在此期间未能办理的,可以给予 6 个月的宽展期。每次续展注册的有效期为 10 年,自该商标上一届有效期满次日起计算。期满未办理续展手续的,注销其注册商标。

申请商标续展应当提交《商标续展注册申请书》一份,商标图样五份。申请续展时要交回原来的商标注册证,并且要按规定交纳相关费用。商标局收到续展申请后,原则上只进行形式审查,不进行实质审查,认为符合条件的,予以核准并发给证明文件。商标续展不限次数。

知识点检验 11-5

二、注册商标所有人的义务

（一）依法缴纳相关费用的义务

商标注册时需要缴纳注册费。按照商标局的规定，申请商品商标或服务商标注册，在同类商品或服务类别上申报10个以内的商品或服务项目，交纳费用1 000元。如果另增加申报商品或服务项目，每增加一个商品或一个服务项目另交纳费用100元。

（二）保证商品或服务质量的义务

商标信誉依赖于商品或服务的质量，保证商品和服务质量是商标使用人最基本的义务。在商标权人许可他人使用自己的商标时，商标权人有义务控制被许可人的商品质量。我国商标法规定，使用注册商标的商品粗制滥造，以次充好，欺骗消费者的，商标局有权利撤销该注册商标。

（三）允许他人在合理范围内使用自己商标的义务

他人合理使用商标包括下列几种情况。

1. 对描述性商标的叙述性使用

描述性商标是指仅直接表示商品的质量、主要原料、功能、用途、重量、数量及其他特点的商标。描述性商标虽然可以通过长期使用而获得显著性使其具有"第二含义"，但是描述性商标使用的词汇其"第一含义"仍然存在，当他人在商品上使用该词汇来表达其"第一含义"时，属于"叙述性使用"。例如前面我们提到的"田七"牙膏，本来不具有固有显著性，通过长期使用获得显著性而注册为商标。但是"田七"两个字仍然有"一种中草药"的含义，其他企业在自己生产的商品上使用"田七"两个字来表明产品成分的，是叙述性使用，不视为侵犯商标权。

2. 指示性使用

所谓指示性使用，是指为了表明自己的商品或者服务的范围而使用他人的注册商标。例如我们在大街上见到的"大众汽车修理"，使用了"大众"商标，其使用的目的是指示自己的经营范围，不视为侵犯商标权。

3. 非商业性使用

非商业性使用是指商标被用在跟商品和服务无关的其他方面。例如，新闻报道或新闻评论中提及商标，无论是对该商标的褒赞还是对该商标的批评，只要是客观公正的，都不视为侵犯商标权。

自学自测　扫描此码

第四节　注册商标保护及法律责任

本节知识点导图

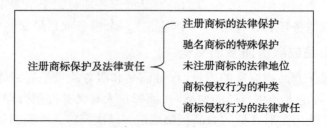

一、注册商标的法律保护

（一）保护范围

商标的最根本作用是识别作用，即将不同商家的商品和服务区别开来。因此，商标保护的基准点为制止混淆。为此，我国现行商标法规定，注册商标的专用权，以核准注册的商标和核定使用的商品为限。从而确定了我国商标法对注册商标的保护范围。只要商家在核准注册的商标和核定使用的商品这个范围内进行的使用行为都受法律保护。

最有可能导致消费者发生混淆的情形莫过于在相同或类似商品上使用相同或近似的商标。为此，现行商标法规定，未经商标注册人的许可，在同一种商品上使用与其注册商标近似的商标，或者在类似商品上使用与其注册商标相同或者近似的商标，容易导致混淆的，属于侵权行为。可见，我国商标法对普通注册商标采用的是"同类保护"。例如，甲企业注册了"环宇"两个字作为商标，核定使用的商品是水杯。乙企业在自己生产的水杯上使用"寰宇"两个字做商标，是"相同商品，近似商标"，这就容易导致混淆，属于侵权行为。丙企业在自己生产的水壶上使用"环宇"两个字做商标，是"类似商品，相同商标"，也容易导致混淆，属于侵权行为。丁企业在自己生产的家具上使用"环宇"两个字做商标，由于商品是完全不同的，不会导致混淆，不属于侵权行为。

（二）保护期限及地域效力

1. 保护期限

注册商标的保护期限是 10 年，自核准注册之日起算。10 年的保护期限到期后，商标权人可以通过续展继续享有商标专用权。

2. 地域效力

商标权有地域效力。表现为注册商标只有在所注册的国家才能受到法律保护，在其他国家则得不到保护。如果想让商标在其他国家获得保护，只能在其他国重新注册。为了在全球范围内有长远的发展，海尔公司从 20 世纪 90 年代就开始进行海外注册。海外注册可以单个国家进行注册，也可以通过马德里协定进行多个国家的注册。

二、驰名商标的特殊保护

驰名商标是指经过长期使用,为相关公众所熟知并且享有较高声誉的商标。和普通商标相比,驰名商标具有更强的认知功能,其所代表的商品或服务的质量通常也更优良。

驰名商标的认定机关有商标局、商标评审委员会以及人民法院。认定驰名商标应当考虑的因素包括：一是相关公众对该商标的知晓程度；二是该商标使用的持续时间；三是该商标的任何宣传工作的持续时间、程度和地理范围；四是该商标作为驰名商标受保护的记录；五是该商标驰名的其他因素。另外,驰名商标不一定是注册商标,对于未注册商标也可以认定为驰名商标。

关于驰名商标的法律保护,我国商标法分别就注册的驰名商标和未注册的驰名商标进行了不同的规定。

（一）未注册的驰名商标的保护

就相同或者类似商品申请注册的商标是复制、模仿或者翻译他人未在中国注册的驰名商标,容易导致混淆的,不予注册并禁止使用。据此,对未注册的驰名商标的保护方式与前述对注册的普通商标的保护方式相同,都属于"同类保护",即仅仅禁止在"相同或类似的商品"上使用。"惠尔康"商标是国家工商总局通过商标确权程序认定的第一件未注册驰名商标。它是厦门惠尔康食品有限公司在饮料、八宝粥商品上长期使用的商标。那么,其他商家要想在八宝粥类商品上注册"惠尔康"商标是不可以的,但是如果其他商家想在服装类商品上注册"惠尔康"商标则是可以的。因为我国对未注册的驰名商标的保护是"同类保护"。

（二）注册的驰名商标的保护

就不相同或者不相类似商品申请注册的商标是复制、模仿或者翻译他人已经在中国注册的驰名商标,误导公众,致使该驰名商标注册人的利益可能受到损害的,不予注册并禁止使用。据此,我国商标法对注册的驰名商标的保护方式是"跨类保护",即对于注册的驰名商标,禁止其他商家使用在任何商品上。"海尔"是在我国商标局注册的驰名商标,海尔公司是生产家电的,但是因为该商标是注册的驰名商标,海尔公司有权禁止其他商家将"海尔"商标使用在其他任何商品或服务上。

同时,2014年商标法针对目前市场上驰名商标乱象丛生、误导消费者的现象,还对驰名商标的认定和使用进行了限制。对于认定驰名商标,要根据当事人的请求,作为处理涉及商标案件需要认定的事实进行认定。驰名商标的认定仅仅是事实认定,而不是质量认定。也就是说,被认定为驰名商标并不意味着其商品和服务的质量得到了国家的认可。另外,在驰名商标的使用上,生产、经营者不得将"驰名商标"字样用于商品、商品包装或者容器上,或者用于广告宣传、展览以及其他商业活动中。因此,从2014年5月1日起,商家不能在自己的商品上印有"中国驰名商标"等字样,也不得在广告宣传中出现"驰名商标"的字样。

三、未注册商标的法律地位

我们国家商标注册实行自愿注册的原则,未注册商标也可以使用。并且,为了维护市场经济秩序的稳定，我们国家商标法对未注册商标也给予一定的法律保护。也就是说，我们国家商标法以保护注册商标为原则，以保护未注册商标为例外。对未注册商标的法律保护，除了上述对未注册的驰名商标实行"同类保护"外，还在另外两方面对未注册商标进行了特殊规定。

（一）禁止他人不正当抢注有一定影响的未注册商标

按照现行《商标法》规定，申请商标注册不得损害他人现有的在先权利，也不得以不正当手段抢先注册他人已经使用并有一定影响的商标。对此，应注意两点：①对于他人已经使用并有一定影响的商标，禁止注册的前提是"恶意抢注"，对于他人善意的正当的注册，则不予禁止。但是对于前述未注册的驰名商标，无论注册人是善意还是恶意均不得注册。②对于他人已经使用并有一定影响的商标，仅仅禁止注册而不禁止使用。但对于前述未注册的驰名商标，不但禁止他人注册，也禁止他人使用。

（二）对于未注册的普通商标的保护

按照现行商标法规定，未经授权，代理人或者代表人以自己的名义将被代理人或者被代表人的商标进行注册，被代理人或者被代表人提出异议的，不予注册并禁止使用。就同一种商品或者类似商品申请注册的商标与他人在先使用的未注册商标相同或者近似，申请人与该他人具有前款规定以外的合同、业务往来关系或者其他关系而明知该他人商标存在，该他人提出异议的，不予注册。由上述规定可以看出，对于未注册的普通商标，仅仅禁止代理人、代表人以及有合同、业务往来关系的人注册，对其他人则无特别限制。

四、商标侵权行为的种类

（一）制造侵权

未经商标注册人的许可，在同一种商品上使用与其注册商标近似的商标，或者在类似商品上使用与其注册商标相同或者近似的商标，容易导致混淆的，属于侵权行为。这种行为主要发生在商品生产领域，也就是我们通常说的制假行为。主要包括四种情形：①在同一种商品上使用跟他人相同的商标；②在同一种商品上使用跟他人近似的商标；③在类似商品上使用跟他人相同的商标；④在类似商品上使用跟他人近似的商标。

（二）销售侵权

销售侵犯注册商标专用权的商品也属于侵权行为，其侵权主体一般为经销商。但销售不知道是侵犯注册商标专用权的商品，能证明该商品是自己合法取得并说明提供者的，不承担赔偿责任。也就是说，只要销售了侵犯商标权的产品就属于侵权行为，就应该停止侵害，无论销售人主观上是否有过错。但是，并不是所有的销售侵权都需要承担赔偿损失的责任，承担赔偿损失责任的前提是行为人的主观过错。只有明知是侵权产品而销售的才承担赔偿损失的责任。

（三）标识侵权

所谓标识侵权，是指伪造、擅自制造他人注册商标标识或者销售伪造、擅自制造的注册商标标识的行为。商标标识是指附有文字、图形或者其组合所构成的物质载体，如商品上的商标铭牌、瓶贴及外包装纸盒上印有商标的商品包装物。这一侵权行为的主体通常是从事商标印刷的企业和个体工商户。按照我国商标印制管理法规的规定，商标印制单位必须是依法登记，并经其所在地县级以上市场监督管理机关确定为"指定印制商标单位"的企业或个体工商户。印制人在承揽印制业务时，必须检查委托人提供的证明文件，印制过程中的废次商标必须销毁，禁止私自买卖商标标识。

（四）反向假冒

未经商标注册人同意，更换其注册商标并将该更换商标的商品又投入市场的，属于侵权行为。制假行为是指将自己的商品贴上他人的商标出售，反向假冒是指将他人的商品贴上自己的商标出售。反向假冒行为剥夺了商标权人在自己生产的商品上附着自己注册商标的专用权利，既造成消费者无法辨别该商品是否来源于同一商品生产经营者，也使商标权人在消费者心目中建立商业信誉的目的无法实现。

反向假冒的一个著名案件是温蓝得案件。温菲尔德公司是一家生产销售服装的企业，该公司于 1998 年 5 月 14 日在商标局依法注册了由中文"温蓝得"和拼音"WENLANDE"组合而成的商标，以及由拼音字母变形而成的蝴蝶状图案商标。1998年，该公司所设计的真丝机绣女式短袖上衣上市，同年 7 月，温菲尔德公司发现北方华娜公司在北京数家大型商场内的专卖柜销售相同款式女短袖真丝机织上衣。经辨认，北方华娜公司销售的该款女上衣虽其领部的标牌是自己的标牌，但衣服内的水洗标上清晰地印有温菲尔德公司蝶状图案的商标，其行为明显是将温菲尔德公司的商品贴上自己的商标再投入市场。于是温菲尔德公司将北方华娜公司告上法庭，最终法院判决北方华娜公司的行为是反向假冒。

（五）为商标侵权行为提供便利条件

故意为侵犯他人商标专用权行为提供便利条件，帮助他人实施侵犯商标专用权行为的，属于侵权行为。为商标侵权行为提供仓储、运输、隐匿等便利条件的，其实是参与制假售假行为，只不过分工不同，因此也属于侵权行为。

知识点检验 11-6

五、商标侵权行为的法律责任

有上述侵犯注册商标专用权行为，引起纠纷的，由当事人协商解决；不愿协商或者协商不成的，商标注册人或者利害关系人可以向人民法院起诉，也可以请求市场监督管理部门处理。向法院起诉和请求市场监督管理部门处理有以下不同：向法院起诉的只能是被侵权人，向市场监督管理部门检举的可以是任何人；向法院起诉必须要有明确的被告，向市场监督管理部门检举的只需要提供侵权事实即可；市场监督管理部门可以依职权主动查处侵权案件，而法院则是不告不理。

商标侵权行为应承担的法律责任包括以下几种。

（一）民事责任

1. 停止侵害

只要发生了商标侵权行为，无论侵权人主观上有无过错，也无论是否给商标权人造成损害，侵权人都应立即停止侵害。市场监督管理部门处理时，认定侵权行为成立的，可以责令立即停止侵权行为，没收、销毁侵权商品和主要用于制造侵权商品、伪造注册商标标识的工具。

2. 赔偿损失

侵权人故意或者过失侵犯商标专用权给商标权人带来损失的，商标权人可以要求赔偿损失。侵犯商标专用权的赔偿数额，按照权利人因被侵权所受到的实际损失确定。实际损失难以确定的，可以按照侵权人因侵权所获得的利益确定。权利人的损失或者侵权人获得的利益难以确定的，参照该商标许可使用费的倍数合理确定。对恶意侵犯商标专用权，情节严重的，可以在按照上述方法确定数额的 1 倍以上 5 倍以下确定赔偿数额。赔偿数额应当包括权利人为制止侵权行为所支付的合理开支。如果权利人因被侵权所受到的实际损失、侵权人因侵权所获得的利益、注册商标许可使用费难以确定的，由人民法院根据侵权行为的情节判决给予 500 万元以下的赔偿。

（二）行政责任

对于市场监督管理部门查处的商标侵权行为，认定侵权成立的，除了责令停止侵害以外，还可以处以罚款。违法经营额 5 万元以上的，可以处违法经营额 5 倍以下的罚款，没有违法经营额或者违法经营额不足 5 万元的，可以处 25 万元以下的罚款。对 5 年内实施两次以上商标侵权行为或者有其他严重情节的，应当从重处罚。

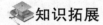

知识拓展

细化商标侵权行为的司法保障措施

2019 年修订的商标法细化了商标侵权行为的司法保障措施。人民法院审理商标纠纷案件，应权利人请求，对属于假冒注册商标的商品，除特殊情况外，责令销毁；对主要用于制造假冒注册商标的商品的材料、工具，责令销毁，且不予补偿；或者在特殊情况下，责令禁止前述材料、工具进入商业渠道，且不予补偿。假冒注册商标的商品不得在仅去除假冒注册商标后进入商业渠道。

（三）刑事责任

现行《商标法》规定，对侵犯注册商标专用权的行为，市场监督部门有权依法查处；涉嫌犯罪的，应当及时移送司法机关依法处理。《刑法》规定了三种侵犯商标权的犯罪及其刑事责任。

（1）假冒注册商标罪。未经注册商标所有人许可，在同一种商品上使用与其注册商标相同的商标，情节严重的，处 3 年以下有期徒刑或者拘役，并处或者单处罚金；情节特别严重的，处 3 年以上 7 年以下有期徒刑，并处罚金。

（2）销售假冒注册商标的商品罪。销售明知是假冒注册商标的商品，销售金额数额较大的，处 3 年以下有期徒刑或者拘役，并处或者单处罚金；销售金额数额巨大的，处 3 年以上 7 年以下有期徒刑，并处罚金。

（3）非法制造、销售非法制造的注册商标标识罪。伪造、擅自制造他人注册商标标识或者销售伪造、擅自制造的注册商标标识，情节严重的，处3年以下有期徒刑、拘役或者管制，并处或者单处罚金；情节特别严重的，处3年以上7年以下有期徒刑，并处罚金。

自学自测　扫描此码

1. 我国商标注册的原则有哪些？
2. 什么是固有显著性？哪些商标不具有固有显著性而不得注册为商标？
3. 我国商标法规定的商标侵权种类有哪些？
4. 我国商标法对驰名商标是如何保护的？

一、实训目的

掌握：商标申请的方式及流程。

培养：问题意识——如何注册商标？

归纳总结能力和应用能力——通过商标专用权申请流程的模拟，了解实践中商标权申请的方法与步骤，掌握商标注册的基本要求，增强学生的实践动手能力。

二、相关法律法规

请各小组同学查找相关法律规定。法律法规的搜集情况也是实训课程考核点之一。

三、实训所需条件

1. 实训时间：1周时间

具体时间安排：

1课时	实训指导教师介绍实训背景资料，并举实例
2课时	学生学习商标注册的法律法规及注意事项。
1周时间	学生阅读申请指南和流程文件，小组讨论填写申请书及总结申请中遇到的常见问题。
1课时	教师对四个小组的表现进行总结，然后结合实践进行理论深入拓展。

2. 实训地点：教室

3. 实训前准备：

登录国家知识产权局网站，下载商标注册申请书。

四、实训内容与要求

（一）实训内容

实训学生根据实训教师所给情景背景材料搜集与之有关的相关资料，由实训教师以示列商标注册的相关流程。学生填写申请书，对整个实训过程进行书面总结。

（二）实训要求

1. 要求实践指导教师熟识商标申请流程与注意事项及相应的法律法规，并对实训注意事项给予充分的考虑，提示学生在实训中注意的问题，并给予必要的指导。

2. 要求学生掌握商标申请的法律知识，做好实训前的知识准备，同时列明实训过程中小组成员的分工，每组学生彼此之间密切配合，在规定的时间内完成实训，要求学生认真写实训日记和书面总结。

五、实训方法及步骤

（一）资料

根据实训教师所给的资料进行调研、查找资料、搜集相关法律法规。

（二）方法和步骤

1. 将同学分组，分组后由同学自行选择扮演的角色。

每组需要的角色包括：商标注册申请人（代办机构工作人员）2～4 人、商标局工作人员 2～4 人。

2. 由扮演商标注册申请人的同学分别就各自想要申请的事项填写申请表格，递交扮演工作人员的同学处审查。

商标注册申请要求涉及的申请项目：商品商标或服务商标申请、证明商标或集体商标申请、马德里注册申请、驰名商标的申请。项目选择应具有典型性。

3. 由扮演商标局工作人员的同学宣布审批结果并说明理由，出具审查意见书，履行办理相关手续。

4. 两组同学互相点评，总结模拟演出。

5. 全体师生共同总结申请流程中的注意事项及存在问题。

6. 以个人为单位撰写实践报告。

7. 然后每个人将所有的书面材料上交给实践教师。

8. 实践教师要对每位同学的实践报告进行批阅总结。

实践结束后学生应将完成的各种资料转入配发的档案袋中，上交实践指导教师。

本实践计划安排 2 个学时。

（三）实训过程中相关资料搜集的样例介绍及注意事项提示

实训教师适当介绍在专利侵权的常见手段及判断方式，并提示学生应注意的事项。

1. 申请书格式

商标注册申请书

申请人名称（中文）：	
（英文）：	
申请人国籍/地区：	
申请人地址（中文）：	
（英文）：	
邮政编码：	
联系人：	
电话：	
代理机构名称：	
外国申请人的国内接收人：	
国内接收人地址：	
邮政编码：	
商标申请声明：	☐ 集体商标　　　　　　　　　☐ 证明商标
	☐ 以三维标志申请商标注册
	☐ 以颜色组合申请商标注册
	☐ 以声音标志申请商标注册
	☐ 两个以上申请人共同申请注册同一商标
要求优先权声明：	☐ 基于第一次申请的优先权　☐ 基于展会的优先权　☐ 优先权证明文件后补
申请/展出国家/地区：	
申请/展出日期：	
申请号：	

下框为商标图样粘贴处。图样应当不大于 10×10 cm，不小于 5×5 cm。以颜色组合或者着色图样申请商标注册的，应当提交着色图样并提交黑白稿 1 份；不指定颜色的，应当提交黑白图样。以三维标志申请商标注册的，应当提交能够确定三维形状的图样，提交的商标图样应当至少包含三面视图。以声音标志申请商标注册的，应当以五线谱或者简谱对申请用作商标的声音加以描述并附加文字说明；无法以五线谱或者简谱描述的，应当使用文字进行描述；商标描述与声音样本应当一致。

商标说明：	
类别：	
商品/服务项目：	
类别：	
商品/服务项目：	

2. 学生应注意的问题

1）办理商标注册申请，适用本书格式。申请书应当打字或者印刷。申请人应当按照规定并使用国家公布的中文简化汉字填写，不得修改格式。

2）"申请人名称"栏：申请人应当填写身份证明文件上的名称。申请人是自然人的，应当在姓名后注明证明文件号码。外国申请人应当同时在英文栏内填写英文名称。共同申请的，应将指定的代表人填写在"申请人名称"栏，其他共同申请人名称应当填写在"商标注册申请书附页——其他共同申请人名称列表"栏。没有指定代表人的，以申请书中顺序排列的第一人为代表人。

3）"申请人国籍/地区"栏：申请人应当如实填写，国内申请人不填写此栏。

4）"申请人地址"栏：申请人应当按照身份证明文件中的地址填写。身份证明文件中的地址未冠有省、市、县等行政区划的，申请人应当增加相应行政区划名称。申请人为自然人的，可以填写通信地址。符合自行办理商标申请事宜条件的外国申请人地址应当冠以省、市、县等行政区划详细填写。不符合自行办理商标申请事宜条件的外国申请人应当同时详细填写中英文地址。

5）"邮政编码""联系人""电话"栏：此栏供国内申请人和符合自行办理商标申请事宜条件的外国申请人填写其在中国的联系方式。

6）"代理机构名称"栏：申请人委托已备案的商标代理机构代为办理商标申请事宜的，此栏填写商标代理机构名称。申请人自行办理商标申请事宜的，不填写此栏。

7）"外国申请人的国内接收人""国内接收人地址""邮政编码"栏：外国申请人应当在申请书中指定国内接收人负责接收国家知识产权局后继商标业务的法律文件。国内接收人地址应当冠以省、市、县等行政区划详细填写。

8）"商标申请声明"栏：申请注册集体商标、证明商标的，以三维标志、颜色组合、声音标志申请商标注册的，两个以上申请人共同申请注册同一商标的，应当在本栏声明。申请人应当按照申请内容进行选择，并附送相关文件。

9）"要求优先权声明"栏：申请人依据《商标法》第25条要求优先权的，选择"基于第一次申请的优先权"，并填写"申请/展出国家/地区"、"申请/展出日期"、"申请号"栏。申请人依据《商标法》第26条要求优先权的，选择"基于展会的优先权"，并填写"申请/展出国家/地区"、"申请/展出日期"栏。申请人应当同时提交优先权证明文件（包括原件和中文译文）；优先权证明文件不能同时提交的，应当选择"优先权证明文件后补"，并自申请日起三个月内提交。未提出书面声明或者逾期未提交优先权证明文件的，视为未要求优先权。

10）"申请人章戳"栏：申请人为法人或其他组织的，应加盖公章。申请人为自然人的，应当由本人签字。所盖章戳或者签字应当完整、清晰。

11）"代理机构章戳"栏：代为办理申请事宜的商标代理机构应在此栏加盖公章，并由代理人签字。

12）"商标图样"栏：商标图样应当粘贴在图样框内。

13）"商标说明"栏：申请人应当根据实际情况填写。以三维标志、声音标志申请商标注册的，应当说明商标使用方式。以颜色组合申请商标注册的，应当提交文字说明，注明色标,并说明商标使用方式。商标为外文或者包含外文的,应当说明含义。自然人将自己的肖像作为商标图样进行注册申请应当予以说明。申请人将他人肖像作为商标图样进行注册申请应当予以说明,附送肖像人的授权书。

14)"类别""商品/服务项目"栏:申请人应按《类似商品和服务项目区分表》填写类别、商品/服务项目名称。商品/服务项目应按类别对应填写,每个类别的项目前应分别标明顺序号。类别和商品/服务项目填写不下的,可按本申请书的格式填写在附页上。全部类别和项目填写完毕后应当注明"截止"字样。

15)"商标注册申请书附页——其他共同申请人名称列表"栏:此栏填写其他共同申请人名称,外国申请人应当同时填写中文名称和英文名称。并在空白处按顺序加盖申请人章戳或由申请人本人签字。

16)收费标准:一个类别受理商标注册费300元人民币(限定本类10个商品/服务项目,本类中每超过1个另加收30元人民币)。受理集体商标注册费1500元人民币。受理证明商标注册费1500元人民币。

17)申请事宜并请详细阅读"商标申请指南"(www.saic.gov.cn)。

六、实训考核方法

考核项目标准	分值(分)
实训前准备工作和资料的搜集工作	20
与商标注册有关的法律法规归纳	10
实训过程中工作协调和职责分配、相互配合	20
实训报告的撰写	30
现场展示情况	20
合计	100

第五篇 财税调控法

第十二章

票 据 法

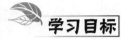

通过本章系统学习,希望同学们掌握以下知识点。

了解:票据法的特征,了解票据法上的保证与民法典的保证之间的区别。

掌握:票据的特征;票据权利种类及抗辩;票据丧失及救济方式;汇票的票据行为。

难点:票据的无因性;汇票、本票以及支票的区别与联系。

培养:签发票据能力,以及票据背书和付款知识点运用能力。通过课后案例分析,使学生了解疫情等突发公共卫生事件对票据迟延支付利息的影响,培养学生灵活运用知识的应变能力。

实训:通过票据权利认定流程的实训,掌握票据权利的特殊规则。

甲证券公司与乙保理公司、丙公司、丁公司等票据追索权纠纷案[①]

2016年1月,丙公司与丁公司签订《购货合同》,约定丙公司向丁公司购买铜精矿等。同年4月1日,丙公司作为出票人和承兑人开具电子商业承兑汇票一张,载明收款人为丁公司,票据金额为99 995 447.20元,到期日为2017年3月21日。2016年3月,丁公司与乙保理公司签订《应收账款转让合同》,约定丁公司将其对丙公司享有的应收账款债权转让给乙保理公司。同年4月,丁公司将系争电子商业承兑汇票背书转让给乙保理公司。

之后,乙保理公司与甲证券公司签订《资产买卖协议》,约定乙保理公司将包括上述99 995 447.20元债权在内的若干项资产转让给甲证券公司。双方又签订《票据质押协议》,约定乙保理公司以系争汇票设定质押,作为丙公司履行货款支付义务的担保。甲证券公司、乙保理公司还与戊银行签订《票据服务协议》,约定乙保理公司将系争汇票出质给甲证券公司,戊银行作为票据服务银行和质权人的代理人,在电子商业汇票系统中持有票据,并提供质押票据的审验、保管和提示付款等服务。在电子商业汇票系统中,质权人登记为戊银行。2017年3月21日,戊银行就系争汇票进行提示付款,因承

---

① 参见2018年度上海法院金融商事审判十大案例之五:甲证券公司与乙保理公司、丙公司、丁公司等票据追索权纠纷上诉案——当事人的约定不能对抗电子商业汇票系统中的记载,(2018)沪民终241号,【法宝引证码】CLI.C.83077859。

兑人账户余额不足被拒付。

2017年10月12日,甲证券公司起诉请求判令乙保理公司向其支付汇票金额99 995 447.20元及相应利息,并判令丙公司、丁公司对乙保理公司的上述义务承担连带清偿责任。

【裁判结果】

上海市高级人民法院于2019年5月24日作出(2018)沪民终241号终审判决:驳回甲证券公司的诉讼请求。

问题:甲证券公司是否属于汇票权利人?

第一节 票据法与票据概述

本节知识点导图

一、票据法的概念和特征

(一)票据法的概念

票据法是指调整票据关系以及与票据关系有关的相关法律规范的总称。票据法有广义和狭义之分。广义的票据法是指各种法律中有关票据规定的总和。例如刑法中票据诈骗罪,民事诉讼法中的有关票据公示催告,等等,都属于广义票据法范畴。而狭义的票据法是指有关票据的专门立法,是规定票据制度以及票据上法律关系的法律。例如我国1995年第八届全国人民代表大会常务委员会第十三次会议通过的《中华人民共和国票据法》(2004年修订)以及2000年最高人民法院发布的《最高人民法院关于审理票据纠纷案件若干问题的规定》。票据法规范了票据行为,包括规范票据行为的种类、性质、特征以及各种票据行为的要件及后果,保障票据活动当事人的合法权益,维护社会经济秩序,进而促进社会主义市场经济发展。

(二)票据法的特征

(1)票据法虽是私法,但具有公法性。票据法允许当事人自主设定票据义务,例如出票人可以按照交易需求签发票据,显然票据法的多数内容属于私法范畴,但是鉴于票据具有流通功能,为此票据法对票据的种类、票据关系的设定、票据行为以及票据的格式等都设定了强制性规定,以维护票据交易安全性,为此,票据法具有一定的公法性。

(2)票据法具有技术性。为了保证票据使用安全,确保票据流通与付款,票据法必须根据票据商业活动的需要而专门设计并加以规定,为此,票据法不是基于一般的伦理作出规定，而是从技术视角对票据的形式、行为、责任等设计严密而又详尽的规定，以确保票据在流转和使用中的安全。当然，强调票据技术性的同时，并不是否定票据道德意义，票据法同样也强调民法以诚实信用原则的适用，只不过是突出技术性条款而已。

（3）票据法具有国际性。票据法虽是国内法，但是票据制度是为商品经济和国际贸易服务的，因而票据法具有较强的国际统一性，不同国家不同地区的票据法渐趋一致。例如《日内瓦统一支票法》和《日内瓦统一汇票本票法》为许多国家所接受，并以其为蓝本修订国内票据法，为此，票据法也是国际上统一程度最高的一部法律。

二、票据的概念、特征及作用

（一）票据的概念

票据也有广义和狭义之分，广义的票据泛指各种有价证券和凭证，例如发票、国库券、提单等。而狭义的票据是指由当事人签发的，承诺自己或者委托他人于票据到期日无条件按票据所载金额付款的有价证券。本章分析的狭义票据有三种，即汇票、本票和支票。

（二）票据的特征

票据作为有价证券的一种，与其他有价证券相比，具有其本身独有的特征。

（1）票据是设权证券。设权证券是指权利的发生必须作成证券。票据的作成，并非证明已经存在的权利，而是为了创设一种新的权利，也就是说，在票据作成之前，票据权利是不存在的。这一点与证权证券完全不同，证权证券权利并非依赖于证券的制作与交付，而是在作成证券之前便已经存在的证券。例如，股票、电影票。

（2）票据是完全证券。按照权利与证券结合程度不同，有价证券可以分为完全有价证券和不完全有价证券。证券权利的产生及行使均以证券存在为必要则是完全有价证券，而后者则正好相反。票据权利因票据制作而产生，票据权利的转让也因票据的出让而转移，为此票据为完全证券。

（3）票据是文义证券。票据上的权利义务完全以票据上所记载的文字为准，是一种按票据上的文义确定效力的证券，凡在票据上签名的人，都应依票据上记载的文义承担责任。

（4）票据是无因证券。票据上的权利义务关系，并不是以原因关系的成立和有效为前提，只要占有票据就可以行使票据权利。也就是说，只要在票据上签名的人，不管其出于何种原因取得票据，对票据关系不发生影响。票据的无因性有利于票据的流通。

（5）票据是要式证券。票据是严格要式证券，票据的形式要件必须依法律规定的统一格式进行制作，否则会引发票据无效。例如现行票据法规定了汇票、本票、支票的必要记载事项，如果缺少必要记载事项，则票据无效。

（6）票据是流通证券。票据是基于商业交易需求而演变而来的信用交易工具，为此流通性为票据基本特征。按照现行票据法规定，在票据到期前，票据可以通过背书等方式自由转让。

案例分析 12-1

美意服装有限责任公司与析棉贸易有限责任公司订立 200 万元的服装买卖合同，析棉贸易有限责任公司作为买方，收到美意服装有限责任公司的服装后，签发了一张价款为 200 万元的汇票，美意服装有限责任公司因欠乐美棉花合伙企业 200 万元债务，于是将此 200 万元的汇票背书给乐美棉花企业，随后，析棉贸易有限责任公司将在销售服装时发现该服装的质量与其合同要求不符，于是退货给美意服装有限责任公司，并解除合同，并要求美意服装有限责任公司将其签发的 200 万元汇票予以返还。

问题：如果合同解除，美意服装有限责任公司是否需要返还析棉贸易公司签发的 200 万元汇票？为什么？

（三）票据的作用

人们的经济生活发展迅猛，在商人之间快捷高效率的商业活动之中，票据发挥着各种各样的经济作用，主要作用如下：①支付职能；②汇兑职能；③信用职能；④结算职能；⑤融资职能。

三、票据关系

票据关系是指票据主体基于票据行为而发生的、以请求支付票据金额为内容的债权债务关系。凡在票据上签名的人都是义务人，必须履行票据文句所载明的义务。持有票据的人为权利人，享有票据文句所载明的权利。票据关系主要有票据发行关系，票据背书转让关系，票据承兑和付款关系，以及票据参加和保证关系，等等。

（一）票据关系中的当事人

票据关系中的当事人是指票据关系的权利主体和义务主体。一般而言票据关系中的当事人主要有以下五种。

（1）出票人。出票人是作成票据，在票据上签名并发出票据的人。

（2）持票人。持票人是指持有票据，并可以行使票据权利的人。

（3）付款人。付款人是指票据上载明的，承担付款责任的人。一般情况下，汇票的付款人经受承兑环节，一旦承兑，便成为承兑人。本票的付款人为出票人本人，而支票的付款人为银行或者其他金融机构。

（4）背书人和被背书人。背书是持票人在汇票背面上签上自己名字或者盖章后，将汇票付给受让人的行为。这里的持票人称为背书人。受让人称为被背书人。

上述票据当事人依其存在是否以出票行为为前提，可分为基本当事人和非基本当事人两种。前者是出票行为一经完成就存在的当事人。例如出票人、收款人和付款人。后者是出票行为完成后，通过其他票据行为加入到票据关系中来的当事人。例如背书人。

（二）票据行为

1. 票据行为的概念

票据行为是能够产生票据上权利义务关系的要式行为。按照我国票据法规定，票据行为有出票、背书、承兑、保证和付款五种。根据票据行为的性质，票据行为可以分为基础票据行为和附属票据行为，又称为主票据行为和从票据行为。前者是指能够引起票据法律关系的行为，例如出票。而后者是指在已签发的票据上实施的非原始的票据行为。例如背书、承兑等。从票据行为的基础是票据，为此，票据所具有的特征同样适用于票据行为，也就是说，票据行为也具有要式性、文义性、无因性和独立性。

2. 票据行为的要件

票据行为要件分为实质要件和形式要件，实质要件是票据行为的一般法律要件，而票据形式要件是票据法规定票据行为的要件。

1）票据行为实质要件

（1）行为人应当具备票据能力。所谓票据能力，是指票据权利能力和票据行为能力。按照我国现行票据法规定，无民事行为能力人或者限制民事行为能力人在票据上签章的，其签章无效，但是不影响其他签章的效力。

（2）意思表示真实。具体地说，以欺诈、偷盗或者胁迫等手段取得票据的，或者明知有前列情形，出于恶意取得票据的，不得享有票据权利。

（3）符合法律规定。对于民事行为而言，符合法律规定包括形式合法和内容合法。而票据是一种特殊民事法律行为，其更注重外观及文义，为此，在票据行为的合法性中不存在内容合法的要求，只要求其形式合法，例如票据上的签章，要求签名、盖章或者签名加盖章，如果签章不符合法律要求，则签章不具有票据法上的效力。商业汇票上的出票人签章，为该法人或者该单位的财务专用章或者公章加其法定代表人、单位负责人或者其授权代理人的签名或者盖章；银行汇票上的出票人的签章和银行承兑汇票的承兑人的签章，为该银行汇票专用章加其法定代表人或者其授权的代理人的签名或者盖章；银行本票上的出票人的签章，为该银行的本票专用章加其法定代表人或者其授权的代理人的签名或者盖章；支票上的出票人的签章，出票人为单位的，为与该单位在银行预留签章一致的财务专用章或者公章加其法定代表人或者其授权代理人的签名或者盖章；出票人为个人的，为与该个人在银行预留签章一致的签名或者盖章。

2）票据行为的形式要件

票据行为的形式要件主要包括票据记载、票据签章和票据交付三方面。其中票据记载分为绝对必要记载事项、相对必要记载事项、可记载事项和不得记载事项。绝对必要记载事项是票据法规定必须在票据上记载的事项，例如，汇票的字样、确定的金额等。此类绝对记载事项缺失会导致票据无效。相对必要记载事项是应在票据上记载，如果没有记载，也可以通过票据法推定出结果。例如，汇票应记载付款日期，如果没有记载，则见票即付。可记载事项又称任意记载事项，是指票据法不强制当事人必须记载的事项。例如，出票人可在汇票上记载"不得转让"字样，有该记载时，汇票就不得转让。不得记载事项是指在票据上不应进行记载的不必要的事项。例如支票限于见票即付，不得另行记载付款日期，另行记载付款日期的，该记载无效。

3. 特殊票据行为——票据代理

票据代理是民法代理在票据法的延伸，但为保护合法持票人的权利与维护交易安全，票据法对票据代理做了特殊规定。

（1）票据代理形式要件法定。票据代理，必须在票据上体现"严格显名主义"。按照现行票据法规定，必须载明以下事项：①在票据上表明"代理"的意思；②必须标明代理人为何人代理，也就是票据代理只能为显名代理，如果在票据上被代理人未签章，仅签代理人姓名，则由代理人承担票据责任；③票据代理人必须在票据上签名；④必须经被代理人授权。

（2）票据无权代理的法律后果。没有代理权而以代理人名义在票据上签章的，应当由签章人承担票据责任；代理人超越代理权限的，应当就其超越权限的部分承担票据责任。

（三）票据权利

1. 票据权利的概念

票据权利是持票人以取得票据金额为目的，依票据文义向票据行为人行使的权利。票据权利包括付款请求权和追索权。从这个概念我们不难看出票据权利具有以下特征：①票据权利是一种金钱债权。票据权利的内容是请求票据债务人支付票据金额，其属于金钱债权。②票据权利是一种证券化权利。如前分析票据为完全有价证券，为此票据权利的发生及行使都必须以票据为基础。③票据权利具有双重性。票据权利人可以对两个以上的不同债务人行使两次请求权，第一次请求权为付款请求权，付款请求权是指持票人依法要求票据的主债务人或其他付款人按票据上所记载的金额付款的权利；付款请求权得不到实现时，可以行使第二次权利，即追索权。追索权是指持票人行使付款请求权遭到拒绝或有其他法定原因时，向其前手请求偿还票据金额及其他费用的权利。票据权利的双重性增加了票据信用度。

2. 票据权利的取得

票据权利的取得是指持票人合法、有效地取得票据的所有权。从票据权利的取得方式来看，分为原始取得和继受取得。

1）票据权利的原始取得

原始取得是票据权利的第一次产生或者不依赖原票据权利人的权利而取得票据权利。票据权利原始取得主要有两种情形：一是出票，又称为发行取得；二是善意取得。

出票是指票据的出票人作成票据，并将票据交付给持票人，持票人因此而取得票据权利。出票行为是创设票据权利的行为，出票人一经完成该行为，其相对人即通过票据的交付实现票据的实际占有，从而原始取得票据权利。

善意取得是指持票人依据票据法规定的转让方式，在支付相应对价的前提下，善意地或者无过失地从无处分权人手中受让票据，从而取得票据权利。现行《票据法》并没有直接规定善意取得制度，但是其第12条规定，以欺诈、偷盗或胁迫等手段取得票据的，或者明知有前列情形，出于恶意取得票据的，不得享有票据权利。持票人因重大过失取得不符合本法规定的票据的，也不得享有票据权利。票据权利的善意取得需要满足下列四项条件：①持票人须从无票据处分权人处受让票据权利；②票据权利的受让必须完全符合票据转让规则；③受让人在取得票据权利时无恶意或者重大过失；④票据权利的取得人须给付相应的对价。

2）票据权利的继受取得

票据权利的继受取得是指持票人从有处分权人手中，以背书交付或单纯交付方式，受让票据权利。票据权利的继受取得又可以分为票据法上的继受取得和非票据法上的继受取得。前者是指以背书交付或者单纯交付的方式取得票据权利；而后者是因公司合并等方式取得票据，并且其依据的是民法等其他法律规范来调整。

一般情况下，票据权利的取得必须以支付相应对价为前提，但特殊情况下，因税收、继承、赠予可以依法无偿取得票据的，可以不受给付对价的限制。但是，所享有的票据权利不得优于其前手的权利。

知识点检验 12-2

3. 票据权利的行使与保全

票据权利的行使是指票据债权人请求票据债务人履行其票据债务的行为。通常情况下，票据权利行使的基本方法为提示票据，也就是，持票人向票据债务人出示票据并请求其履行票据债务的行为。

票据权利的保全是指票据债权人为防止其票据权利的丧失，而依据票据法相关规定所采取的行为。例如，为防止票据追索权的丧失而要求债务人作成拒绝证书的行为。

票据是一种商业信用工具，为此，按照现行票据法规定，票据权利行使与保全需要在特定的时间及地点开展。即持票人对票据债务人行使票据权利，或者保全票据权利应当在票据当事人的营业场所和营业时间内进行，票据当事人无营业场所的，应当在其住所进行。

四、票据抗辩

（一）票据抗辩概念与种类

1. 票据抗辩的概念

票据抗辩是指票据债务人对票据债权人的请求，提出相应的事实或者理由予以对抗，并依此而拒绝履行票据债务。按照现行票据法规定，票据抗辩需满足四个要件：①票据抗辩主体为票据债务人；②票据抗辩的对象为票据债权人；③票据抗辩必须针对票据金额全额；④票据抗辩应当采用书面形式。即持票人提示承兑或提示付款被拒绝的，承兑人或者付款人必须出具拒绝证明，或者出具退票理由书。

2. 票据抗辩的种类

1）物的抗辩

物的抗辩又称为绝对抗辩，是指票据债务人以票据本身的内容发生的事由而对票据债权人行使的抗辩。按照现行票据法及其司法解释规定，物的抗辩分为两类：①一切票据债务人对一切票据债权人行使的抗辩。例如，票据要件欠缺的抗辩。再如，票据上记载的到期日尚未届至的抗辩。②特定票据债务人对一切票据债权人的抗辩。例如欠缺票据行为能力的抗辩。即无民事行为能力人或者限制民事行为能力人在票据上签章的，其可以以自己欠缺票据行为能力为由，向票据债权人行使抗辩。再如，票据伪造或者变造的抗辩。

2）人的抗辩

人的抗辩又称相对抗辩，是指基于当事人之间特定的法律关系而产生的抗辩。按照现行票据法及其司法解释规定，人的抗辩也分为两类：①一切票据债务人可以对特定票据债权人行使的抗辩。例如票据债权人欠缺实质受领票据能力的抗辩。票据债权人是以欺诈、偷盗或者胁迫等手段取得票据的，或者明知有前述情形，出于恶意取得票据的，不得享有票据权利。②特定票据债务人可以对特定债权人行使的抗辩。例如票据债务已抵销、已清偿或者已免除，却因故未在票据上记载，在直接当事人之间，债务人可以进行抗辩。

（二）票据抗辩的限制及例外

1. 票据抗辩的限制

由于物的抗辩是因为票据本身而引发的抗辩，是客观的、绝对的，可以对抗任何票据权利人。因此，物的抗辩中不存在限制，无须票据法对其进行限制，而人的抗辩是由于特定的当事人之间的关系所发生的抗辩，仅在直接当事人之间产生，为此，票据法限制票据债务人对非直接当事人主张这些抗辩事由。

按照现行票据法规定，票据抗辩的限制主要包括两方面的内容：①对出票人抗辩的限制。票据债务人不得以自己与出票人之间的对人抗辩事由对抗持票人；②对持票人前手抗辩的切断。票据债务人不得以自己与持票人的前手之间的对人抗辩事由对抗持票人。

2. 票据抗辩限制的例外

票据抗辩限制的例外是指对上述票据抗辩的限制并非绝对限制，一旦出现下列情形，票据债务人则可基于抗辩事由对抗持票人。①持票人与票据债务人之间存在直接的债权债务关系，而持票人未履行该约定的义务；②持票人以欺诈、偷盗或者胁迫等非法手段取得票据，或者明知有前列情形，出于恶意取得票据；③持票人明知票据债务人与出票人之间或者与持票人前手之间存在抗辩事由而取得票据；④持票人因重大过失取得票据以及因其他原因依法不得享有票据权利。

课堂讨论 12-1

举例说明票据抗辩限制的例外情形都有哪些？

五、票据丧失与救济

（一）票据丧失

票据的丧失是指持票人并非因其主观本意而丧失对票据占有的客观状态。票据的丧失分为绝对丧失和相对丧失两类。前者是指票据被毁灭导致物质形态不存在，客观情况使持票人丧失了票据的占有；而后者是指持票人因票据遗失、被盗等原因而丧失对票据的占有，但票据的物质形态仍然存在。

（二）票据救济

票据为完全有价证券，票据权利的行使完全以票据这一载体为依据，对于并非持票人本意而引发的票据丧失，法律设置了相应救济措施，主要有三种救济方式：挂失止付、公示催告和提起诉讼。

1. 挂失止付

挂失止付是指失票人将票据丢失情况通知付款人，并要求付款人暂停支付，从而暂时保全失票人的票据权利的一种救济方式。按照现行票据法规定，如果票据上记载付款人或者能够确定付款人及其代理付款人，那么失票人就可以及时通知票据的付款人挂失止付，收到止付通知的付款人，应立即查明该挂失票据的基本情况，如票据是否到期、是否已被人冒领等，如果无前述事项，则应当暂停支付。同时失票人应当在通知挂失止付后3日内，依法向人民法院申请公示催告。

在此需要注意的是，挂失止付不是失票后采取补救措施的必经程序，也就是说，失票人可以去挂失止付，也可以在票据丧失后，直接到人民法院提起诉讼。而且挂失止付制度是失票人丧失票据后可以采取的一种临时性的救济措施，失票人的票据权利并不能因为挂失止付的方法得到最终恢复，而票据本身也不会因挂失止付而无效。

2. 公示催告

公示催告是指失票人在丧失票据后申请法院宣告票据无效，从而使票据权利与票据本身相分离的一种法律程序。其主要是法院应失票人①申请，在决定受理公示催告申请后向负有支付义务的人发出停止通知，并自发出通知之日起3日内发出公告，催告票据利害关系人在公告发布之日起60日内向法院申报权利，如果是涉外票据，则可以依据具体情况适当延长，但最长不得超过90日，如果在规定的时间内无人申报，人民法院应当根据申请人的申请作出判决，宣告票据无效，判决应当公告，并通知支付人。自判决公告之日起，申请人有权向支付人请求支付。也就是说，此时的失票人虽然不占有票据，但可以依法院的除权判决书行使票据权利。

在此需要注意的是，收到法院受理公示催告通知书的付款人或者代理付款人，应当立即停止支付，直到公示催告程序结束。如果在此期间，付款人或者代理付款人未经发出止付通知的人民法院许可，擅自支付票据金额，则不得免票据责任。

在公示催告期间，不仅转让票据权利的行为无效，而且以公示催告的票据质押、贴现的，因质押、贴现而接受该票据的持票人，原则上也不得主张票据权利。

3. 提起诉讼

提起诉讼是失票人在丧失票据后，向人民法院提起民事诉讼，要求法院判令票据债务人向其支付票据金额。按照《最高人民法院关于审理票据纠纷案件若干问题的规定》的相关规定，失票人可以向人民法院提起诉讼的情况主要有两种：①失票人在提供相应担保的情况下要求付款或要求补发票据而被拒绝。即票据丧失后，失票人在票据权利时效届满以前请求出票人补发票据，或者请求债务人付款，在提供相应担保的情况下因债务人拒绝付款或者出票人拒绝补发票据提起诉讼的，由被告住所地或者票据支付地人民法院管辖。②失票人请求非法持有票据人返还票据的诉讼。

在此需要注意的是，失票人向人民法院提起诉讼的，除向人民法院说明曾经持有票据及丧失票据的情形外，还应当提供担保。担保的数额相当于票据载明的金额。

---

① 在此所指的失票人是按照规定可以背书转让的票据在丧失票据占有以前的最后合法持票人。

课堂讨论 12-2

甲公司业务员小张不慎将其公司 100 万元的汇票丢失，小张决定先到报社登个票据丢失启事，以告知其他人他的票据丢失了。

问题：请用你所学知识分析下，小张采取登报启事措施有法律效力吗？应该采取何种措施更有保障？

六、票据时效及利益偿还请求权

（一）票据时效

票据时效是指票据权利人在一定时间内不行使权利，其权利即行消失的法律制度。该制度可以加速资金周转，保障票据流通的安全，同时促进票据权利人在规定的期间内行使票据权利。根据现行票据法规定，票据时效因不同票据，以及票据处于不同状态而具有不同的时效规定。通常情况下，票据权利在下列时限内不行使，则票据权利消灭：①持票人对票据的出票人和承兑人的权利，自票据到期日起 2 年。见票即付的汇票、本票，自出票日起 2 年。②持票人对支票出票人的权利，自出票日起 6 个月。③持票人对前手的追索权，自被拒绝承兑或者被拒绝付款之日起 6 个月。④持票人对前手的再追索权，自清偿日或者被提起诉讼之日起 3 个月。

值得注意的是，票据时效与《民法典》的诉讼时效主要存在三方面区别：一是票据时效消灭的是实体权利，而民法时效消灭的是胜诉权。二是票据时效比较短，而《民法典》的时效比较长，按照《民法典》第 188 条规定，一般情况下，民事诉讼时效期间为 3 年，特殊情况为 20 年。三是诉讼时效起算点不同。票据时效起算点严格按照法律规定，多以客观确定因素为判断标准，例如，票据到期日、出票日、清偿日等。而《民法典》的诉讼时效以主客观相结合的因素作为判断标准。例如，诉讼时效期间自权利人知道或者应当知道权利受到损害以及义务人之日计算。

（二）利益偿还请求权的概念及构成要件

1. 利益偿还请求权的概念

利益偿还请求权又称受益偿还请求权，是指持票人因票据权利时效完成或者因票据记载事项欠缺而丧失票据权利的，可以请求出票人或者承兑人返还其与未付的票据金额相当的利益。由此可见，利益偿还请求权不是票据法上的票据权利，而是一种依照民法方法解决问题的非票据权利。

2. 利益偿还请求权的构成要件

依据现行票据法相关规定，利益偿还请求权的构成要件主要有五方面：①利益偿还请求权的权利主体是丧失票据权利的持票人。②持票人曾经持有有效的票据权利。也就是说利益偿还请求权虽然不是票据权利，但是其是因票据产生，如果不存在有效的票据权利，则利益偿还请求权也无从谈起。③票据上的权利因超过票据权利时效或因票据记载事项欠缺而丧失。票据权利丧失是利益偿还请求权成立的前提。④出票人或承兑人必须因此受益。所谓受益，是指出票人或者承兑人因出票或者承兑而实际上享受到了利益。⑤请求返还的利益以出票人或者承兑人所受利益为限。

七、票据伪造、变造和更改

（一）票据伪造

票据伪造是指未经有关主体的授权而以有关主体的名义进行票据行为的行为。按照其伪造票据行为的不同，可以分为伪造基本票据行为和伪造附属票据行为，前者主要是伪造票据的签发，而后者主要是伪造背书、承兑、保证等。无论是哪种类型的伪造，票据上的签名都不具有真实性。

（二）票据的变造

票据的变造是指无变更权的主体在票据上变更他人所记载的事项的行为。票据变造与伪造不同，变造在变更前存在合法有效的票据，而伪造是指在实施伪造行为之前无此行为或者无此票据，也就是说变造仅变造记载事项，但没有变更签名，而伪造不仅仅伪造记载事项而且还要伪造签名，如果没有伪造签名则不构成伪造。

票据上有伪造、变造的签章的，不影响票据上其他真实签章的效力。票据上其他记载事项被变造的，在变造之前签章的人，对原记载事项负责；在变造之后签章的人，对变造之后的记载事项负责。不能辨别是在票据被变造之前或者之后签章的，视同在变造之前签章。

（三）票据的更改

票据的更改是指有权变更票据记载的人在票据上所为的变更记载事项的行为。也就是说原票据记载人对其记载的事项进行改写。但并不是所有事项都能够进行更改。按照现行票据法规定，金额、日期、收款人名称不得更改。而且更改票据记载事项时，还需要在更改处签名，才能使票据发挥更改后的文义效力。

案例分析 12-2

王某签发一张 100 万元的汇票给李某，李某背书给赵某、孙某、黄某和石某，现查出汇票金额被变造为 1 000 万元，并且确定了黄某和石某是在变造之后签章，而赵某是在变造之前签章，但不能确定孙某是在变造之前还是在变造之后签章。

问题：运用你所学的票据法知识分析，李某、赵某、孙某、黄某和石某的票据责任应如何承担？

第二节 汇　　票

本节知识点导图

一、汇票概述

（一）汇票的概念及特征

1. 汇票的概念

汇票是出票人签发的，委托付款人在见票时或者在指定日期无条件支付确定的金额给收款人或者持票人的票据。

2. 汇票的特征

从汇票的概念我们不难看出汇票具有三方面独有特征：①汇票基本当事人。汇票存在三个基本当事人。即出票人、收款人和付款人。在这一点上其与本票及支票不同，本票出票人与付款人为同一个人，而支票虽然也是三方当事人，但是付款人有特殊要求。同时汇票的出票人与付款人存在着真实的委托付款关系，在这一点上，又不同于本票的自付性。②承兑是一般汇票的必经环节。除了见票即付的汇票不需要承兑外，其他类型汇票都需要承兑，这是汇票独有的特征。③一般汇票都具有付款期限。除了见票即付的汇票外，无论是定日付款汇票还是出票后定期付款汇票，以及见票后定期付款的汇票都需要规定期限。这一点不同于本票与支票，此两者通常情况下为见票即付。

（二）汇票分类

依据不同的分类标准，汇票可以分为不同的种类。

1. 银行汇票和商业汇票

根据汇票出票人身份进行分类，按照现行票据法规定，汇票分为银行汇票和商业汇票。前者是指由出票银行签发的，由出票银行在见票时按照实际结算金额无条件支付给收款人或者持票人的票据；后者是由出票人签发的，委托付款人在指定日期无条件支付确定的金额给收款人或者持票人的票据。商业汇票又分为商业承兑汇票和银行承兑汇票。商业汇票的出票人限于具有法人资格的工商企业和事业单位、个体工商户、农村承包经营户、个人、非法人组织等均被排除在外。

2. 即期汇票和远期汇票

根据汇票指定的付款日期进行分类,可以分为即期汇票和远期汇票。前者是指见票即付的汇票;后者是指在一定期间或者特定日期付款的汇票。其中远期汇票又可分为:①定期汇票,在票面上明确记载付款日的汇票;②计期汇票又称为出票后定期付款的汇票,在出票日后一定日期付款的汇票;③注期汇票又称见票后定期付款的汇票,在见票日后一定日期付款的汇票。

3. 记名汇票、指示汇票和无记名汇票

根据是否记载收款人名称进行分类,可以分为记名汇票、指示汇票和无记名汇票。记名汇票是指出票人在票面上明确记载收款人姓名或名称的汇票;指示汇票是指出票人不仅明确记载收款人的姓名或名称,而且附加"或其指定的人"的字样的汇票;无记名汇票是指出票人没有记载收款人的姓名或者名称,或仅记载"将票据金额付与来人或持票人"字样的汇票。

二、汇票的出票

(一)出票的概念及效力

1. 出票的概念

汇票的出票又称为汇票的签发或汇票的发行,是指出票人签发票据并将其交付给收款人的票据行为。出票为一种最基本的票据行为,是其他票据行为的基础。出票行为由作成票据和交付票据两项行为构成,其中作成票据是指出票人依照票据法的规定,完成票据上记载法定内容并签名或盖章的行为;而交付票据是指出票人依据自己的本意将作成的票据实际交给他人占有的行为。

2. 出票效力

出票的效力主要体现在三方面,即对出票人的效力;对收款人或持票人的效力;对付款人的效力。①对出票人的效力。出票人签发汇票后,即承担保证该汇票承兑和付款的责任。出票人在汇票得不到承兑或者付款时,应当向持票人清偿依据票据法规定其应清偿的金额和费用。也就是说,出票人出票后,其本人具有担保其签发的汇票获得承兑和获得付款的责任。②对收款人或持票人的效力。出票人作成票据并将其交付给收款人,收款人便取得了付款请求权和追索权。③对付款人的效力。付款人因其与出票人之间存在委托付款的关系,使其因出票人出票而取得对汇票进行承兑的资格,这个资格使付款人具有了选择权,如果付款人对汇票进行承兑,则成为汇票关系的当事人,即汇票的第一债务人,对收款人或者持票人具有绝对付款义务。如果付款人选择对汇票不进行承兑,则不具有任何付款义务。

(二)汇票出票记载事项

1. 绝对必要记载事项

绝对必要记载事项是指汇票签发时必须记载的事项,如果欠缺此类事项将会导致汇票无效。根据现行票据法规定,汇票必须记载的事项有7项:①表明"汇票"的字样。

②无条件支付的委托。③确定的金额。按照现行票据法规定,汇票金额以中文大写和数码同时记载,二者必须一致,二者不一致的,票据无效。④付款人名称。⑤收款人名称。⑥出票日期。⑦出票人签章。票据上的签章,为签名、盖章或者签名加盖章。法人和其他使用票据的单位在票据上的签章,为该法人或者该单位的盖章加其法定代表人或者其授权的代理人的签章。在票据上的签名,应当为该当事人的本名。

2. 相对必要记载事项

相对必要记载事项是指某些事项未做记载并不导致票据无效,此类事项可依法律推定而存在。按照现行《票据法》规定,汇票上记载付款日期、付款地、出票地等事项的,应当清楚、明确。如果此类事项未做记载,汇票并不因此而无效。汇票上未记载付款日期的,为见票即付。汇票上未记载付款地的,付款人的营业场所、住所或者经常居住地为付款地。汇票上未记载出票地的,出票人的营业场所、住所或者经常居住地为出票地。

3. 任意记载事项

任意记载事项是指由出票人决定是否记载,不记载也不会造成票据无效,法律也不对其推定的事项。例如《票据法》第 27 条第 2 款规定,出票人在汇票上记载"不得转让"字样的,汇票不得转让。第 59 条第 2 款规定,汇票当事人对汇票支付的货币种类另有规定的,从其约定。从现行票据法规定来看,我国法律仅规定了"不得转让"和"币种"这两种任意记载事项。

知识点检验 12-3

三、汇票的背书

(一)背书的概念

背书是指持票人依法定方式在汇票背面或者粘单上记载有关事项并签章,以实现转让票据权利或者法律允许的其他目的的票据行为。背书成立后,该持票人为背书人,而接受票据权利的人为被背书人。

(二)背书记载要求

(1)签章要求。由于背书涉及票据权利的转让,为此背书是一种要式行为,这就要求背书必须记载被背书人名称和背书人签章,否则背书无效。背书时还应当记载背书日期,未记载背书日期的,视为在票据到期日前背书。

(2)背书连续性要求。背书连续是指在票据转让中,转让汇票的背书人与受让汇票的被背书人在汇票上的签章依次前后衔接。以背书转让的汇票,背书应当连续。持票人以背书的连续来证明其汇票权利。如果汇票以其他形式转让,并以其他合法方式取得汇票的,需要以举证的方式来证明其汇票权利。

(3)背书粘单要求。背书是指在票据背面或者粘单上记载有关事项并签章的票据行为。也就是说,票据凭证不能满足背书人记载事项的需要,可以加附粘单,黏附于票据凭证上。粘单上的第一记载人,应当在汇票和粘单的粘接处签章。

(4)附条件记载要求。背书不得附有条件。背书时附有条件的,所附条件不具有汇票上的效力。将汇票金额的一部分转让的背书或者将汇票金额分别转让给二人以上的背书无效。

（5）"不得转让"字样记载的要求。出票人以背书形式转让汇票，并在汇票上记载"不得转让"字样的，汇票不得转让。而其他背书人在汇票上记载"不得转让"字样，其后手再背书转让的，原背书人对后手的被背书人不承担保证责任。其中后手是指在票据签章人之后签章的其他票据债务人。

（6）"委托收款"字样记载的要求。背书记载"委托收款"字样的，被背书人有权代背书人行使被委托的汇票权利。但是，被背书人不得再以背书转让汇票权利。也就是说，委任背书除必须由背书人签章外，还必须载明"委托收款"的字样。

（7）"质押"字样记载的要求。汇票可以设定质押①，质押时应当以背书记载"质押"字样。被背书人依法实现其质权时，可以行使汇票权利。也就是说，设质背书必须由背书人签章外，还必须记明"质押"或"设质"字样，两者缺一不可，如果有一个条件缺位，都会引发该质押不构成票据质押。

知识拓展

回头背书、期后背书和空白背书

回头背书又称为还原背书，是指背书人以转让票据权利为目的，以原票据债务人为被背书人而依法所为的背书。《票据法》没有对回头背书的概念进行界定，但是规定了回头背书的现象，其第69条规定："持票人为出票人的，对其前手无追索权。持票人为背书人的，对其后手无追索权。"

期后背书又称为后背书，是指票据被拒绝承兑或者被拒绝付款或者超过付款提示期限后，持票人出于权利转让的目的而作出的背书。对此，《票据法》第36条规定："汇票被拒绝承兑、被拒绝付款或者超过付款提示期限的，不得背书转让；背书转让的，背书人应当承担汇票责任。"

空白背书亦称不完全背书，是指背书人为背书行为时，不记载被背书人名称，而仅由背书人签章的背书。《票据法》第30条规定被背书人名称作为背书的绝对必要记载事项，故不承认空白背书。但《最高人民法院关于审理票据纠纷案件若干问题的规定》第49条②实际上认可了空白背书的存在。

知识点检验 12-4

（三）汇票背书的效力

汇票的一般背书产生三方面法律效力：一是权利转移。背书生效后，票据上的一切权利就依背书移转给被背书人。二是责任担保。背书人对于在其后的所有后手被背书人，均承担担保承兑及担保付款的责任。三是权利证明。票据权利是否有效转移，可以背书连续的形式证明，如果背书形式上具有连续性，则可推定持票人为合法的权利人。

---

① 《民法典》第440条规定，债务人或者第三人有权处分下列权利，可以出质：（一）汇票、本票、支票……

② 《最高人民法院关于审理票据纠纷案件若干问题的规定》第49条规定，依照票据法第二十七条和第三十条的规定，背书人未记载被背书人名称即将票据交付他人的，持票人在票据被背书人栏内记载自己的名称与背书人记载具有同等法律效力。

四、汇票的承兑

（一）承兑的概念及效力

1. 承兑的概念

承兑是指汇票付款人承诺在汇票到期日支付汇票金额的票据行为。承兑也是一种附属票据行为，是票据法中汇票所特有的一种制度，其意义在于确定汇票上的权利义务关系。

从承兑的概念我们可以看出，承兑行为是一种承诺，为此，汇票付款人必须在有效的汇票上进行。即汇票付款人正面记载"承兑"字样和承兑日期并签章。

2. 承兑效力

承兑效力主要体现在三方面：①对出票人和背书人效力。汇票一旦经付款人承兑之后，出票人和所有背书人则免受期前手追索。②对持票人效力。汇票在没有被付款人承兑之前，对于持票人而言，其享有的票据权利是一种期待权，一旦经付款人承兑，期待权就变成了现实权。③对付款人效力。在汇票承兑以前，付款人的付款义务是不确定的，然而，付款人承兑汇票后，应当承担到期付款的责任。而且付款人的这种票据责任具有绝对性，除非汇票权利因时效届满而消灭，否则不受其他因素的影响。

（二）承兑程序

承兑的程序主要包括三个阶段。

1. 承兑提示

承兑提示是指持票人向付款人出示汇票，并要求付款人承诺付款的行为。承兑提示本身不是票据行为，其为承兑行为的前提和必要手续。其中承兑提示的行为人为提示人，而付款人为被提示人。

不是所有的汇票都需要承兑提示这一程序，按照我们现行票据法规定，可以分为无须提示承兑的汇票和需要提示承兑的汇票。前者主要是指见票即付的汇票无须提示承兑。后者主要是指定日付款或者出票后定期付款的汇票，持票人应当在汇票到期日前向付款人提示承兑。以及见票后定期付款的汇票，持票人应当自出票日起一个月内向付款人提示承兑。如果汇票未按照规定期限提示承兑的，则持票人丧失对其前手的追索权。

2. 承兑或拒绝承兑

付款人对向其提示承兑的汇票，应当自收到提示承兑的汇票之日起 3 日内承兑或者拒绝承兑。如果付款人在 3 天期限届满后，既不表示承兑，也不表示拒绝承兑，则视为拒绝承兑。付款人同意承兑，应当在汇票正面记载"承兑"字样和承兑日期并签章。汇票上未记载承兑日期的，以 3 天的最后一日为承兑日期。见票后定期付款的汇票，应当在承兑时记载付款日期。同时需要注意的是，付款人承兑汇票，不得附有条件；承兑附有条件的，视为拒绝承兑。

3. 汇票的回单与交付

付款人收到持票人提示承兑的汇票时，应当向持票人签发收到汇票的回单。回单上应当记明汇票提示承兑日期并签章。

五、汇票保证

（一）汇票保证的概念

汇票保证是指汇票债务人以外的第三人以担保票据债务为内容的票据附属行为。从这个概念，我们可以看出在此保证关系中，保证人为债务人以外的第三人，而被保证人为票据关系的债务人，其可能是出票人、背书人、承兑人。保证关系的债权人是被保证人的后手，如果被保证人为承兑人，则持票人是保证关系中的债权人。

> **知识拓展**
>
> **票据保证与《民法典》保证的区别与联系**
>
> 票据保证与《民法典》保证的区别主要有四方面：一是法律行为的主体不同。票据保证是一种单方的法律行为，而《民法典》上的保证是双方的法律行为，保证关系建立在双方合意的基础上。[①]二是法律行为的形式及独立性不同。票据保证是一种要式行为、无因行为和独立行为。保证人在实施票据保证行为时，应遵守法定的方式。同时，票据保证具有无因性，不受原因关系有无的影响，并且还具有相对独立性，被担保的票据债务无效，并不影响保证的效力。当然，如果被担保的票据债务因形式欠缺而导致票据本身无效，保证行为也无效，而民法典的保证是从属行为，按照《民法典》第682条规定，主债权债务合同无效的，保证合同无效。三是保证责任不同。票据法上的保证只有连带责任一种，而且保证人没有先诉抗辩权，而《民法典》的保证责任有一般保证和连带责任保证两种[②]。四是票据保证规则与民法典的保证规则并行不悖。五是债权人转移债权对保证人保证责任承担责任的影响不同。债权人转移债权，按照票据法上的规定，持票人（债权人）只需要以背书的方式转让，无须征求保证人的同意，而《民法典》上的保证则不同，债权人转让全部或部分债权，未通知保证人的，该转让对保证人不发生效力。
>
> 两者的联系主要体现在《民法典》对保证的某些规定，同样适用于票据法，例如，《民法典》对保证人的资格限制同样适用于票据法。《民法典》第683条的规定，机关法人不得为保证人，但是经国务院批准为使用外国政府或者国际经济组织贷款进行转贷的除外。以公益为目的的非营利法人、非法人组织不得为保证人。这些主体资格限制的条款，同样也适用于票据法上的保证人。

（二）票据保证的款式

按照现行票据法相关规定，保证行为应按一定的方式进行，保证人必须在汇票或者粘单上记载下列事项：①表明"保证"的字样；②保证人名称和住所；③被保证人的名

[①] 《民法典》第681条规定，保证合同是为保障债权的实现，保证人和债权人约定，当债务人不履行到期债务或者发生当事人约定的情形时，保证人履行债务或者承担责任的合同。

[②] 《民法典》第686条规定，保证的方式包括一般保证和连带责任保证。当事人在保证合同中对保证方式没有约定或者约定不明确的，按照一般保证承担保证责任。

称；④保证日期；⑤证人签章。其中第①项、第②项和第⑤项为绝对必要记载事项，若不记载，则保证无效，而第③项和第④项为相对必要记载事项。票据上未记载被保证人名称的，已承兑的汇票推定承兑人为被保证人，而未承兑的汇票，则推定出票人为被保证人。同理，票据未记载保证日期的，推定出票日期为保证日期。保证行为不得附条件，如果保证附上条件的，则所附条件为无益记载事项，不发生任何效力，也不影响保证行为，保证行为仍然有效。

（三）保证效力

票据上的保证人与被保证人所承担的责任完全相同，并且保证人的责任具有独立性。也就是说，只要被保证之债不是因欠缺必要记载事项而无效，则不影响保证责任。而且保证人与被保证人承担连带责任，如果票据保证人为两人以上的，则共同保证人之间承担连带责任。

如果保证人履行了票据债务，则除了承兑人的保证外，被保证人的后手的责任均被免除。同时保证人取得了持票人的权利，有权向被保证人及其前手行使追索权，如果保证人因时效或手续欠缺而丧失追索权的，有权向出票人或者承兑人主张利益偿还请求权。

六、汇票的付款

（一）付款的概念及效力

付款的概念有狭义和广义之分，狭义的付款是指汇票承兑人或其代理付款人无条件履行付款义务，从而消灭票据债权债务关系的票据行为。广义的付款还包括追索权行使过程中偿还义务人的偿还行为。[①]在此我们所分析的为狭义付款。

票据上的付款是以货币为支付模式，如果给付实物或者其他有价证券，都不构成票据的付款。汇票金额为外币的，按照付款日的市场汇价，以人民币支付。汇票当事人对汇票支付的货币种类另有约定的，从其约定。

同时，票据上的付款是消灭票据关系的行为，简言之，票据上的付款行为使票据关系得以消灭，并免除票据上一切债务人的票据责任。

（二）付款的程序

付款的程序包括三个阶段，即付款提示、实际付款和交回汇票。

1. 付款提示

付款提示是指持票人在票据付款期限内向付款人或者其代理付款人提示票据并请求其支付票据金额的行为。付款提示是汇票上票据金额得以支付的必要前提，非经持票人提示汇票，付款人或者其代理付款人无法履行其付款义务。

为了更好地规范提示付款这一必经程序，我国现行票据法对持票人提示付款的期限及程序予以具体规定。持票人应当按照下列期限提示付款：①见票即付的汇票，自出票日起1个月内向付款人提示付款；②定日付款、出票后定期付款或者见票后定期付款的汇票，自到期日起10日内向承兑人提示付款。持票人未按照上述规定期限提示付款的，

---

① 王建文. 商法教程[M]. 2版. 北京：中国人民大学出版社，2013：389.

在作出说明后,承兑人或者付款人仍应当继续对持票人承担付款责任。通过委托收款银行或者通过票据交换系统向付款人提示付款的,视同持票人提示付款。并且提示付款的地点是汇票付款地。

2. 实际付款

持票人依照票据法规定进行提示付款的,付款人必须在当日足额付款,不允许付款人延期付款或者部分付款。同时付款人或其代理人应对票据本身进行形式上的审查。付款人及其代理付款人付款时,应当审查汇票背书的连续,并审查提示付款人的合法身份证明或者有效证件。在此需要注意的是,付款人对背书的真伪以及持票人是否为真正的权利人等实质要件没有审查义务。

然而,付款人及其代理付款人恶意或者有重大过失付款的,应当自行承担责任。对此,《最高人民法院关于审理票据纠纷案件若干问题的规定》第69条和第70条予以列举规定,恶意付款的情形主要有:①未依照票据法相关规定对提示付款人的合法身份证明或者有效证件以及汇票背书的连续性履行审查义务而错误付款的;②公示催告期间对公示催告的票据付款的;③收到人民法院的止付通知后付款的;④其他以恶意或者重大过失付款的。其中重大过失是指付款人或者代理付款人未能识别出伪造、变造的票据或者身份证件而错误付款。如果付款人的上述行为给持票人造成损失的,应当依法承担民事责任。付款人或者代理付款人承担责任后有权向伪造者、变造者依法追偿。

3. 交回汇票

持票人获得付款的,应当在汇票上签收,并将汇票交给付款人。持票人委托银行收款的,受委托的银行将代收的汇票金额转账收入持票人账户,视同签收。

七、汇票的追索权

(一)追索权的概念

追索权是指持票人在汇票到期没有获得付款或者期前没有获得承兑或者其他法定原因,在依法行使或保全了汇票权利后,向其前手请求偿还汇票金额、利息及其他法定款项的一种票据权利。追索权为票据的第二次权利,是补充性权利。

从追索权的概念我们可以看出,追索权因行使时间不同而产生期前追索权和到期追索权。前者是指汇票没有到期之前,付款人的客观情况已经表明其不可能从事付款的行为,则持票人行使追索权;后者是指汇票到期而不获付款,持票人得以行使的追索权。

(二)追索权行使的要件

追索权的行使需要满足实质要件和形式要件两方面。

1. 实质要件

追索权的实质要件也就是持票人行使追索权的法定原因。按照现行票据法规定,追索权发生的法定原因有三种:①拒绝付款或拒绝承兑。票据到期,因汇票承兑人、见票即付的汇票付款人拒绝付款时,或持票人于到期日前向汇票付款人提示承兑被拒绝承兑的,则持票人可以行使追索权。②承兑人或付款人死亡、逃匿。这种情况的发生使承兑、付款在事实上已不可能履行,持票人就可以在票据到期前行使追索权。③承兑人或者付款人被依法宣告破产或因违法被责令终止业务活动。承兑人或付款人出现了经营不能的情况，同时其付款能力因此而丧失，此时，持票人也有权行使追索权。

2. 形式要件

所谓追索权的形式要件，就是指法定的保全追索权的手续。通常情况下，保全追索权的手续分为三项，即提示承兑或提示付款、作成拒绝证明以及将拒绝事由通知其前手。

1）提示承兑或提示付款

通常情况下，提示承兑或提示付款为汇票保全追索权的必经程序，也就是说，持票人未按照票据法的规定提示承兑或者提示付款，则丧失对其前手的追索权。但是有些客观情况致使持票人无法提示承兑或提示付款，则持票人可以直接向其前手行使追索权。此客观情况是付款人或承兑人死亡、逃匿、被依法宣告破产、解散、歇业或者其他原因使持票人无法从事承兑提示或付款提示。

2）作成拒绝证明或者退票理由书及其他合法证明

持票人行使追索权时，应当提供被拒绝承兑或者被拒绝付款的有关证明。持票人提示承兑或者提示付款被拒绝的，承兑人或者付款人必须出具拒绝证明，或者出具退票理由书。未出具拒绝证明或者退票理由书的，应当承担由此产生的民事责任。

拒绝证明书为有证明效力的书面文件，为此，中国人民银行《票据管理实施办法》第27条第1款规定，拒绝证明应当包括下列事项：①被拒绝承兑、付款的票据的种类及主要记载事项；②拒绝承兑、付款的事实依据和法律依据；③拒绝承兑、付款的时间；④拒绝承兑人、拒绝付款人的签章。

退票理由书，是指承兑人或付款人或付款人委托的付款银行出具的，记载不承兑或不付款的书面证明。依据中国人民银行《票据管理实施办法》第27条第2款规定，退票理由书应当包括下列事项：①所退票据的种类；②退票的事实依据和法律依据；③退票时间；④退票人签章。

除了拒绝证明书和退票理由书之外，可能因承兑人或者付款人死亡、逃匿或者其他原因，不能取得拒绝证明的，可以依法取得其他有关证明。依据《最高人民法院关于审理票据纠纷案件若干问题的规定》第71条和《票据法》第63条规定，其他有关证明包括：①人民法院出具的宣告承兑人、付款人失踪或者死亡的证明、法律文书；②公安机关出具的承兑人、付款人逃匿或者下落不明的证明；③医院或者有关单位出具的承兑人、付款人死亡的证明；④公证机构出具的具有拒绝证明效力的文书。此外，承兑人或者付款人被人民法院依法宣告破产的，人民法院的有关司法文书具有拒绝证明的效力。承兑人或者付款人因违法被责令终止业务活动的，有关行政主管部门的处罚决定具有拒绝证明的效力。

3）拒绝事由的通知

依据现行票据法规定，持票人应该将汇票不获承兑或不获付款的事实告知其前手，使其前手得知拒绝事实而做好偿还的准备，拒绝事由的通知需要注意以下事项。

（1）被通知的主体。拒绝通知应向持票人的直接前手发出，然后持票人的直接前手自接到通知后再向其直接前手发出，以此类推，直至出票人，当然，持票人也可以选择同时向各票据债务人发出拒绝通知。

（2）通知的形式和时间。拒绝通知须采用书面形式。持票人应当自收到被拒绝承兑或者被拒绝付款的有关证明之日起 3 日内，将被拒绝事由书面通知其前手；其前手应当自收到通知之日起 3 日内书面通知其再前手。持票人也可以同时向各汇票债务人发出书面通知。书面通知是否逾期，以持票人或其前手发出书面通知之日为准，用信函通知的，则以信函投寄邮戳之日为准，只要在规定期限内将通知按照法定地址或者约定的地址邮寄的，视为已经发出通知。

（3）不履行通知义务的责任。如果持票人没有在上述规定期限通知的，持票人仍可以行使追索权。因延期通知给其前手或者出票人造成损失的，由没有按照规定期限通知的汇票当事人承担对该损失的赔偿责任，但是所赔偿的金额以汇票金额为限。

（三）追索权的效力

追索权的行使效力主要有两方面，即对人的效力和对物的效力。

1. 对人的效力

汇票的出票人、背书人、承兑人和保证人对持票人承担连带责任，为此，持票人可以不按照汇票债务人的先后顺序，而对其中任何一人、数人或者全体行使追索权。持票人对汇票债务人中的一人或者数人已经进行追索的，对其他汇票债务人仍可以行使追索权。被追索人清偿债务后，与持票人享有同一权利。如果持票人为出票人的，则对其前手无追索权。如果持票人为背书人的，则对其后手无追索权。

2. 对物的效力

持票人行使追索权，可以请求被追索人支付下列金额和费用：①被拒绝付款的汇票金额；②汇票金额自到期日或者提示付款日起至清偿日止，按照中国人民银行规定的利率计算的利息；③取得有关拒绝证明和发出通知书的费用。被追索人清偿债务时，持票人应当交出汇票和有关拒绝证明，并出具所收到利息和费用的收据。

被追索人依照前条规定清偿后，可以向其他汇票债务人行使再追索权，请求其他汇票债务人支付下列金额和费用：①已清偿的全部金额；②前项金额自清偿日起至再追索清偿日止，按照中国人民银行规定的利率计算的利息；③发出通知书的费用。

行使再追索权的被追索人获得清偿时，应当交出汇票和有关拒绝证明，并出具所收到利息和费用的收据。被追索人如按上述规定清偿债务后，其责任则解除。

知识点检验 12-5

自学自测　扫描此码

第三节　本票与支票

本节知识点导图

一、本票概述

（一）本票的概念

本票是出票人签发的，承诺自己在见票时无条件支付确定的金额给收款人或者持票人的票据。我国票据法所称的本票是指银行本票。

从本票的概念，我们可以看出本票具有以下三方面特征：①本票是由出票人承诺自己付款的票据，也就是本票为自付证券，其付款人就是出票人本人。②本票不存在承兑制度。由于本票在出票时便确定了付款责任，因此，其无须通过承兑的形式明确责任，为此其持票人只存在不获付款的追索权，而且除了出票人破产外，持票人不能期前行使追索权。③本票为出票人在到期日无条件支付票款的票据。

（二）本票的种类

根据不同的分类标准，本票可以分为以下不同种类。

（1）依据出票主体不同可以分为银行本票和商业本票。银行本票为银行签发的本票，而商业本票是其他商事主体签发的本票，到目前为止，我国票据法所调整的为银行本票。

（2）依据本票上指定的到期日方式可以分为即期本票和远期本票。其中远期本票又可分为定期本票、出票日后定期付款本票以及见票日后定期付款本票等三种。依据我国现行票据法规定，我国确认的本票为见票即付本票。

（3）依据本票的功能可以分为现金本票和转账本票。前者主要用于支付现金；后者是通过转账方式完成支付。

二、本票的特殊规则

汇票、本票和支票具有许多共同规则，而且大多数国家立法均以汇票为中心，我们国家的票据法的票据规则也是以汇票为主，本票和支票则准用汇票的规则，然而本票又具有不同于汇票的特殊规则。

（一）出票的特殊规则

根据我们国家现行票据法规定，本票必须记载下列事项：①表明"本票"的字样；②无条件支付的承诺；③确定的金额；④收款人名称；⑤出票日期；⑥出票人签章。本票上未记载上述规定事项之一的，本票无效。

原则上，本票上记载付款地、出票地等事项，应当清楚、明确。然而，如果出票人没有在本票上记载付款地的，则以出票人的营业场所为付款地。如果本票上未记载出票地的，则出票人的营业场所为出票地。

由于本票是自付证券，为此，本票的出票人必须具有支付本票金额的可靠资金来源，并保证支付。

（二）本票见票的特殊规则

所谓本票见票，是指本票的出票人经持票人提示，确定见票后定期付款本票的到期日，是出票人在本票上记载"见票"字样及见票日期并签名的一种行为。仅就见票行为本身而言，其与提示付款具有类似功效。然而我们国家现行票据法只承认见票即付本票，而且还规定本票自出票日起，付款期限最长不得超过2个月，如果持票人未按照规定期限提示见票的，则丧失到出票人以外的前手的追索权。为此，到目前为止，现行票据法不存在本票见票后定期付款制度。

三、支票概述

（一）支票的概念

支票是出票人签发的，委托办理支票存款业务的银行或者其他金融机构在见票时无条件支付确定的金额给收款人或者持票人的票据。

从支票的概念，我们可以看出支票具有三方面的特征：①支票的付款人仅限于银行或其他金融机构。支票虽然与汇票一样是委付票据，但支票只能由金融机构付款。②支票在签发前，出票人与付款人之间必须先存在资金关系。按照现行票据法和支票结算办法规定，支票的出票人必须是经中国人民银行当地分支行批准办理支票业务的银行机构开立可以使用支票的存款账户，并存入一定的资金。开立支票存款账户，申请人必须使用其本名，并提交证明其身份的合法证件。开立支票存款账户和领用支票，应当有可靠的资信，并存入一定的资金。开立支票存款账户，申请人应当预留其本名的签名式样和印鉴。③支票为见票即付的票据，没有即期和远期之分。

（二）支票的种类

根据不同的标准，可以对支票作出以下不同分类。

（1）依据支票的付款方式，可以将支票分为现金支票和转账支票。前者是指票款以现金支付。后者是票款通过银行转账程序进入持票人账户。按照我国法律规定，支票上印有"现金"字样的支票为现金支票，而且现金支票只能用于支取现金。如果支票上印有"转账"字样的，为转账支票，转账支票只能用于转账。对此，《票据法》第83条予以具体规定，"支票可以支取现金，也可以转账，用于转账时，应当在支票正面注明。支票中专门用于支取现金的，可以另行制作现金支票，现金支票只能用于支取现金。支票中专门用于转账的，可以另行制作转账支票，转账支票只能用于转账，不得支取现金。"如果前述字样都不存在，则为普通支票，普通支票既可以用于支取现金，也可以用于转账。但是普通支票左上角画两条平行线，则为划线支票，这种支票只能用于转账，而不得支取现金。

（2）依据支票是否记载权利人而分为记名支票、指示支票和无记名支票。按照现行票据法规定，支票上未记载收款人姓名，经出票人授权，可以补记。也就是说，我国票据法承认无记名支票。

（3）依据支票出票人双重身份为分类标准可分为一般支票和变式支票，其中变式支票包括对己支票、指己支票和受付支票，对己支付是指出票人以自己为付款人的票据；而指己支票是出票人以自己为收款人的票据；受付支票是出票人以付款人为收款人的票据。按照我国现行票据法规定，出票人可以在支票上记载自己为收款人。也就是说，现行票据法承认指己支票。

四、支票的特殊规则

（一）出票的特殊规则

支票必须记载下列事项：①表明"支票"的字样；②无条件支付的委托；③确定的金额；④付款人名称；⑤出票日期；⑥出票人签章。支票上未记载上述规定事项之一的，支票无效。而且支票的出票人不得签发与其预留本名的签名式样或者印鉴不符的支票。按照现行票据法规定，支票限于见票即付，不得另行记载付款日期。另行记载付款日期的，该记载无效。

除了上述事项外，还有一些事项为相对必要记载事项，如果欠缺，则可以补记。这类事项共有四种：①支票上的金额。支票上的金额可以由出票人授权补记，未补记前的支票，不得使用。在此，支票的出票人应注意，其在补记支票金额时，其所签发的支票金额不得超过其付款时在付款人处实有的存款金额。如果出票人签发的支票金额超过其付款时在付款人处实有的存款金额的，则为空头支票。现行票据法禁止签发空头支票。②收款人名称。支票上未记载收款人名称的，经出票人授权，可以补记。③付款地。支票上未记载付款地的，付款人的营业场所为付款地。④出票地。支票上未记载出票地的，出票人的营业场所、住所或者经常居住地为出票地。

（二）付款的特殊规则

支票的持票人应当自出票日起 10 日内提示付款。异地使用的支票，其提示付款的期限由中国人民银行另行规定。如果超过提示付款期限未提示付款的，丧失了对出票人以外的票据债务人的追索权。收款人或持票人在规定期限内进行付款提示的，如果付款人拒绝付款，收款人或持票人在取得拒绝证明后可以行使追索权。

出票人必须按照签发的支票金额承担保证向该持票人付款的责任。出票人在付款人处的存款足以支付支票金额时，付款人应当在当日足额付款。持票人若超过提示付款期限提示付款的，付款人可不予付款。

付款人依法支付支票金额的，对出票人不再承担受委托付款的

知识点检验 12-6

责任,对持票人不再承担付款的责任。但是,付款人以恶意或者有重大过失付款的除外。

1. 举例说明票据法的特征是什么?
2. 票据关系的主要内容有几方面,分别是什么?
3. 票据抗辩有两类,其名称及内容分别是什么?
4. 票据伪造和变造的法律后果分别是什么?
5. 汇票、本票和支票的区别与联系是什么?

案例分析一:

李某签发一张面额 100 万元的汇票交付给张某,付款人为王某,张某将该汇票转让给黄某,黄某背书转让给赵某。赵某不慎遗失,被刘某拾到,刘某假冒赵某的签名将汇票据为己有,并背书转让给孙某。孙某以 50 万元货物作为对价受让该汇票,并背书转让给钱某,钱某给付孙某 100 万元货物。

请回答下列问题:

(1) 该汇票的债务人有哪些?
(2) 该汇票没有承兑前,谁是主债务人,应承担什么责任?承兑后,谁是主债务人?
(3) 持票人钱某的权利是否有缺陷?假如该汇票遭拒付,他如何实现自己的权利?
(4) 假如孙某偿付票款给钱某后,能否向其任何一前手追索?
(5) 赵某是否有权要求刘某、孙某、钱某返还汇票?他如何保护自己的权利?
(6) 刘某是否承担票据责任? 为什么?

案例分析二:

新华联控股有限公司、中国工商银行股份有限公司芜湖赭山支行票据追索权纠纷二审民事判决书①

一审法院认定的事实:2018 年 12 月 29 日,工行芜湖赭山支行(甲方、贴入方)

---

① 参见新华联控股有限公司、中国工商银行股份有限公司芜湖赭山支行票据追索权纠纷二审民事判决书(2020)皖民终 1328 号,北大法定,[法宝引证码]CLI.C. 318121856.

与芜湖宇邦公司（乙方、贴出方）签订《银行承兑汇票合作协议》，其中第 3 条第 2 款内容为：甲方托收本协议项下的银行承兑汇票时，如遇承兑行拒绝付款，甲方将按票据法和其他有关法律、法规及本协议第 6 条的规定向乙方追索。第 6 条内容为：甲方在其为乙方办理贴现的每份银行承兑汇票项下对乙方享有追索权，甲方应当将被拒绝付款事由书面通知乙方，乙方应保证在收到甲方追索通知之次日起 3 个工作日内，将被拒绝付款的汇票金额及迟收利息（汇票金额自到期日或提示付款日起至清偿日止，按中国人民银行规定的利率计算）划入甲方指定账户，并在甲方收妥前述款项后将票据取回。2019 年 3 月 18 日，工行芜湖赭山支行为芜湖宇邦公司办理电子银行承兑汇票贴现业务两笔，票号分别为：19×××0066920190318362446076、19×××0000066920190318362446105，票面金额均为 1 000 万元，出票日期为 2019 年 3 月 18 日，到期日为 2020 年 3 月 17 日；出票人均为新华联控股公司，承兑人均为新华联财务公司。该两张汇票背书顺序依次为：新华联矿业公司、孝感云光公司、衢州佳沐公司、芜湖宇邦公司。芜湖宇邦公司以背书转让的方式将上述两张汇票贴现给工行芜湖赭山支行后，该行又将该两张汇票转贴现给浙商银行。该两张汇票在到期日提示付款后被拒绝付款，浙商银行向工行芜湖赭山支行追索，工行芜湖赭山支行于 2020 年 3 月 18 日为此垫付汇票金额 2 000 万元。工行芜湖赭山支行垫付后，即向新华联财务公司发起电票系统追索，又以催收函的形式向所有前手进行书面追索。

工行芜湖赭山支行向一审法院起诉请求：①判令新华联控股公司、新华联财务公司、新华联矿业公司、孝感云光公司、衢州佳沐公司、芜湖宇邦公司（合并简称新华联控股公司等六公司）向该行支付票据款 2 000 万元及暂计算至 2020 年 4 月 1 日的利息 33 369.8 元（利息以 2 000 万元为基数，按照全国银行间同业拆借中心贷款市场报价利率计算），新华联控股公司等六公司对此本金和利息承担共同连带责任。②判令新华联控股公司等六公司对本案诉讼费和包括律师费在内的实现债权的费用承担连带责任。

一审法院判决：

（1）新华联控股公司等六公司于判决生效后 10 日内连带支付工行芜湖赭山支行票据款 2 000 万元及其利息（按照全国银行间同业拆借中心贷款市场报价利率计算，自 2020 年 3 月 19 日起支付至该款清偿之日止）。

（2）驳回工行芜湖赭山支行的其他诉讼请求。案件受理费 141 967 元、保全费 5 000 元，合计 146 967 元，由新华联控股公司等六公司负担。

新华联控股公司不服上诉，请求撤销安徽省芜湖市中级人民法院（2020）皖 02 民初 51 号民事判决第一项中要求新华联控股公司、新华联财务公司、新华联矿业公司支付利息（2 000 万元按照全国银行间同业拆借中心贷款市场报价利率计算，自 2020 年 3 月 19 日起支付至实际清偿之日止）的判决内容。

二审中，新华联控股公司提交一份《北京市发展和改革委员会关于核实有关情况的复函》（京发改〔2020〕1682 号）。证明目的：新华联控股公司已被列入北京市疫情防控重点保障企业名单。

工行芜湖赭山支行质证意见：对该证据的真实性和合法性不持异议，但其与本案没有关联性，且不属于民事诉讼法规定的证据类型。

事实与理由：2020年2月1日，中国人民银行等五部门联合发布《关于进一步强化金融支持防控新型冠状病毒感染疫情的通知》（银发〔2020〕29号），通知指出要保持流动性合理充裕，加大货币信贷支持力度，提出多项措施支持受疫情影响的企业。本案中，新华联控股公司、新华联财务公司、新华联矿业公司同属于新华联集团体系之内，新华联集团经营项目包括酒店、地产、文化旅游、矿业、石油等产业，地产控股公司及其子公司属于五部委通知中新冠疫情期间支持的行业及企业，并已被列入疫情防控重点保障企业单位名单。本案票据兑付期限正值新冠肺炎疫情期间，恳请法院酌情免除新华联控股公司、新华联财务公司、新华联矿业公司连带支付工行芜湖赭山支行票据兑付的逾期利息。

工行芜湖赭山支行辩称：本案是票据追索权纠纷，不是合同纠纷，本案被告承担的是票据责任，而非违约责任，故不可抗力不构成免除责任的事由。《票据法》第70条明确规定，持票人可以请求被追索人支付的金额和费用包括：汇票金额、按照人民银行规定利率计算的利息、取得拒绝证明和发出通知书的费用，故新华联控股公司、新华联财务公司、新华联矿业公司应当承担相应的利息。请求二审法院驳回新华联控股公司的上诉请求，并由其承担二审诉讼费用。

新华联财务公司、新华联矿业公司、孝感云光公司、衢州佳沐公司、芜湖宇邦公司未作陈述。

问题：

（1）一审法院判决新华联控股公司等六公司向工行芜湖赭山支行支付利息的法律依据是什么？

（2）二审过程中新华联控股以疫情相关文件为证据，要求减免利息的主张是否能够得到法院的支持？

（3）工行芜湖赭山支行辩称：本案是票据追索权纠纷，不是合同纠纷，本案被告承担的是票据责任，而非违约责任，故不可抗力不构成免除责任的事由。这个辩称是否能得到法律支持？

实训材料及实训要求

实训素材一：票据权利认定[①]

争议标的是：商业承兑汇票的付款人为中南世纪城，收款人为中南集团，票面金额为人民币300万元，票号为××/××5，出票日期为2014年12月10日，到期日为2015年6月10日。诉争票据背书人的先后次序：中南集团、亚通公司。

明智公司李某主张：2015年2月2日，案外人陈某以欺骗手段诱骗明智公司负责人李某与陈某签订《欠款协议书》。协议签订后，李某将票面金额为人民币300万元，票号为0××3/2××5，付款人为中南世纪城，且无任何背书的商业承兑汇票交付给陈某。2015年4月7日，吴江区人民法院发出公示催告，催促利害关系人在公示催告期

[①] 案例来源：李某与某有限公司票据返还请求权纠纷、返还原物纠纷案，（2016）苏0509民初1242号，北大法宝，http：//www.pkulaw.cn.ezproxy.cityu.edu.hk/Case/pfnl_1970324870956832.html?match=Exact。

间申报权利。在公示催告期间，陈某将押在担保公司的诉争票据取回，亲笔背书转让给亚通公司。亚通公司拿到诉争票据后，向法院提出异议，法院裁定终结公示催告程序。亚通公司与案外人陈某无真实业务关系，其与陈某签订的消防设备供销合同和送货单也系被告为了非法取得票据而后补签形成的。亚通公司与陈某系恶意串通，非法取得票据，因为亚通公司不应享有票据权利。要求亚通公司立即返还编号为 0××3/2××5 的商业承兑汇票。

亚通公司公司主张：这个商业承兑汇票是李某因支付货款而交付给案外人陈某，后陈某又将该票据以货款支付给予亚通公司，亚通公司从陈某处取得票据是在该票据公示催告之前。亚通公司享有票据权利。

案例所涉及的确定的事实：2015 年 4 月，明智公司以票据遗失为由向法院申请公示催告，法院于 2015 年 4 月 7 日发出公告，催促利害关系人自公告之日起至汇票到期日后 30 日内申报权利，由于亚通公司在公示催告期间内向法院申报了权利，法院于 2015 年 6 月 10 日作出（2015）江催字第 0078 号民事裁定书，裁定终结该案的公示催告程序。

本案所涉及的证据如下。

1. 通亚公司提供的证据

（1）诉争票据原件。

（2）欠款协议书。甲方为陈某，乙方为明智公司，负责人为李某，时间为 2015 年 2 月 2 日，载明：乙方共结欠甲方 700 万元，另乙方补贴甲方 30 万元利息，其中 200 万元乙方愿意从 A 胶板厂扣除，并如数归还甲方；乙方支付甲方 3 张商业承兑汇票，第一张金额 100 万元，票号 2×××9，第二张金额 300 万元，票号 2××5，第三张金额 100 万元，票号 2××9。

（3）明智公司的工商登记注册股东信息。信息显示明智公司的工商登记注册股东为李某、蒋某、韩某，李某同时担任明智公司的总经理。

（4）消防设备供销合同、送货单各 1 份。2014 年 12 月 15 日，陈某作为买方，亚通公司作为卖方，双方签订消防设备供销合同一份，合同标的预算为 290 万元，到年底根据实际情况具实结付。送货单日期为 2015 年 1 月 5 日，显示亚通公司供货金额合计人民币 2 902 000 元。

2. 陈某笔录一份

陈某于 2014 年 12 月中旬从李某、王某、李某处取得诉争票据，为履行与亚通公司消防设备供销合同所确定的付款义务，陈某于 2015 年 1 月将票据转让给了亚通公司。法院在 2015 年 9 月 8 日对票据公示催告程序作出判决。

结合上述事实及证据，请模拟票据权利确认之诉的流程，包括：原告代理词，被告代理词，庭审记录，法院判决书。

实训流程及考核样例

第十三章

税 法

学习目标

通过本章系统学习,希望同学们掌握以下知识点。
了解:税收的特征以及我国税收的体系;法定税收要素的内容。
掌握:企业所得税和个人所得税的纳税人;个人所得税、增值税、消费税的征税对象。
难点:各个税种的税基和税率。
实训:个人所得税的实训。

案例导读

张丽大学毕业后在一家报社上班,上班第一个月她拿到了人生中的第一桶金,月薪6 200元的她听说工资薪金所得需要交纳个人所得税,但张丽对个人所得税的交纳一无所知。

请你来解答她的下列疑问:
1. 工资薪金所得是个人所得税的征税对象吗?
2. 张丽是否需要缴纳个人所得税?如果需要,应纳税额是多少?
3. 个人的哪些所得需要缴纳个人所得税?

第一节 税法概述

本节知识点导图

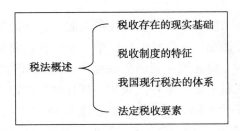

一、税收存在的现实基础

国家是人类文明发展到一定程度的产物,而国家职能的行使需要一定的物质基础。

国家本身不会创造财富，作为国家成员的"人"才是财富的创造者，而"人"生活在国家中，除了吃穿住用行等基本生活需要外，还需要和平的外部环境、安定的社会秩序和便利的公共设施。这些单靠个人的努力是不能实现的，必须要有相应的国家机器来实现。因此，为了保证政府职能的实现，作为财富创造者的"人"就必须让渡出一部分财富给国家以保证政府能够实现其职能，为每个人提供应有的政府服务。这也是税收存在的现实基础。

其实在我国古代已经形成了税收制度。如夏代的"贡"、春秋战国时期鲁国的"初税亩"、清朝的"摊丁入亩"，都是税收的表现形式。只不过，古代社会生产要素单一，征税的对象主要是土地和人口，税收形式主要是"地税"和"丁税"。而在工业和服务业占主导地位的现代社会，税收主要是对国民生产与消费过程进行征税，包括对企业生产征收的企业所得税、针对居民个人收入征收的个人所得税、对商品流转征收的增值税和对部分商品征收的消费税。

二、税收制度的特征

（一）无偿性

税收制度的无偿性是指国家凭借其政治权力依法从纳税人手中取得税收，不需要向纳税人支付对价。政府利用其获得的税收收入履行其政府职能，提供公共服务，如政府为我们提供了和平的外部环境、安定的社会秩序和便利的公共设施。

（二）固定性

税收制度的固定性是指每个税种的征税对象、纳税人、适用税率、纳税期限、纳税地点等都由法律以条文的形式明确规定，无论发生何种经济业务时都需要依照法律规定的制度进行纳税。

（三）强制性

税收制度的强制性是指纳税人必须按照税法的规定及时、足额地缴纳税款，否则将受到法律的制裁。我国宪法规定了依法纳税是每个公民应尽的义务。税收的强制性有国家强制力做保障。

知识点检验 13-1

三、我国现行税法的体系

我国现行税收体系以 1994 年工商税制改革为起点，逐渐完善而形成，按照其性质和作用大致分为四类：①商品税。商品税是以生产与销售的货物或服务为对象征收的一类税，又称货物与劳务税。商品税包括国内商品税和进出口商品税。国内商品税包括增值税、消费税、车辆购置税、城市维护建设税、教育费附加以及烟叶税。进出口商品税包括关税和船舶吨税。②所得税。所得税是对企业和个人的所得征收的一种税，我国的所得税包括企业所得税和个人所得税。③财产税。财产税是对财产（主要是有形财产）征收的一种税。我国的财产税包括资源税、耕地占用税、城镇土地使用税、土地增值税、房产税、契税以及车船税。④其他税。主要指印花税。

我国已经初步建立了一个适合我国国情的多层次、多税种、多环节的税收法律制度体系。但是，到目前为止我国税收法律制度仍有不足，缺乏一部统一的税收基本法，某些被各国实践证明优良的税种在我国仍有缺位，如遗产税等。另外，我国税法法律文件的法律位阶不高，只有《中华人民共和国企业所得税法》和《中华人民共和国个人所得税法》等极少数税法法律文件是由全国人大及其常委会制定的，大部分税法法律文件都是由国务院及其部门制定的，其效力和权威性不足，而且在内容上也存在着交叉、重复的现象。因此，在我国建立完善、科学的税法体系任重而道远。

四、法定税收要素

税收要素，又称课税要素，是指各种单行税法具有的共同的基本要素的统称。具体来讲，税收要素包括下列内容。

（一）征税对象

征税对象又称征税客体，是指应当纳税的物件或事实，它表明税法规定对什么东西征税。征税对象可以分为财产、所得和商品三类。征税对象确立了一个税种的客观基础，如果没有征税对象，那么一个税种是无法存在的。征税对象还决定了一种税的征税范围，是各个税种之间相互区别的标志。

（二）税目

税目是征税对象的具体化。比如个人所得税的征税对象是个人的所得。将这个征税对象具体化，个人所得税的税目包括工资薪金所得、个体工商户的生产经营所得、对企事业单位的承包承租经营所得、劳务报酬所得、稿酬所得、特许权使用费所得、利息股息红利所得、财产租赁所得、财产转让所得、偶然所得和其他所得。

（三）纳税义务人

纳税义务人又称纳税主体，是直接负有纳税义务的单位和个人。它表明国家直接向谁征税。纳税人与负税人是两个不同的概念。负税人是最终实际负担税收的人。在直接税中，纳税人和负税人一致，在间接税中，纳税人将税收负担转嫁，导致纳税人和负税人不同。

（四）税基

税基是计算应纳税额的基数。税基乘以税率等于应纳税额。税基有实物量和价值量两种形式。以实物量为税基的税种称为从量税。例如甲类啤酒的消费税税基为销售或移送使用的数量，其税率为250元/吨，则某酒厂销售10吨甲类啤酒应缴纳的消费税为$250 \times 10 = 2\,500$元，甲类啤酒的税基是"销售数量10吨"（实物量），与其销售价格无关。以价值量为税基的税种称为从价税。例如化妆品的消费税税基为其销售额，其税率为15%，则乙化妆品厂销售化妆品取得不含增值税收入10万元，其应缴纳的消费税为$10 \times 15\% = 1.5$万元，化妆品的税基是"销售额10万元"（价值量），与其销售数量无关。

（五）税率

税率是计算税额的比率。税率可以分为率式税率和额式税率。率式税率是对同一征税对象或同一税目，不分数额的大小，均按规定的同一比例数（即百分比）征税。率式税率是税法中规定最多的税率，其特点是具有横向公平性，计算方便。额式税率也称"固定税率"，即按征税对象的一定计量单位直接规定应纳税额，而不是规定征收比例。课税对象的计量单位主要有吨、升、平方米等，比如黄酒的消费税税率为240元每吨。

（六）纳税义务发生时间

纳税义务发生时间是纳税人发生纳税义务、应当纳税的起始时间。只有明确纳税义务的发生时间才能准确计算纳税期限。

自学自测 扫描此码

第二节 所 得 税

本节知识点导图

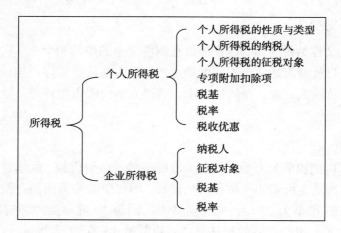

一、个人所得税

（一）个人所得税的性质与类型

个人所得税是对个人的应税所得征收的一种税。它是政府直接参与个人收入再分配的主要形式。以计税方法为标准,可以将个人所得税分为分类所得税、综合所得税和分类综合所得税。

分类所得税是指针对各种不同性质的所得分别规定不同的税基和税率,分别计算应纳税额进行课征的个人所得税。分类所得税在个人所得税中使用较多,其计税依据的基础是法律所确定的各项所得,而不是个人的总所得。

综合所得税是将纳税人在一定时期内的各项所得加在一起,按照统一的税率来计算个人所得税。这类个人所得税多采用累进税率,其实施的前提是建立有效的个人纳税申报制度。它能够量能课税,公平税负。但这种税制需要纳税人纳税意识强、服从程度高,征收机关征管手段先进、工作效率高。

分类综合所得税是分类所得税和综合所得税相结合的一种个人所得税。

目前,世界各国的个人所得税主要是综合所得税,只有少数国家实行分类所得税。我国目前实行的是分类所得税与综合所得税相结合的税收制度。

(二)个人所得税的纳税人

根据纳税义务人在境内有无居所以及居住时间长短两个标准,分为居民纳税人和非居民纳税人。

1. 居民纳税人

居民纳税人是指在中国境内有住所,或者无住所而在境内居住满一年的个人。

所谓在中国境内有住所并不是指在中国境内有房子,这里的住所是指因户籍、家庭、经济利益关系而在中国境内习惯性居住的个人。例如,张三大学毕业后去美国读书两年,两年后回到中国,那么张三在美国的两年仍然是我国个人所得税的居民纳税人,因为其家庭、户籍关系都在中国。

在中国境内居住满一年是指在一个纳税年度内在中国居住满 183 天。但这并不意味着在一年当中的 183 天该个人都不能离开中国国境。《中华人民共和国个人所得税法实施条例》(以下简称《个人所得税法实施条例》)规定,在一个纳税年度内临时离境的不扣减天数。所谓临时离境,是指在一个纳税年度中一次不超过 30 日或者多次累计不超过 90 日的离境。这里的纳税年度是指公历 1 月 1 日至 12 月 31 日。

2. 非居民纳税人

非居民纳税人是指在中国境内无住所又不居住,或者无住所而在中国境内居住不满 183 天的个人。

区分居民纳税人和非居民纳税人的意义在于二者的纳税义务不同。居民纳税人要就其来源于中国境内境外的全部所得缴纳个人所得税,而非居民纳税人只就其来源于中国境内的所得缴纳个人所得税。

知识点检验 13-2

3. 所得来源地的确定

除另有规定外,下列所得,不论支付地点是否在中国境内,均为来源于中国境内的所得。

（1）因任职、受雇、履约等而在中国境内提供劳务取得的所得。

（2）将财产出租给承租人在中国境内使用而取得的所得。

（3）转让中国境内的不动产等财产或者在中国境内转让其他财产取得的所得。

（4）许可各种特许权在中国境内使用而取得的所得。

（5）从中国境内企业、事业单位、其他组织以及居民个人取得的利息、股息、红利所得。

（三）个人所得税的征税对象

根据《个人所得税法实施条例》的规定，个人所得税的征税对象包括以下几类。

（1）工资、薪金所得，是指个人因任职或者受雇而取得的工资、薪金、奖金、年终加薪、劳动分红、津贴、补贴以及与任职或者受雇有关的其他所得。

下列收入不属于工资薪金收入，不征收个人所得税：①独生子女补贴；②执行公务人员工资制度未纳入基本工资总额的补贴、津贴差额和家属成员的副食品补贴；③托儿补助费；④差旅费津贴、误餐补助。

（2）劳务报酬所得，是指个人从事设计、装潢、安装、制图、化验、测试、医疗、法律、会计、咨询、讲学、新闻、广播、翻译、审稿、书画、雕刻、影视、录音、录像、演出、表演、广告、展览、技术服务、介绍服务、经纪服务、代办服务以及其他劳务取得的所得。

"劳务报酬所得"与"工资、薪金所得"的区别：一是非独立个人劳动（任职雇用）："工资、薪金所得"；二是独立个人劳动（非任职雇用）："劳务报酬所得"。

（3）稿酬所得，是指个人因其作品以图书、报刊等形式出版、发表而取得的所得。

（4）特许权使用费所得，是指个人提供专利权、商标权、著作权、非专利技术以及其他特许权的使用权取得的所得；提供著作权的使用权取得的所得，不包括稿酬所得。

（5）经营所得。经营所得是指：

①个体工商户从事生产、经营活动取得的所得，个人独资企业投资人、合伙企业的个人合伙人来源于境内注册的个人独资企业、合伙企业生产、经营的所得；

【提示】 ①个体工商户以业主为个人所得税纳税义务人。

②个人依法从事办学、医疗、咨询以及其他有偿服务活动取得的所得；

③个人对企业、事业单位承包经营、承租经营以及转包、转租取得的所得；

④个人从事其他生产、经营活动取得的所得。

其中，经营活动取得的所得需要从以下几点方面进行理解：一是个人从事彩票代销业务而取得的所得，按"经营所得"项目计算征税。二是个人独资企业、合伙企业的个人投资者以企业资金为本人、家庭成员及其相关人员支付与企业生产经营无关的消费性支出及购买汽车、住房等财产性支出，视为企业对个人投资者利润分配，并入投资者个人的生产经营所得，依照"经营所得"项目计征个人所得税。三是个体工商户和从事生产、经营的个人，取得与生产、经营活动无关的其他各项应税所得，应分别按照其他应税项目的有关规定，计算征收个人所得税。

（6）利息、股息、红利所得，是指个人拥有债权、股权而取得的利息、股息、红利所得。利息、股息、红利所得。

其中，利息等需要从三方面进行细化理解：一是国债和国家发行的金融债券利息免税。二是除个人独资企业、合伙企业以外的其他企业的个人投资者，以企业资金为本人、家庭成员及其相关人员支付与企业生产经营无关的消费性支出及购买汽车、住房等财产性支出，视为企业对个人投资者的红利分配，依照"利息、股息、红利所得"项目计征个人所得税。企业的上述支出不允许在所得税前扣除。三是纳税年度内个人投资者从其投资企业（个人独资企业、合伙企业除外）借款，在该纳税年度终了后既不归还又未用于企业生产经营的，其未归还的借款可视为企业对个人投资者的红利分配，依照"利息、股息、红利所得"项目计征个人所得税。

（7）财产租赁所得，是指个人出租建筑物、土地使用权、机器设备、车船以及其他财产取得的所得。

（8）财产转让所得，是指个人转让有价证券、股权、建筑物、土地使用权、机器设备、车船以及其他财产取得的所得。

其中，财产转让所得从两方面细化理解：一是境内股票转让所得暂不征收个人所得税；二是量化资产股份转让：

集体所有制企业在改制为股份合作制企业时，对职工个人以股份形式取得的拥有所有权的企业量化资产，暂缓征收个人所得税；

个人将股份转让时，就其转让收入额，减除个人取得该股份时实际支付的费用支出和合理转让费用后的余额，按"财产转让所得"项目计征个人所得税。

知识点检验 13-3

（9）偶然所得，是指个人得奖、中奖、中彩以及其他偶然性质的所得。

（四）专项附加扣除项

1. 子女教育

纳税人的子女接受全日制学历教育的相关支出，按照每个子女每月 1 000 元的标准定额扣除。

其中，子女教育需要从五方面细化理解：一是子女，是指婚生子女、非婚生子女、继子女、养子女。父母之外的其他人担任未成年人的监护人的，比照本规定执行；二是年满 3 岁至小学入学前处于学前教育阶段的子女，按本规定执行；三是学历教育包括义务教育（小学、初中教育）、高中阶段教育（普通高中、中等职业、技工教育）、高等教育（大学专科、大学本科、硕士研究生、博士研究生教育）；四是父母可以选择由其中一方按扣除标准的 100%扣除，也可以选择由双方分别按扣除标准的 50%扣除，具体扣除方式在一个纳税年度内不能变更；五是纳税人子女在中国境外接受教育的，纳税人应当留存境外学校录取通知书、留学签证等相关教育的证明资料备查。

2. 赡养老人

纳税人赡养一位及以上被赡养人的赡养支出，统一按照以下标准定额扣除：

（1）纳税人为独生子女的，按照每月 2 000 元的标准定额扣除；

（2）纳税人为非独生子女的，由其与兄弟姐妹分摊每月 2 000 元的扣除额度，每人分摊的额度不能超过每月 1 000 元。其中，赡养方面的税收需要掌握三方面内容：一是被赡养人是指年满 60 岁的父母（指生父母、继父母、养父母），以及子女均已去世的年满 60 岁的祖父母、外祖父母。二是可以由赡养人均摊或者约定分摊，也可以由被赡养人指定分摊。约定或者指定分摊的须签订书面分摊协议，指定分摊优先于约定分摊。具体分摊方式和额度在一个纳税年度内不能变更。三是扣除计算时间：被赡养人年满 60 周岁的当月至赡养义务终止的年末。

（3）住房贷款利息。纳税人本人或者配偶单独或者共同使用商业银行或者住房公积金个人住房贷款为本人或者其配偶购买中国境内住房，发生的首套住房贷款利息支出，在实际发生贷款利息的年度，按照每月 1 000 元的标准定额扣除，扣除期限最长不超过 240 个月。住房贷款利息细节制度主要有四方面：一是纳税人只能享受一套首套住房贷款的利息扣除；二是首套住房贷款是指购买住房享受首套住房贷款利率的住房贷款；三是经夫妻双方约定，可以选择由其中一方扣除，具体扣除方式在确定后，一个纳税年度内不能变更；四是夫妻双方婚前分别购买住房发生的首套住房贷款，其贷款利息支出，婚后可以选择其中一套购买的住房，由购买方按扣除标准的 100%扣除，也可以由夫妻双方对各自购买的住房分别按扣除标准的 50%扣除，具体扣除方式在一个纳税年度内不能变更。

（4）住房租金。纳税人在主要工作城市没有自有住房而发生的住房租金支出，可以按照表 13-1 标准定额扣除。

表 13-1 纳税人住房租金扣除标准

工作城市		扣除金额
直辖市、省会（首府）城市、计划单列市以及国务院确定的其他城市		1 500 元/月
上述以外	市辖区户籍人口超过 100 万的城市	1 100 元/月
	市辖区户籍人口不超过 100 万的城市	800 元/月

住房租金需要注意的细化制度：一是主要工作城市是指纳税人任职受雇的直辖市、计划单列市、副省级城市、地级市（地区、州、盟）全部行政区域范围；纳税人无任职受雇单位的，为受理其综合所得汇算清缴的税务机关所在城市；二是纳税人的配偶在纳税人的主要工作城市有自有住房的，视同纳税人在主要工作城市有自有住房；三是夫妻双方主要工作城市相同的，只能由一方扣除住房租金支出；四是住房租金支出由签订租赁住房合同的承租人扣除；五是纳税人及其配偶在一个纳税年度内不能同时分别享受住房贷款利息和住房租金专项附加扣除。

（5）大病医疗。在一个纳税年度内，纳税人发生的与基本医保相关的医药费用支出，扣除医保报销后个人负担（指医保目录范围内的自付部分）累计超过 15 000 元的部分，由纳税人在办理年度汇算清缴时，在 80 000 元限额内据实扣除。

大病医疗的细化制度主要四方面：一是纳税人发生的医药费用支出可以选择由本人或者其配偶扣除；未成年子女发生的医药费用支出可以选择由其父母一方扣除；二是纳税人及其配偶、未成年子女发生的医药费用支出，按规定分别计算扣除额；三是纳税人应当留存医药服务收费及医保报销相关票据原件（或者复印件）等资料备查。医疗保障部门应当向患者提供在医疗保障信息系统记录的本人年度医药费用信息查询服务；四是扣除计算时间：医疗保障信息系统记录的医药费用实际支出的当年。

（6）继续教育。

①纳税人在中国境内接受学历（学位）继续教育的支出，在学历（学位）教育期间按照每月400元定额扣除。同一学历（学位）继续教育的扣除期限不能超过48个月。

②纳税人接受技能人员职业资格继续教育、专业技术人员职业资格继续教育的支出，在取得相关证书的当年，按照3 600元定额扣除。

其中，继续教育细化制度主要有三方面：一是个人接受本科及以下学历（学位）继续教育，符合规定扣除条件的，可以选择由其父母扣除，也可以选择由本人扣除。二是纳税人接受技能人员职业资格继续教育、专业技术人员职业资格继续教育的，应当留存相关证书等资料备查。三是扣除计算时间：学历（学位）继续教育，为在中国境内接受学历（学位）继续教育入学的当月至学历（学位）继续教育结束的当月。

包含因病或其他非主观原因休学但学籍继续保留的休学期间，以及施教机构按规定组织实施的寒暑假等假期。

（五）税基

个人所得税的税基即应纳税所得额。个人的所得减掉税法允许减掉的必要费用即为应纳税所得额。

（1）工资薪金所得的税基。工资薪金所得的税基为纳税人每月的工资薪金收入减去自己支付的"三险一金"的部分，再减去税法规定的费用减除标准。所谓费用减除标准又叫作"生计费"，是我国税法根据社会发展水平规定的，一个普通人一个月的吃穿住用行等基本生活用度的标准，这个"生计费"不需要缴纳个人所得税，故允许从工资薪金所得中减除。我国现行个人所得税法规定的工资薪金所得的费用减除标准为5 000元。这个标准是自2019年1月1日起实施的。

对于在中国境内无住所而在中国境内取得工资、薪金所得的纳税人和在中国境内有住所而在中国境外取得工资、薪金所得的纳税人，在上述应纳税所得额的基础上还允许减掉一个附加费用。

附加减除费用适用的范围：①在中国境内的外商投资企业和外国企业中工作的外籍人员；②应聘在中国境内的企业、事业单位、社会团体、国家机关中工作的外籍专家；③在中国境内有住所而在中国境外任职或者受雇取得工资、薪金所得的个人；④国务院财政、税务主管部门确定的其他人员。

（2）经营所得的税基。经营所得，以每一纳税年度的收入总额，减除成本、费用以及损失后的余额为应纳税所得额。成本、费用，是指纳税人从事生产、经营所发生的各项直接支出和分配计入成本的间接费用,以及销售费用、管理费用、财务费用。损失,是指纳税人在生产、经营过程中发生的各项营业外支出。

(3) 劳务报酬所得的税基。劳务报酬所得,每次收入不超过 4 000 元的,减除费用 800 元;4 000 元以上的,减除 20%的费用,其余额为应纳税所得额。

关于次数的确定方法为:属于一次性收入的,以取得该项收入为一次;属于同一项目连续性收入的,以一个月内取得的收入为一次。

(4) 稿酬所得的税基。稿酬所得税基的计算方法同劳务报酬所得,每次收入不超过 4 000 元的,减除费用 800 元;4 000 元以上的,减除 20%的费用,其余额为应纳税所得额。

稿酬所得,以每次出版、发表取得的收入为一次。其中:出版社预付或者分笔支付以及追加稿酬,均应合并所得稿酬为一次计算缴纳个人所得税;在两处或者两处以上出版、发表或再版同一作品取得的稿酬,应将各处取得的稿酬分别计算缴纳个人所得税;同一作品在报刊上连载,应将因连载而取得的所有稿酬所得合并为一次,在连载之后又出书取得的稿酬,或先出书后连载取得的稿酬,应分别计算个人所得税。

(5) 特许权使用费所得的税基。特许权使用费所得,每次收入不超过 4 000 元的,减除费用 800 元;4 000 元以上的,减除 20%的费用,其余额为应纳税所得额。

特许权使用费所得,以一项特许权的一次许可使用所取得的收入为一次。

(6) 财产租赁所得的税基。财产租赁所得,每次收入不超过 4 000 元的,减除费用 800 元;4 000 元以上的,减除 20%的费用,其余额为应纳税所得额。

财产租赁所得,以一个月内取得的收入为一次。

(7) 财产转让所得的税基。财产转让所得,以转让财产的收入额减除财产原值和合理费用后的余额,为应纳税所得额。

(8) 利息、股息、红利所得和偶然所得、其他所得的税基。

(六) 税率

1. 工资薪金所得

工资薪金所得适用七级超额累进税率,税率范围为 3%~45%。具体税率见表 13-2 和表 13-3。

表 13-2　工资薪金所得七级超额累进税率表

级数	累计预扣预缴应纳税所得额	预扣率/%	速算扣除数
1	不超过 36 000 元	3	0
2	超过 36 000 元至 144 000 元的部分	10	2 520
3	超过 144 000 元至 300 000 元的部分	20	16 920
4	超过 300 000 元至 420 000 元的部分	25	31 920
5	超过 420 000 元至 660 000 元的部分	30	52 920
6	超过 660 000 元至 960 000 元的部分	35	85 920
7	超过 960 000 元的部分	45	181 920

表 13-3　按月换算后的综合所得税率表

级数	全月应纳税所得额	税率/%	速算扣除数
1	不超过 3 000 元的	3	0
2	超过 3 000 元至 12 000 元的部分	10	210
3	超过 12 000 元至 25 000 元的部分	20	1 410
4	超过 25 000 元至 35 000 元的部分	25	2 660
5	超过 35 000 元至 55 000 元的部分	30	4 410
6	超过 55 000 元至 80 000 元的部分	35	7 160
7	超过 80 000 元的部分	45	15 160

2. 个体工商户的生产经营所得和对企事业单位的承包经营、承租经营所得

此两种所得的税率为五级超额累进税率，具体见表 13-4。

3. 劳务报酬所得

一般情况下，劳务报酬所得适用 20%的税率。但对劳务报酬所得一次收入畸高的，可以实行加成征收。劳务报酬所得一次收入畸高，是指个人一次取得劳务报酬，其应纳税所得额超过 2 万元。应纳税所得额超过 2 万元至 5 万元的部分，依照税法规定计算应纳税额后再按照应纳税额加征五成；超过 5 万元的部分，加征十成。

具体税率见表 13-5。

表 13-4　五级超额累进税率表

级数	全月应纳税所得额	税率/%
1	不超过 15 000 元的	5
2	超过 15 000 元至 30 000 元的部分	10
3	超过 30 000 元至 60 000 元的部分	20
4	超过 60 000 元至 100 000 元的部分	30
5	超过 100 000 元	35

表 13-5　劳务报酬所得税率表

级数	每次应纳税所得额	税率/%	速算扣除数
1	不超过 20 000 元的	20	0
2	超过 20 000 元至 50 000 元的部分	30	2 000
3	超过 50 000 元的部分	40	7 000

4. 稿酬所得

稿酬所得适用 20%税率，并按应纳税额减征 30%。

5. 特许权使用费所得，利息、股息、红利所得，财产租赁所得，财产转让所得，偶然所得和其他所得

以上六项适用 20%的税率。

（七）税收优惠

1. 免征个人所得税的优惠

（1）省级人民政府、国务院部委和中国人民解放军以上单位，以及外国组织颁发的科学、教育、技术、文化、卫生、体育、环境保护等方面的奖金（注意：级别、用途）。

（2）国债和国家发行的金融债券利息。

【提示】国债利息指个人持有中华人民共和国财政部发行的债券而取得的利息所得

和 2012 年及以后年度发行的地方政府债券（以省、自治区、直辖市和计划单列市政府为发行和偿还主体）利息所得。

（3）按照国家统一规定发给的补贴、津贴（政府特殊津贴、院士津贴等）。

（4）福利费、抚恤金、救济金。

其中，福利费是指根据国家有关规定，从企业、事业单位、国家机关、社会团体提留的福利费或者工会经费中支付给个人的生活补助费。救济金是指各级人民政府民政部门支付给个人的生活困难补助费。

（5）保险赔款。

（6）军人的转业费、复员费、退役金（一次性退役金以及地方政府发放的一次性经济补助）。

（7）按照国家统一规定发给干部、职工的安家费、退职费、退休工资、离休工资、离休生活补助费。

（8）依照有关法律规定应予免税的各国驻华使馆、领事馆的外交代表、领事官员和其他人员的所得。

（9）中国政府参加的国际公约、签订的协议中规定免税的所得。

（10）对乡、镇（含乡、镇）以上人民政府或经县（含县）以上人民政府主管部门批准成立的有机构、有章程的见义勇为基金或者类似性质组织，奖励见义勇为者的奖金或奖品，经主管税务机关核准，免征个人所得税。

（11）企业和个人按照省级以上人民政府规定的比例缴付的住房公积金、医疗保险金、基本养老保险金、失业保险金，允许在个人应纳税所得额中扣除，免予征收个人所得税。超过规定的比例缴付的部分并入个人当期的工资、薪金收入，计征个人所得税。

其中，个人领取原提存的住房公积金、医疗保险金、基本养老保险金时，免予征收个人所得税。对按照国家或省级地方政府规定的比例缴付的住房公积金、医疗保险金、基本养老保险金和失业保险金存入银行个人账户所取得的利息收入，免征个人所得税。

（12）自 2008 年 10 月 9 日起，对居民储蓄存款利息，暂免征收个人所得税。

（13）生育妇女按照县级以上人民政府根据国家有关规定制定的生育保险办法，取得的生育津贴、生育医疗费或其他属于生育保险性质的津贴、补贴，免征个人所得税。

（14）对工伤职工及其近亲属按照《工伤保险条例》规定取得的工伤保险待遇，免征个人所得税。

（15）个体工商户或个人，以及个人独资企业和合伙企业从事种植业、养殖业、饲养业和捕捞业（以下简称"四业"），取得的"四业"所得暂不征收个人所得税。

（16）个人举报、协查各种违法、犯罪行为而获得的奖金。

（17）个人办理代扣代缴税款手续，按规定取得的扣缴手续费。

（18）个人转让自用达 5 年以上并且是唯一的家庭居住用房取得的所得。

（19）达到离休、退休年龄，但确因工作需要，适当延长离休、退休年龄的高级专家，其在延长离休、退休期间的工资、薪金所得，视同退休工资、离休工资免征个人所得税。

其中，高级专家延长离休、退休期间取得的工资薪金所得，其免征个人所得税政策口径按下列标准执行。

①对高级专家从其劳动人事关系所在单位取得的,单位按国家有关规定向职工统一发放的工资、薪金、奖金、津贴、补贴等收入,视同离休、退休工资,免征个人所得税。

②除上述第①项所述收入以外各种名目的津补贴收入等,以及高级专家从其劳动人事关系所在单位之外的其他地方取得的培训费、讲课费、顾问费、稿酬等各种收入,依法计征个人所得税。

(20)凡符合下列条件之一的外籍专家取得的工资、薪金所得可免征个人所得税。

①根据世界银行专项贷款协议由世界银行直接派往我国工作的外国专家。

②联合国组织直接派往我国工作的专家。

③为联合国援助项目来华工作的专家。

④援助国派往我国专为该国无偿援助项目工作的专家,除工资、薪金外,其取得的生活津贴也免税。

⑤根据两国政府签订文化交流项目来华工作两年以内的文教专家,其工资、薪金所得由该国负担的。此外,外国来华文教专家,在我国服务期间,由我方发工资、薪金,并对其住房、使用汽车、医疗实行免费"三包",可只就工资、薪金所得按照税法规定征收个人所得税;对我方免费提供的住房、使用汽车、医疗,可免予计算纳税。

⑥根据我国大专院校国际交流项目来华工作两年以内的文教专家,其工资、薪金所得由该国负担的。

⑦通过民间科研协定来华工作的专家,其工资、薪金所得由该国政府机构负担的。

(21)外籍个人从外商投资企业取得的股息、红利所得。

(22)股权分置改革中非流通股股东通过对价方式向流通股股东支付的股份、现金等收入,暂免征收流通股股东应缴纳的个人所得税。

(23)对被拆迁人按照国家有关城镇房屋拆迁管理办法规定的标准取得的拆迁补偿款,免征个人所得税。

(24)对个人投资者从投保基金公司取得的行政和解金,暂免征收个人所得税。

(25)对个人转让上市公司股票取得的所得暂免征收个人所得税。

自2008年10月9日起,对证券市场个人投资者取得的证券交易结算资金利息所得,暂免征收个人所得税,即证券市场个人投资者的证券交易结算资金在2008年10月9日后(含10月9日)孳生的利息所得,暂免征收个人所得税。

(26)个人从公开发行和转让市场取得的上市公司股票,持股期限超过1年的,股息红利所得暂免征收个人所得税。个人从公开发行和转让市场取得的上市公司股票,持股期限在1个月以内(含1个月)的,其股息红利所得全额计入应纳税所得额;持股期限在1个月以上至1年(含1年)的,暂减按50%计入应纳税所得额;

上述所得统一适用20%的税率。自2015年9月8日起施行。

2. 减税项目

(1)个人投资者持有2019—2023年发行的铁路债券取得的利息收入,减按50%计入应纳税所得额计算征收个人所得税。

铁路债券是指以中国铁路总公司为发行和偿还主体的债券,包括中国铁路建设债券、中期票据、短期融资券等债务融资工具。

（2）自 2019 年 1 月 1 日起至 2023 年 12 月 31 日，一个纳税年度内在船航行时间累计满 183 天的远洋船员，其取得的工资薪金收入减按 50%计入应纳税所得额，依法缴纳个人所得税。

远洋船员是指在海事管理部门依法登记注册的国际航行船舶船员和在渔业管理部门依法登记注册的远洋渔业船员。在船航行时间是指远洋船员在国际航行或作业船舶和远洋渔业船舶上的工作天数。

一个纳税年度内的在船航行时间为一个纳税年度内在船航行时间的累计天数。

远洋船员可选择在当年预扣预缴税款或者次年个人所得税汇算清缴时享受上述减征优惠政策。

（3）有下列情形之一的，可以减征个人所得税，具体幅度和期限，由省、自治区、直辖市人民政府规定，并报同级人民代表大会常务委员会备案。

①残疾、孤老人员和烈属的所得。

②因严重自然灾害造成重大损失的。

③国务院可以规定其他减税情形，报全国人民代表大会常务委员会备案。

知识点检验 13-4

二、企业所得税

（一）纳税人

根据登记注册地和实际管理机构所在地不同，企业所得税的纳税人可以分为居民企业和非居民企业。

（1）居民企业应当就其来源于中国境内、境外的所得缴纳企业所得税。

（2）非居民企业分两种情况。

①在中国境内设立机构、场所的，应当就其所设机构、场所取得的来源于中国境内的所得，以及发生在中国境外但与其所设机构、场所有实际联系的所得，缴纳企业所得税。

②在中国境内未设立机构、场所的，或者虽设立机构、场所但取得的所得与其所设机构、场所没有实际联系的，应当就其来源于中国境内的所得缴纳企业所得税。

所谓实际联系，是指非居民企业在中国境内设立的机构、场所拥有的据以取得所得的股权、债权，以及拥有、管理、控制据以取得所得的财产。

知识点检验 13-5

所得来源地的确定见表 13-6。

表 13-6　所得来源地的确定

	销售货物	交易活动发生地
提供劳务		劳务发生地
转让财产所得	不动产转让	不动产所在地
	动产转让	转让动产的企业或者机构、场所所在地
	权益性投资资产转让	被投资企业所在地

续表

销售货物	交易活动发生地
股息、红利等权益性投资	分配所得的企业所在地
利息、租金和特许权使用费所得	负担支付所得的企业或者机构、场所所在地或个人住所地

（二）征税对象

企业所得税的征税对象是企业的各项所得，包括销售货物所得、提供劳务所得、转让财产所得、股息红利等权益性投资所得、利息所得、租金所得、特许权使用费所得、接受捐赠所得和其他所得。

（三）税基

企业所得税的税基是企业的年度应纳税所得额。企业每一年度的应纳税所得额是用企业每一纳税年度的收入总额减去不征税收入、免税收入、各项扣除以及允许弥补的以前年度亏损之后的余额。其计算公式如下。

应纳税所得额 = 收入总额 − 不征税收入 − 免税收入 − 各项扣除 −
　　　　　　　允许弥补的以前年度亏损

1. 收入总额的确定

企业以货币形式和非货币形式从各种来源取得的收入，为收入总额。包括：销售货物收入；提供劳务收入；转让财产收入；股息、红利等权益性投资收益；利息收入；租金收入；特许权使用费收入；接受捐赠收入；其他收入。

其中，企业取得收入的货币形式，包括现金、存款、应收账款、应收票据、准备持有至到期的债券投资以及债务的豁免等；企业取得收入的非货币形式，包括固定资产、生物资产、无形资产、股权投资、存货、不准备持有至到期的债券投资、劳务以及有关权益等。企业以非货币形式取得的收入，应当按照公允价值来确定收入额。公允价值，是指按照市场价格确定的价值。

2. 不征税收入

不征税收入见表13-7。

表13-7　不征税收入

财政拨款	各级人民政府对纳入预算管理的事业单位、社会团体等组织拨付的财政资金
依法收取并纳入财政管理的行政事业性收费、政府性基金	1. 支出规定：企业按照规定缴纳的符合审批权限的政府性基金和行政事业性收费，准予在计算应纳税所得额时扣除。 2. 收入规定：收缴两条线！企业收取的各种基金、收费，应计入企业当年收入总额。对企业依照法律、法规及国务院有关规定收取并上缴财政的政府性基金和行政事业性收费，准予作为不征税收入，于上缴财政的当年在计算应纳税所得额时从收入总额中减除；未上缴财政的部分，不得从收入总额中减除。
国务院规定的其他不征税收入	1. 企业取得的各类财政性资金，除属于国家投资和资金使用后要求归还本金的以外，均应计入企业当年收入总额。对企业取得的由国务院财政、税务主管部门规定专项用途并经国务院批准的财政性资金，准予作为不征税收入，在计算应纳税所得额时从收入总额中减除。 2. 财政性资金：企业取得的来源于政府及其有关部门的财政补助、补贴、贷款贴息，以及其他各类财政专项资金，包括直接减免的增值税和即征即退、先征后退、先征后返的各种税收，但不包括企业按规定取得的出口退税款。

| 财政拨款 | 各级人民政府对纳入预算管理的事业单位、社会团体等组织拨付的财政资金 |

专项用途财政性资金企业所得税处理

（1）企业从县级以上各级人民政府财政部门及其他部门取得的应计入收入总额的财政性资金，凡同时符合以下条件的作为不征税收入，在计算应纳税所得额时从收入总额中减除：

①企业能够提供规定资金专项用途的资金拨付文件；

②财政部门或其他拨付资金的政府部门对该资金有专门的资金管理办法或具体管理要求；

③企业对该资金以及以该资金发生的支出单独进行核算。

【提示】 三有原则：有文件、有办法、有核算！

（2）不征税收入用于支出所形成的费用，不得在计算应纳税所得额时扣除；用于支出所形成的资产，其计算的折旧、摊销不得在计算应纳税所得额时扣除

（3）企业将符合条件的财政性资金做不征税收入处理后，在5年（60个月）内未发生支出且未缴回财政部门或其他拨付资金的政府部门的部分，应计入取得该资金第6年的应税收入总额；计入应税收入总额的财政性资金发生的支出，允许在计算应纳税所得额时扣除

3. 免税收入

企业的免税收入包括：①国债利息收入；②符合条件的居民企业之间的股息、红利等权益性投资收益；这是指居民企业直接投资于其他居民企业取得的投资收益，但不包括连续持有居民企业公开发行并上市流通的股票不足12个月取得的投资收益；③在中国境内设立机构、场所的非居民企业从居民企业取得与该机构、场所有实际联系的股息、红利等权益性投资收益；在此需要注意一点，免税的权益性投资收益不包括连续持有居民企业公开发行并上市流通的股票短于12个月取得的投资收益。④符合条件的非营利组织的收入。

4. 扣除项目的确定

企业在计算应纳税所得额时，允许扣除的项目及标准如下。

1）工资薪金支出

企业发生的合理的工资薪金支出，准予扣除。这里的工资薪金，是指企业每一纳税年度支付给在本企业任职或者受雇的员工的所有现金形式或者非现金形式的劳动报酬，包括基本工资、奖金、津贴、补贴、年终加薪、加班工资，以及与员工任职或者受雇有关的其他支出。

2）三项经费支出

所谓三项经费指的是职工福利费、职工教育经费和工会经费。扣除标准如下：企业发生的职工福利费支出，不超过工资薪金总额14%的部分，准予扣除；企业拨缴的工会经费，不超过工资薪金总额2%的部分，准予扣除；企业发生的职工教育经费支出，不超过工资薪金总额8%的部分，准予扣除；超过部分，准予在以后纳税年度结转扣除。三项经费支出主要的细化制度有三方面：一是职工教育

知识点检验13-6

经费支出的特殊规定，超过部分准予结转以后纳税年度扣除。软件产业和集成电路产业企业职工教育经费中的职工培训费可以全额税前扣除。二是核力发电企业为培养核电厂操纵员发生的培养费用，可作为企业的发电成本在税前扣除。企业应将核电厂操纵员培养费与员工的职工教育经费严格区分，单独核算，员工实际发生的职工教育经费支出不

得计入核电厂操纵员培养费直接扣除。三是航空企业实际发生的飞行员养成费、飞行训练费、乘务训练费、空中保卫员训练费等空勤训练费用,可以作为航空企业运输成本在税前扣除。

3)保险费

保险费扣除项目见表13-8。

表13-8 保险费扣除项目

人险	社会保险	依据规定范围和标准为职工缴纳的"五险一金"准予扣除
		为投资者或职工支付的补充养老和补充医疗保险费在规定的范围和标准内准予扣除
	商业保险	为特殊工种职工支付的人身安全保险费和符合规定商业保险费准予扣除
		为投资者或者职工支付的商业保险费,不得扣除
财险		按照规定缴纳的保险费,准予扣除

保险费需要注意的事项主要有两点:一是企业职工因公出差乘坐交通工具发生的人身意外保险费支出,准予企业在计算应纳税所得额时扣除。除企业依照国家有关规定为特殊工种职工支付的人身安全保险费和国务院财政、税务主管部门规定可以扣除的其他商业保险费外,企业为投资者或职工支付的商业保险费,不得扣除。二是企业参加雇主责任险、公众责任险等责任保险,按规定缴纳的保险费,准予在企业所得税税前扣除。该项规定适用于2018年度及以后年度企业所得税汇算清缴。

4)借款费用

企业在生产经营活动中发生的合理的不需要资本化的借款费用,准予扣除。企业为购置、建造固定资产、无形资产和经过12个月以上的建造才能达到预定可销售状态的存货发生借款的,在有关资产购置、建造期间发生的合理的借款费用,应当作为资本性支出计入有关资产的成本,并按规定扣除。

企业在生产经营活动中发生的下列利息支出,准予扣除:①非金融企业向金融企业借款的利息支出、金融企业的各项存款利息支出和同业拆借利息支出、企业经批准发行债券的利息支出;②非金融企业向非金融企业借款的利息支出,不超过按照金融企业同期同类贷款利率计算的数额的部分。

5)业务招待费

企业发生的与生产经营活动有关的业务招待费支出,按照发生额的60%扣除,但最高不得超过当年销售(营业)收入的5‰。

销售(营业)收入的具体计算方法为主营业务收入加上其他业务收入再加上视同销售收入。

假如某企业2020年实现的主营业务收入为2 000万元,其他业务收入为300万元,视同销售收入100万元,当年的业务招待费实际发生额为25万元,那么允许扣除的业务招待费的计算方法为:首先比较实际发生额的60%与销售收入的5‰孰低。25×60%=15(万元);(2 000+300+100)×5‰=12(万元)。因此允许扣除的限额为12(万元),其余的13万元不允许扣除。

6)广告费和业务宣传费

企业发生的符合条件的广告费和业务宣传费支出,除国务院财政、税务主管部门另有规定外,不超过当年销售(营业)收入15%的部分,准予扣除;超过部分,准予在以后纳税年度结转扣除。

广告费和业务宣传费需要注意的细化制度:一是二者计税基数是一样的,"三作二不作"。其中,"三作"是指主营业务收入、其他业务收入和视同销售收入。"二不作"是指营业外收入和投资收益。二是广宣费超过部分,准予在以后纳税年度结转扣除(业务招待费不可)。三是企业在筹建期间,发生的与筹办活动有关的业务招待费支出,可按实际发生额的60%计入企业筹办费,并按有关规定在税前扣除。企业在筹建期间,发生的广告费和业务宣传费,可按实际发生额计入企业筹办费,并按有关规定在税前扣除。四是烟草企业的烟草广告费和业务宣传费支出,一律不得在计算应纳税所得额时扣除。

7)手续费及佣金支出

企业发生与生产经营有关的手续费及佣金支出,不超过规定计算限额以内的部分,准予扣除;超过部分,不得扣除。

保险企业发生与其经营活动有关的手续费及佣金支出,不超过当年全部保费收入扣除退保金等后余额的18%(含本数)的部分,在计算应纳税所得额时准予扣除;超过部分,允许结转以后年度扣除。

财产保险企业按当年全部保费收入扣除退保金等后余额的15%(含本数,下同)计算限额,在计算应纳税所得额时准予扣除;超过部分,允许结转以后年度扣除;人身保险企业按当年全部保费收入扣除退保金等后余额的10%计算限额。

其他企业:按与具有合法经营资格中介服务机构或个人(不含交易双方及其雇员、代理人和代表人等)所签订服务协议或合同确认的收入金额的5%计算限额。

8)公益性捐赠支出

企业发生的公益性捐赠支出,在年度利润总额12%以内的部分,准予在计算应纳税所得额时扣除。超过年度利润总额12%的部分,准予结转以后3年内在计算应纳税所得额时扣除。

其中,公益性捐赠,是指企业通过公益性社会组织或者县级以上人民政府及其部门,用于符合法律规定的慈善活动、公益事业的捐赠。

9)其他扣除项目

其他扣除项目为表13-9。

表13-9 其他扣除项目

汇兑损失	除已计入有关资产成本以及向所有者进行利润分配外,准予扣除
环境保护专项资金	企业依照法律、行政法规有关规定提取的用于环境保护、生态恢复等方面的专项资金,准予扣除。上述专项资金提取后改变用途的,不得扣除。
租赁费	1. 经营租赁方式租入固定资产发生的租赁费支出,按照租赁期限均匀扣除。 2. 融资租赁方式租入固定资产发生的租赁费支出,按照规定构成融资租入固定资产价值的部分应当提取折旧费的,分期扣除。
劳动保护费	1. 企业发生的合理的劳动保护支出准予扣除。 2. 企业根据其工作性质和特点,由企业统一制作并要求员工工作时统一着装所发生的工作服饰费用,可以作为企业合理的支出给予税前扣除。

续表

汇兑损失	除已计入有关资产成本以及向所有者进行利润分配外,准予扣除
棚户区改造	企业参与政府统一组织的工矿(含中央下放煤矿)棚户区改造、林区棚户区改造、垦区危房改造并同时符合一定条件的棚户区改造支出,准予在企业所得税前扣除。
有关资产的费用	企业转让各类固定资产发生的费用,允许扣除。企业按规定计算的固定资产折旧费、无形资产和递延资产的摊销费,准予扣除。
其他项目	如会员费、合理的会议费、差旅费、违约金、诉讼费用等。

企业在计算应纳税所得额时,不允许扣除的项目有:①向投资者支付的股息、红利等权益性投资收益款项;②企业所得税税款;③税收滞纳金;④罚金、罚款和被没收财物的损失;⑤公益性捐赠以外的捐赠支出;⑥赞助支出;⑦未经核定的准备金支出;⑧与取得收入无关的其他支出。

知识点检验 13-7

5. 亏损弥补

企业纳税年度发生的亏损,准予向以后年度结转,用以后年度的所得弥补,但结转年限最长不得超过 5 年。

(四)税率

企业所得税税率见表 13-10。

表 13-10 企业所得税税率

税率	适用范围
25%	居民企业
	在中国境内设有机构、场所且所得与机构、场所有关联的非居民企业
20%(实际10%)	中国境内未设立机构、场所的,有来自中国境内的所得
	虽设立机构、场所但取得的所得与其所设构、场所没有实际联系的非居民企业
20%	小型微利企业(税收优惠)
15%	高新技术企业、自 2017 年 1 月 1 日起经认定的技术先进型服务企业、2019 年 1 月 1 日起至 2021 年 12 月 31 日符合条件的从事污染防治的第三方企业(税收优惠)

同时,下列所得可以免征企业所得税:①外国政府向中国政府提供贷款取得的利息所得;②国际金融组织向中国政府和居民企业提供优惠贷款取得的利息所得;③经国务院批准的其他所得。

即练即测题

自学自测 扫描此码

第三节 流转税

本节知识点导图

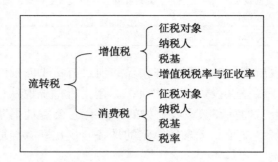

一、增值税

（一）征税对象

《中华人民共和国增值税暂行条例》规定：在中华人民共和国境内销售货物或者提供加工、修理、修配劳务以及进口货物的单位和个人，为增值税的纳税人，应当依照本条例缴纳增值税。

1. 销售或者进口的货物

销售或者进口的货物注意三方面细化制度：一是销售货物是有偿转让货物的所有权；二是货物是指有形动产，包括电力、热力、气体在内；三是进口货物，是指申报进入中国海关境内的货物，除享受免税政策外，在进口环节缴纳增值税。

2. 销售劳务

销售劳务需要注意的三方面细化制度：一是销售劳务，是指有偿提供加工、修理修配劳务。单位或者个体工商户聘用的员工为本单位或者雇主提供劳务，不包括在内。二是加工劳务是指受托加工货物，即委托方提供原料及主要材料，受托方按照委托方的要求制造货物并收取加工费的业务。尤其注意，加工劳务严格限制在委托方提供原料及主要材料，否则属于销售自产货物。三是修理修配劳务是指受托对损伤和丧失功能的货物进行修复，使其恢复原状和功能的业务。需要特殊注意的是修理修配劳务的对象是货物。

3. 销售服务

销售服务包括交通运输服务、邮政服务、电信服务、建筑服务、金融服务、现代服务、生活服务。

4. 销售无形资产

销售无形资产指转让无形资产所有权或者使用权的业务活动。销售无形资产需要注意三方面细化制度：一是无形资产，是指不具实物形态，但能带来经济利益的资产，包括技术（包括专利技术和非专利技术）、商标、著作权、自然资源使用权和其他权益性无形资产。二是自然资源使用权，包括土地使用权、海域使用权、探矿权、采矿权、取水权和其他自然资源使用权。三是其他权益性无形资产，包括基础设施资产经营权、公共事业特许权、配额、经营权（包括特许经营权、连锁经营权、其他经营权）、经销权、分销权、代理权、会员权、席位权、网络游戏虚拟道具、域名、名称权、肖像权、冠名权、转会费等。

5. 销售不动产

销售不动产需要深化理解两方面细化制度：一是不动产，是指不能移动或者移动后会引起性质、形状改变的财产，包括建筑物、构筑物等。建筑物包括住宅、商业营业用房、办公楼等可供居住、工作或者进行其他活动的建造物。构筑物包括道路、桥梁、隧道、水坝等建造物。二是转让建筑物有限产权或者永久使用权的，转让在建的建筑物或者构筑物所有权的，以及在转让建筑物或者构筑物时一并转让其所占地使用权的按照销售不动产缴纳增值税。

知识点检验 13-8

（二）纳税人

增值税的纳税人为在中华人民共和国境内销售货物或者提供加工、修理、修配劳务以及进口货物的单位和个人。所称单位是指企业、行政单位、事业单位、军事单位、社会团体及其他单位。所称个人是指个体工商户和其他个人。

为了降低税收成本，方便对纳税人的管理，增值税的纳税人可以分为一般纳税人和小规模纳税人。对一般纳税人实行规范的计税方法，对小规模纳税人采取简易计税办法。

小规模纳税人是指年销售额在规定标准以下，并且会计核算不健全，不能按规定报送有关税务资料的增值税纳税人。

其中，年应税销售额未超过规定标准的纳税人，会计核算健全，能够提供准确税务资料的，可以向主管税务机关办理一般纳税人登记。

会计核算健全，是指能够按照国家统一的会计制度规定设置账簿，根据合法、有效凭证进行核算。

小规模纳税人的具体认定标准为年应征增值税销售额 500 万元及以下。其中，年应税销售额，是指纳税人在连续不超过 12 个月或四个季度的经营期内累计应征增值税销售额，包括纳税申报销售额、稽查查补销售额、纳税评估调整销售额。销售服务、无形资产或者不动产（以下简称应税行为）有扣除项目的纳税人，其应税行为年应税销售额按未扣除之前的销售额计算。纳税人偶然发生的销售无形资产、转让不动产的销售额，不计入应税行为年应税销售额。

知识点检验 13-9

（三）税基

1. 规范计税方法的税基

理论上，增值税的税基为增值额。企业用每一纳税期间的增值额乘以税率所得的结果为应纳税额。但是实践中，增值额的计算太复杂太困难，因此，我国增值税的计算方法采用了扣税法。其计算公式如下。

$$增值税应纳税额 = 销项税额 - 进项税额$$

1）销项税额

销项税额是指一般纳税人销售货物或提供应税劳务，按照销售额和规定的税率计算并向购买方收取的增值税税额。销项税额的计算公式为

$$销项税额 = 销售额 \times 税率$$

税率是固定的，要确定销项税额最主要的是要确定销售额。销售额为纳税人销售货物或者提供应税劳务向购买方收取的全部价款和价外费用，但是不包括收取的销项税额。价外费用，包括价外向购买方收取的手续费、补贴、基金、集资费、返还利润、奖励费、违约金、滞纳金、延期付款利息、赔偿金、代收款项、代垫款项、包装费、包装物租金、储备费、优质费、运输装卸费以及其他各种性质的价外收费。但下列项目不包括在内。

（1）受托加工应征消费税的消费品所代收代缴的消费税；

（2）同时符合以下条件的代垫运输费用：承运部门的运输费用发票开具给购买方的；纳税人将该项发票转交给购买方的。

（3）同时符合以下条件代为收取的政府性基金或者行政事业性收费：由国务院或者财政部批准设立的政府性基金，由国务院或者省级人民政府及其财政、价格主管部门批准设立的行政事业性收费；收取时开具省级以上财政部门印制的财政票据；所收款项全额上缴财政。

（4）销售货物的同时代办保险等而向购买方收取的保险费，以及向购买方收取的代购买方缴纳的车辆购置税、车辆牌照费。

上述公式中的销售额是指不含增值税的销售额。实践中，有一些发票上的销售额是含税的，需要先换算成不含税的销售额。其计算公式如下。

$$不含税销售额 = 含税销售额 \div (1 + 税率)$$

销售额以人民币计算。纳税人以人民币以外的货币结算销售额的，应当折合成人民币计算。折合的汇率，可以选择当月一日或者销售额发生当天的人民币汇率中间价。纳税人应当在事先确定采用何种折合率，确定后一年内不得改变。

纳税人销售货物或者应税劳务的价格明显偏低并无正当理由的，由主管税务机关核定其销售额。核定的顺序为：①按纳税人最近时期同类货物的平均销售价格确定；②按其他纳税人最近时期同类货物的平均销售价格确定；③按组成计税价格确定。组成计税价格的公式为

$$组成计税价格 = 成本 \times (1 + 成本利润率)$$

其中的成本利润率统一规定为10%。

2）进项税额

纳税人购进货物或者接受应税劳务支付或者负担的增值税税额，为进项税额。

准予从销项税额中抵扣的进项税额包括下列两大类。

一类是凭票抵扣。这里的票包括两种票：①从销售方取得的增值税专用发票上注明的增值税额；②从海关取得的海关进口增值税专用缴款书上注明的增值税税额。

另一类是计算抵扣，也有两种情况，购进农产品和支付运费。

①购进农产品，除取得增值税专用发票或者海关进口增值税专用缴款书外，按照农

产品收购发票或者销售发票上注明的农产品买价和13%的扣除率计算进项税额。进项税额计算公式为

$$进项税额 = 买价 \times 扣除率$$

②购进或者销售货物以及在生产经营过程中支付运输费用的，按照运输费用结算单据上注明的运输费用金额和7%的扣除率计算进项税额。进项税额计算公式如下：

$$进项税额 = 运输费用金额 \times 扣除率$$

2. 简易计税办法的税基

小规模纳税人实行简易计税方法，其税基为不含税的销售额。其计算公式如下。

$$应纳税额 = 不含税销售额 \times 征收率$$

$$不含税销售额 = 含税销售额 \div (1 + 征收率)$$

（四）增值税税率与征收率

1. 增值税税率

（1）标准税率13%。纳税人销售货物、劳务、有形动产租赁服务或者进口货物（除列举的外），税率为13%。

（2）9%低税率。

纳税人销售交通运输、邮政、基础电信、建筑、不动产租赁服务，销售不动产，转让土地使用权，销售或者进口下列货物，税率为9%。

①粮食等农产品、食用植物油、食盐、鲜奶（含巴氏杀菌乳和灭菌乳，不含调制乳）、干姜、姜黄；花椒油、橄榄油、核桃油、杏仁油、葡萄籽油和牡丹籽油（环氧大豆油、氢化植物油税率为13%）；饲料（包括宠物饲料）、化肥、农药、农机（整机）、农膜。对于这部分规定需要掌握四方面细化制度：一是不含农机零件。税率为9%的农机包括密集型烤房设备、频振式杀虫灯、自动虫情测报灯、黏虫板、卷帘机、农用挖掘机、养鸡设备系列、养猪设备系列产品等。二是动物骨粒，其适用的增值税税率为9%。三是销售自产人工合成牛胚胎免征增值税。四是肉桂油、桉油、香茅油、淀粉、麦芽、复合胶、人发，均适用13%的增值税税率。

②自来水、暖气、冷气、热水、煤气、石油液化气、天然气、二甲醚、沼气、居民用煤炭制品。其中，需要注意的是，这部分不含电力。

③图书、报纸、杂志、音像制品、电子出版物。其中，图书包含国内印刷企业承印的经新闻出版主管部门批准印刷且采用国际标准书号编序的境外图书。

自2019年4月1日起，增值税一般纳税人发生增值税应税销售行为或者进口货物，原适用16%税率的，税率调整为13%；原适用10%税率的，税率调整为9%。

（3）6%低税率。

①除13%、9%和零税率以外的适用。

②纳税人通过省级土地行政主管部门设立的交易平台转让补充耕地指标，按照销售无形资产缴纳增值税，税率为6%。

③"营改增"税率总结。

"营改增"税率总结见表13-11。

表 13-11 "营改增"税率总结

销售服务	1. 有形动产租赁服务 13%，不动产租赁服务 9%（租赁看物）； 2. 电信：基础电信 9%，增值服务 6%（基电 9 增值 6）； 3. 交通运输、邮政、建筑 9%（邮建交 9）； 4. 除特殊记忆的现代服务和生活服务 6%
销售无形资产	转让土地使用权 9%，以外的 6%。 注：通过省级土地行政主管部门设立的交易平台转让补充耕地指标税率为 6%。
销售不动产	9%

（4）出口零税率。纳税人出口货物，税率为零；但是，国务院另有规定的除外。

（5）服务、无形资产等零税率。境内单位和个人跨境销售国务院规定范围内的服务、无形资产，税率为零。根据相关规定，服务、无形资产的零税率政策暂不赘述。

2. 增值税征收率

增值税征收率适用于两种情况，一是小规模纳税人；二是一般纳税人发生应税销售行为按规定可以选择简易计税方法计税的。

1）征收率一般规定（5%或3%）

除适用 5%征收率以外的，纳税人选择简易计税方法销售货物、提供应税劳务、发生应税行为均为 3%。

下列情况适用 5%征收率：①小规模纳税人的不动产租售（特殊外）；②一般纳税人老项目的不动产租售；③劳务派遣服务选择差额纳税时；④人力资源外包服务简易计税。具体见下面的 12 条。

一是小规模纳税人销售自建或者取得的不动产。

二是小规模纳税人出租（经营租赁）其取得的不动产（不含个人出租住房）。

三是房地产开发企业中的小规模纳税人，销售自行开发的房地产项目。

四其他个人销售其取得（不含自建）的不动产（不含其购买的住房）。

五是其他个人出租（经营租赁）其取得的不动产（不含住房）。

【提示】 个人出租住房，应按照 5%的征收率减按 1.5%计算应纳税额。

六是一般纳税人选择简易计税方法计税的不动产销售。

七是一般纳税人选择简易计税方法计税的不动产经营租赁。

八是一般纳税人 2016 年 4 月 30 日前签订的不动产融资租赁合同，或以 2016 年 4 月 30 日前取得的不动产提供的融资租赁服务，选择适用简易计税方法的。

九是一般纳税人收取试点前开工的一级公路、二级公路、桥、闸通行费，选择适用简易计税方法的。需要注意的是，高速公路通行费选择适用简易计税方法的减按 3%。

十是纳税人转让 2016 年 4 月 30 日前取得的土地使用权，选择适用简易计税方法的。

十一是一般纳税人和小规模纳税人提供劳务派遣服务选择差额纳税的。

十二是一般纳税人提供人力资源外包服务，选择适用简易计税方法的。

2）征收率特殊政策

减按 2%的情形总结如下。

一是销售自己使用过的物品相关政策总结。

销售自己使用过的物品相关政策总结见表 13-12。

表 13-12　销售自己使用过的物品相关政策总结

一般纳税人	使用过的固定资产	不得抵扣且未抵扣进项税额的固定资产	简易办法依 3%征收率减按 2%征收（含 2008 年 12 月 31 日前购入的）
		上述以外的其他固定资产	适用税率征收
	销售自己使用过的除固定资产以外的物品：按适用税率征税		
小规模纳税人	固定资产	减按 2%征收率征税	
	固定资产以外的物品	按 3%的征收率征税	

二是纳税人销售旧货：简易办法依照 3%征收率减按 2%征收增值税。

其中，旧货是指进入二次流通的具有部分使用价值的货物（含旧汽车、旧摩托车和旧游艇），但不包括自己使用过的物品。确定销售额和应纳税额：

知识点检验 13-10

$$销售额 = 含税销售额 ÷ （1 + 3\%）$$

$$应纳税额 = 销售额 × 2\%$$

二、消费税

（一）征税对象

我国现行消费税属于调节性有限型消费税。《中华人民共和国消费税暂行条例》以列举式的方法规定了 15 种应征收消费税的货物。这 15 种货物大部分属于奢侈品和不利于环保的物品。

（1）烟。烟包括卷烟、雪茄烟和烟丝。其中卷烟又可以分为甲类卷烟和乙类卷烟。甲类卷烟是指每标准条（200 支）调拨价格在 70 元（不含增值税）以上的卷烟、进口卷烟和政府规定的其他卷烟；乙类卷烟是指每标准条调拨价格不足 70 元的卷烟。

（2）酒。酒可以分为白酒、黄酒、啤酒和其他酒。其中啤酒也可以分为甲类啤酒和乙类啤酒。甲类啤酒是每吨出厂价格在 3 000 元以上的啤酒和娱乐业、饮食业自制的啤酒；乙类啤酒是每吨出厂价格不足 3 000 元的啤酒。

（3）高档化妆品。不含税在 10 元/毫升（克）或 15 元/片（张）以上，包括高档美容、修饰类化妆品、高档护肤类化妆品和成套化妆品，其中美容、修饰类化妆品是指香水、香水精、香粉、口红、指甲油、胭脂、眉笔、唇笔、蓝眼油、眼睫毛以及成套化妆品；不包括舞台、戏剧、影视演员化妆用的上妆油、卸妆油、油彩。

（4）贵重首饰及珠宝玉石。贵重首饰包括各种金银珠宝首饰。珠宝玉石是指经采掘、打磨、加工的各种珠宝玉石。

（5）鞭炮、焰火。鞭炮是指用多层纸密裹火药，接以药引线，制成的一种爆炸品。焰火是指烟火剂，一般系包扎品。

（6）成品油。成品油包括汽油、柴油、石脑油、溶剂油、航空煤油、润滑油、燃料油。

（7）摩托车。摩托车包括轻便摩托车和摩托车。

（8）小汽车。小汽车包括乘用车、中轻型商用车。电动小汽车不属于消费税的征税范围。

（9）高尔夫球及球具。高尔夫球及球具是指从事高尔夫运动所需要的各种专用装备，包括高尔夫球、高尔夫球杆及高尔夫球包等。

（10）高档手表。高档手表是指每只不含增值税的销售价在10 000元以上的各类手表。

（11）游艇。游艇是指主要用于水上运动和娱乐的机动艇。

（12）木制一次性筷子。木制一次性筷子指以木材为原料，经锯断、浸泡、旋切、刨切、烘干、筛选、包装等环节加工而成的一次性使用的筷子。

（13）实木地板。实木地板包括各种规格的实木地板、实木指接地板、实木复合地板以及用于装饰墙壁、天棚的侧端面为榫、槽的实木装饰板、未经涂饰的素板。

（14）电池。包括原电池、蓄电池、燃料电池、太阳能电池和其他电池。

知识点检验13-11

（15）涂料。施工状态下挥发性有机物含量低于420克/升（含）的涂料免征消费税。

（二）纳税人

在中华人民共和国境内生产、委托加工和进口上述15类应税消费品的单位和个人，以及国务院确定的销售15类应税消费品的其他单位和个人，为消费税的纳税人。所称单位，是指企业、行政单位、事业单位、军事单位、社会团体及其他单位。所称个人，是指个体工商户及其他个人。在中华人民共和国境内，是指生产、委托加工和进口属于应当缴纳消费税的消费品的起运地或者所在地在境内。

国务院确定的销售应税消费品的其他单位和个人是指在我国境内从事卷烟批发业务的单位和个人；从事金银首饰、钻石及钻石饰品零售的单位和个人。

（三）税基

消费税的计税方法有从价定率、从量定额以及复合计税三种方法。啤酒、黄酒以及成品油采用从量定额的计税方法，卷烟和白酒采用复合计税的方法，其他应税消费品采用从价定率的计税方法。这三种方法的税基是不同的。

1. 从价定率计税方法下的税基

根据应税消费品的不同经济属性，从价定率计税方法的税基分为以下几类。

（1）生产并对外销售应税消费品的，税基为销售额。纳税人生产的应税消费品，有两种用途：自产自用和对外销售。自产自用的应税消费品，除了用于连续生产应税消费品的，应于移送使用时纳税。对外销售的应税消费品应于纳税人销售时纳税。

生产并对外销售应税消费品的，税基为销售额。销售额为纳税人销售应税消费品向购买方收取的全部价款和价外费用，不包括应向购货方收取的增值税税款。如果纳税人应税消费品的销售额中未扣除增值税税款或者因不得开具增值税专用发票而发生价款和增值税税款合并收取的，在计算消费税时，应当换算为不含增值税税款的销售额。其

换算公式为

应税消费品的销售额 = 含增值税的销售额 ÷ （1 + 增值税税率或者征收率）

上述价外费用的范围与增值税价外费用的范围相同，在此不做赘述。

应税消费品连同包装物销售的，无论包装物是否单独计价以及在会计上如何核算，均应并入应税消费品的销售额中缴纳消费税。如果包装物不作价随同产品销售，而是收取押金，此项押金则不应并入应税消费品的销售额中征税。但对因逾期未收回的包装物不再退还的或者已收取的时间超过 12 个月的押金，应并入应税消费品的销售额，按照应税消费品的适用税率缴纳消费税。

对既作价随同应税消费品销售，又另外收取押金的包装物的押金，凡纳税人在规定的期限内没有退还的，均应并入应税消费品的销售额，按照应税消费品的适用税率缴纳消费税。

（2）自产自用且应当纳税的，税基为同类消费品的销售价格或组成计税价格。自产自用的消费品，用于连续生产应税消费品的，为了避免重复征税，于应税消费品生产完毕销售时一次性缴纳消费税即可。除了用于连续生产应税消费品的，自产自用的消费品用于其他方面的，比如赠送、集资、广告、样品、职工福利等都要缴纳消费税。

自产自用的消费品，没有销售额，因此缴纳消费税时只能按照纳税人当月同类消费品的加权平均销售价格计算消费税。但销售的应税消费品有下列情况之一的，不得列入加权平均计算：销售价格明显偏低并无正当理由的；无销售价格的。

没有同类消费品售价的，按照组成计税价格计算纳税。其计算公式如下：

组成计税价格 = （成本 + 利润） ÷ （1 − 比例税率）

（3）委托加工的应税消费品，税基为受托方同类消费品的销售价格或组成计税价格。委托加工的应税消费品，除受托方为个人外，由受托方在向委托方交货时代收代缴税款。消费税的税基为受托方当月同类消费品的加权平均价格。受托方没有同类货物售价的，按照组成计税价格计算。其计算公式如下：

组成计税价格 = （材料成本 + 加工费） ÷ （1 − 比例税率）

委托加工的应税消费品，委托方用于连续生产应税消费品的，所纳税款准予按规定抵扣。委托加工收回的应税消费品直接销售的，委托方不再缴纳消费税。

（4）进口的应税消费品，税基为组成计税价格。进口的应税消费品，其组成计税价格计算公式如下：

知识点检验 13-12

组成计税价格 = （关税完税价格 + 关税） ÷ （1 − 消费税比例税率）

（5）在批发、零售环节纳税的应税消费品，税基为不含增值税的销售额，原理同生产并对外销售的应税消费品的税基。

2. 从量定额计税方法下的税基

从量定额的方法计算消费税的，应纳税额与售价无关，只与需缴税的消费品的数量有关。具体来说：①销售应税消费品的，为应税消费品的销售数量；②自产自用应税消费品的，为应税消费品的移送使用数量；③委托加工应税消费品的，为纳税人收回的应税消费品数量；④进口应税消费品的，为海关核定的应税消费品进口征税数量。

3. 复合计税方法下的税基

复合计税方法既征收从量税又征收从价税，因此其税基是上述从价定率和从量定额计税方法税基的结合，在此不做赘述。

（四）税率

1. 烟

烟应缴消费税税率见表 13-13。

表 13-13　烟应缴消费税税率

税目			税率
卷烟	生产环节	甲类卷烟	56%加 0.003 元/支
		乙类卷烟	36%加 0.003 元/支
	商业批发环节		11%加 0.005 元/支
雪茄烟			36%
烟丝			30%

2. 酒及酒精

酒及酒精应缴消费税税率见表 13-14。

表 13-14　酒及酒精应缴消费税税率

税目		税率
白酒		20%加 0.5 元/500 克
啤酒	甲类啤酒	250 元/吨
	乙类啤酒	220 元/吨
黄酒		240 元/吨
其他酒		10%

3. 化妆品

化妆品税率为 15%。

4. 贵重首饰及珠宝玉石

金银首饰、铂金首饰和钻石及钻石饰品税率为 5%；其他贵重首饰和珠宝玉石税率为 10%。

5. 鞭炮、焰火

鞭炮、焰火的税率为 15%。

6. 成品油

成品油应缴消费税税率见表 13-15。

表 13-15　成品油应缴消费税税率

税目	税率/（元·升$^{-1}$）
汽油	1.52 元/升
柴油	1.2 元/升
航空煤油	1.2 元/升
石脑油	1.52 元/升
溶剂油	1.52 元/升
润滑油	1.52 元/升
燃料油	1.2 元/升

7. 摩托车

气缸容量在 250 毫升以下的摩托车税率为 3%，气缸容量在 250 毫升以上的摩托车税率为 10%。

8. 小汽车

小汽车应缴消费税税率见表 13-16。

表 13-16　小汽车应缴消费税税率

税目		税率/%
乘用车	气缸容量在 1.0 升（含）以下的	1
	气缸容量在 1.0 升以上至 1.5 升（含）的	3
	气缸容量在 1.5 升以上至 2.0 升（含）的	5
	气缸容量在 2.0 升以上至 2.5 升（含）的	9
	气缸容量在 2.5 升以上至 3.0 升（含）的	12
	气缸容量在 3.0 升以上至 4.0 升（含）的	25
	气缸容量在 4.0 升以上的	40
中轻型商用客车		5

9. 高尔夫球及球具

高尔夫球及球具的税率为 10%。

10. 高档手表

高档手表的税率为 20%。

11. 游艇

游艇的税率为 10%。

12. 木制一次性筷子

木制一次性筷子的税率为 5%。

13. 实木地板

实木地板的税率为 5%。

14. 电池、涂料

电池、涂料的税率为 4%。

　即练即测题

自学自测　扫描此码

　复习思考题

1. 增值税和消费税的征税范围有何不同？
2. 我国个人所得税纳税人是如何分类的？

3. 计算企业所得税前不允许扣除的项目有哪些？
4. 在我国需要缴纳消费税的货物有哪些？

实训材料及实训要求

实训素材：个人所得税计算

我国公民王先生为成都某企业高管，其儿子2020年4月20日满3周岁，尚未入幼儿园学习。2020年1～12月收入情况如下：

（1）每月取得工薪收入10000元，12月取得年终一次性奖金20000元。

（2）4月发表一篇著作取得稿费20000元，从中拿出5000元通过公益性社会组织捐赠用于新冠疫情防控。

（3）5月转让位于重庆的2014年购买的三居室精装修房屋一套，售价230万元，不考虑转让过程中的其他相关税费。该套房屋的购进价为150万元，购房过程中支付的相关税费为16.8万元。所有税费支出均取得合法凭证。

（4）6月份将国内上市公司的股票对外转让，取得转让收入50000元，原购入价45000元。

（5）在工作地所在城市无自有住房，租房居住每月支付房租2000元。7月将位于境内另一城市的自有住房出租，租赁期限1年，不含税月租金4000元，当月发生修缮费1200元（不考虑其他税费）。

（6）8月在参加某商场组织的有奖销售活动中，中奖所得共计价值30000元。将其中的10000元通过市教育局用于公益性捐赠。

（7）张先生每月工资薪金自行负担"三险一金"为1500元。专项附加扣除均由张先生按100%扣除。年终奖选择不并入综合所得，单独计税。

一、实训目的

通过实训使学生掌握个人所得税的计算方法以及纳税申报流程，对纳税业务处理程序有所掌握，从而提高税务知识综合应用能力。

二、实训所需条件

1. 实训时间：实训周期为2周。
2. 实训地点：多媒体教室。
3. 实训所需条件（如：涉税企业税务资料，纳税申报表等等）由实践教师根据该实践的要求自行设定。

三、实训要求

1. 根据所得税计算及纳税申报实践要求，各组同学进行相关资料搜集。
2. 根据实训内容，由各组组长组织本组成员对涉税企业税务资料进行筛选。
3. 学生应充分掌握本组演示的相关法律法规，做好实训前的知识准备，同时要求同学间彼此密切配合，分工明确，处理实训中其他同学提出的各种问题。
4. 指导教师熟知各项法律法规及相关司法解释，对在实训前要求学生注意的事项给予充分的考虑,在实训过程中给予必要的指导。

4. 最后,各组总结纳税申报的实训过程,撰写实训总结报告。

四、实训组织方法及步骤

本实训安排在所得税的计算及纳税申报理论知识讲授完之后进行,在实训指导教师的指导下,由各组同学独立完成。实训前要求学生对相关知识进行预习,特别是要对所得税的计算方法进行复习。实训的具体步骤如下:

1. 每10个学生为一组,每组选一名实践组长,负责组织本组实训过程。

2. 以所得税的计算方法为背景,在实训教师所给的实训方向的基础上,搜集案件,做好相关工作准备。

3. 当一个小组进行模拟实践时,其他小组的学生对该小组的表现进行观摩并加以点评。

4. 实训小组要对其他同学的点评进行回应。

5. 然后由其他小组分别进行实训。

6. 实训教师对各实训小组的实训情况给予评价。

7. 以组为单位撰写实训报告。

8. 每位同学还要结合本小组实训写实训心得。

9. 然后每组将所有的书面材料上交给实训教师。

10. 实训教师要对每位同学和每小组的实训报告进行批阅总结。

实训结束后学生应将完成的各种资料转入配发的档案袋中,上交实训指导教师。

根据实训材料与要求完成以下任务:

1. 计算王先生2月份工薪收入应预扣预缴的个人所得税。

2. 计算全年一次性奖金应缴纳的个人所得税。

3. 说明稿酬所得预扣预缴个人所得税时能否扣除公益性捐赠支出,并计算稿酬所得应预扣预缴的个人所得税。

4. 计算转让房屋所得应缴纳的个人所得税。

5. 计算股票转让所得应缴纳的个人所得税。

6. 7月份出租住房能否扣除租房房租2000元,并计算出租住房应缴纳的个人所得税。

7. 说明中奖所得缴纳个人所得税时能扣除公益性捐赠支出?若可以扣除,计算中奖所得应缴纳的个人所得税。

实训流程及考核样例

参 考 文 献

[1] 杜万华. 最高人民法院公司法司法解释（一）理解与适用[M]. 北京：人民法院出版社，2021.
[2] 杜万华. 最高人民法院公司法司法解释（二）理解与适用[M]. 北京：人民法院出版社，2021.
[3] 杜万华. 最高人民法院公司法司法解释（三）理解与适用[M]. 北京：人民法院出版社，2021.
[4] 杜万华. 最高人民法院公司法司法解释（四）理解与适用[M]. 北京：人民法院出版社，2021.
[5] 张守文. 税法原理[M]. 北京：北京大学出版社，2021.
[6] 王晓红，张秋华. 经济法概论[M]. 北京：中国人民大学出版社，2021.
[7] 张守文. 经济法原理[M]. 北京：北京大学出版社，2021.
[8] 李曙光. 经济法前沿问题研究[M]. 北京：中国政法大学出版社，2020.
[9] 刘泽海，薛建兰. 经济法[M]. 南京：南京大学出版社，2020.
[10] 周昌发. 企业法律风险防范的原理与实务[M]. 北京：社会科学文献出版社，2021.
[11] 孔庆江，郭帅，王艺琳. 外商投资法透视[M]. 北京：中国商务出版社，2019.
[12] 苏东. 中国外商投资法律制度[M]. 北京：中国民主法制出版社，2020.
[13] 最高人民法院民法典贯彻实施工作领导小组. 中华人民共和国民法典理解与适用[M]. 北京：人民法院出版社，2020.
[14] 最高人民法院民事审判第二庭. 最高人民法院民法典担保制度司法解释理解与适用[M]. 北京：人民法院出版社，2021.
[15] 中国审判理论研究会民事审判理论专业委员会. 民法典物权编条文理解与司法适用[M]. 北京：法律出版社，2020.
[16] 高圣平. 民法典担保制度及其配套司法解释理解与适用[M]. 北京：中国法制出版社，2021.
[17] 程啸，高圣平，谢鸿飞. 最高人民法院新担保司法解释理解与适用[M]. 北京：法律出版社，2021.
[18] 最高人民法院民事审判第一庭. 最高人民法院新民间借贷司法解释理解与适用[M]. 北京：人民法院出版社，2021.
[19] 最高人民法院第三巡回法庭. 最高人民法院典型行政案件理解与适用[M]. 北京：中国法制出版社，2019.
[20] 最高人民法院民法典贯彻实施工作领导小组. 中华人民共和国民法典物权编理解与适用[M]. 北京：人民法院出版社，2020.
[21] 最高人民法院民法典贯彻实施工作领导小组. 中华人民共和国民法典合同编理解与适用[M]. 北京：人民法院出版社，2020.
[22] 刘云生，欧家路，吴昭军. 中国不动产法研究[M]. 北京：社会科学文献出版社，2021.
[23] 梁慧星，陈华彬. 物权法[M]. 北京：法律出版社，2020.
[24] 杨立新. 物权法[M]. 北京：中国人民大学出版社，2021.
[25] 李少伟，张晓飞. 合同法[M]. 北京：法律出版社，2021.
[26] 中国人民银行金融消费权益保护局. 金融消费者投诉处理法理分析与研究[M]. 北京：中国金融出版社，2019.
[27] 法规应用研究中心. 产品质量法、食品安全法、消费者权益保护法一本通[M]. 北京：中国法制出版社，2019年版.
[28] 万江. 中国反垄断法：理论、实践与国际比较[M]. 北京：法律出版社，2021年版.
[29] 叶明. 互联网经济对反垄断法的挑战及对策[M]. 北京：法律出版社，2019.
[30] 刘心稳. 票据法[M]. 北京：中国政法大学出版社，2018.
[31] 王太平，姚鹤徽. 商标法[M]. 北京：中国人民大学出版社，2020.

[32] 中国法制出版社. 中华人民共和国商标法注解与配套[M]. 北京：中国法制出版社，2020.
[33] 马一德. 专利法原理[M]. 北京：高等教育出版社，2021.
[34] 第十三届全国人民代表大会常务委员会. 中华人民共和国专利法[M]. 知识产权出版社，2021.
[35] 苏平，何培育. 专利法[M]. 北京：北京大学出版社，2020.
[36] 刘廷华. 专利法理论与实务[M]. 北京：法律出版社，2021.
[37] 王迁. 知识产权法教程（第七版）[M]. 北京：中国人民大学出版社，2021.
[38] 《知识产权法学》编写组. 知识产权法学[M]. 北京：高等教育出版社，2019.
[39] 来小鹏. 网络知识产权法研究[M]. 北京：中国政法大学出版社，2021.
[40] 威廉.M.兰德斯，波斯纳. 知识产权法的经济结构[M]. 北京：北京大学出版社，2016.
[41] 施天涛. 商法学（第六版）[M]. 北京：法律出版社，2020.
[42] 《商法学》编写组. 商法学[M]. 北京：高等教育出版社，2019.
[43] 赵中孚，邢海宝. 商法通论（第七版）[M]. 北京：中国人民大学出版社，2021.
[44] 王传辉. 新编商法教程（第4版）[M]. 北京：清华大学出版社，2020.
[45] 樊涛. 中国商法总论[M]. 北京：法律出版社，2021.
[46] 法规应用研究中心. 税法一本通（第八版）[M]. 北京：中国法制出版社，2021.
[47] 徐孟洲，徐阳光. 税法（第七版）[M]. 北京：中国人民大学出版社，2019.
[48] 彼得·哈里斯. 公司税法：结构、政策与实践[M]. 北京：北京大学出版社，2020.
[49] 张守文. 税法原理（第九版）[M]. 北京：北京大学出版社，2019.
[50] 欧阳天健. 税法拟制论[M]. 北京：北京大学出版社，2021.
[51] 刘剑文. 财税法——原理、案例与材料[M]. 北京：北京大学出版社，2020.
[52] 杜月秋，孙政. 民法典条文对照与重点解读（第二版）[M]. 北京：法律出版社，2021.
[53] 黄薇. 中华人民共和国民法典释义（上中下）[M]. 北京：法律出版社，2020.

教师服务

感谢您选用清华大学出版社的教材！为了更好地服务教学，我们为授课教师提供本书的教学辅助资源，以及本学科重点教材信息。请您扫码获取。

▶▶ 教辅获取

本书教辅资源，授课教师扫码获取

▶▶ 样书赠送

公共基础课类重点教材，教师扫码获取样书

 清华大学出版社

E-mail: tupfuwu@163.com
电话：010-83470332 / 83470142
地址：北京市海淀区双清路学研大厦 B 座 509

网址：https://www.tup.com.cn/
传真：8610-83470107
邮编：100084